생각하는 마르크스

이 도서의 국립중앙도서관 출판예정도서목록(CIP)은 서지정보유통지원시스템 홈페이지(http://
seoji.nl.go.kr)와 국가자료공동목록시스템(http://www.nl.go.kr/kolisnet)에서 이용하실 수 있습니다.
(CIP제어번호: CIP2017001113)

생각하는 마르크스

무엇이 아니라 어떻게

HOW MARX?

백승욱 지음

북콤마

우리 사회에 마르크스 연구의 초석을 놓은

고 박현채, 정운영, 김수행, 신영복 선생을 추모하며

마르크스를 다시 소환해야 할 시대이다. 자본의 탐욕은 신자유주의 시기를 거치면서 세계 도처에서 비난을 받고 있음에도 제동장치를 잃은 채 질주 중이다. 더 이상 견딜 수 없다는 민중들의 저항의 목소리가 세계 구석구석에서 들려오지만, 저항의 범위가 넓어지고 속도가 빨라지는 만큼이나 그것을 누르고 다른 방향으로 돌리려는 대처 또한 신속하다.

마르크스는 다시 우리 앞에 나설 준비를 한 것처럼 보이지만, 어떻게 말을 걸어가야 할지 몰라 머뭇거리는 듯 보이고, 우리도 조금은 낯설어진 마르크스에게 어떻게 말을 걸어야 그를 우리의 친숙한 친구로 받아들일 수 있을지 난처하다. 마르크스에게 다가가고 마르크스를 받아들이려면 그를 알아가는 방식을 바꾸어야 한다.

2016년 한 해 국내외적으로 거대한 변화가 있었다. 세계적으로 보자면 브렉시트에서 시작해 트럼프의 당선까지, 과거 세계 헤게모니의 두 진원지에서 세계를 뒤흔드는 변화의 조짐들이 나타났다. 국내적으로는 아직도 진행형인 촛불 항쟁이 한국 사회 정치 질서의 틀을 흔들고 있다. 이러한 일들이 본격 벌어지기 전부터 이 책을 준비했지만, 최근 일련의 격변을 거치면서 마르크스의 의미에 대해서도 생각이 깊어진다.

　이러한 격변의 시대를 겪으면서, '비판적 분석'의 공백으로 나타나는 마르크스의 부재는 점점 더 커보인다. 첫째로, 지금에 이르게 된 구조적 원인의 분석, 그리고 이 상황에서 민중들과 맞서는 상대방에 대한 면밀한 탐색의 부재의 무게가 크게 다가온다. 둘째로, 자기 자신을 이 정세의 일부로 긴밀히 포함시킨 전제에서 출발해 정세를 분석할 수 있는 역량의 부재도 크게 느껴진다. 다시 마르크스를 읽으면서 느끼는 것은, 마르크스가 어떤 상황에서도 냉정한 분석을 포기하지 않았다는 점이다. 조급한 낙관 대신 엄밀한 비판을 지속하면서, 우리가 전진하거나 후퇴할 때 스스로를 되돌아보고 지나온 길을 평가하고 앞으로 갈 길을 판단하려는 차가운 분석의 태도가 늘 마르크스가 보여준 강점이었다. 물론 그 태도를 지탱한 배경에 현실에 대한 분노와 대중운동에 대한 신뢰가 놓여 있었음은 두말할 필요도 없다.

　이 책의 관심은 마르크스의 끈질긴 분석의 역량을 우리의 힘으로 전환해보자는 취지에서 출발한다. 마르크스는 어떻게 해서 그렇게 생각하고 그렇게 발언하게 되었을까? 마르크스는 무엇에 부딪혀 무엇을 해결하려 했던 것일까? 그리고 그것을 어떻게 풀어갔을까? 마르크스에 대해 소개하는 많은 책들은 마르크스가 '무엇'을 말했는지 알려주고 있다. 마르크스는 무엇보다 자본주의의 구조와 법칙, 역사에 대해 분석한 이론가이다. 그리고 그 지식은 지금의 자본주의에 대해 계속해서 우리에게 중요한 분석의 출발점이 된다.

　그러나 이 책은 마르크스의 성과, 특히《자본》의 핵심 분석 자체에 대해 설명을 하려는 것은 아니다. 오히려 그 성과를 이해하기 위해 우선 마르크스가 '어떻게 사유했는가'를 살펴보는 것이 필요하다고 말하고자 하고, 이를 통해 궁극적으로 마르크스가《자본》에서 행한 분석을 더 잘 이해하고, 그것을 자신의 사유로 삼아 살아 있는 분석의 힘으로 가동해보는 데 조금이나마 도움을 주려 한다.《자본》자체의 심도 있는 분석은 윤소영 선생의《마르크스의 '자본'》이나 던컨 폴리의《'자본'의 이해: 마르크스의 경제 이론》같은 좋은 분석서가 있으니 독자들은 스스로《자본》의 이해로 가는 긴 여정을 시작해볼 수 있을 것이다.

　내가 이 책에서 보여주려 한 것을, '나는 이렇게 마르크스를 읽었다' 같은 하나의 독서 길잡이로 생각해봐도 좋을 것이다. 내가 마르크스를 읽고 그의 사유 방식을 내 것으로 만드는 사유 체험을 통해 내 스스로 마르크스의 강점이라고 생각했던 것들을 풀어서 쓴 것이 이 책이다.

　그래서 이 책의 제목을 '생각하는 마르크스'로 정했다. 이 제목을 여러 의미로 해석해볼 수 있을 것이다. 마르크스가 '어떻게' 생각했는지 탐구하는 것이기도 하고, 마르크스를 읽은 다음 스스로 어떻게 자신의 '생각을 마르크스 방식으로 발전시켜'볼 수 있을지 고민해보자는 것이기도 하다.

　이렇게 한번 생각해보자. 집을 잘 짓는 목수를 따라다니며 배우는 제자에게 사부는 자신이 지은 좋은 집들을 계속해 보여주고, 집의 세부에 대해 잘 설명해준다. 이를 잘 익힌 제자는 나중에 사람들을 안내하면서 사부가 지은 집의 구석구석이 '무엇'이며 어떤 용도인지 잘 소개해줄 수 있을 것이다. 그러나 거기에 그친다면, 사부가 없는 곳에서 그는 자기 손으로 사부와 같은 집을 지을 수 있을까? 그가 집을 지으려면, 완성된 집을 바깥에서 바라보며 외형과 치장을 아는 데서 그치는 것이 아니라, 집의 설계부터 시작해 터 닦기, 기본 골조 세우기, 기둥과 지붕을 잇고, 벽과 창틀을 달고, 마루를 까는 하나하나의 과정을 스스로 주도할 역량을 익혀야 할 것이다. 그래야 사부가 없더라도 사부의 손길이 그의 집짓기 실력을 통해 전승될 테니까.

마르크스를 읽는 것도 마찬가지이다. 우리가 마르크스를 감상하고 암송하는 데서 더 나아가 '마르크스식으로 사유하기'까지 진전해가지 않는다면, 마르크스 없는 시대에 우리는 마르크스식으로 건물을 짓는 역량을 키워낼 수 없을 것이다.

자본주의는 늘 변신하고, 새로운 역사 속에서 전개되고 있으며, 항상 새로운 과제와 시련에 직면한 대중들 또한 변신하고 있다. 마르크스가 '무엇'을 말했는지 무작정 외우기만 하고 마르크스가 '어떻게' 사유했는지를 모른다면, 변화하는 현실 속에서 자기 머리로, 자기 판단으로 변하는 현실을 분석하고 판단하고 대응하는 일은 참으로 곤란하지 않을 수 없다. 《논어》에 나오는 말처럼, "외우기만 하고 사유하지 않으면 꽉 막히고, 머리만 굴리고 학습하려 하지 않으면 위험하다(學而不思則罔, 思而不學則殆)."

마르크스 사유의 강점은 이 책의 여기저기서 언급되지만, 처음에 요약해서 미리 이야기해두는 것이 이 책의 복잡한 구도에서 길을 잃지 않는 데 도움이 될 것이다.

첫째, 마르크스의 사유는 좁은 틈을 뚫고 전진하는 끝없는 비판의 과정이다. 이는 원점으로 되돌아오는 진자운동이 아니라, 새로운 출발점을 향해 가는 나선운동에 가깝다. '생각하는 마르크스'라는 과제는 역사 속에서 진행되기 때문에, 특정 시간과 공간 속에서 수행한 사유와 내린 판단은 시간이 지나면 그 유효성이 상실될 수 있다. 상황은 유사해 보일지라도, 판단은 달라져야 한다. 그래서 '생각하는 마르크스'는 자기 자신에 대한 비판을 함유하며, 또 '정세' 속에서 의미를 발견한다.

둘째, 그렇기 때문에 마르크스 사유의 강점은 구체적 상황에 대한 구체적 분석을 가능케 한다는 데 있다. 《자본》의 분석들은 고정되어 있는 것이 아니라, 현실의 살아 있는 변동을 포착해 이해하게 하는 안내도 같은 것이다. 멈추어 있는 분석의 장면이 중요한 것이 아니라, 그것을 가지고 움직이고 변화하는 현실을 얼마나 구체적으로 잡아낼 수 있는지가 중요한 것이다.

셋째, 마르크스의 사유를 이해하기 위해서는 서로 다른 시간대가 중첩됨을 이해해야 한다. 마르크스의 현실 분석은 적어도 세 가지 상이한 시간대의 결합으로 이해된다. 각각의 시간대는 현실을 서로 다른 각도에서 분석해 보여주는 장점이 있는데, 현실은 이 서로 다른 시간대의 독특한 중첩 속에서만 제대로 분석될 수 있다.

넷째, 마르크스의 사유에서 공간적 구획 또한 중요하다. 관념들에 배정된 서로 다른 공간적 구획이라는 의미에서 이를 프로이트가 사용하고 알튀세르가 강조한 용법을 따라 '토픽적 사유'라고 부를 수 있다. 토픽적 사유는 시간의 복합성이나 과잉결정 사고와도 연결되며, 현실을 하나의 원리로 환원주의적으로 해석하는 것을 금지하는 것이기도 하다. '전도' '물신숭배' 그리고 이 책에서 이야기할 '두 가지 사회적인 것' 등을 통해 확인할 수 있듯이, 마르크스에게서 관념들의 공간 구획은 처음에 동일해 보이던 것이 공간적 구획 속에서 분리되고 관계가 재설정되어 새로운 관계로 해석되는 인식과 실천의 구도로 작동한다.

다섯째, 이처럼 시간과 공간의 다중성은 더 나아가 정치라는 개념의 다중성으로 이어진다. 마르크스를 읽어보면, 정치가 단일 차원의 정치로 환원되거나 하나의 정치를 다른 정치로 대체해 문제를 해결할 수 있다는 생각이 수용되기 어려움을 알게 된다. 서로 다른 공간으로 구획된 토픽적 분할로 인해 정치는 상이한 동학과 장소, 효과가 얽혀서 작동하는 것으로 이해되어야 한다. 구조를 바꾸고자 하고, 새로운 주체가 되고자 하고, 새로운 동일성과 조직을 형성하려는 등 정치의 영역은 서로 다른 목표와 논리들이 병존하고 결합을 기다리는 장소이다. 따라서 우리는 이 정치 공간들의 결합을 고민해야 하는데, 이는 단순 병렬로 이해될 수는 없다. 그리고 이러한 복수성 때문에 정치에는 늘 어려움과 난점이 발생하며, 한 공간은 다른 공간 때문에 늘 불가능성의 조건이 되지만, 동시에 정치를 가능케 하는 조건이 되기도 한다.

여섯째, 현실에 대한 '비관주의'적 분석으로 보이는 마르크스의 사유법은 구조적 비대칭성이라는 인식에 기인한다. 자본과 노동은 서로 맞보는 대칭적 세력 구도가 아니다. 노동은 자본관계의 일부이며, 자본축적은 다른 극에서는 노동의 '궁핍화'이다. 이 때문에 한 극이 다른 극을 제거하거나, 한 극이 힘을 더 키워 다른 극을 조금 더 제약하는 것으로 문제가 해결되지 않는 한계가 있다. 비대칭성이 더 극단적으로 전개되면, 인간들의 사회적 관계가 사물들의 관계로 전환되고 특정 집단의 인간들이 '비인간'으로 전락하여 정치가 중지되는 사태에까지 이른다. 그리고 이러한 비대칭성의 인식으로부터 마르크스 정치 기획의 중요성, 특히 이 책에서 '개인적 소유'라고 부르는 기획의 중요성이 부각된다.

일곱째, 마르크스에게서는 근대 정치의 난점이 확인된다. 이는 마르크스가 전제하는 두 가지 사회적 관계의 문제와 연결된다. 마르크스는 한편에서 생산의 사회적 관계를 말하며, 다른 한편에서 그에 비해 덜 분석했지만 늘 염두에 두고 있던 '가상적 사회적 관계'(즉 이데올로기적 관계)라는 두 개의 구조에 대한 상이 존재한다. 서로는 서로를 제약하는 동시에 조건이 된다.

여덟째, 정치를 사고할 때, 개인의 동일성(아이덴티티), 즉 주체의 자리는 단일하지 않으며 여러 정치의 공간이 동시에 포개진다는 점이 강조되어야 한다. 이데올로기라는 질문은 여기에서 그 중요성이 확인된다. 이러한 복수의 동일성의 주체의 자리들이 어떻게 결합하는가가 독특한 역사의 궤적을 형성한다. 여기에 비판이 개입하여 그것 또한 정치의 일부를 이루는데, 이때 앞서 이야기한 상이하게 구획된 시간과 공간의 결합을 어떻게 인식하는지가 중요해진다.

이 책이 세상에 나오게 된 것은 새로운 만남 덕이다. 2015년 가을 어느 날 북콤마의 임후성 대표가 만나고 싶다는 연락을 하고 학교로 찾아왔다. 그는 마르크스에 대한 내 강연 영상 두 편을 보고 찾아와 그것을 풀어서 책으로 내고 싶다고 했다. 그 영상은 중앙대 학생들이 기획하고 운영하는 학생 자치 교육 활동 '자유인문캠프'에서 내가 했던 강연으로, 2010년 11월 4일 '인문, 마르크스에게 말 걸기'와 2015년 7월 6일 '마르크스와 더불어 생각하기'였다. 어떤 형태로든 이 강연을 정리해서 발표해보면 좋겠다는 생각을 하고 있던 차에 제안이 반가웠고, 별 고민 없이 두 강연을 정리해 소책자로 출판하자고 응했다. 그러나 준비해가면서 일은 조금씩 더 커지기 시작해서, 강연을 보충하는 세 편의 설명 글이 추가되었고, 별도로 발표한 두 편의 글을 '마르크스 깊이 읽기'라는 취지로 포함시켰다. 처음에 녹취록을 풀어 두어 달면 끝날 것으로 생각했던 작업은 1년 반으로 길어졌고, 분량도 대폭 늘어났으며, 그동안 편집자의 집요한 요구도 이어졌다. 편집자는 그런 과정에서 공동 저자나 다름없는 정성을 기울이며 녹취록 작성과 수정 작업을 하고, 이해되지 않는 곳은 계속해 수정해줄 것을 요청했으며, 마지막 단계에 사진 작업이나 색인 작업까지 꼼꼼히 챙겼다.

이 책에서 살펴볼 '생각하는 마르크스'의 주된 모습은 첫 장 '마르크스와 더불어 생각하기'에서 총괄적으로 제시된다. 그다음의 두 장은 마르크스가 자신의 사유 세계를 어떻게 수립했는지, 그리고 마르크스 생각의 정점인 《자본》을 어떻게 읽을 것인지를 좀 더 보충해서 설명한다. 그다음 이어진 두 장에서 우리는 생각하는 마르크스를 좀 더 진전시켜 살펴본다. 자본주의의 숨겨진 세계를 드러내기 위해 마르크스는 어떤 건축 작업을 전개했는지, 그리고 마르크스의 사유를 어떻게 확장할 수 있는지를 살펴볼 것이다. 그다음의 6장은 앞선 두 장의 논의를 뒷받침하는 보충 설명이자 마르크스 현재성의 중요한 논점을 설명한다. 마지막 장 '인문, 마르크스에게 말걸기'는 지금까지 이야기한 '생각하는 마르크스'를 좀 더 가벼운 마음으로 다시 한 번 정리해서 이야기해본 강연록이다.

강조를 위해 어떤 부분의 이야기는 여러 장에 걸쳐 반복되는 경우도 있다. 장별로 심도의 차이도 있다. 꼭 순서대로 읽을 필요가 있는 것은 아니고 관심에 따라 중간 부분부터 읽어보아도 좋다. 마르크스의 주장들에 아직 익숙지 않다면 마지막 장을 먼저 읽어보면서 마르크스 생각에 관심을 가져본 다음 다른 장들을 읽어보는 것도 좋다.

이 책에서 설명한 많은 이야기들은 다양한 기회에서 행한 강연들과 중앙대 사회학과에서 '현대사회학 이론'과 '사회변동과 미래사회'라는 수업의 일부로 강의한 내용에 토대하고 있다. 중앙대 사회학과 대학원에서 '정치경제 비판'이라는 제목으로 몇 차례 수업했던 경험도 생각을 가다듬는 데 도움이 되었다. 어려운 수업을 잘 버티고 즐겨준 학생들에게도 감사를 느낀다. 2014년에서 2015년 사이 1년여 기간에 걸쳐 사회진보연대 활동가들과《자본》에 대해 꼼꼼한 독해 세미나를 진행한 것도 마르크스에 대한 새로운 이해를 더해주는 데 도움이 되었다. 2010년부터 어려운 상황에서 자유인문캠프를 이끌고 있는 '잠수함 토끼들'의 요청이 이 책의 출발점이 되었으니 그들에게도 특별한 감사의 마음을 전한다.《자본》의 이윤율 해석과 관련된 서술 부분은 김덕민, 연제호와의 토론에서 도움을 얻었다.

좋은 선생은 내용을 일일이 가르쳐주는 것보다 오히려 오래 지니고 갈 질문을 안겨주는 사람일 것이다. 마르크스에 대해서도 한신대 윤소영 선생이 던진, 오래 지속되는 질문의 힘이 지속됨에 새삼 감사한다. 이 책 마지막에 실린 강연 '인문, 마르크스에게 말 걸기'에서 어쭙잖게《논어》이야기를 들먹였는데, 벌써 30여 년 전 이광호 선생(연세대 철학과 명예교수)과 함께 공부하면서 얻은 동양 고전의 짧은 지식이 큰 도움이 되었음을 다시 느끼게 된다.

우리 사회에서 마르크스 연구의 토양은 그리 비옥하지 않다. 그래도 앞서 그 길을 닦은 분들이 있어 이야기를 조금 더 보탤 수 있음에 감사한다. 한국 사회의 이론가 중 가장 '마르크스적인' 학자였던 박현채 선생이 1995년 돌아가시고, 그 10년 후인 2005년에는 마르크스 연구가 세련된 이론적 주제가 됨을 깨우쳐준 정운영 선생이 돌아가셨다. 다시 10년이 지난 2015년엔 《자본》의 첫 번역서를 출간해 마르크스 학습의 대중화에 기여한 김수행 선생이 돌아가셨다. 그리고 스스로 마르크스적 질문 속에서 평생을 사신 신영복 선생도 설이 지나기 전에 또 돌아가셨다. 후학으로서 그분들이 다져 놓은 길 위를 걷는 혜택을 보고 있음을 잊을 수 없어, 이 책을 이 선학들에게 헌정한다. 마르크스의 《자본》 출간 150주년을 맞아 이 선학들의 노력의 결과 위에 새로운 노력이 더해져 우리의 사유가 확장되었으면 한다.

이 책에 적절한 제목을 붙이는 과정은 쉽지 않았다. 후보로 오른 여러 제목들이 맘에 들지 않아 등장했다가 사라지기를 반복했다. '생각하는 마르크스'라는 제목은 고민하던 내게 아들이 지나가며 툭 던진 말이었다. 이제 커서 제법 대화 상대가 된 인범에게 고마움을 표한다.

마르크스를 통해 사유하는 길은 즐겁지만은 않은 길이다. 돌파구 없는 막다른 길이라는 느낌을 가질 만큼 거대한 구조에 대해 촘촘한 분석에서 시작하지 않을 수 없고, 분석을 심화할수록 우리가 맞서고 있는 거대한 괴물을 뚫고 나가는 일이 너무나 숨 막히게 느껴진다. 그럼에도 마르크스의 《자본》을 노동자들과 함께 읽은 한 활동가가 "마르크스의 과학적 비관주의에서 오히려 투쟁의 가능성을 보며 힘을 얻을 수 있었다"고 한 말에서 마르크스의 깊은 힘을 새삼 느낄 수 있다.

마르크스를 읽고 나면 스피노자의 다음과 같은 경구를 다시 되새

기게 된다.

Ignorantia non est argumentum!(무지는 논거가 될 수 없다!)

무지는 논거가 될 수 없다. 다만 착각에 의해, 그리고 폭력에 의해 예외적이고 일시적으로 힘을 발휘할 수 있을 뿐이다. 마르크스와 더불어 나아갈 때 우리에게 허튼 낙관은 허용되지 않는다. 지나온 과거와 진행 중인 현재에 대한 철저한 분석 없이 미래의 길은 열리지 않는 법이다. 현실을 밀고 가는 운동은 대중의 낙관주의를 지녀도 좋지만, 현실을 분석하는 이론은 오히려 충분히, 과도하게 비관주의여도 좋고, 또 그래야 할 것이다. 상대에 대한 과소평가가 과대평가보다 훨씬 더 위험한 것이기 때문에.

2017년 1월 뜨거운 겨울에
백승욱

차 례

마르크스와 더불어 생각하기

마르크스는 어떻게 자신의 사유 세계를 수립했는가
: 인식론적 단절의 계기로서 〈포이어바흐 테제〉

《자본》을 어떻게 읽을 것인가

숨겨진 자본주의 세계는 어떻게 드러나는가: 마르크스와 사회적인 것

마르크스의 사유는 어떻게 확장되는가:
발리바르와 '정치의 개조'

스피노자

마르크스의 난점과 공백을 어떻게 넘어서는가: 과잉결정과 이데올로기

인문, 마르크스에게 말걸기

일러두기

1. 《자본》의 한국어 번역은 보통 강신준 번역본(도서출판 길 2008/2010)을 따랐으며, 간혹 인용한 이가 일부를 다른 표현으로 번역하거나 바로잡아 제시했다.

2. 본문에서 괄호 안에 인용의 출처로 밝힌 저자와 도서, 개별 글의 이름은 책 뒤의 참고 문헌에서 구체적인 서지를 확인할 수 있다.

3. 인용 중에서 볼드체로 강조한 부분은 대부분 원문에는 없는 인용자의 것이다. 원문에 본래 있는 강조 부분에 대해서는 따로 명시했다.

마르크스와 더불어 생각하기

이 글은 2015년 7월 6일 중앙대 '자유인문캠프'가 주최한 강연 '마르크스와 더불어 생각하기'를 대폭 수정한 것이다. 강의의 입말체를 서술체로 바꾸고, 내용을 대폭 보충했다. 2015년 봄 중앙대는 두산그룹 출신 박용성 전 이사장이 주도하는 '대학의 기업화' 추진이 극에 이르러서, 모든 학과를 폐지하고 학생 모집을 단과대별로 하겠다는 폭탄선언이 나와, 학교가 격동에 휩싸였다. 이를 막기 위해 교수 대표 비상대책위원회가 결성되었고, 거의 전업이나 다름없이 이 일에 개입해 한 학기를 보낸 끝에 나름 '승리'를 얻었다. 그 후 그때의 경험을 정리하면서 이 강의를 했다. 이 강의에서 '왜 마르크스식으로 사유하는 것이 중요한지'를 이야기하고자 했다. 지금 현재 마르크스를 '어떻게' 읽을 것인지, 그리고 이 '어떻게'를 통해 우리는 현실의 복잡한 결들을 어떻게 우리의 사유 속으로 끌어와 어려움을 뚫고 앞을 향해 나아갈 길을 판단할 수 있을지에 대한 고민을 담아보려 했다.

추상화할 수 있는 힘

마르크스의 사유라는 주제가 좀 엉뚱하게 들릴지 모르겠다. 마르크스라는 학자를 왜 150년이나 지난 지금에 와서 이야기하느냐고, 또 그가 무엇을 말했는지가 아니라 '어떻게' 말했는지에 왜 주목해야 하느냐고 물을지 모르지만, 한 시대를 뒤흔든 통찰은 시간이 지날수록 새롭게 조명되어야 하는 법이다. 마르크스가 그중 하나라고 할 수 있다. 연구자들 대부분이 마르크스를 해석하면서 기존의 비평을 그대로 답습하는데 그만큼 '새롭게 마르크스 읽기'는 쉽지 않다. 더구나 사회 변혁을 고민하는 일환으로서 마르크스를 읽는 것이라면 더욱더 만만치 않다.

지금 시점에서 마르크스 읽기가 의미가 있는 건 무엇보다 우리에게 사유하는 법을 가르쳐주기 때문이다. 생각하는 과정에서부터 투철해야 자신이 살고 있는 사회가 어떻게 생겼는지, 사회를 어떻게 바꿀 수 있을지 가늠하는 길목에서 제대로 길을 궁리할 수 있다. 자신이 살고 있는 사회의 진짜 모습을 읽어내는 일에서 마르크스만큼 치열하고 정교하게 사유한 사람은 찾아보기 힘들다.

분석, 세상을 부순 다음 다시 세우는 벽돌 쌓기

자신이 발 딛고 있는 사회에 대해 말해보라고 하면 어느 누구도 손에 잡힐 듯 명확히 설명하기 쉽지 않다. 또 자신이 살고 있는 사회를 바꾸어보려는 사람이 적지 않지만 바꾸려는 그 현실이 정확히 무엇인지 뚜렷한 상을 갖고 있는가 물어보면 꼭 그렇게 말하기 어렵다. 사회가 어떻게 짜여 있는지, 어떤 방향으로 가고 있는지에 대한 그림도 불투명하다. 뭔가 바꾸어보려면 그 바꿔보려는 대상이 대체 어떻게 생겨먹은 것인지 확실히 알아야 한다. 사회 현실은 마땅히 있어야할 자리에 고정되어 있는 대상이 아니다. 원하면 언제든지 잡을 수 있는, 손에 잡힐 듯 눈앞에 보이는 고정된 물체가 아니다. 대체 현실을 어떻게 '서술'할 수 있을까?

보이지 않는 어떤 것을 파악하는 방법이 '분석'이다. 마르크스가 가진 여러 강점 중 하나가 추상에서 구체로 나아가는 분석의 방법이다. 마르크스가 자본주의를 분석했다면, 대체 그는 어디에서 시작해 어디에 손을 뻗어 작업을 진행할 수 있었을까? 막상 현실에 손을 대 분석을 시작하려면 어디서부터 시작해야 할지 막막해진다.

우리가 살고 있는 세계를 분석하는 일은 비유하자면 시각적 이미지를 캔버스에 옮기는 미술 작업과 유사할 것이다. 한 폭의 캔버스 안에 세상의 모든 것을 담아내라는 과제를 받았다 해보자. 어떻게 해도 반드시 왜곡이 발생한다. 눈에 보이는 이미지를 그대로 화폭에 옮기면 될 것 같지만 이는 큰 착각이다. 현실 세계를 재현하는 일에는 이미 작가의 의도와 주관이 끼어들기 마련이다. 외부 세계의 현실을 캔버스 내의 현실로 재구성하는 작업이 필요하다. 눈에 보이는 세계를 그대로 옮길 수 있다는 생각이 낯설고 이상하게 느껴져야 비로소 마르크스의 접근 방식에 대해 감이 잡힌다.

그러한 감도 없이 《자본》을 읽는 일은 그 책을 읽고 다 외우고 나면 자본주의의 실체가 마침내 자신의 눈앞에 나타나리라고 믿는 것과 같다. 마르크스를 마치 어느 날 하늘나라에서 인간 세계로 내려와 무지한 지상의 인간들에게 완성되고 완전한 진리의 복음을 전파한 선지자로 이해해서는 곤란하다. 그런 착각 속에서는 마르크스가 어떻게 사유를 짰는지, 이를 가지고 현세의 지식 세계에 어떻게 개입했는지 이해할 수 없게 된다.

또 어떤 경우에 우리는 마르크스를 읽으면서 평소 당연히 여기는 현실 세계로 그를 끌어와 이해해보려 하기도 한다. 우리가 알고 있는 지식과 세계의 규범에 따라 그를 끌어내려 판단하지, 그의 세계로 들어가 그의 눈으로 지식의 형성 과정을 보려 하지는 않는다. 그렇게 되면 마르크스를 이해하기는 더 어려워진다. 그의 자본주의 분석을 이해하려면 우리가 당연하다고 여기는 세계 이해 방식을 그대로 답습해서는 곤란하다. 노동력이 상품으로 교환되는 이 체계, 화폐가 가치를 호명하는 이 구조는 처음부터 우리 눈앞에 자명하게 드러나는 것은 아니다. '익숙함'은 분석에 도움이 되기보다 덫이 될 수 있다.

익숙함에 의문을 던지지 않는 눈으로 바라보는 세계와 익숙함에 의문을 지니고서 분석을 거친 뒤 알게 되는 세계는 전혀 다르다. 마르크스를 또 다른 경제학으로 오해하는 경우가 많은데, 우리는 보통 실존하는 당연한 '경제'가 있고 여기에 어떻게 접근하느냐 하는 접근 방법의 차이가 있을 뿐이며, 그중 어느 접근이 현존하는 경제를 더 잘 설명할지를 고민한다고 생각하기 쉽다. 그러나 이는 경험주의라는 큰 함정에 빠지는 것이다. 대상은 자명하고, 그에 대한 더 나은 접근 방법을 찾는 것이 과제라는 경험주의·실증주의적 함정에 빠져 있어서는 마르크스의 작업을 이해하기 힘들다.

마르크스는《자본》의 부제를 '정치경제학 비판'이라고 붙이고서 당시의 정치경제학과 자신의 연구는 다르다고 적극 밝혔다. 정치경제학은 요즘 말로 하면 현대경제학이 될 텐데, 그들이 말하는 경제와 자신이 파악한 경제는 다르다는 데서 그의 분석은 출발한다. '어떻게' 접근하느냐에 따라 '무엇에' 접근하느냐도 달라진다. 하나의 세계, 하나의 경제가 있고 그에 대한 접근 방식이 둘이라는 뜻이 아니다. 마르크스의 정치경제학 비판은 정치경제학이 분석하는 동일한 대상을 다만 다른 관점에서 접근하는 '방법론'이 아니다. 마르크스가 연구하는 대상은 경제학의 연구 대상과 다르다는 점이 그의 정치경제학 비판의 출발점이다. 이렇게 '어떻게'에 대한 질문은 '무엇'에 대한 질문과 이어져 있다.

분석이란 무엇인지 좀 더 잘 보여주는 비유로 음악 작곡이 더 적합할 수 있다. 베토벤의 작품 중 〈전원 교향곡〉과 〈합창 교향곡〉이 있다. 〈전원 교향곡〉은 작곡가가 전원을 산책하다가 머릿속에 떠오른 풀잎, 바람의 이미지를 그대로 오선지에 옮겼다고 생각하기 쉬운데, 이는 오해이지만 일단 그렇다고 해보자. 그렇다면 〈합창 교향곡〉의 주제인 인류애, 즉 프랑스혁명이 표방한 '자유·평등·우애'는 세상의 어떤 대상을 '모방'한 것일까, 또는 어디에 가면 찾아올 수 있는 이미지일까. '인류애를 음악으로 표현해보시오'라는 과제를 받은 것이나 다름없을 텐데, 이를 표현할 수단은 오선지와 음표뿐이다. 오선지와 음표로 인류애를 그려보라는 게 좀 이상하지 않은가 싶지만, 음악 작곡에 관한 한 이를 이상히 여기는 경우는 잘 없다. 산책이나 바람 소리도 사실은 박애나 자유와 별반 다를 것이 없다. 음악은 음악 나름의 형식으로 이념을 포함한 어떤 현실을 음악적으로 재현한다. 그것이 '악보 쓰기'이다.

또 작곡은 건축과 상당히 비슷하다. 건물을 지으려면 우선 전체적인 마스터플랜이나 설계도가 필요하며, 이 설계를 현실의 건물로 만들기 위해선 이와는 전혀 다른 차원의 건축 재료들로 건물을 실제 채워야 한다. 음악 작곡에서도 오선지와 음표를 가지고 진행하는 과정이 있고, 다른 한편에서 이 작곡된 곡을 연주하는 영역이 있다. 마르크스가《자본》을 쓰는 모습도 이 과정과 다르지 않다고 생각할 필요가 있다. 작곡가의 악보 쓰기와 건축가의 설계도 그리기가 마르크스에게는 개념과 추상을 통한 분석이다.

작곡 과정을 좀 더 들여다보자. 교향곡을 위한 악보는 꽤 복잡하고 길다. 작곡가는 파트별로 여러 개의 중첩되는 악보를 그린다. 그 표시를 우리는 보통 가로로 읽지만 작곡가는 가로세로 동시에 읽어나간다. 음들이 조합되었을 때 어떠한 효과로 나타날지에 대해 음감이 없는 문외한에게 악보라는 것은 종이에 이상한 기호들이 나열되어 있는 것에 불과하다. 작곡가에게는 사정이 다르다. 각각 10대의 바이올린과 비올라, 첼로가 동시에 소리를 냈을 때 어떤 결과가 나올지, 어떻게 표현될지 실제로 감지하면서 작곡을 해야 하는데, 이 지식에 기초한 설계가 악보로 되어 있다는 말이다. 이 점이 중요하다.

우리는 전문가가 아닌 이상 악보를 쓰고 분석하면서 음악을 듣는

게 아니라 작곡이 공연을 통해 나타난 결과인 음악의 효과를 듣게 된다. 우리에게 음악은 선율이나 멜로디라는 결과로 다가오는 것이다. 듣고 있는 교향곡의 어떤 부분이 좋다는 말은 바람 소리 같고 새소리 같아서, 또는 나의 어떤 감성이나 이념과 일치한다고 느껴서 좋다는 것이지, 보통은 그와 같은 결과를 산출한 음의 조합을 구분해서 평가하고 있는 것은 아니다. 우리는 사물이 어떻게 건축되는지에 대해서는 관심이 적고 다만 효과 중심으로 생각한다. 〈합창 교향곡〉을 들으면서 웅장하다, 마음을 울린다고 감상을 말하지 음악에 대해 전문적식견이 없는 이상 작곡 기법에 대한 평가를 중심으로 분석을 하지는 않는다. 여기서 우리는 현실을 만드는 두 측면, 즉 구성의 측면과 효과의 측면이 결합되어 있음을 볼 수 있다.

이를 **서술의 분석적 성격**과 **효과의 종합적 성격**이라고 구분해보자. 음들이 효과를 내려면 작곡이라는 분석적인 서술 과정을 거쳐야 한다. 여러 음표가 정교하게 결합된 결과 소리는 효과를 얻는다. 그때 우리가 받아들이는 효과는 종합적이다. 개별 음들로 흩어져서가 아니라 종합된 소리로 우리에게 다가온다. 음악을 만들고 감상하는 두 측면은 이렇게 하나로 결합된다. 그렇지만 우리가 음악을 감상하는 데 그치지 않고 음악을 만들려고 할 때는 두 측면을 나누어 분석의 세계로 들어가지 않을 수 없다. 마찬가지로 하나의 음악이 어떤 효과를 주는가를 정확히 이해하려 해도 분석의 세계로 들어가야 한다.

음표로 그려진 책 또는 벽돌로 지은 집

마르크스 읽기에도 유사한 방식을 적용해볼 수 있다. 마르크스가 자본주의를 분석하기 위해 쓴 《자본》도 베토벤 〈합창 교향곡〉의 악보

생각하는 마르크스

쓰기에 비유해 이해해보는 것이 중요하다. 마르크스에게서 음표는 개념이다. 그는 개념과 서술을 잇고 떼고 나눠서 책을 썼는데 그것을 읽는 우리는 아, 이게 자본주의의 현실이구나 하는 지식의 효과를 중심으로 이 책을 읽는다. 그러나 《자본》을 이해하려면 그 효과의 종합적 성격에서 서술의 분석적 성격으로 더 나아가서, 벽돌 하나하나를 다 들춰봐야 한다. 어떤 파트에서 악기들이 결합되고, 어떤 멜로디를 쓰고, 어느 곳에 강조점이 나오는지 살펴봐야 하는 것이다. 세상은 있는 그대로 모사될 수 있는 게 아니다. 세상을 이해하는 일은 설계도가 있어야 하고 건축 작업을 거쳐야 하는 일이다. 사회에 대한 분석도 설계도를 가지고 진행되는 건축 작업과 다를 바 없다.

마르크스는 《자본》에서 설계도를 보여준다. 그로부터 세계를 일종의 벽돌로 지은 집으로 인식하고, 벽돌을 하나하나 들춰보면서 세계 속 어디에 개입할 수 있을지 판단하고 있다. 일종의 연역으로 보일 수 있지만 논리적 연역과 다르다는 점에 주의해야 한다. 그래서 마르크스는 이를 '추상에서 구체로'의 방법이라 불렀다. 그 설계도가 어떻게 그려졌는지는 독자가 책을 순서대로 읽어서 바로 찾아내기 쉽지 않다. 그때 독서의 효과는 제한적일 수 있다. 마르크스의 설계도는 정교하지만, 우리에게 익숙한 세계의 지형이 한눈에 바로 분석적으로 들어오도록 친절하게 조망해주지 않는다. 준비 없이 읽다 보면 자기 방식대로 오해하거나 아니면 어렵다고 포기하면서 나가떨어지기 십상이다. 아는 만큼 보인다는 말은 여기에도 적용된다.

마르크스의 분석, 달리 말해 마르크스의 벽돌 쌓기는 다른 학자들의 연구 방법과 상당히 다르다. 경제라는 현실을 다루면서도 벽돌 자체가 다르고 쌓는 법도 다르다는 것이다. 벽돌 색이 다르고 종류가 다를 수 있다. 그런데 사람들은 그 효과만 봄으로써 마르크스의 주장과 경제학의 설명이 똑같다고 짐작한다. 누가 지금의 경제 위기를 잘 설명하는지, 자본주의 붕괴 가능성이 없다면 마르크스의 이론은 폐기되어야 하지 않는지 등 효과에만 주목한다. 하지만 설계 자체가 다르고 건축법이 다른 이상 다루는 대상이 다르고, 시간이 지나면서 살아남는 유산도, 논쟁 방식도 다를 수밖에 없다.

추상에서 구체로 진행해야 한다

분석이 무엇인지 대강 짐작해볼 수 있었을 것이다. 마르크스의 세계로 좀 더 들어가보자. 그가 벽돌을 쌓을 때 가장 중요하게 여긴 건 '관계'이다. 마르크스에게 중요한 점은 사회구조를 관계들의 복합성으로 파악한다는 것이다. 적대적 대립 구도를 이루는 계급사회라고 해서 예외는 아니다. 둘 이상의 서로 다른 힘들이 대립한 구도라면 선악의 편을 가르는 데 그치는 게 아니라 쌍방이 어떻게 하나의 관계 속에 서로 얽혀 있으며, 이 관계는 또 다른 관계들과 어떻게 연결되어 있는지 살펴봐야 한다. 모든 것을 관계 속에 놓고, 관계 중심으로 상황을 설명하려 한 점이 마르크스의 강점이다. 특히 사회적 관계에 초점을 맞추고 있다.

관계 중심으로 사고를 하기가 어려운 이유는 우리가 경험주의의 함정에 쉽게 빠지기 때문이다. 세상이 우리 눈앞에 그냥 손 벌리고 파악되기를 기다리고 있다고 생각하기 쉽다. '손 벌리고'라는 표현은 신문을 읽으면 세상이 파악된 듯한 느낌을 받는 것과 상통한다. 어디에서 어떤 사건이 벌어졌는데 우리는 그에 대해 해석만 하면 되고, 더나아가 발생하는 사건을 하나도 놓치지 않고 빠짐없이 기억하고 기록

하면 될 것 같다. 그런데 단순한 뉴스 읽기가 세상을 보는 눈을 키워 주지는 않는다. 그게 왜 잘 안 될까? 모든 상황이 관계 속에 얽혀 있기 때문이다. 사물을 관계 속에서 인식하는 일은 '손 벌리고' 있는 현실에 다가가는 것처럼 그렇게 간단치 않다.

그렇다면 관계와 대비되는 것은 무엇일까? 마르크스는 그것을 속성이라고 한다. 《자본》에서 그가 계속 비판하는 건 자본을 사물의 속성으로 보아서는 안 된다는 것이다. 화폐는 원래부터 스스로 자기 증식하게 되어 있지 않다. 자본은 관계이다. 모든 것이 그렇다. 토지는 가만히 있어도 저절로 지대가 나오는 그런 신비한 물건이 아니다. 모든 토지가 지대를 만들어내지는 않는다. 지대는 토지의 속성이 아니며, 지대를 만들어내는 건 관계이다. 은행에 돈을 맡기면 이자를 주지만 모든 돈이 이자를 스스로 만들어내지는 않는다. 이자를 만들어내는 건 관계이다. 다시 말해 거기에는 타인의 노동이 전제되어 있고, 화폐가 자본으로 전화되는 사회구조가 개입해 있다.

하지만 현실 세계에서 우리는 일단 모든 것을 사물의 속성으로 여기며 생활한다. 돈은 원래 이자를 낳고, 토지는 지대를 낳고, 노동은 임금을 낳는다고 생각하게 된다. 이러한 속성 중심의 사고가 일상생활에서는 익숙하고 편하다. 상식적 세계이기 때문이다. 그런데 속성 중심의 사고를 통해 현실을 파악하기는 힘들고, 인식은 왜곡된다.

분석이 무엇인지를 잘 보여주는 설명은 마르크스가 《정치경제학 비판 요강》에서 제시한 방법, '추상에서 구체로의 상승'("die Methode, vom Abstrakten zum Konkreten aufzusteigen")이다. 마르크스의 분석은 추상에서 출발해 구체로 나아간다. 우리는 보통 경제를 분석하려면 제일 현실에 가까운 곳, 즉 인구에서부터 출발하면 될 것이라 생각한다. 과연 그럴까. 지역과 가구의 분포를 살핀 다음 점점 더 안으로 들어가면 본질이 보일 것이라 생각하는데, 마르크스는 그렇지 않다고한다. 자기도 해봤는데 되지 않는다며 반대의 방향, 즉 추상에서 구체로 가는 연구 방법을 택한다. 건물을 지으려면 터 닦기를 하고 층을 높이고 그다음에 벽돌을 쌓는 과정을 거쳐야 한다는 말이다. 어떤 자재를 쓸지 개념이나 추상적인 것을 먼저 짜고 마지막에 인테리어처럼 구체적인 것으로 나아가야, 마지막에 우리가 처음 이해해보려 했던 인구에 대해서도 제대로 이해가 가능하다는 것이다. 앞서 말했듯이 그것은 상식적 세계와는 상이한 순서로 가는 길이라 우리로서는 선뜻 받아들이기 힘들다. 마르크스와 더불어 생각해보기는 이렇게 익숙한 세계를 뒤집어보는 경험이기도 하다.

마르크스는 《자본 I》의 서문에서 추상에서 시작하는 이유를 이렇게 밝힌다.

왜 그럴까? 그것은 완성된 신체를 연구하는 것이 그 신체의 세포를 연구하는 것보다 더 쉽기 때문이다. 게다가 경제적 형태에 대한 분석에서는 현미경이나 화학적인 시약들이 아무런 도움이 되지 않는다. 거기에서는 이런 것들 대신에 **추상화할 수 있는 힘**Abstraktionskraft이 필요하다. (《자본 I》: 44)

이제 추상에서 구체로 나아가는 분석의 실례를 살펴보자. 이때도 '무엇을' 분석하는가의 문제는 '어떻게' 분석하는가의 문제와 따로 떨어져 있지 않다.

세계 경제에서 금융은 가장 활발하고 점점 더 중요성이 커지는 영역이다. 그리스뿐만 아니라 한국에서도 금융 문제는 시대의 첨단이다. 그 중요성을 보더라도 현실 문제를 분석하려면 금융에서 출발하는 것이 적합해 보인다. 그런데 마르크스는 금융을 맨 나중인 《자본 Ⅲ》에서 다루고 있다. 금융자본주의가 19세기 말에 들어 본격화되어 마르크스가 잘 몰라서 그랬으려니 생각하면 오해이다. 마르크스가 요즘에 태어나 《자본》을 썼더라도 금융부터 쓰지는 않았을 것이다. 《자본 Ⅲ》은 정말 놀랍게도, 그 당시는 신용이라는 게 지금처럼 많이 발전하지 않았는데도 이미 지금 시점의 신용의 상당 부분을 다루고 있다. 비록 책을 완성하지 못한 채 친구 엥겔스에게 숙제로 남겨두고 갔지만, 《자본 Ⅲ》 5편에서 다루는 금융 영역의 분석은 지금 상황에 적용해도 유효해 보이는 중요한 논점이 많다.

그런데 왜 책은 금융에서 시작하지 않고 금융을 맨 마지막에 다루었을까? 현실에서 부딪치는 실감의 차원에서는 금융이 맨 앞일 텐데 그걸 나중에 다룬 이유는 무엇일까? 흔히 오해하듯, 마르크스가 제조업과 산업노동자를 중시했기 때문에 그런 것일까? 금융이 시간적으로 나중에 출현해서 그럴까?

역사 발전의 순서에서 보면 어떠할까. 우리는 보통 책을 쓸 때 내용과 사건을 연대순으로 쓰기 쉽다. 자본주의가 출현한 초기에 고리대가 있었다. 그와 동시적으로 상인들이 있었고, 한참 뒤에 산업자본가들이 생겨났다. 발전 순서로 보면 고리대와 상인자본을 먼저 다루고, 산업자본을 나중에 다루는 게 정상일 텐데, 마르크스는 그와 반대로 탐색한다. 산업자본(《자본 Ⅰ》 7편)을 앞쪽에서 다룬 다음 《자본 Ⅲ》에 가서야 상인자본(《자본 Ⅲ》 4편), 고리대(《자본 Ⅲ》 5편)를 다룬다. 상인

자본과 고리대는 자본주의가 출현하기 위한 전사前史일 수는 있으나 자본주의 지체를 이해하기 위한 출발점은 아니라는 것이다. 고리대는 자본주의 시대에 와서 이자를 낳는 자본으로 전화하여 금융이 되는데, 이 점에서 자본주의적 금융과 고리대는 다르다고 마르크스는 말한다. 그래서 책의 순서는《자본 I》1편 '상품과 화폐'에서 시작해 노동력, 임금, 자본 축적, 자본 유통에 관한 논의를 거쳐 금융의 장이 뒤쪽에 놓인다.

이는 금융을 설명하려면 일정한 논의가 선행해야 한다는 생각으로 이해된다. 화폐자본의 순수한 축적으로서 금융을 만나기 전에 먼저 이자라는 수입이 이윤으로부터 나오며, 이윤의 원천은 인간의 노동력이라는 것을 알아야 한다는 것이다. 그러지 않으면 자본이 가치를 창조하는 속성을 지닌다는 식의 속류적 결론을 쉽게 수용하게 될 것이다. 그렇게《자본》은 우리 손에 잡히는 가장 직접적이고 구체적인 실물에서 시작하지 않고 현상에서 가장 먼 곳, 추상적 개념에서 시작한다. 그리고 이러한 순서를 밟는 이유는 마르크스가 자본주의의 핵심 비밀을 '잉여가치Mehrwert의 생산'에서 찾고 있기 때문임을 알 수 있다.

물신숭배의 완성을 분석하기

금융 부문의 서술과 관련해 생각해볼 수 있는 것이 '물신숭배Fetischismus'라는 쟁점이다. 이 개념은 마르크스의 여러 논의 중 어려운 부분에 속하지만 중요하다. 논란이 많은 대목이니 조심해서 맥락을 잘 따져 읽어야 한다. 물신숭배는《자본 I》1편 '상품과 화폐'에서 처음 등장한 다음 사실 세 권에 걸쳐 책 전체를 관통하는 개념이다. 특히 물신숭배의 완성이 금융 부문에서 언급되는 것을 보더라도 금융에 대한 논의를 책 뒤쪽에 둔 것은 필연적으로 보인다. 마르크스는《자본Ⅲ》에서 삼위일체 정식의 물신성을 비판하면서 물신숭배의 완성을 말한다. 잉여가치를 임금, 이윤, 지대라는 수입으로 나누고 이를 노동, 자본, 토지라는 수입의 원천과 관련지어 그 사물의 당연한 속성으로 간주하는 데서 경제학의 물신숭배가 완성된다는 것이다. 자본은 이윤을 낳고, 노동은 임금을 낳고, 토지는 지대를 낳는 것이 당연해지는데, 이것이 구체에서 추상으로 나아가는 경험주의 세계의 전도된 물신숭배인 것이다.

> 자본-이윤(기업가수익+이자), 토지-지대, 노동-임금, 이것이 사회적 생산과정의 모든 비밀을 구성하는 삼위일체 정식이다. (《자본Ⅲ》: 1087)

마르크스는《자본Ⅲ》에서 이윤이 배분될 때 이자를 낳는 자본에게 돌아가는 부분을 이자로, 이윤을 만들어내는 자본에게 돌아가는 부분을 기업가수익으로 부르면서 이자를 낳는 자본과 산업자본을 구분한다. 이렇게 되면 현실에서 자본을 가장 잘 대표하는 것은 역설적으로 이자를 낳는 자본, 즉 화폐자본이 된다. 은행에 돈을 맡기면 나오는 이자, 이 불로소득이 가장 정확한 자본의 모습이라는 것이다. 그렇게 되면 자본가의 형상도 바뀌게 된다. 노동자와 한 번도 마주친 적이 없으면서 자본의 수익으로 돈을 챙겨가는 사람이 더욱 자본가적 인물로 등장한다. 이는 마치 신자유주의 시대의 자본가 모습과 매우 흡사하다.

또 그렇게 되면 작업장에서 노동자와 늘 대면하는 산업자본가의 형상도 달라진다. 기업가 수익의 함의가 달라지는 것이다. 산업자본가는 이윤을 남기기 위해 일하면서도 자본을 금융에서 차입해 쓰는 이상 이윤의 상당 부분을 이자로 내게 된다. 그래서 그들은 자신들도 노동자라고, 노동의 대가를 받는 사람이라고 주장하면서 불로소득을 챙기는 화폐자본이야말로 노동을 갈취하는 이들이라고 말한다. 이 얼마나 역설적인 상황인가. 노동자들 옆에서 매번 적대하는 기업가는 노동자와 마찬가지로 노동하는 자이고, 반면 자본가는 노동자들과 떨어진 곳에서 노동도 하지 않으면서 이자만 챙기는 이자를 낳는 자본이라니. 노동자로서는 그런 자본가를 작업장에서 마주칠 일이 생기지 않는다. 작업장에서 마주칠 수 있는 자본가는 이미 자기는 자본가가 아니라 노동자라고 말하는 기업가뿐이다. 이것이 마르크스가 말하는 물신숭배의 완성이다.

자본주의 사회가 왜 바꾸기 어려운지 잘 지적해주는 대목이다. 우리가 《자본 Ⅰ》만 읽는 데 그친다면 마르크스는 노동력의 상품화, 작업장에서 노동과 자본의 대립, 노동자와 자본가 사이의 피치 못할 적대적 관계 등을 자본주의의 핵심으로 여겨서 변혁의 가능성을 이야기했다고 이해하기 쉽다. 그렇게 이해하고 말면, 자본주의가 유지·심화되는 지금 세계를 보면서 사람들은 마르크스가 틀렸다고 말할지 모른다. 하지만 마르크스는 《자본 Ⅲ》에 가면 현실의 계급 대립은 결코 《자본 Ⅰ》에 나오는 방식으로 나타나지 않는다고 지적한다. 노동자가 만나는 자본가가 사실 노동자로 보이고, 진짜 자본가는 노동자가 일상에서 만날 일이 없다는 역설을 보여준다. 그런 판국에 어떻게 자본과 노동의 싸움이 생각되는 대면적 방식으로 벌어질 수 있겠는가. 거기서 물신숭배의 완성이 확인된다.

그렇게 금융이 세상에서 가장 급박한 현실일 수 있는데도 마르크스의 분석은 그곳에서 시작하지 않는다. 금융의 진정한 의미와 영향력을 이해하려면 우리는 그를 따라 그의 저작 2000쪽 이상을 읽어가야 한다.

《자본》의 서술 순서가 추상에서 구체로의 방향을 따르므로 우리가 일상생활에서 접하는 문제 해결과는 다른 순서로 진행된다는 것을 금융을 예로 들어 설명했다. 분석이 현상의 반대 지점을 가리키는 또 다른 예로《자본 Ⅲ》 3편에서 다루는 평균이윤율을 들 수도 있다. 마르크스가 주장하는 위기론의 핵심에는 '이윤율의 경향적 저하 법칙das Gesetz des tendenziellen Falls der Profitrate'이 있다. 총자본의 평균이윤율이 전체적으로 점차 하락하는 경향이 있다는 것을 말한다. 이윤율이 하락하면 기업은 그전과는 다른 행태를 보이는데 하락하는 이윤율을 이윤량 증대로 상쇄하거나 착취를 강화한다. 더 나아가 금융화가 진행되는 등의 변화가 일어난다. 그런데 정작 현실에선 '경향적 법칙'이라는 평균이윤율이 직접 관찰되지 않는다. 역설적으로 현실에서 관찰되는 것은 오히려 '평균이자율'처럼 보인다. 그것은 기준금리를 보면 알 수 있다.

한국은 한국은행, 미국은 연준(연방준비제도이사회)이라는 중앙은행은 항상 시장에 개입해 이자율을 통제한다. 기준이자율을 정해주면 그에 준해 이자율이 변동한다. 이에 비해 이윤율은 산업 부문의 수익의 좋고 나쁨에 따라 들쭉날쭉하며, 경쟁을 통해 끊임없이 변하는 것처럼 보인다. 그렇게 현실에는 평균이자율만 있지 평균이윤율을 찾아볼 수 없는 것처럼 보인다. 그렇지만 마르크스는 실제로 존재하는 법칙은 평균이윤율이지 평균이자율이 아니라고 한다. 현실에서 그와 반대로 나타나는 것은 자본의 운동이 그 사실을 감추거나 또는 뒤집어 놓기 때문이라는 깃이다.

서로 다른 자본은 처음에 노동력 사용과 기술적 조건에서 차이가 나 상이한 수준의 잉여가치를 생산한다. 그런데 자본 간 경쟁의 결과 잉여가치 배분은 평균이윤율이라는 중심점을 형성하게 된다. 평균이윤율은 생산된 잉여가치 총량을 전제로 하고 그다음에 자본 간 경쟁 운동을 통해 형성되는 현실의 구체적 운동의 중심점이라 할 수 있다. 그래서 개별 이윤율이 아니라 총자본 수준의 평균이윤율의 상승과 하락은 잉여가치 생산 총량의 상승과 하락의 결과로 이해되고, 자본의 장기적 대응의 기준이 된다. 그에 비해 이윤으로부터 배분되는 이자는 평균이윤율의 전제가 되는 잉여가치 총량과 같은 전제가 없기 때문에 운동을 규정하는 법칙이 없다. 순전히 시장에서의 수요와 공급의 관계에 의해 그 수준이 결정될 뿐이다.

《자본》 읽기는 우리가 지금 겪고 있는 사회에 대한 비판 작업이지만, 이 일에 나서기 위해서는 오랜 독해의 노력이 요구된다. 마르크스가 직접 편집·교정한 1000쪽짜리 《자본Ⅰ》을 다행히 떼고 난 초심자라 하더라도 《자본Ⅱ》에 진입하다가 거의 대부분 포기하고 만다. 무엇보다도 책이 난해해서 그렇다. 《자본Ⅱ》나 《자본Ⅲ》은 쓰다가 멈춘 미완 상태이니 그렇다고 쳐도, 《자본Ⅰ》조차 완독하기 쉽지 않다. 《자본Ⅰ》이 책의 요체라고 하니 작심하고 덤벼도 번번이 맨 앞 '상품과 화폐' 편의 난해함 앞에 진절머리를 치며 주저앉고 만다.

그렇게 되면 앞서 음악 작곡에 비유해 말했듯이, 독자로서는 작곡이 어떻게 이루어지는지 분석해보지 못하고, 그저 인상과 느낌에 따라 듣기 좋은 음악과 듣기 싫은 음악으로 나누는 정도의 감상에 머물게 될 것이다. 마르크스를 몰라도 살아가는 데 큰 지장이 없는 세상이 되었으니 마르크스를 자본주의를 비판한 사람쯤으로 알고, 좋아하거나 싫어한다, 중요하게 여기거나 그렇지 않게 여긴다 정도의 느낌만을 가진 채 지나치게 되는 것이다. 자본주의가 좋은지 나쁜지만 판단하면 되지 뭘 그렇게 자세히 분석할 필요가 있겠는가 하면서 말이다. 자본주의가 어떤 체제인지는 누구나 겪어봐서 잘 알고 있다는 듯이 말한다.《자본》은 그만큼 읽기 어렵고, 전체 세 권을 독파하려면 숙련된 학습자도 1년 이상 걸린다. 그것도 길을 잘 잡았을 때의 이야기이고, 좋은 안내자를 만나지 못하면 대부분 포기하게 된다. 그런데도 아직까지 책을 꾸준히 찾는 독자의 수가 줄지 않는다는 사실은 미스터리이다.

마르크스의 논의가 추상적 개념을 통한 분석적 전개임을 받아들이고《자본Ⅰ》에서부터 따라온 독자라면 벽돌 쌓기의 이론적 결론으로 마르크스의 사유를 제법 이해할 수 있을 것이다. 하지만 벽돌 쌓기에 대한 이해가 없이 일상적인 경험의 세계에 머물러 있는 이라면 이 사유를 따라가기 어려울지도 모른다. 이는 경험적 세계의 현실 감각이나 일상의 감과는 완전히 다르기 때문이다. 이 인식적 한계를 어떻게든 헤쳐 나가는 것이 중요하다. 마르크스는 현상 세계의 감으로 현실을 대적하는 것은 분풀이에 그칠 뿐이고, 분석이라는 방법을 통해 벽돌을 한 장 한장 들어봐야 실제 돌파가 가능하다는 이야기를 하고 있다.

세 가지 시간: 마르크스의 거울 1

마르크스는 왜 자신의 글을 계속 고쳐갔나

우리는 보통 사회를 볼 때 그것이 움직인다는 생각은 잘 안 한다. 에스에프 영화를 보다 보면 시간의 문이 열리는 장면에서 어느 순간 주인공만 빼고 주위의 모든 것이 정지해 있는 모습이 나온다. 사회를 분석할 때도 그런데, 우리는 자신만 빼고 세상의 모든 것이 멈춰 있다는 듯이 사회를 바라보는 데 익숙하다. 문제는 이 사회가 계속 움직인다는 것이다. 고정되어 있지 않고 움직이는 현실을 어떻게 그려낼 수 있을까? 모델을 두고 그림을 그리고 싶은데 모델이 계속 뛰어다니는 상황이나 마찬가지이다.

마르크스의 고민 중 하나는 사회를 그릴 때 정적인 이미지로 순간 포착을 하면서도 움직이는 측면까지도 놓치지 않아야 한다는 것이었다. 개념 파악이라는 말뜻 그대로 손에 잡힐 듯 한순간 멈추었다가 곧바로 흐름이 지속되는 모습을 지켜봐야 했다. 사회는 변한다. 변하긴 변하는데 일정한 관성이나 패턴을 유지하면서 지속된다. 그렇다면 벽돌 쌓기라는 방식으로 이를 어떻게 재현할 수 있을까. 다시 말해 멈추어 있는 시간과 흘러가는 시간이라는 두 시간성을 어떻게 동시에 보여줄 수 있을까를 고민하지 않을 수 없다.

사회는 한편에선 고정되어 있으면서 다른 한편에선 끊임없이 움직이기도 한다. 우리는 움직이는 현재 속에서 내일을 바라보는데 어제와 같은 위치에 있는 것 같지만 분명히 달라진 점이 있다. 저녁이 되면 아침의 출발 지점과 별 차이가 없어 보이지만 조금씩 자리가 바뀌어 있다. 그 변화를 잡아내야 하고, 잡아낸 변화를 관계 속에서 설명해야 한다. 그래서 마르크스가 운동이나 재생산을 말할 때 그것은 단순히 원점으로 회귀하는 게 아니라 뭔가 변화를 수반하는 상태에서 순환하는 것을 뜻한다. 변화의 누적이 생기는 것이다. 보통 공장을 돌린다고, 공장이 돌아간다고 말하지 않는가. 공장은 문을 닫지 않는 이상 계속 돌아가는데 똑같은 원점 상태를 유지하는 게 아니라 생산력의 변화 국면이 계속 진행되고 또 생산관계가 일정하게 유지되는 상태에서 돌아가야 한다.

현대경제학은 경제를 원점 상태를 유지하면서 양적 균형을 맞추는 것으로 이해했다. 원점으로 돌아가기 위해 생산과 소비의 균형을 어떻게 맞출지가 경제학의 주된 관심사이다. 성장을 포함하더라도 근본적으로 다르지 않다. 그 균형을 가능케 하는 역사·제도적 조건이 경제학의 핵심 관심은 아니라는 점에서 그렇다. 마르크스는 경제가 원점 상태를 유지할 수 있는 것이 아니며 그러한 생각 자체가 모순이라고 본다. 연애하는 남녀 한 쌍이 있다고 해보자. 두 사람이 자신들의 관계를 일정 기간 원점 상태로 유지하려면 수많은 요인을 끊임없이 조정해야 하는데 그게 어지간히 어려운 일 아닌가. 오늘의 관계가 내일의 관계와 100퍼센트 똑같을 수는 없다. 지난밤 둘이 한바탕 싸웠으면 다음날 관계는 달라질 수밖에 없고, 둘 사이에 제삼자가 개입하거나 가족과 직장 생활이 문제가 되는 등 여러 요인이 계속 관계를 건드리고 개입한다. 끊임없이 변화하면서도 유지되는 이러한 관계를 어떻게 포착할 수 있을까?

여기서 사회를 역동적인 동시에 분석 가능한 상태로 봐야 한다는 딜레마가 생긴다. 마르크스가 아무리 천재적이었다 해도 이 불가능한 시도를 하면서 얼마나 많은 시행착오를 거쳤겠는가. 모든 조건을 완벽히 갖춘 상태에서 머릿속에서 술술 떠오르는 생각을 그대로 적어 내려가면서 단숨에 완결된 원고를 쓰지는 않았을 것은 분명하다. 《자본》에 이르는 그의 글쓰기 여정을 보면 수없이 반복한 다시 쓰기의 과정이었다(비고츠키 2016; 로스돌스키 2003). 그의 다시 쓰기에는 연구 대상 확정, 서술 방법, 장과 절의 배치, 개별 자본과 총자본의 관계 등 수많은 고민이 축약되어 있다. 이 과정에서 마르크스의 강점은 머리가 손보다 빨리 움직인 것이라 할 수 있다.

손이 책을 쓰고 있는 와중에도 머리는 자기가 쓰고 있는 책의 문제점을 재빨리 간파해서 어느 부분을 어떻게 다시 고쳐야 할지 염두에 두다가, 손이 마침내 마침표를 찍자마자 또다시 보완 작업을 위해 스스로를 내모는 것이다. 바로 다음 단락에서 앞에 쓴 글의 요지가 틀렸다고 비판하는 것이나 다름없다. 보통은 이렇게 모순에 찬 글은 잘못 쓴 글, 나쁜 글이라고 할지 모른다. 그러나 사실 대가들은 분명하게 논리적이고 정합적으로 서술을 펼치며 마치 내부적으로 전혀 문제없는 것처럼 잘 봉합을 하면서도 글 속에 모순을 담아두고, 그로부터 새로운 계기가 열릴 수 있는 가능성을 담보해둔다. 데리다나 알튀세르가 지적하듯이 모든 텍스트는 분열되어 있고, 내적 모순으로 가득 차 있다.

차라리 그것이 정상적이지 않을까. 우리의 사고는 실제 현실의 여러 문제를 그 모순적인 상황까지 담아내야 하며, 그 사유의 한계조차 서술에 담아야 하기 때문이다. 서술이 항상 새로운 정정의 가능성에 열려 있어야 하는 것은 너무나 당연한 일이다. 마르크스의 집필 과정 이면에는 그 같은 고민이 숨어 있다. 그가 자신의 글을 계속 고쳐나간 것은 그러한 이유 때문이다. 마르크스는 고정되어 있는 동시에 변화하는 관계를 역사 속에서, 움직이는 시간 속에서 어떻게 서술할 수 있을까를 늘 고민했다.

적어도 세 가지 시간이 있다

《자본》에는 이러한 고민의 흔적이 도처에서 발견된다. 그런 고민의 흔적을 서로 다른 시간성을 결합해 자본주의 사회에 대해 서술하려는 시도에서 엿볼 수 있다. 이 문제를 먼저 《자본 Ⅰ》맨 첫 부분의 시간성의 구도에서부터 살펴보자. 알튀세르는 《자본》 읽기의 최대 난제는 1권 1편 '상품과 화폐'라고 지적한다. 책의 맨 앞에 놓인 그 부분을 읽고 나서 이해가 됐다고 생각하는 게 오히려 심각한 문제이며 잘못된 길로 접어든 것이라고 한다. 그러니 1편을 건너뛰어 2편 '화폐의 자본으로의 전화'에서 독서를 출발하라고 권한다. 그래야 오해 없이 1권의 큰 줄기인 잉여가치론을 명확히 이해할 수 있다는 것이다(알튀세르 1997b: 59/60).

노동자의 입장에서 보면 잉여가치론은 오히려 어렵지 않을 수 있다. 매일 자신이 노동 현장에서 겪는 일을 이야기하고 있으니까. 1편에 대한 앎이 전제되지 않더라도 2편을 읽는 데 큰 지장이 없으니, 1

편을 제쳐두고 읽은 후 마지막에 1편으로 돌아오라는 것이 알튀세르의 제안이다. 그렇게 말할 만큼 1편은 난해하다. 1장 '상품'의 복잡한 가치형태론을 이해하는 것은 쉬운 일이 아닌데, 이것이 대체 자본주의를 이해하는 데 왜 필요한지 아무런 지침 없이 바로 1장 독해를 시작하면 막막한 느낌이 들기 십상이다.

이렇게 1편의 난해함은 보통 1장 '상품'에 집중되지만 거기서 끝나지 않는다. 자세히 보면 2장의 위상을 이해하는 것도 문제가 된다. 1장이 '상품'이고 3장이 '화폐 또는 상품유통'인데 그 사이에 2장 '교환과정'이 끼어 있다. '교환 과정'이 길지도 않고 내용도 바로 연결되지 않다 보니 사람들은 이 장이 1장과 3장 사이에 들어갈 필연성이 없다고 생각하기 쉽다. 그런데 마르크스는 어느 작곡가보다도 자기 작품의 완결성을 중시한 사람이므로 생각한 바가 있었을 것이다. 게다가 1권은 자기 손으로 원고 감수를 다 했으니 대충 냈다고 할 수 없다. 1편의 1장과 3장 사이에 '교환 과정'이 들어가야 할 이유가 있다. 1장의 서술은 멈추어 있는 시간을 전제로 하고 설명을 했으니, 2장을 매개로 해 운동하는 시간으로 넘어가기 위해서라고 할 수 있다.

그다음 장에 가서도 후대 사람들의 질문은 계속된다. 3장 '화폐 또는 상품유통'을 보면 1절이 '가치척도'이고, 2절이 '유통수단'인데, 3절은 제목이 '화폐'이다. 보통 연구자들은 이를 많이 지적한다. 장과 절의 제목이 어떻게 동일할 수 있는가, 잘못 쓴 게 아닌가 하고 의문을 갖는다. 마르크스는 왜 그랬을까? 어떤 해설서에도 그에 대한 설명이 잘 나와 있지 않다. 마르크스가 잘못 썼겠지 하고 넘어가면 그만이지만, 결코 그렇지 않다. 3장의 서술 순서를 잘 분석해볼 필요가 있다.

1편 1장 '상품'은 가치형태론이라는 상당히 어려운 주제를 다루고 있다. 가치가 화폐로 이어지는 과정을 상대적 가치형태, 등가형태를 거쳐 일반적 가치형태가 등장하는 순서로 이야기한다. 그런데 가치형태를 설명하는 지점에 나오는 중요한 단어가 '거울'이다. 가치형태론은 화폐라는 거울이 만들어지는 과정이라고도 할 수 있다. 거울의 메타포이다. 마르크스 이후에 이를 적극 차용한 대표적 학자로 라캉을 꼽아보는 것은 이상한 일이 아닐 것이다. 라캉의 개념인 '거울 단계' '상상계' '조각난 신체'에 대한 설명은 《자본 Ⅰ》 1편 1장을 이해하면 쉽게 받아들여질 수 있다. 누구나 자신의 얼굴을 보기 위해선 거울이 필요하듯이 상품도 그 안에 있는 가치를 표현하기 위해선 거울이 필요하다. 바로 그 거울에 대한 설명이 가치형태이다. 하나의 상품은 그 것과 교환될 다른 상품과 대면할 때, 즉 교환 관계에서만 가치로 표현된다. 사회적 관계에서 상대의 존재 없이 자신의 가치를 나타낼 길은 없다. 상대방이 자신의 거울이다.

거울은 청년 마르크스가 좋아했던 메타포이기도 하다. 청년 마르크스는 그것을 포이어바흐한테서 배웠다. 포이어바흐는 '소외'라는 개념을 통해 기독교의 본질은 일종의 뒤집어진 '전도inversion'라고 보았는데, 그것이 거울이다(이 책의 '마르크스는 어떻게 자신의 사유 세계를 수립했는가'를 참조할 것). 인간의 본질이 거울에 비쳐져 외부로 투사된 것이 낯선 실체로서의 신이라는 것이다. 인간이 종교를 만들어낸 다음 거꾸로 종교의 지배를 받는 구도를 설명한 것이다. 어떤 의미에서 거울은 마르크스의 세계를 횡단하고 있다고 할 수 있다.

그런데 마르크스는 1845년 〈포이어바흐 테제〉를 씀으로써 포이어바흐와의 단절을 선언한 셈인데, 왜 '성숙한' 이 시기에 거울이, 포이어바흐한테 배운 그 거울이 다시 나타났을까? 단지 답습했을 뿐일까? 오랜 변화와 숙고의 시간을 거친 후 다시 나타나는, 포이어바흐적 구도처럼 보이는 거울의 의미는 무엇일까?

거울 메타포의 핵심은 바로 거울에는 시간이 없다는 것, 시간이 정지해 있다는 것이다. 거울에는 시간이 들어설 수 없다. 거울은 전도, 즉 상이 뒤집혔음을 말한다. 그것은 고정되어 있는 시간, 운동과 역사가 없는 시간이다.

이로부터 《자본》의 서술을 살펴보면 책에는 서로 다른 시간대를 다루는 서술이 섞여 있음을 알 수 있다. 다시 말하지만 마르크스는 둘 또는 그 이상의 시간성을 결합하는 일에 공을 들였다. 물론 하나의 분석에 두 시간성을 동시에 섞는 일은 쉽지 않다. '상품' 장에서는 거울을 통해 고정된 시간을 이야기한다. 그에 이어 그는 노동력 상품이 또 하나의 상품을 생산함으로써 잉여가치를 만드는 일련의 과정을 '착취 Ausbeutung'라고 말한다. 《자본 I》 전체를 한 단어로 요약하라면 자본주의의 착취라고 할 수 있다. 여기에 연결되어 추가되는 《자본 II》과 《자본 III》의 핵심 단어는 '운동'이다. 자본주의는 운동하는 것이며, 자본의 자기운동인데, 운동은 역사와 밀접히 연결되어 있다. 쉽게 생각해도 운동은 시간 속에서만 가능하다.

그러니까 《자본 I》 맨 앞 1장에서는 고정된 시간 속에서, 그리고 2장 이후에는 자기운동 하면서 변화하는 시간 속에서 자본주의 분석이 진행되고 있다고 할 수 있다. 마르크스가 분석하기에 자본주의를 연구하려면 한편에는 거울이라는 정지 상태를 통해 시간이 고정된 그림 속에서 보여줘야 하는 뭔가가 있고(이를테면 화폐), 다른 한편에는 자본의 운동, 재생산처럼 시간 속 변화 국면에서 설명해야 하는 게 있다. 마르크스에게 자본은 전도이며 착취이자 동시에 운동이다. 그는 자본주의에 대해 말할 때 항상 이 단어들을 병렬해 쓴다.

　앞서 말했듯이 2장 '교환 과정'을 사이에 끼워놓은 이유도 그러하다. 먼저 '거울'을 말했으니 이제 '운동'으로 논의를 넓혀나가야 한다. 2장에선 다수의 상품 판매자가 전제되고, 현실의 교환에서 판매와 구매가 분리되는 과정이 설명된다. 움직이는 시간성 속에서 '운동'을 준비하며 변주하고 있다. 1장의 '거울'은 시간 외부의 설명이니 여기에 머물면 포이어바흐적 문제 설정의 한계로 되돌아가는 것이 된다. 마르크스는 여기에서 그치지 않고 더 나아간다. 자본을 '역사' 속으로 확장·설명하기 위해 '운동'을 전제한다. 2장에서 그 작업을 하는 것이다. '거울'에서 '과정'으로 이행한다.

　《자본》이 정말 좋은 책이라고 언급하는 정도로 끝나지 않고 텍스트를 심층적으로 분석하려 했을 때 맞닥뜨릴 수밖에 없는 어려움은 이러한 것이다. 상이한 시간성이 혼재되어 있는 텍스트를 어떻게 한 가닥씩 풀어낼 수 있을까? 텍스트의 저자는 사회를 분석하려 할 때 어떤 장면에선 뭔가 정지되어 있는 스틸 신을 넣어 좀 더 해부학적으로 살펴보고, 또 어떤 장면에선 달려가는 신을 넣어 이번엔 움직이는 변화를 보여주려 했을 것이다. 두 신이 한 장면에 나란히 들어갈 수는 없었을 테니 더욱 힘들었을 것이다.

　어쨌든 운동하는 시간성을 넣기는 넣었다고 치자. 그런데 운동하는 시간성을 작동시키고 나니 운동은 역사이니, 여러 요소가 변수들로 작용할 것이다. 그 속에서 어떤 장면들은 움직이기는 하나 사실 별로 변화하는 것 같지 않는 '되풀이'로서 나타나기도 한다. 그렇지만 되풀이

된다고 해서 시간이 정지한 것은 아니다. 자세히 살펴보면 우리가 되풀이라는 말을 쓸 때 시간을 배제하는 큰 착각에 빠지기 쉽다는 것을 알 수 있다. 되풀이가 되풀이로서 나타나려면 그 이면에서 얼마나 많은 일들이 유지되어야 하는지 잊는 경우가 많다. 알기 쉽게 비유를 들어보자. 가족이나 연인 관계가 되풀이로서 별문제 없이 반복되려면 얼마나 많은 일들이 그것을 지탱해주어야 하겠는가. 경제적 바탕, 상호 존중, 친밀성, 묵인, 충격에 대한 적절한 반응 등. 이는 두 사람의 관계보다 더 큰 사회적 관계들의 적절한 작동을 전제해야 하는 일이다. 되풀이가 사실 시간 속에서 진행되는 일임을 뒤늦게 아는 것은 그 관계가 위기에 처했을 때이다. 위기가 발생한 이후에 비로소 복구하고 수선해야 할 조건들이 너무 많다는 것을 새삼 깨닫게 된다.

이런 이유 때문에 되풀이의 시간성과 더불어 그런 되풀이를 깨는 좀 더 의외의 일들이 발생하는 또 다른 시간성을 상정해볼 필요가 있다. 그런 일들은 우리 눈앞에 그야말로 큰 '변화'로 다가오기도 한다. 되풀이를 되풀이로 만들지 못하는 것처럼 보이면서 말이다. 그렇다면 능력 있고 성실한 저자라면 되풀이를 되풀이로 만드는 시간성의 조건들을 다루는 동시에, 그에 한정되지 않는 이 갑작스러운 전환이나 변화에 대해서도 독자의 이해를 돕기 위해 설명을 덧붙이려 할 것이다. 반복되는 것으로만 이해되지 않는 어떤 역사적 현장이 늘 있으니까.

그래서 이렇게 정리해볼 수 있다. 같은 움직이는 시간성이지만, 반복되는 것처럼 보이는 시간성이 하나 있고, 그와 달리 스토리가 반전되듯 기존 궤도를 벗어나 이탈하는 것처럼 보이는 또 하나의 변동의 시간성이 분기할 수 있다. 현실 속엔 그런 경우가 적지 않다.

두 움직이는 시간성 중 전자를 마르크스는 《자본》에서 재생산이라는 개념을 통해 설명하려 했다. 특히 화폐, 노동력의 재생산은 자본 운동의 핵심적 측면이다. 그리고 이 재생산의 가장 큰 특징은 출발점으로 돌아온다는 것이다. 그런데 뒤에 다시 말하겠지만, 이 재생산은 저절로 이루어지는 것이 아니며 출발점도 사실은 동일한 출발점은 아니다. 마르크스의 가장 큰 기여이자 그에 대한 가장 큰 오해가 바로 여기에 있다. 재생산이 시장의 자기 조절 따위로 이루어지는 게 아니라 바로 그가 '계급투쟁'이라 부른 사회적 적대를 통해 진행되며, 또 화폐의 모순을 매개로 해서 작동함을 강조했다는 데서 그의 독창성이 두드러진다.

이렇게 재생산을 이해하면 또 하나의 움직이는 시간성, 즉 두드러지는 변동의 시간성도 《자본》에서 관찰된다. 《자본》의 몇몇 핵심 서술에서 마르크스는 이를 계급투쟁이라는 말과 결부해 설명한다. 그러나 앞서 지적했듯이 이 시간성만이 계급투쟁의 특권적 장소는 아니며, 재생산 영역도 사회적 적대와 투쟁에 이미 연루되어 있음을 잊어서는 안 된다. 마르크스는 이 두 번째 시간성의 역사적 변동의 특징을 그에 앞서 서술한 되풀이되는 재생산의 논리로 환원해 설명할 수 없지만 또 그와 무관한 귀결로 가는 것도 아님을 강조하기 위해 계급투쟁이라는 측면을 더욱 부각한다.

영국에서 1838~1848년 노동 대중을 중심으로 차티스트 운동이 일어나자 자본가들이 그에 대응하면서 기술혁신이 일어났으며, 기술과 노동 조건이 바뀌자 노동자들은 단합해 참정권을 요구하기에 이르렀다. 이 일은 정해진 궤도에서 돌아가는 재생산의 시간성만으로 해석할 수 없다. 《자본 Ⅰ》을 살펴보면 그와 같은 역사적 내용이 3편 8장 '노동일', 4편 13장 '기계와 대공업', 7편 24장 '이른바 본원적 축적' 등에 집중적으로 들어가 있다. 그 분량이 책 전체의 3분의 1 정도를 차지한다. 그렇다면 다시 이렇게 정리해볼 수 있다. 거울이나 스틸 신처럼 고정된 시간성이 나오고, 일정한 궤도를 따라 돌아가는 시간성이 있고, 또 궤도가 끊어진 지점에서 사회 급변처럼 갑자기 튀어나오는 시간성이 있다. 마르크스는 그 부분들을 따로 전개하면서도 결합한다.

마르크스는 《자본》의 초고를 1857년부터 쓰기 시작하는데 당시엔 2, 3년이면 탈고할 거라고 했다가 성공하지 못했다. 그러다가 첫 부분만 쓴 상태에서 1859년에 《정치경제학 비판을 위하여》를 출판한다. 그 후 본격적으로 저술에 뛰어들어 1861~1863년 엄청난 양의 초고를 쓰고, 또다시 사고를 재정리한 다음 1863~1865년 초고를 추가하고, 그중 쓸 만한 걸 모아 1867년 《자본 I》을 출판한다. 그런데 1857~1867년 10년 동안 현실에선 무수한 사건이 벌어진다. 마르크스는 점점 더 현실이 하나의 시간성을 통해서만 설명될 수 없음을 깨닫고 겹쳐진 상이한 시간성들을 보여줘야 한다는 고민에 봉착하게 된다. 다시 강조해둘 것은, 그가 계속해서 '자본주의적 법칙'을 강조하고 있는 데서 확인되듯이 시간성에 대한 고민이 자본주의 역사에 대한 서술을 '우연성'에 던져 넣는 것은 아니다. 그가 역사 법칙은 '경향적 법칙'이라고 설명한 데서 확인할 수 있듯이, 상이한 시간성의 겹쳐짐에 대한 고민은 법칙이면서 경향으로 작동하는 역사 법칙의 특이성을 바라보는 관점을 전제하고 있다.

이렇게 해서 우리는 《자본》을 읽을 때 적어도 세 가지 시간성을 만나게 된다. 그 가닥을 찾아내면서 마르크스가 왜 거기서 그렇게 서술하는지 추론해보며 읽으면 색다른 독서 경험이 될 것이다. 독자들은《자본》을 읽으면서 수많은 난관에 부딪히게 된다. 가치형태론의 난해함, 100쪽 분량을 훌쩍 넘기는 역사 전개, 본원적 축적에 대한 긴 설명, 자본 순환에서 출발해 재생산 표식까지 이어지는 논리의 난해함, 미완성의《자본 Ⅲ》이 제기하는 수많은 이론적 쟁점 등. 하지만 잘 보면 아주 정교하게 배치되어 있는 책이다. 저자로선 꼭 그렇게 써야 했던 이유가 있었다. 이러한 고민을 무시하고 마르크스가 모든 사회 현상을 경제로 환원하는 오류를 범했다고 치부하는 사람이라면 마르크스의 세계에 발을 들여놓기는 어려울 것이다.

화폐:
마르크스의 거울 2

《자본 I》의 1편은 상품과 함께 화폐를 다룬다. 그리고 앞서 강조했듯이 여기서 우리는 정지한 시간성을 전제로 한 '거울'이라는 설명과 마주친다.

가치형태론에 등장한 거울

자본주의의 핵심은 무엇인가. 일반적 등가형태로 화폐가 등장하고, 노동력 상품이 생산과정에서 자신의 가치 이상의 잉여가치를 만들어내며, 잉여가치 일부가 자본화됨으로써 자본 축적이 이뤄지고, 자본 간 경쟁의 강제 법칙이 관철되는 사회. 이것이 마르크스가 그린 자본주의의 기본 틀이다. 화폐가 하나의 상품이며 상품들의 관계 속에서 나왔다는 것부터 살펴보자.

화폐는 상품의 가격을 매기기 위해 필요하다. 10만 원짜리 시계를 구매하려는 이에게 10만 원이라는 물건 값을 매기기 위해 화폐가 필요한 것이다. 그런데 무슨 근거로 10만 원이라는 가격을 매겼을까?

사람들은 원래 10만 원의 값어치가 있으니까 그랬을 뿐이라고 하거나, 아니면 수요와 공급이 10만 원에서 균형을 이루기 때문이라고 말하겠지만, 마르크스는 이에 수긍하지 않는다.

화폐가 없어도 시계의 값이 10만 원이라는 사실이 달라지지 않는다면 굳이 화폐의 필요와 기능을 연구할 필요가 없을 것이다. 보통 경제학에서 화폐에 대한 생각은 두 가지로 귀결된다. 고전파경제학처럼 시계가 10만 원어치의 속성을 가지고 있는지 상품 내적으로 분석해보든지, 아니면 신고전파처럼 시장에서 다른 상품과 비교해 10만 원으로 결정되는 과정을 분석해보든지. 그것이 보통의 경제학이 가는 길이다. 그 두 길에서는 화폐는 없어도 무방하다는 식으로 대체로 무시된다.

보통 경제학이 주장하는 바는 이렇다. 화폐의 유통 속도가 고정되어 있다고 가정하면, 1000억 원 상당의 물건이 생산되었으면 그 양만큼만 화폐를 발행해 유통시키면 된다. 만약에 900억 원이 풀려 부족하거나 1100억 원이 풀려 과도하면 시장에 교란이 발생한다. 결국 물건 값이 뛰거나 떨어진다. 그러니 정부는 화폐량을 적절히 조절한 다음 시장에 맡기면 된다고 한다. 경제는 실물경제가 중심이므로 정부는 실물의 공급과 수요가 맞는지를 살피면 되고, 화폐는 단지 교란 요인, 곧 치료될 요인에 불과하다고 본다. 이러한 경제학의 생각은 화폐 중립성이라는 논리와 통한다. '화폐 중립성monetary neutrality'이란 경제 현상을 분석할 때 화폐만이 갖는 어떤 운동이나 특성은 굳이 분석할 필요가 없다는 생각이다.

이에 이의를 제기한 이가 마르크스였고, 그 후 경제학에선 케인스가 등장했다. 계보상으로 보자면 이들이 화폐론을 정립했다고 할 수 있다. 물론 둘의 논점이 하나의 학설 안에 결합될 수 있다고 볼 수는 없다. 케인스는 화폐 중립성에 대한 반박 논리로 '유동성 선호liquidity preference'라는 이론을 전개한다. 화폐의 문제 중 하나는 화폐가 시중에 유통될 때 사람들은 그걸 물건 사는 데 쓰지 않고 주머니에 갖고 있고 싶어 한다는 것이다. 이를테면 돈의 20퍼센트 정도는 쓰지 않고 자신의 주머니에 넣어둔다. 급전이 필요하거나 은행에서 바로 돈을 인출하지 못하거나, 금을 팔지 못할 수도 있기 때문이다. 경기가 나빠질수록 유동성 선호가 커진다. 유동성 선호가 너무 커지면 돈이 안 돌게 되고 그때는 정부가 아무리 돈을 풀어도 소용이 없다. 사람들이 돈을 자꾸 유통에서 퇴장시켜 쌓아두면 결국 신용 경색이 발생할 수 있는데, 이는 시장의 수요 공급 문제와는 별도의 방식으로 다뤄져야 한다는 것이다. 화폐는 근본적으로 다른 문제라는 생각이다.

사실 현실에서는 생산물 총량과 화폐 총량이 일치하지 않는다. 어떤 돈은 사람들의 주머니에 한번 들어가면 나오지 않는데 이 불일치 때문에 금융에서 문제가 발생하게 되어 있다. 화폐의 중요성은 고전 파경제학에서는 인정되지 않다가 결국 케인스에 가서 부각된다.

케인스에 앞서 마르크스는 자본주의의 위기를 분석하려면 금융과 화폐의 여러 국면을 살펴봐야 한다고 강조한다. 화폐에 담긴 모순 논리를 드러냄으로써 사회적 관계의 존재론을 보여주고자 한다. 그로서는 10년 동안 천착한 끝에 자기 나름대로 정말 알아듣기 쉽게 설명한다고 보여준 논리인데 독자 입장에서는 전혀 그렇지 않다. 이해하기 어려운 것은 그의 사고의 독특성 때문일 것이다.

보통 마르크스 학설의 핵심을 노동가치론이라고 단순하게 오해하는 경우가 있는데 그렇지 않다. 가치는 인간의 노동에 있다고 보아 가치의 양이 노동시간에 비례한다는 노동가치론의 사고는 마르크스 이전에 고전파경제학이 수립한 주장이다. 마르크스가 노동가치론을 만든 게 아니다. 마르크스가 《자본》에서 하는 작업은 스미스와 리카도의 노동가치론을 일정하게 전제한 기초 위에 그들의 허점이 무엇인지 면밀히 들어다보는 일이다.

고전파경제학의 이야기는 이렇다. 면포 한 필이 쌀 두 말과 교환된다면 그 교환의 근거를 규명해보자는 것이다. 면포 한 필을 만들어내는 데 10시간의 노동이 들어갔고, 쌀 한 말에는 5시간의 노동이 들어갔으니까 시간을 표준화하면 노동시간이 2배 차이가 나므로 그렇게 교환된다는 식이다. 그런데 현물 상품끼리 교환하면 불편하므로 화폐를 만들어 구매자–상품, 판매자–상품을 매개하게 된다. 노동시간 1시간에 1만 원 하는 식으로 정식화하면 되지 않겠는가. 이제 면포 한 필을 사려면 10만 원을 내야 한다. 그것이 고전파경제학의 논리이다. 그런데 마르크스는 이를 그대로 받아들이지 않는다. 면포 한 필과 쌀 한 말은 생산에 투입된 노동시간의 비율이 2대 1이니 그렇게 등가교환이 성립하고 이를 화폐로 거래하면 된다는데, 도대체 이 설명에 무슨 문제가 있을까?

《자본》은 이러한 논리에 중대한 오류가 있다는 질문에서 시작한다. 고전파경제학이 가치의 근거를 노동시간이라는 속성에서 찾아냈다면, 신고전파는 가치를 선호의 문제로 본다. 전자가 상품 생산에 투여된 노동시간만큼 가치가 부여되어야 한다는 논리라면, 후자는 일종의 기회비용, 즉 한 물품의 생산은 다른 물품을 생산할 기회를 놓치게 됨을 뜻한다는 차원에서 그 비용이 책정되어야 한다는 것이다.

여기서 지적해둘 것은, 경제학에 대한 마르크스의 비판적 태도는 두 가지로 나뉜다는 점이다. 고전파경제학에 대해서는 그것을 '과학적 경제학'이라고 부르며, 학술적 비판을 주로 삼고 이데올로기적 비판을 부차적으로 다룬다. 반면에 고전파 이후의 경제학에 대해선 현실 변호론으로 바뀐 것으로 보고 '속류경제학'이라 부르면서, 학술적 비판이 아니라 이데올로기적 비판의 대상으로 간주한다. 이는 20세기에 와서 케인스 경제학과 신고전파경제학에 대한 마르크스적 비판에서도 반복되는 태도이다.

고전파경제학에 대한 마르크스의 비판은, 고전파의 노동가치론의 전제를 일단 옳다고 받아들인다면 왜 하필 상품 간 거래가 화폐라는 형식을 통해 매개되어야 하느냐는 것이고, 거기서 어떤 모순이 발생하는지를 묻는 것이다. 마르크스는 상품의 속성으로부터 교환 비율이 자연스레 결정된다는 생각을 비판적으로 전면 검토한다. 고전파경제학의 설명에 따르면 면포 한 필을 생산하는 데 10시간의 노동시간이 들어갔으니 가격을 10만 원으로 정했다고 하는데, 마르크스는 그걸 어떻게 알 수 있느냐고 거꾸로 되묻는다. 면포를 분해해 재료를 하나씩 현미경으로 들여다보니 거기에 노동시간이나 가치가 들어 있었느냐고. 면포 한 필이 10만 원이라는 사실을 어떻게 확인할 수 있느냐고.

한편으로 그 질문에 이렇게 대답해볼 수 있을 것이다. 교환해보면 알지 않느냐고. 면포 한 필을 쌀 두 말과 바꾸는 게 정당한 교환이라는 거다. 그렇다면 이제 다 해결되었을까? 면포 한 필의 가치는 쌀 한 말 가치의 두 배라고 하면 된다면 쌀 한 말의 가치를 알면 자연히 해결될 것이다. 그런데 쌀 한 말의 가치는 다시 면포 한 필 가치의 2분의 1이라고밖에 달리 말할 수 없다. 하나도 해결되지 않고 있다. 단지 교환 비율을 확인했을 뿐이지 여전히 면포의 가치를 알 수 없다. 면포를 생산하는 데 10시간 노동이 들어갔다 해도 10시간 노동이 보일 리 없다. 가치가 물품의 소재가 아닌 이상 생산에 투입된 노동이 눈에 보일리 없다. 노동시간은 보이지 않는다. 그런데 그게 일정 비율로 교환된다니 참 이상하지 않느냐고 마르크스는 되묻는다.

이 교환에서 면포를 상대적 가치형태, 쌀을 등가형태라고 부르자. 면포는 자신의 가치를 다른 물건을 통해 보여줄 수밖에 없다. 물론 보여줄 수 있는 건 교환 비율일 뿐이다. 면포를 A, 쌀을 B라고 하면 A의 자리에 놓이는 상품은 자신의 가치를 B를 통하지 않고는 스스로 보여줄 수 없다. 그렇다면 B를 A의 자리로 옮겨와보자. 이번엔 A 자리로 온 B는 또 다른 물건 A를 통해 자신의 가치를 보여줄 수밖에 없다. 이것은 풀 수 없는 난제이다. 다시 말해 거울의 모순이다. 라캉이 말했듯이 거울을 통해 보는 것은 '조각난 신체corps morcelé'이며, 신체에 대한 '상상적 이해'일 따름이다.

시인 이상의 시집 《오감도》에는 '거울'이라는 시가 있다. 내용을 읽어보자.

거울속에는소리가없소
저렇게까지조용한세상은참없을것이오

거울속에도내게귀가있소
내말을못알아듣는딱한귀가두개나있소

거울속의나는왼손잡이오
내악수(握手)를받을줄모르는—악수를모르는왼손잡이오

거울때문에나는거울속의나를만져보지를못하는구료마는

거울이아니었던들내가어찌거울속의나를만나보기라도했겠소

나는지금(至今)거울을안가졌소마는거울속에는늘거울속의내가있

소

잘은모르지만외로된사업(事業)에골몰할게요

거울속의나는참나와는반대(反對)요마는

또꽤닮았소

나는거울속의나를근심하고진찰(診察)할수없으니퍽섭섭하오

이상은 오른손잡이인 나를 만난 거울 속의 '나'는 왼손잡이라는 관찰에서 시작한다. 즉 거울 속의 나는 나와 비슷해 보이지만 사실 내가 아니라는 것이다. 거울을 통해서만 나는 나를 보지만(승인) 절대 거울 속의 나는 나일 수 없다는 것(오인)이 기본적으로 거울의 특성인데, 이 주장은 라캉이나 알튀세르뿐 아니라 마르크스의 가치형태론을 이해하는 데도 매우 중요하다.

자신의 모습을 보려면 거울이 필요하지만 거울에 비친 상을 실체라고 간주해서는 안 된다는 뜻이다. 우리 모두 매일 거울을 보며 살아간다. 거울에 비친 자신의 모습이 조물주가 만든 착시 현상일 수도 있지만 우리는 그것이 자신이라고 믿고 살아간다. 거울 관계의 핵심은 보는 이가 그 속에서 자기가 보고 싶은 것만 본다는 것이다. 거울에는 자신이 비쳐졌다고 생각하는 것만 보인다. 거울 속에서 '있는 그대로

의 나' 또는 자기 DNA의 이중 나선형 구조를 매일 아침 확인하는 이는 없다. 거울은 비추어진 일부만을 보여줄 뿐이며, 우리는 보고자 하는 것만을 보면서 모든 것을 보고 있다고 착각하며 지나친다. 우리는 자신의 외모 중 일부분만 좋아하면서 그게 자신의 모든 것이라고 생각하는 경향이 있다. 그렇지 않은 부분이 많이 있음에도 불구하고.

거울에 비친 상을 자신이라고 믿는 것, 그것이 '오인méconnaissance'이다. 달리 말하면 우리는 오인에 기초하지 않고는 자신을 '인정'할 수 없는 존재이다. 이때 우리를 비추는 거울이 '물物'이 아니라 '관계'여도 무방하다. 그렇게 마르크스는 속성·실체 위주의 사물 이해를 허물고 그 자리에 사회적 관계라는 거울을 위치시킨다. 마르크스의 거울 세계에서 화폐는 승인과 오인의 특권적 매개물이 된다. 화폐를 통해 비추어지고, '승인'된 것은 이 거울이라는 관계를 통해 '상상적으로' 구성된 특정한 현실이다.

화폐가 어떻게 등장하는지 살펴보자. 면포를 쌀이 아닌 다른 물품과 교환해보면 어떤 일이 일어날까. 이를테면 탁자나 의자, 가방 등과 바꿔보면 일정한 교환 비율의 규칙이 있음을 알 수 있다. 교환 비율이 생긴다는 것은 단지 교환이 자의적으로 이뤄지지 않는다는 걸 의미할 뿐이지 면포의 가치가 얼마인지를 알려주지는 못한다. 그러다가 어느 날 귀금속과 교환할 기회가 생기면 금 한 돈과 면포 한 필의 교환 비율이 나온다. 그다음부터는 금이 모든 것의 가치척도가 되기 시작한다. 금이 모든 물품과 교환되는 걸 보면서 사람들은 착각하게 된다. 금은 모든 것을 측정할 수 있는 어떤 속성을 가지고 있구나 하고. 면포한 필이 금 한 돈과 교환되는 상황에서 금 한 돈의 가격이 10만 원으로 결정되면 그때부터 우리는 면포 한 필의 가격을 10만 원으로 부르게 된다. 마치 화폐가 모든 것의 가격을 부르는 것처럼 보이는 현상이 나타난다.

> 화폐형태란 다른 모든 상품의 관계가 하나의 상품에 고정된 것일 뿐이다. (《자본 I》: 156)

이 세계에서는 근본적으로 어떤 물품도 자신의 가치를 혼자 스스로 드러낼 수 없다. 아주 모순적이다. 그런데 이제 화폐는 다른 물품의 가치를 보여줄 수 있는 존재처럼 부상한다. 그것이 착각이라는 사실은 공황기에 드러난다. 공황이 밀어닥치면 모든 물건 값이 요동치고 화폐가치가 변한다. 화폐가치가 요동치면 금값이 뛰고, 금값이 변동하면 즉각적으로 다른 물건들과의 교환 비율이 다 무너진다. 화폐도 여러 상품 중 하나일 뿐이라는 게 밝혀지는 순간이다.

자본주의 생산양식에서는 가치를 어떤 고정된 투시기로 비추어 알아낼 수 없는데, 그걸 마치 투명하게 비추어줄 것처럼 보이는 화폐라는 수단이 등장한다. 이 모순을 밝히는 일이 마르크스가 맨 처음 쌓아올린 벽돌이다. 자본주의라는 세계는 이 모순 위에 세워졌다는 것. 자본주의는 화폐에 기초하고, 모든 것은 화폐 관계이고, 화폐 관계의 본질은 사실 가치를 고정해 보여줄 수 없는데 고정해 보여줄 수 있는 것처럼 작동한다는 것이다.

전지적 자리에 올라선 화폐

화폐에 담긴 모순은 물신숭배 측면에서도 볼 수 있다. 《자본 I》에서 물신숭배에 대한 분석은 1편 1장 '상품'의 마지막에 나와 2장 '교환 과정'을 이어준다. 아직 화폐의 운동을 말하기 전 거울 속 정지된 시간이라는 그림 속에서 파악되는 것이다. 그 때문에 물신숭배론으로《자본》의 모든 핵심적 논리를 환원하면 정지된 시간성, 특히 마르크스 자신이 넘어섰던 포이어바흐의 구도로 회귀할 수 있다는 비판이 제기되는 것이다.

고전파경제학이 원래 면포 한 필이 10만 원이라는 가치가 있으니까 10만 원으로 부른다고 주장한다면, 마르크스는 현실은 그와 달리 화폐가 면포 한 필을 10만 원으로 불렀기 때문에 면포가 10만 원이라는 **사회적 가치**를 승인받게 되었다고 본다. 여기서 중요한 것은, 이렇게 가치를 부여하는 것이 상품에 내재된 가치와 무관하지는 않지만, 그 가치가 사회적 성격을 갖게 되는 것은 오로지 화폐의 부름을 통해서만이라는 점이다. 그것이 1편 1장의 말미에서 고전파경제학을 비판하면서 지적한 화폐의 물신성이다. 이것은 결정적인 차이이다. 그 차이를 인식하지 못하는 고전파경제학으로서는 화폐론이 필요 없고 모든 상품 교환이 투명하다는 결론에 이르게 된다. 마르크스는 현실은 전혀 그렇지 않고 순서와 위치가 뒤집혀 있다고 한다.

현실에서 면포 한 필을 생산하는 데 정확히 10시간의 노동이 들어가는 일은 없다. 10시간이 걸리기도 하고 9시간 반이 걸리기도 한다. 그럼에도 시장에서 면포 한 필의 가치는 10만 원으로 책정된다. 그 이야기는 서로 상이한 상황에 일정한 속성을 부여했다는 말이다. 그 속성은 면포에서 나오는 가치의 속성이 아니라 면포를 10만 원이라고 부르는 화폐의 힘을 가리킨다. 그것을 물신숭배라고 한다. 그리고 여기서 개별 생산이 어떻게 '사회적 생산' 속에 놓이고 노동의 사회화가 어떻게 이루어지는지에 대한 설명이 제기된다.

절대 권력을 부여받은 화폐는 이제부터 모든 것에 숨을 불어넣기 시작한다. 공장에서 시계를 만드는 노동을 10만 원으로 부르고, 집에서 빨래하고 음식 만드는 가사 노동은 0원으로 부르는 등. 자본주의에서 값어치가 없다, 무가치하다는 말은 사회적으로 인정을 받지 못한다는 뜻이다. 그리고 그 인정의 주체는 자본이고, 기준은 자본을 위한 잉여가치의 생산이며, 구체적으로 그 가치의 크기를 불러주는 것은 화폐이다. 다시 말해 대상이 무엇이든 사회적 인정성은 가치, 즉 얼마짜리라는 것으로 대변된다. 전업주부의 가사 노동이나 직장에서의 노동이나 노동력이 쓰이기는 매한가지일 텐데 화폐는 전자의 값어치를 인정하지 않는다. 왜 둘이 그토록 다를까. 잉여가치를 만들지 못하기 때문이다. 자본주의는 화폐가 규정력을 갖는 사회이다. 노동 자체의 속성으로부터 가치가 나오는 게 아니라, 화폐가 사회적인 노동과 사적인 노동을 구별하면서 사적인 노동에 대해선 지불할 필요가 없다고 규정한다.

마르크스는 이렇게 현실에서 나타나는 교환 과정을 뒤집힌 관계라고 한다. 이는 3자 관계라는 특징을 보인다. 고전파경제학은 교환 관계를 자유로운 교환 의사를 가진 두 사람의 평등한 관계로 보아 2자 관계로 파악한다. 마르크스가 말하는 3자 관계란 화폐가 두 상품 밖으로 빠져나와 위에서 둘을 수직적으로 내려다보는 모습의 관계를 말한다. 화폐는 2자 관계에서 비롯하지만 세 항이 만나 이루는 꼭짓점에 올라서면 모든 것을 지시하기에 이른다. 그때부터 화폐가 모든 것의 가격을 매기기 시작한다. 화폐는 상품들의 관계에서 나왔지만 마치 처음부터 그들의 바깥에 존재했던 것처럼 보인다.

66

이러한 화폐의 위력은 대단하다. 언젠가 소더비 경매에서 별로 유명하지도 않은 피카소의 그림이 2500만 달러 넘는 가격에 팔린 적이 있다. 화폐가 그 그림이 2500만 달러 이상의 가치를 지닌다고 하는 이상 2500만 달러가 되는 셈이다. 그렇다면 파는 이나 사는 이나 공정한 가격에 거래한 것일까.

사실 마르크스는 《자본》에서 생산 단위나 소비 단위보다 사회적 총자본에 대한 분석에 열중했다. 변호사의 노동은 가치가 얼마이고, 노동자의 노동은 가치가 얼마인지 정확히 아는 것이 그 책의 과제라고 보지는 않았다. 그래서 《자본》에서 개별 노동력가치에 대한 논의는 충분히 이뤄지지 않는다. 그보다는 노동의 사회화라는 기초 위에서 자본주의 사회가 짜인 구조, 즉 생산양식을 이론적으로 설명하는 데 주력했다. 이렇게 설명하면 개별 상품의 적정한 가치라는 질문보다는 사회적으로 생산된 총가치의 배분에 어떤 일들이 발생하며 왜 그런 배분이 발생하는지에 더 주목할 수 있게 된다. 그렇다고 화폐가 '허구적'인 가치를 무한정 부풀릴 수는 없다. 화폐는 창출된 가치의 총량과 가격의 총량이 일치해야 하는 가치법칙의 제약 속에서만 작동할 수 있기 때문이다.

그렇게 교환 과정은 교환 당사자끼리 서로 마주 보는 2자 관계, 즉 거울 관계에서 둘 사이에 화폐가 개입해 물신숭배적 구도가 형성되는 3자 관계로 넘어간다. 이제 대면하는 두 항에서 가치가 결정되는 것이 아니라 위에 올라선 화폐가 모든 걸 지시하게 된다. 그런데 문제는 3자 관계도 아직 시간의 외부에 있다는 것이다. 거울이란 시간의 외부를 말하지 않는가. 자본주의가 아직 움직이지 않고 있다는 뜻이다. 이 관계는 역동적이지 않고 규정성만을 보여준다. 그래서 1편 2장 '교환 과정'에서는 다수의 상품 소유자가 전제된다. 1장에선 전제되지 않던 다수의 상품 소유자가 구매와 판매를 하는 과정, 구매와 판매가 분리되고 그런 식으로 계속 이어지는 모습이 나온다. 바로 운동하는 시간, 자본주의의 역동적 현실에 대한 분석으로 들어가는 순간이다. 3자 관계에 있던 화폐가 이번엔 현실로 들어와 물건을 교환하는 사람들을 위해 다리를 놓아주기 시작하는 것이다.

그렇다면 1장에서 논의된 화폐는 3자 관계로 넘어갈 때의 하나의 구도나 특성을 말하지만, 2장의 화폐는 현실 속의 화폐를 말한다고 볼 수 있다. 현실 속에서 화폐는 일정한 양으로 존재하면서 누군가의 수중에 들어왔다가 나가기도 한다. 그렇게 화폐가 운동하기 시작하면서 모든 자본주의 관계를 매개한다.

생각하는 마르크스

노동력:
거울이 아닌 적대

화폐와 상품들의 3자 관계로 시작했다면 다음에는 노동력의 판매와 구매 관계를 본격적으로 살펴봐야 한다. 노동력을 둘러싼 판매자와 구매자의 이해관계는 처음부터 전혀 다르다. 구매한 "노동력의 소비과정은 동시에 상품의 생산과정이기도 하며 또한 잉여가치의 생산과정"이기 때문이다. 이제 "화폐 소유자와 노동력의 소유자가 함께 들어가는 **비밀스러운 생산의 장소**로 이 두 사람의 뒤를 따라가보도록 하자"(《자본 I》: 261).

노동력을 상품으로 팔다니 이게 무슨 뜻일까?

여기에 와서 마르크스는 이제 '거울'과는 다른 설명을 전개한다. 화폐의 모순과 달리 노동력이 가진 모순은 자본과의 관계에서 거울이 아닌 적대의 구도로 설명된다. 마르크스의 지적대로 상품 시장에서 구매자인 자본가가 구매하는 것은 노동자의 '노동'이 아니라 '노동력'이다. 노동력, 즉 노동할 수 있는 능력이 상품이다. 노동은 구매된 노동력이 생산과정에서 쓰임으로써 잉여가치를 생산하는 과정을 말한다. 그러니 임금은 노동력 상품의 가치로 선대先貸된, 미리 지불된 것이다. 노동자가 '노동'을 판매할 수 있다면, 즉 노동을 화폐와 직접 교환할 수 있다면 그들의 노동력에 기초한 자본주의적 생산 구조는 애초에 성립하지 않을 것이다. 고전파경제학은 노동과 노동력의 차이를 구분하지 못한다. 그렇지만 이를 구분하지 않음으로 해서 생기는 문제 자체를 무시하지는 못했다.

대표적으로 이는 애덤 스미스의 《국부론》의 모순적 서술에서 잘 드러난다. 마르크스는 잉여가치에 대한 고전파경제학의 학설사적 발전을 《잉여가치학설사》에서 매우 세밀히 다룬다. 본래 《자본 IV》로 출판하려 예정된 이 책에 대한 이해가 없으면, 《자본》에 대한 이해도 그만큼 제한적일 수밖에 없다. 스미스의 서술에서 발견되는 모순이 이 《잉여가치학설사》에서 세부적으로 잘 분석되어 있다. 애덤 스미스는 상품의 가치를 노동과 연관시키고자 했는데, 한편으로 그는 상품의 가치를 투하된 노동시간에 비례하는 것으로 이해하고자 했다. 그러나 이렇게 설명하게 되면 이윤의 원천을 설명할 수 없게 되는 문제가 발생한다. 생산에 투입된 기계는 그에 앞서 그것을 생산하는 데 투입된 노동시간으로 다시 환원되기 때문에 새로운 가치를 추가할 수 없기 때문이다. 그래서 스미스는 다시 생산된 상품의 가치가 노동, 자본, 토지의 대가로서 임금, 이윤, 지대로 '분해'된다는 새로운 논지를 펴면서 모순을 비켜가고자 했다. 병렬되어 나타난 이 모순이 리카도에 오면 더욱 은폐되면서 혼동은 해결되지 못한다.

마르크스는 이를 '과학적 경제학'이라 할 고전파경제학이 가진 계급적 한계라고 보았다. 노동과 노동력의 구분이 필요하다는 사실 자체를 인지하지 못한 것이 아니라, 그것을 이론에 담게 된 이후의 문제에 대한 거부가 지속적으로 경제학의 진전을 가로막았다고 본 것이다. 노동 대신 노동력이라는 개념을 도입하게 되면, 경제학의 대등한 두 사람 사이의 '교환'이라는 허구는 무너지고, 그 대신 노동력이 상품이 되는 자본주의적 계급관계의 구도가 등장하게 된다.

> 상품시장에서 화폐 소유자가 시장에서 직접 대면하는 것은 사실 노동이 아니라 노동자이다. 노동자가 판매하는 것은 노동력이다. 그가 노동을 실제로 시작하자마자 그 노동은 이미 그의 것이 아니게 된다. 그러므로 그 노동은 더 이상 그가 팔 수 있는 것이 아니다. (《자본 Ⅰ》: 737)

교환은 처음엔 '자유·평등·소유·벤담'이 지배하는 영역처럼 보인다. 시장에서 서로의 물건의 가치를 확인하는 대등한 등가교환이 이뤄지는 것처럼 말이다. 우선 노동력을 가진 자가 자유로운 의사에 따라 자신의 노동력을 상품으로 팔기 위해 시장에 내놓아야 한다. 그 사람은 노동력, 즉 자신의 육체 안에 있는 노동할 수 있는 능력을 판매하고 대가로 임금을 받는다. 그런데 생각해보면 그건 이상한 거래이다. 자신의 능력을 판다니 무슨 뜻일까? 《파우스트》의 메피스토펠레스처럼 영혼을 파는 일도 아니고 능력을 판다니?

보통의 상품 교환에서는 완성되거나 완전히 조립된 물품을 내놓는데, 노동력은 그 상태가 다르다. 노동력만 그런 것이 아니다. 마르크스뿐 아니라 칼 폴라니도 《거대한 전환》에서 본래 상품으로 만들어지지 않는 것이 상품이 되는 '허구적 상품commodity fiction(상품 허구)'이 문제가 된다고 지적했다(폴라니 2009). 노동력과 토지, 화폐를 그 대표적 사례로 들었다. 폴라니의 경우 원래부터 노동력은 상품으로 만들어지지 않는다고 본다. 상품으로 만들어지지 않는데 상품으로 팔아야 한다는 것이다. 그러니까 한 사람이 노동력을 판매한다는 것은 일단 임금을 먼저 받고(임금 수준은 사회적으로 결정된다) 또 다른 상품을 생산하기 위해 노동력을 구매한 이의 작업장으로 나가기로 결심하는 일이다. 그때 이상한 일이 벌어진다.

보통의 교환에서는 화폐 – 상품이나 상품 – 화폐의 교환 과정을 거쳐 바로 소유권이 이전된다. 시계가 10만 원에 거래되었다면 시계를 쓸 수 있는 권리는 구매자에게 넘어가고 그 대신 화폐가 판매자에게 이동한다. 그런데 노동력이라는 상품은 특이하게도 판매자의 입장에서 보면 돈은 받았지만 아직 상품이 완전히 이전되지 않은 상태가 된다. 돈도 노동력도 아직 자기 수중에 있으니까 처음엔 괜찮은 거래처럼 보인다. 노동력을 일정 시간 동안만 판매했지 한꺼번에 모두 판매하지는 않았으므로 노예로 전락한 건 아니라는 말이다. 그와 달리 구매자는 자신의 돈을 내주었는데도 손아귀에 마땅히 들어온 건 없다. 이처럼 어떤 능력, 잠재력이 이전한다는 것은 무척 모순적인 상황이다. 생산물을 만들어 판매하기도 전에 이미 임금이 결정된다는, 또는 선대된다는 사실은 노동력의 구매와 판매를 둘러싼 모순을 극명히 드러낸다.

한 농부가 타인의 땅을 1년 동안 임차해 농사지을 권리를 얻었다고 가정해보자. 임차료를 먼저 지불한 상태에서 한정된 기간 안에 곡식을 재배한 뒤 다른 곳으로 옮겨가야 하니 농부는 그동안 지력을 최대한 뽑아내면서 땅을 활용하려 할 것이다. 이처럼 토지의 임대차계약에서 형성되는 관계가 노동력을 둘러싸고도 비슷한 대립 구도로 형성된다고 볼 수 있다. 구매한 노동력을 얼마만큼 쓸 수 있을지는 구매자의 역량에 달려 있다. 하루에 몇 시간 쓸지는 계약하기 나름이다. 만약 계약에 따라 시간 규제가 있더라도 더 많은 이득을 남기려고 주어진 한계 안에서 노동력을 최대한으로 쓰려 할 것이다. 생산력을 늘리기 위해 노동력의 구매자, 즉 자본가가 행하는 전략은 두 가지이다.

먼저 노동시간을 늘리거나 노동 강도를 높일 수 있다. 마르크스는 이를 절대적 잉여가치의 생산이라 부른다. 1830년대 영국의 공장법이나 한국의 근로기준법은 무엇보다 노동시간 규제를 목표로 제정된 것이다. 제약이 없다면 노동시간은 24시간까지 늘어날 수도 있다. 노동시간이 규제받는 상황이 되면 다음에는 노동자의 일하는 시간과 속도를 극대화하려 관리·감독한다. 주어진 시간 안에서 최대한 '뽑아내려' 하는 것이다. 점심시간을 1시간에서 30분으로 줄이고, 화장실 출입도 오후 3시에 한 차례만 허용하면서 나머지 시간은 작업장을 떠나지 못하게 하는 등. 백화점의 매장 직원은 개장 전에 미리 와서 디스플레이를 하고, 공장노동자도 일찍 출근해 기계 정비를 마치고 청소를 끝내야 한다. 이게 사실 노동시간에 모두 포함되어야 하지만 임금을 안 주면 결국 노동시간이 늘어나는 셈이 된다. 또 잔업 수당을 주더라도 개별 노동자의 노동시간을 늘리는 것이 새로운 노동자를 고용하는 것보다 이득이 될 수 있다. 작업 속도를 더욱 빠르게 하는 것은 물론이다.

이렇게 모든 자본가는 구매한 노동력의 가치를 지불할 수 있는 수준을 훨씬 넘겨 생산과정에서 최대한 노동력을 쓰려고 애를 쓴다. 그렇게 장시간 노동으로 노동력의 효율을 늘림으로써 절대적 잉여가치가 탄생하게 된다. 노동시간을 늘리는 일이 한계에 부딪히면 잉여가치를

증가시킬 방법이 없는가? 그렇지 않다. 이제 두 번째로, 자본가들에게
는 생산성 증가를 통한 우회 경로를 거쳐서 잉여가치를 증가시키는 길
이 열린다.

기술 발전으로 생산성이 올라가면, 이것이 임금재 생산 부문에도
작용해 임금재의 가격이 하락한다. 그렇게 되면 이전과 같은 월급을 받
더라도 사실 임금이 늘어난 효과가 생기며, 명목임금이 하락할 여지가
생긴다. 이때 실질임금 기준으로 계산해보면 생산된 총가치 중 임금으
로 지불해야 하는 비율이 더 줄어들고, 따라서 지불노동과 불불노동의
비율이 변하게 된다.

노동자들이 자기 자신의 임금을 보전하기 위해 일하는 시간이 더
줄어들고 그만큼이 자본가의 잉여가치로 이전되는 것이다. 전체 노동
시간은 변하지 않은 상태에서 두 노동시간의 분할에서만 변경이 생겼
기 때문에 이를 상대적 잉여가치의 생산이라 부른다.

상품의 가치 자체는 자본가의 관심사가 아니다. 그의 관심을 끄는
유일한 것은 상품 속에 있는 잉여가치가 판매를 통해 실현될 수 있다는
사실이다. 잉여가치가 실현될 때 당연히 애초 투입한 가치도 돌려받게
된다. 상품의 가치는 노동생산력의 발전에 반비례해 떨어지지만 다른
한편에선 상대적 잉여가치가 그 발전에 정비례해 그만큼 늘어난다. 즉
하나의 동일한 과정이 상품의 가격을 떨어뜨리면서 상품 속에 있는 잉
여가치는 늘리는 것이다. 이제 우리는 여기에서 교환가치 생산에만 관
심이 있는 자본가가 왜 상품의 교환가치를 계속해서 떨어뜨리려고 노
력하는지 그 수수께끼에 대한 해답을 갖게 된다. 《자본 I》: 446)

그러니까 한편에는 개별 자본 수준에서 끝없이 노동력을 쥐어짜려는 동력(절대적 잉여가치)이 있고, 다른 한편에는 총자본 수준에서 기술 발전으로 생기는 부수적 결과(상대적 잉여가치 또는 원가 절감으로 생기는 특별잉여가치)가 있다. 이 두 잉여가치의 동학은 매우 복잡한 결과를 낳는다. 무엇보다 거기에 개별 작업장 수준의 추구와 사회 전체 차원의 의도하지 않은 결과가 복합적으로 얽혀 나타나기 때문이다. 마르크스가 주목하는 결과 중 하나는 이 둘이 결합해 쭉 진행되면 자본주의가 불변자본 사용을 늘리고 노동력 이용은 줄이는 기술 편향적 진보의 길을 겪게 된다는 점이다. 자본가들의 경쟁으로 인해 계속 새로운 생산방식이 모색되는데 그때 노동보다 기술 방면(즉 고정자본)에 더 많이 투자하는 경향이 나타난다는 것이다. 생산력을 높이는 경쟁이 처음에는 노동시간과 강도에 집중되었다가 한계에 봉착함에 따라 생산력의 다른 한 축인 생산수단 쪽에서 옮겨가고, 특히 기계에 의존하게 된다.

그와 함께 자본주의는 기계에 기초한 대공업으로 나아간다. 생산 과정에 기계가 투입되어 노동력 확보가 쉬워짐으로써 노동자의 임금은 자연히 하락한다. 그리고 노동자들의 전체 노동시간이 달라지지 않은 상황에서도 상대적 잉여가치는 늘어난다.《자본 I》3~4편의 잉여가치론 부분은 이를 정교하게 설명하고 있다(좀 더 자세한 논리는 이 책의 '《자본》을 어떻게 읽을 것인가'를 참고할 것).

생산력을 가진 존재가 노동자가 아니라 자본이라니?

그런데 마르크스는 자본주의의 가장 큰 문제는 역설적이게도 자본의 규모가 커질수록 점차 이윤율이 떨어지게 되는 것이라고 한다. 앞서 지적했듯이 생산력 경쟁 때문에 시장에서 상품 가격은 꾸준히 떨어지는 경향을 보인다. 자본가는 생산력을 늘리는 방편으로 노동력 대신 기계에 투자함으로써 노동시간을 줄이는 방향으로 나아간다. 노동생산성을 늘리는 일이야말로 자본 축적의 관건인 것이다. 그렇게 고정자본에 대한 투자가 늘어나면서 고정자본 증가에 비해 노동자 고용의 증가율은 낮아진다.

> 그것[노동에 대한 수요]은 총자본의 크기에 비해 상대적으로 감소하고 또 이 크기의 증대에 따라 누진적으로 감소한다. 총자본의 증대에 따라 그 가변 성분[즉 총자본에 결합되는 노동력]도 증대하기는 하지만 그 비율은 계속 감소한다. (《자본 I》: 857)

고용량이 늘어나는 것처럼 보이지만 전체 투자액에 대비해보면 고용 증가분은 점점 줄어든다. 자본주의가 발전할수록 끊임없이 상대적으로 과잉인구를 만들어낸다는 말이다. 그와 함께 기계 때문에 직업을 잃게 되는 노동자, 즉 상대적 과잉인구 또는 산업예비군이 출현하기 시작한다. 자본은 그것이 고용할 규모보다 더 많은 노동자를 만들어내고, 자본의 노동력 수요에 비해 공급이 너무 많아지는 상태에 이른다.

기계가 늘어나는 한편으로 노동의 성격 자체도 꾸준히 바뀌어왔다. 개별 자본인 수공업자는 협업을 조직해 생산 규모를 확장할 수 있었고, 그에 따라 개별 생산력은 사회적 생산력으로 전화했다. 여기에 연합적 노동, 분업에 기초한 매뉴팩처가 생산과정을 나눠 효율을 높임으로써 기여했다. 공장이 세워지고 기계가 들어서면서 시작한 대공업은 수공업에 기반을 둔 매뉴팩처를 폐기한다. 이제 개별적이고 분산된 노동은 더 이상 보이지 않고 노동의 사회적 성격은 한층 강화된다. 예컨대 마이크를 100명의 노동자가 만들었을 때 누가 마이크의 어떤 부분을 만들었는지, 각자의 기여분이 생산된 총가치의 몇 퍼센트나 되는지 구분하기는 아주 어렵다. 집단적 노동의 산물인 이상 한 노동자가 생산과정에서 개별적으로 얼마만큼의 가치를 만들어냈는지 정확히 밝혀내기는 힘들다.

그런데 특이한 건 노동자들 사이에 성과의 정확한 배분이 문제 되는 것이 아니라, 노동의 성과가 노동자들의 사회적 기여로 나타나지 않는다는 것이다. 그때 생산력을 가진 존재는 노동자가 아니라 자본인 것처럼 보인다. 마치 자본이 상품과 가치를 만드는 힘이 있는 것처럼 보이는 것이다. 이렇게 전도가 발생한다. 자본이 투입되어 잉여가치를 만들어내고 잉여가치가 마침내 자본으로 사용되는 재생산 과정을 한 바퀴 거치면, 어떤 결과가 귀결되는가?

간략히 정리해보면 이렇다. 첫째 생산에 투여된 원재료는 생산물에 포함되어 과정에서 빠져나갔다. 둘째 노동자는 임금을 받고서 '노동의 대가'를 받은 것으로 처리된다. 셋째 빌린 돈에 대한 이자나 건물·토지 임대료는 비용으로 지불된다. 넷째 이제 투자에 대한 대가가 회수된다. 이를 축적이라고 부른다. 이는 '자본'에 귀속된다(반드시 '자본가'일 필요는 없다).

자본은 이렇게 스스로 성장하고 증식하는 힘으로 등장한다. 가치를 만들어내는 것은 노동의 사회적 성격임에도 불구하고 마치 자본이 가치를 늘리는 것처럼 보인다. 이것이 화폐의 전도에 이은 두 번째 전도이다.

화폐가 가치와 교환가치로부터 독립해 가격을 규정짓는 자리에 올라서듯이 자본은 생산과정과 따로 떨어져 존재하는 힘으로 스스로 자립해서 생산과정과 그 결과를 지배하게 된다. 노동력과 생산수단이 결집된 결과가 축적되면서 자본이 형성되는데, 이번에는 그 자본이 뭔가 잉태할 수 있는 힘, 사회적 기술과 어떤 선진적인 힘 등을 담보하고 있는 것으로 보인다.

그때 노동자는 별로 나아지는 것이 없다. 정확히 말해 원점으로 돌아갈 만큼의 '노동력에 대한 가치'만 지불된다. 자본의 규모는 계속 커지는데 노동자는 현 상태를 유지하는 것이나 다름없다. 그리고 갈수록 모든 힘은 자본으로 이전된다. 마르크스는 이 현실이 참 이상하지 않느냐고 묻는다. 무엇이 이 비대칭성을 만들어내는 것일까?

재생산:
자본과 노동의 비대칭성

이제 재생산에 대해 좀 더 자세히 살펴보자. 우리는 지금까지 화폐와 상품의 관계, 노동력의 구매·판매 과정, 그리고 잉여가치의 생산 등 자본주의의 생산과정을 살펴보았다. 여기에서 노동력을 가진 노동자는 이 순환 속에 들어가도 삶이 나아지지 않는 반면 자본은 계속 증식하는 속사정이 궁금해진다. 모든 가치는 결국 노동력이 만들어낸 잉여가치에 토대를 두고 있는데도 말이다. 노동자는 노동에 들인 시간만큼 구매력이 늘지 않고, 자본 축적의 규모는 갈수록 커진다. 그것이 《자본 I》 7편과 《자본 II》에서 재생산이라는 개념을 통해 마르크스가 보여주려는 큰 그림이다.

자본주의를 자본주의이게 하는 핵심 기제

자본주의는 그 이전 시대와 판이하게 다른데 가장 확연한 차이는 바로 재생산 기제의 확립 여부이다. 미국의 정치학자 마셜 버만이 훗날 자신의 책 제목으로 가져다 쓴 〈공산주의당 선언〉의 경구 '모든 단단한 것은 녹아 허공으로 사라진다All that is solid melts into air'라는 말처럼, 생산수단과 사회적 관계를 끊임없이 바꿔나가는 자본의 유동성도 자본주의의 변별성이기는 하다. 그렇지만 여기서는《자본》에서 마르크스가 특별히 강조하지만 상대적으로 주목을 덜 받고 있는 재생산 문제를 좀 더 살펴보기로 하자. 무엇이 자본주의를 자본주의이게 하는가, 또는 자본주의를 넘어설 수 있게 하는가와 관련해 가장 중요한 질문이 바로 자본주의적 재생산 기제라 할 수 있기 때문에 그렇다.

《자본 I》22장 '잉여가치의 자본으로의 전화'의 1절의 부제는 '상품 생산 소유 법칙의 자본주의적 영유(취득/전유, appropriation) 법칙으로의 전화'이다. 바로 이 법칙 전화의 결과가 자본주의적 재생산이라고 할 수 있다. 생산수단의 자본주의적 소유와 노동력의 상품화, 그리고 잉여가치 생산과정으로서의 자본주의적 생산과정이 진행된 결과 어떤 기제가 형성되는지를 묻는 것이다. 모든 관계를 유연하고 가변적으로 만드는 자본주의적 순환에서도 끈질기게 남아 자리를 지키는 것이 무엇인지를 살펴보고자 하는 질문이다.

재생산을 단순히 규칙적으로 반복되는 '순환Zirkulation'으로 생각할 수도 있다. 그러한 측면도 없지 않다. 자본주의가 사라지지 않고 계속 유지되는 건 그러한 반복되는 재생산의 특징 때문이다. 마르크스는 그 순환이 어떻게 가능한지를 분석하면서 재생산의 핵심이 '자본관계Kapitalverhältnis'의 재생산에 있다고 한다. 재생산되는 건 다름이 아니라 자본관계라는 것이다. 순환이 한 번 일어날 때마다 자본과 노동, 두 항의 관계가 달라지면서도 유지된다. 생산, 유통 과정을 거쳐 한 바퀴 돌 때 자본의 규모가 커지지 않는다면 자본가로서는 자본 투자를 계속할 이유가 없을 것이다.

자본주의적 생산의 목적은 '끝없는 축적'이다. 최소한 처음 투입한 가치와 같은 규모이거나 더 커져야 할 것이다. 이러한 내용을 다루려는 것이 바로 단순재생산과 확대재생산이다. 혼동이 없어야 할 것은, 단순재생산이란 이윤이 성립하지 않고 임금과 불변자본의 보충만 반복되는 수준을 말하는 것이 아니라는 점이다. 모든 이윤이 소비기금으로 지출되어 축적이 이루어지지 않는 상태를 지칭한다. 이윤이 발생하지 않는다면 자본주의적 생산은 이루어지지 않을 테니까.

이 상태를 가정함으로써 마르크스가 말하려는 바는 이렇다. 첫째 몇 차례 재생산의 순환이 이루어지면 최초 투자한 선대 자본은 의미가 없어지며, 축적이 없는 것 같지만 실제로 축적이 발생한다(새로 생산된 잉여가치의 누적액이 선대 자본 액수를 넘어서게 되면 선대 자본은 회수된다). 둘째 투자된 불변자본은 소재나 가치로 볼 때 새로운 상품에 이전된다. 셋째 노동자는 이 과정에서 자신이 받을 임금 부분까지 생산함으로써 스스로 재생산 조건을 만들어낸다.

한 걸음 더 나아가 확대재생산을 살펴보더라도 그렇다. 확대재생산이라 하지만 실상은 자본과 노동, 두 항 중 확대는 한쪽에서만 벌어진다. 그러니까 확대재생산에서 자본의 규모는 계속 커지는 반면 노동자들은 늘 같은 상태로 되돌아간다. 마르크스는 자본주의적 재생산의 메커니즘을 분석하면서 자본 증식과 노동력의 제자리걸음을 간파한다.

돌고 도는 이 순환에서 모든 건 강물처럼 흘러 외부로 나가는데 딱 두 가지는 특이하게 내부에 남아 원처럼 돈다. 바로 화폐(즉 선대된 자본)와 노동력이다. 생산과정에 유입된 모든 것은 들어왔다가 점차 사라지지만 단 두 가지만 과정 안에 남아 재생산된다. 첫 투입만 있으면 그다음에는 과정의 '운동'이 그것들을 운동 안에 머물도록 작동시킨다. 이 것이 자본주의 생산의 특이점이다. 화폐에 매개되지 않는 '봉건적 관계'와 비교해보면 차이점을 알 수 있을 것이다. 마르크스에 따르면 재생산은 자본주의가 생산과정의 내부에 남는 화폐자본과 노동력 상품 위에 세워져 있기 때문에 가능하다.

마이크를 생산하는 과정을 한번 살펴보자. 우선 철이나 플라스틱 등 원료가 생산에 투입된다. 원료는 과정에 들어가는 순간 곧바로 사라진다. 또 들어갔다가 사라지고 들어갔다가 사라진다. 기계도 사정은 마찬가지이다. 공장 한쪽에서 언제까지나 자리를 지킬 것 같지만 점차 감가상각을 해 사라지는 운명에 처한다. 제품 생산에 들어간 모든 소재는 강물이 흘러가듯 사라지고 빈자리는 계속 채워진다. 원료는 새롭게 계속 투입되어야 한다. 이것은 재생산이 아니다. 마르크스도 여기에 다른 표현을 쓰는데, 원료가 생산에 투입된 모습을 말할 때 가치가 보전, 실현, 이전한다고 하지 가치가 재생산된다고 하지 않는다. 원료 같은 유동자본은 가치를 이전할 뿐 가치를 만들어내지는 않는다. 기계 같은 고정자본도 가치를 이전하기는 마찬가지이지만 조금씩 여러 번에 걸쳐 이전하므로 가치 이전 방식이 다를 뿐이다. 어쨌든 생산수단의 소재나 가치의 이전은 재생산이 아니다.

그런데 여기서 소재 이전과 가치 이전을 매개하는 화폐는 어떠한가. 우선 이 과정을 출발시키려면 출발점이 있어야 한다. 처음에 힘을 줘 과정을 돌려야 할 테니 최초의 자본이 필요하다. 화폐 10억 원을 생산에 투입하면 잉여가치를 포함한 새로운 가치가 생산되고, 판매를 통해 그 가치를 실현하면, 예를 들어 11억 원이 수중에 들어온다. 다시 11

억 원을 그대로 투자해 다시 가치를 실현하면 12억 원의 매출을 올린다. 이렇게 자본은 증식되었는데 맨 처음 투입된 10억 원은 어디에서 왔을까? 그 돈은 과정의 바깥에서 들어오게 되어 있다. 처음 물을 펌프에 붓고 손잡이를 상하로 움직여야 땅속의 물을 끌어올릴 수 있듯이 자본주의도 출발하려면 처음 마중물 같은 돈을 투입해야 한다는 이야기이다. 그 돈을 10억 원이라고 치자. 그것의 출처, 즉 빌린 돈인지 갈취한 돈인지는 이 지점에서 중요하지 않다.

10억 원을 생산에 투입하면 이제 과정이 돌기 시작한다. 한 바퀴 돌고 나면 10억 원에 더해 1억 원이 불어난다. 돈을 투입한 이는 처음 10억 원을 그대로 뺄 수도 있는데 그렇게 하면 과정이 중단될 것이다. 계속 과정 속에 남겨둔다. 그때 특이하게도 처음의 10억 원은 과정 밖에서 들어왔는데도 그다음에는 새로운 투입 없이 이 과정 속에 남아서 계속 돌고 있다는 것을 알 수 있다. 계속 돌면서 생산을 시작한 첫해 잉여가치가 1억 원, 다음 해는 2억 원, 다다음 해는 3억 원으로 누적되어 나오다가 마침내 10억 원이 만들어진다. 그때는 돈을 빼 선대 자본을 회수할 수도 있을 것이다. 이렇게 일정 기간이 지나면 처음 10억 원을 빼가도 과정은 돌아간다. 재생산은 그런 것이다. 이렇게 최초 투입한 자본이 생산과 유통 과정을 거쳐 회수되는 주기적인 순환을 '회전Umlauf'이라고 한다. 그리고 마중물 같은 최초의 자본이 형성되는 역사적 과정을 '본원적 축적ursprüngliche Akkumulation'이라고 한다.

본원적 축적 없이 자본주의적 생산이라는 과정은 시작되기 어렵지만, 그 과정이 일정 정도 진행되면 더 이상 최초의 선대 자본이라는 자본가의 최초 투자의 의미는 중요하지 않게 된다. 이는 이자 지급을 당연한 것으로 간주하는 신고전파의 기회비용이라는 접근에서는 이해하기 어려운 논지일 수 있다. 그러나 오히려 이상한 점은 신고전파 경제학에서는 노동력에 대해 인적 자본이라 부르면서도 거기에 투하된 비용인 노동력가치를 재생산하는 수준만 임금으로 간주하고 추가된 증식은 고려하지 않는데, 그에 비해 투하 자본에 대해서는 생산 비용을 회수하는 데 그치지 않고 추가된 증식인 이윤을 정당화하고 있다는 현실이다. 이러한 비대칭 논리는 사실 매우 비정상적이다. 이 비정상적인 현실이 재생산이라는 구도로 관철될 수 있는 이유는 '자본주의적 소유'와 '자본주의적 영유(취득) 법칙'이 연결되어 있기 때문이다.

화폐는 강물처럼 흘러가지 않고 과정 안에 남아 계속 돌면서 이 과정을 주도하고 있다. 자본주의의 핵심은 이 과정이 계속 돌도록 작동해야 한다는 것이다. 맨 처음 과정을 만들어낸 본원적 축적도 중요하지만 재생산에 비하면 부차적이다. 자본주의에선 무엇보다 돈이 빠지지 않고 계속 돌게 하는 것이 중요하다. 자본가들은 자신들이 돈을 처음 냈으니까 모든 일이 시작된 거라고 말하곤 한다. 하지만 누가 돈 얼마를 처음에 냈는지는 다시 말하지만 부차적인 문제이다. 그들이 돈을 벌 수 있는 건 최초의 자본 투입 때문이 아니라 자본 순환이 계속되기 때문이다. 과정이 재생산되기 때문에 돈을 번다는 말이다. 몇 년 지나면 처음 투자한 자본은 이미 회수가 끝나고, 그 자본이 없어도 과정은 계속 돌게 되어 있다.

이것이 한 자본가가 투자한 개별 선대 자금의 재생산에 대한 구도라고 한다면, 시야를 조금 더 확대해보면 자본의 재생산은 단지 한 자본의 문제가 아니라 자본주의 경제 전체에 서로 얽혀서 맞물려 돌아가는 현실이 될 것이다. A 자본의 판매는 B 자본의 구매가 되고, 노동

생각하는 마르크스

자 X의 임금은 Y라는 자본의 생산물을 구매해 그 자본의 잉여가치를 실현하는 것이 되는 등 모든 과정은 서로 맞물려 있다. 그렇다면 이제 사회 전체의 총자본의 재생산에 대해서도 논의의 시야를 확대해야 할 것이다.

《자본 Ⅱ》는 이 문제를 본격적으로 다룬다. 자본의 순환을 한 자본의 형태가 변환하는 이야기에서 시작해 화폐자본-생산자본-상품자본으로 순환하는 과정을 다루면서 논의를 전개한다. 그리고 총자본 수준의 재생산을 논의하기 위해서는 자본의 세 형태 중 상품자본에서 출발해야 함을 특별히 강조한다. 이렇게 자본의 재생산은 《자본 Ⅰ》 후반부에서 논의가 시작되지만 《자본 Ⅱ》으로 들어서야 본격적으로 다루어진다(이에 대해서는 이 책의 '《자본》을 어떻게 읽을 것인가'에서 좀 더 다룬다).

자본주의적 재생산은 자동적이지 않다

이제 과정 안에 남아 있으면서 화폐와 마찬가지로 과정을 계속 돌게 하는 또 하나의 존재, 즉 노동력이 재생산되는 모습을 살펴보자. 어느 시점에선가 노동자는 생산과정에 들어와 자신의 노동력을 재생산한다. 임금을 받고 일하면서 임금 이상의 가치를 생산함으로써, 결과적으로 자본을 재생산한다. 정확히 말하면 노동력은 과정 내부와 외부에 걸쳐서 재생산된다고 할 수 있다. 일주일 단위로 급여를 받기로 처음 계약했다면 노동력은 그 가치가 미리 지급된 것이므로 노동력으로서는 과정 안에 그대로 남아 있다. 그렇지만 노동자는 노동력가치로 받은 임금으로 소비를 함으로써 생계를 꾸려나간다. 다시 말해 과정의 밖에서 노동력을 재생산하는 것이다. 음식을 먹고 옷을 사 입은 다음 다시 과정 안으로 들어온다. 그리고 일주일 또 일해 돈을 받으면 과정 밖에서 돈을 쓰고 또다시 과정 안으로 들어온다.

요점은 노동자도 화폐와 마찬가지로 과정 안에 남아 계속 이 과정을 지속시키는 재생산의 고리인데, 이 재생산은 반드시 과정의 외부를 고려해야 한다는 것이다.

그런 의미에서 노동자는 이중의 재생산을 수행한다. 한편으론 자신의 노동력을 항상 똑같은 형태로 유지하면서 생산과정을 지속시켜야 하고, 다른 한편으론 임금을 받아 소비함으로써 화폐자본에서 시작한 자본가의 자본 유통을 이어준다. 그렇게 노동력과 화폐가 순환 고리 안에 남아 계속 돈다는 전제하에서만 자본이 축적되기 시작한다. 그게 자본주의이다. 아주 특이한 형태의 사회이다. 이전의 어떠한 사회에서도 그렇게 화폐와 노동력이라는 두 요소가 내부에서 끊임없이 자동문처럼 도는 경우는 없었다. '끝없는 자본 축적'은 화폐와 노동력의 끝없는 재생산을 전제로 삼고 있다.

마르크스가 노동력의 재생산과 관련해 중요한 논점을 많이 제기하고 있음에 주목할 필요가 있다. 우선 그는 재생산을 한편에서 자본 축적으로 설명하면서, 동시에 노동자와 관련된 재생산의 함의를 몇 가지 차원으로 나누어 밝힌다. 첫째 생산관계의 재생산. 즉 노동자를 노동력 상품인 임노동자로 생산하는 것이다. 이는 노동자를 끊임없이 재생산 또는 영구화하는 과정이다. 둘째 노동자계급의 재생산. 자본에 종속된 노동자를 생산하고 재생산하는 것이다. 이는 직접적인 노동 과정 외부에서도 자본의 부속물이 되는 과정을 포함한다. 그리고 셋째 노동자계급 세대의 재생산. 다음 세대로 기능을 전승하고 축적하는 것이다(《자본 I》: 782/787). 이처럼 노동자의 재생산은 서로 다른 계기들을 가리키는데 이를 한마디로 줄여 말하면 노동자의 계급적 재생산이라 할 수 있다. 여기서 다시 강조할 점은 마르크스가 자본의 재생산과 따로 분리해 노동자계급의 재생산을 말하고 있는 것이 아니라, 이를 하나로 묶어 자본관계의 재생산이라고 지칭한다는 점이다.

그리고 자본관계의 재생산에 이어 마르크스가 자본주의적 인구법칙으로서 상대적 과잉인구 법칙에 대해 설명한다는 점도 중요하다. 이때 자본관계의 재생산으로서 자본 축적과 대비되는 노동자계급의 생활의 반복과 상대적 과잉인구 법칙의 강제라는 요건하에서 제기되는 것이 '궁핍화'라는 쟁점이다. 노동자계급의 궁핍화는 오랜 논쟁이었는데, 여기 《자본》의 맥락에서 마르크스가 강조하려는 점은 두 가지이다. 첫째 자본관계 재생산의 결과에서 자본과 노동은 매우 비대칭적으로 나타난다. 자본은 계속 증식하고 축적되는 반면 노동자계급은 잘해야 현 상태를 유지하는 비대칭성을 보인다. 둘째 마르크스가 말하는 궁핍화는 좁은 의미의 '빈곤화pauperization'가 아니라 삶의 전반적 하락과 비참화라는 측면에서 '궁핍화immiseration'이다. 이는 단순한 소득 하락이 아니라 좀 더 근본적으로, 현대 문명의 결과물에서 전반적으로 박탈되는, 그리고 더욱 중요하게는, 탈지성화되는 특징을 띤다. 그래서 궁핍화는 노동의 사회적 성격이 자본의 능력으로 전도되어 이전되는 것과 무관한 결과가 아니라고 할 수 있다.

노동력의 상품화에 대한 분석도 앞서 말한 세 가지 시간성과 연결해 설명할 수 있다. 처음 정지한 시간인 거울에서 우리는 전도된 상태를 말했다. 집합적 노동으로서 노동이 사회화된 결과는 역설적으로 그 사회화의 역량이 자본에 이전되어 자본의 생산력으로만 표현되며, 그 사회성에서 노동자는 배제된다. 모든 과정은 자본 스스로 가치를 만들어내는 것처럼 표상된다. 두 번째는 순환하는 재생산의 시간을 이야기했다. 순환과 회전 고리에 남아서 과정을 돌게 하는 노동력과 화폐의 관계를 말한다. 여기서 노동자가 받는 임금이 어떻게 다른 자본들의 순환과 잉여가치 실현의 매개 고리가 되며, 노동자는 원 상태로 되돌아오는지가 중요한 쟁점으로 떠오르게 된다.

세 번째는 그러한 순환이 계속되지 않고 '끊어지기'도 하는 시간대이다. 화폐가 계속 돌아야 자본이 축적되는데 그 과정이 돌지 않을 수도 있고, 꼭 돌아야 하는 것도 아니다. 무엇보다 상품의 구매와 판매가 분절될 수 있다. 판매하는 이는 많은데 구매하는 이가 없을 수도 있다. 노동력이 재생산의 순환 고리 내에 들어가지 못할 수도 있다. 경제 위기로 인해 노동자가 이 고리에서 배제될 가능성을 말한다. 또 한편으로는 노동자들이 파업하는 경우 임금은 미리 지급되었는데 생산이 멈춘 상황이 벌어질 수 있다. 순환 고리가 끊어질 수 있다.

그래서 자본주의 사회에서 재생산은 당연해 보이지만 저절로 그렇게 되는 게 아니라 그렇게 되도록 만들어가야 하는 목표일 뿐이다. 화폐가 투입되고 노동자가 노동력을 판매하는 데에는 무척 정교한 시스템이 필요한데 그게 자동적이지 않다는 이야기이다. 재생산이 자본주의를 자본주의이게 하는 핵심적 기제라고 한다면, 외견상 그것이 자동적으로 보이도록 만드는 힘의 연원을 분석할 필요성이 제기된다. 자동적일 수 없는 이상 그것을 실제 지탱하는 훨씬 복잡한 포괄적 기제를 분석할 필요성이 생기는 것이다. 자본주의적 재생산이 그 자체로 자연스러울 수 없다는 것은 위기 국면에서 훨씬 더 분명해진다. 재생산을 재생산으로 작동시키려면 국가의 개입이 근본적이다. 그런 점에서 자본주의에서 국가는 생산과정의 외부가 아니라 내부에 이미 일부로서 존재하지 않을 수 없다.

우선 수잔 드 브뤼노프가 지적했듯이 경제적 국가장치의 작동이 필수적이며, 거기서 무엇보다 국가에 의한 화폐의 관리와 노동력의 관리가 핵심이 된다(브뤼노프 1992). 여기서 더 나아가 노동력을 노동력으로 재생산하려면 그들을 '일손'의 실무자로서 배양해야 할 뿐 아니라 그들 스스로 노동하는 주체로서 활동하도록 만들어야 한다. '이데올로기적 국가장치'라는 알튀세르의 문제 설정은 바로 마르크스의 재생산에 관한 질문을 확대한 것이다(알튀세르 1991).

우리는 앞서 마르크스가 서로 다른 시간성을 분석했음을 이야기했다. 우리는 이 시간성 문제가 여기서 다룬 재생산과 역사의 문제에서도 중요하다고 생각한다. 자본주의의 재생산은 그것을 가능케 하는 역사 – 제도적 조건이 작동하고 변해야 가능한 일이다. 이를 분석하기 위해 우리는 다루는 시간성의 차이에 따라 자본 축적을 위한 최소한의 추상적인 형식 조건인 '역사 – 제도적 조건 1'(노동력 상품화, 화폐의 제도화, 세계경제)과 역사적 자본주의가 구체적으로 작동하는 바탕인 '역사 – 제도적 조건 2'(현실 조건)로 구분해볼 수 있을 것이다. 그리고 이는 자본주의의 역사에서 발생한 위기와 그 효과에 대해서도 구분을 요구할 것이다(백승욱 2015).

고전파경제학은 이처럼 자본주의가 작동하고 계속 재생산할 수 있는 역사적 조건이나 전제를 설명하지 않은 이론 체계였다는 것이 마르크스의 비판이다. 그리고 사실 마르크스 이후 마르크스주의의 역사 또한 마르크스의 이 질문을 제대로 확대 · 발전시켰다고 보기 어렵다.

개인적 소유:
마르크스의 미래 전망

    끝으로 마르크스가 가진 대안적인 미래 그리고 사회적 전망에 대해 이야기해보자. 사실 《자본》에는 자본주의를 넘어설 수 있는 전망이 쉽게 발견되지 않는다(또는 그렇게 보인다). 마르크스는 자본주의가 도전을 어떻게 계속해 굴복시키고 외연을 팽창하며 진화해가고 있는지 잘 보여준다. 그가 재생산에서 자본관계라는 표현을 강조한 데서 알 수 있듯이 자본주의하의 계급관계를 보면 자본과 노동의 힘이 대칭적일 수 없으며, 노동자계급의 저항조차도 자본관계의 재생산이라는 더 큰 구도 속에서 되풀이되기조차 한다. 그래서 네그리 같은 이는 《자본》보다 그 첫 초고인 《정치경제학 비판 요강》을 더 특권화해 '산 노동의 존재론'이라 할 논지를 전개하기도 한다. 하지만 그 시도는 마르크스를 더욱 발전시켜 많은 것을 얻어내기보다는 오히려 잃는 것이 더 많다고 할 수 있다.

생각하는 마르크스

사적 소유와 사회적 소유를 넘어선 개인적 소유

《자본》은 자본주의를 넘어서는 것이 생각만큼 쉽지 않음을 잘 보여준다. 또 한편으로는 왜 자본주의가 인류사에 문제이며, 자본주의를 넘어선다는 것이 무엇을 의미하는지에 대해 좀 더 분명한 사유를 할 계기를 던져주기도 한다.

마르크스는 자본주의 사회에서 인간과 상품, 상품과 상품의 관계가 서로의 위치와 성격에 따라 상대적으로 결정된다는 것을 보여주려 했다. 화폐와 자본이 일종의 세례를 주듯 세계 속의 존재를 일일이 호명한다. 어떤 것이 사회적인지, 가치는 얼마이고 쓸모없지는 않은지 등 모든 걸 결정한다. 그런 점에서 자본주의 사회는 상상 가능한 그 어떤 공동체보다도 훨씬 사회적이다. 정확히 말하자면 어떠한 개인도 사회적이라고 할 수 없으며, 자본만 유일하게 사회적이다. 그런데 달리 보면 자본만큼 비사회적인 것이 없다. 이 역설은 정말 흥미롭다.

《자본 I》 4편의 '기계와 대공업' 장은 책 전체에 걸쳐 단연 돋보이는 글이다. 개념으로부터 논의를 시작해 역사적 사실까지 아우른 가장 모범적 서술 사례에 해당할 것이다. 그 장에 자본주의 사회의 성격을 한 문장으로 요약하는 흥미로운 지적이 나온다.

자본주의적 생산이 이루어지고 있는 사회에서는 사회적 분업의 무정부성과 매뉴팩처 분업의 전제성이 서로를 제약하고 있다. (《자본 I》: 490)

자본주의 사회는 공장의 전제주의와 시장의 무정부주의가 결합된 곳이라는 언급이다. 노동은 갈수록 집단화하고 사회적이 되어가는데 정작 작업장 안에는 민주주의도 시장도 없다. 기업가는 자신의 회사에서 직원을 종 부리듯 하며 전제적인 지시를 내린다. 그들은 밖에 나와선 말끝마다 계약과 평등, 자유로운 시장을 통한 결정을 내세우지만 자기 회사에서는 절대로 이 준칙을 따르지 않는다. 공장(회사)은 전제주의가 지배하는 곳이고 시장의 '지양'이다. 반면 시장에서는 아무도 이러한 자본가들을 규제하지 않는다. 그런 점에서 시장은 완전한 무정부주의 상태에 있다. 이 역설이야말로 자본주의의 특징이라는 것이 마르크스의 전언이다. 기계제대공업에 의해 강화된 이 역설은 여전히 21세기에도 적용될 수 있는 중요한 논점이다. 자본주의는 그야말로 사회적이고 계획적으로 규제가 이루어지는 것처럼 보이지만, 다른 한편에선 그 '사회적인 것'이 전제성으로 작용할 수 있다. 그리고 인간의 집단적 통제가 정작 필요한 곳에서는 시장의 무정부적 자유가 찬양되며, 여기서 '사회적인 것'은 오로지 화폐의 전능성에 의탁한다.

그 결과 지금까지의 인류의 발전과 문명은 자본에 집중되어 자본의 생산력, 자본의 힘, 자본의 사회성으로 나타나고, 그에 비해 노동자들은 파편화되고, 개인화되고, 단결할 수 없는 존재로 떨어지게 된다. 그러다 보니《자본》을 한 번이라도 독파한 이라면 '아, 노동자들은 앞으로 자본의 힘에 맞서 싸우기 어렵겠구나'라는 결론을 마주할 수밖에 없을지도 모른다. 그 책 이전에 젊은 날의 마르크스가 보였던 낙관적 생각은 찾아보기 어려울 정도로 저자의 목소리는 극도로 시니컬하다. 노동자들은 끊임없이 실패할 수밖에 없고, 모든 힘은 자본으로 집중되며, 무슨 행동을 준비하려 해도 바로바로 무너질 수밖에 없는 것처럼 보인다. 왜냐하면 사회적 성격, 사회적 힘의 발원지는 노동이지만 모든 것은 자본에 의해 포획되고, 호명되고, 잉태되기 때문이다. 그렇게 어두운 전망을 보여준다.

그러다가 《자본 I 》 7편의 말미에 있는 '자본주의적 축적의 역사적 경향'(24장 7절)에 오면 갑자기 방향이 바뀌어 급격한 전환이라고 할 만한 것이 보인다. 자본주의가 어떻게 무너지고 지양되는지를 말하는 것이다.

> 자본주의적 생산양식에서 생겨난 자본주의적 취득 양식[즉 자본주의적 사적 소유]은 자신의 노동에 기초한 개인적인 사적 소유에 대한 제1의 부정이다. 그러나 자본주의적 생산은 자연 과정의 필연성에 따라 그 자신의 부정을 낳는다. 즉 부정의 부정인 것이다. 이 부정은 사적 소유를 다시 만들어내는 것이 아니라 자본주의 시대의 획득물[즉 협업과 토지 공유 및 노동 자체에 의해 생산되는 생산수단의 공유]을 기초로 하는 개인적 소유를 만들어낸다. (《자본 I 》: 1022)

헤겔의 흔적이 다시 등장한 것처럼 보이는 이 구절에 와서 마르크스는 사적 소유의 철폐와 사회적 소유의 연장에 대해 말하다가 불현듯 맘이 급해져 조금 불확실한 어투로 '개인적 소유individuelle Eigentum, individual property'의 복원을 논의한다. 책 전체에 걸쳐 어쩌면 가장 중요한 단어인 이 말은 단 한 번밖에 나오지 않는다.

개인적 소유란 대체 무슨 뜻일까? 자본주의를 지양하려면 '사적 소유private property'를 폐지하고 '사회적 소유social property'로 가야 한다는 것까지는 이해가 된다. 그것이 구래의 사회주의에 대한 통상적 이해일 테니까. 마르크스는 그 사이에서 개인적 소유가 복원되거나 건설될 필요가 있다고 특별히 주장한다. 마르크스를 이해하는 데 논란이 많이 되었던 개념인데 어떻게 보면 지금 우리 세계에 시사하는 바도 상당하다.

'소유'는 독일어로 Eigentum, 영어로는 property이며, '재산'으로 번역되기도 한다. 이 의미가 발전해온 맥락을 보기 위해서는 property라는 낱말을 검토해볼 필요가 있다. property는 본래 재산이라는 뜻 외에도 속성이나 특징이라는 뜻을 가지고 있다(복수인 properties로 쓸 경우). 영어에는 이 단어 외에도 소유라는 뜻을 가진 단어가 몇 개 더 있다. possession, ownership 등이 있는데 property와 비교해보면 미묘한 차이가 있다. ownership은 법률적 차원의 소유를 말한다. 건물이나 가택의 소유주가 누구인지는 등기소에서 등기를 떼어보면 알 수 있다. 집을 들고 다닐 수 있는 건 아니니 당연히 법률적 소유를 나타낸다. possession은 토지 등의 점유나 사용, 점거를 말할 때 쓴다. 자신의 소유물이니 타인의 침해나 침범을 금한다는 의미이다.

property의 의미는 맥퍼슨이 《소유적 자유주의》에서 다루는 내용과 맥이 닿아 있다. 마르크스를 본격적으로 이해하려면 1848년 혁명에서 시작해 프랑스혁명까지 거슬러 올라가야 하지만, 여기에서는 그와 관련해 영국혁명과 프랑스혁명의 차이만 간단히 살펴보자. 영국혁명의 자유주의는 소유적 자유주의라고 할 수 있다. 유산자들이 왕의 권위에 대항해 주권에 참여하겠다고 일어선 혁명인데 당시 왕은 자신을 나라의 유일한 주권자sovereign, 군주라고 칭했다. 왕이란 어떤 존재인가라는 물음에 왕은 자신의 속성은 주권자, 군주라고 답했다. 왕은 주권자라는 속성을 가진 자라는 말이다. 그렇다면 왕에 맞선 귀족이나 경lord은 토지를 가진 자, 토지로 대표될 수 있는 자라고 할 수 있다. 이름이 아니라 재산이 그 사람을 대표하는 것이다. 다른 이가 가지지 못한 자신만의 소유, 즉 재산이 그 사람을 대표한다. 자기가 누구인지를 말하려면 자기를 대표할 수 있는, 자신만의 소유가 무엇인지 떠올려야 한다. 그것이 property이다.

property가 중요한 이유는 그걸 통해 자신의 속성, 존재성을 증명할 수 있기 때문이다. 당신은 다른 이에게 없는 그 무엇을 가지고 있는가, 그 질문에 대한 대답을 property에서 찾아야 하는 셈이다. property의 라틴어 어원인 proprius는 '남의 것이 아닌 자기 자신의 것인'이라는 뜻과 '고유한' '독특한'이라는 의미를 담고 있다. 즉 소유란 다른 사람과 자신을 구분하는 자신만의 독특성을 담고 있는 것이라는 의미이다. 독일어로 소유를 뜻하는 Eigentum의 형용사형 eigentümlich는 마찬가지로 '소유의'라는 뜻 외에 '고유한' '독특한'이라는 뜻을 가지고 있다. 그 형용사의 명사형 Eigentümlichkeit는 '특질' '특색'이라는 의미를 지닌다.

property가 없는 이는 자기를 대표할 것이 없는 자이니 propertyless가 된다. 고유성이 없으니 불릴 이름이 없고, 이름이 없으니 서로서로 구분될 수 없는 무리herd에 불과하다. 그렇게 자신의 주권과 권리를 요구하는 주장이 소유적 자유주의의 출현이다. 이와 달리 프랑스혁명은 모든 인간은 property가 있든 없든 평등하다는 주장에서 출발했다. 자기를 대표할 소유가 없는 자라고 해도 소유가 있는 자와의 사이에 차별이 있으면 안 되며, 그것이 자유이고 평등이라는 생각이다. 그때의 자유는 property에 기초하지 않는다.

여기에서 개인적 소유에 대한 단서를 발견할 수 있다. 사적 소유는 영국적 자유주의의 의미에서의 소유를 뜻한다. 한 사람을 대표하는 것은 그 사람이 가진 재산이다. 마르크스는 그것을 사회적 소유로 넘겨야 한다고 한다. 생산이 사회적인 깃이 된 이상 사회에 대한 기여는 다 마찬가지라는 논리를 펼친다. 노동자의 기여가 자본에게 독점되어서는 안 되고 노동자도 기여한 만큼 사회로부터 혜택을 받아야 한다. 이를 막고 있는 주범이 사적 소유이므로 독점하지 말고 공유해서 모든 이들이 사회의 혜택을 똑같이 누리는 사회로 가야 한다는 것이다.

하지만 사적 소유를 사회적 소유로 전환하는 것만으로는 세계를 변혁하는 일이 완수될 수 없다. 지난 세기 동유럽 사회주의권에서 일어났던 일을 봐도 그렇다. 한 가지 예를 들면 사적 소유를 없앤 뒤 모두의 소유가 되었더라도 사람들은 그것을 어떻게 사용할지 모르는 경우가 있다. 학교에서 독서실을 모두에게 공동으로 개방하면 시험 결과는 모두 똑같이 나오는가? 지난날 사회주의권에서 그런 일이 있었다. 마을 사람들이 철강 회사를 하나 인수했는데 국유이니 어느 한 사람의 것도 아니다. 그런데 주위에 철강 공장을 운영해본 사람이 없어서 어쩔 수 없이 전임 공장장을 다시 데려와야 했다. 공장은 가동했지만 이제 보니 공장장은 전과 마찬가지로 노동자들을 부리는 형국이 되어 있었다. 상황이 이쯤 되고 보니 사람들은 전과 비교해 아무것도 달라지지 않았다고 느꼈다. 국가 소유임에도 소수의 사람에게 독점될 수밖에 없는 구조라면 사회적 소유는 실제로는 사적으로 쓰일 수밖에 없다. 사람들은 오히려 자기만의 진정한 '사적 소유'를 찾아나설 것이다. 그런 현실이라면 사회적 소유라는 말이 무색해진다.

개인적 소유라는 개념은 이러한 맥락에서 제기된 것으로 이해된다. property와 관련된 또 하나의 중요한 단어는 appropriation이다. '전유'나 '영유'로 번역되는 이 말을 마르크스는 자본이 노동자의 능력을 자기의 것으로 가져가고 노동의 결과물을 자본의 소유로 이전하는 모습을 말할 때 주로 썼다. 한마디로 남의 것을 자기 것으로 뽑아간다는 뜻이다. 한글판 《자본》에서는 그런 점에서 이를 '취득'이라고 번역했다. 좀 더 노골적으로 말하자면 '뽑아 먹는다'는 말에 가까울 것이다. 근대 사회의 자본관계를 설명하는 데 가장 적합한 개념이며, 추상적인 소유 형태가 아니라 실질적인 소유 행위를 말한다. 또 단순한 법률적 상태가 아니라 이로 인한 관계 맺음과 과정에서 변화의 결과까지를 지칭하는 개념이다. 그 자체가 시간과 운동이라는 개념을 전제한다는 점에서 매우 마르크스적인 특징을 보인다.

개인적 소유는 사회적 소유를 전제한 상태에서 결과를 개개인의 영유(전유)로 끌어와 자신을 '고양'시킬 수 있는 관계로 전환하는 것을 말한다. 소유란 그저 법률적 상태의 선언으로 그칠 수 있기 때문에 그것을 어떻게 '사용'하는가가 문제가 되는 것이다.

그런데 이 맥락에서 보면 개인적 소유와 전유의 가장 이상적인 모델은 사실 지식이라 할 수 있다. 타인의 지적 표현을 그대로 가져다 베끼는 게 표절이라면, 내용을 잘 이해해 자기 것으로 삼을 줄 아는 행위가 영유이다. '학습'에서 가장 중요한 것은 그냥 외우는 것이 아니라 그것을 자신의 지식으로 체화하는 것, 즉 '습득'하는 것이다. 그러려면 시기적절하게, 그리고 자기의 중심성에 맞게 습득해야 한다('學而時習之'). 그런 의미에서 지식이 소수에게 독점되어 접근이 차단되지 않도록 사회적으로 공유되는 것이 중요하다. 그러나 사회적으로 소유되거나 공유된 지식이라도 그것을 쓰는 이가 개인적으로 영유할 줄 모르면 자기 것으로 삼을 수 없다.

《자본》에서 출구를 찾는 일

우리는 이미 고도로 사회화된 사회에 살고 있다. 마르크스의 기준으로 보자면, 모든 것들이 사적으로 독점될 수 없고 사회적으로 생산되며, 그것의 혜택을 함께 누릴 수 있는 조건이 마련된 세계에 살고 있다. 그렇지만 개인들이 실제로 그것을 영유할 줄 모르면 무용지물이 되고 만다. 또 소유로 자기를 대표하는 방식이 유지되더라도 자동차나 집의 소유로 대표될 것이 아니라 전유한 지식으로 대표되는 것이 훨씬 더 중요하다. 무엇을 아는 사람, 무엇을 할 수 있는 사람, 다른 이가 못 하는 무엇인가를 보여줄 수 있고, 그래서 어떤 일에 없어서는 안 되는 사람으로 대표되어야 하지 않을까. '나는 누구인가'라는 질문 앞에서 나는 어떤 것을 '가지고 있는', 즉 '법률적으로 소유하고 있는' 사람이 아니라, '어떤 능력을 발휘할 수 있는' 사람이어야 하지 않을까. 이는 단지 머리뿐이 아니라 머리와 신체를 통틀어 내게 체화되어 있고, 내가 습득한 지식의 결과일 것이다. 나는 어떻게 사유하는 사람이고 어떤 역능을 지닌 사람, 어떻게 발언하는 사람, 따라서 다른 사람과 대체될 수 없는 사람, 그것이 나를 다른 사람과 구분 짓는다.

그것이 마르크스가 말하는 개인적 소유일 것이다. 이러한 형태의 소유에서 가장 핵심적인 건 지성이다. 마르크스가 생각하는 코뮤니즘의 모델은 지성이 개인적 소유가 되는 사회이다. 지식에 대한 사적 소유가 지적재산권을 행사해 타인이 지식에 접근하는 길을 막는 것을 말한다면, 그것의 사회적 소유는 도대체 무엇일까. 말이 좋지 지식을 어떻게 사회적으로 소유할 것인가. 지식은 사회적으로 공유되는 조건하에서도 개인적으로 영유할 수 있을 뿐이다. 그것이 오로지 자기 스스로의 힘으로 삼을 수 있는 형식이다. 지식을 얻은 뒤에야 비로소 좀 더 성장하고, 좀 더 많은 일을 하고, 사회를 분석함으로써 개입하고, 기계를 다루고, 문제를 제시하거나 해결하는 사람이 되는 길이 열릴 것이다. 달리 말하면 **대체 불가능한 사람이 되는 길**이다.

　사적 소유나 심지어 사회적 소유가 지배적인 곳에서 개인적 소유라는 사상이 확립되지 않는다면, 모든 개인은 대체 가능한 존재에 지나지 않는다. 자기가 자기일 수 있는 것이 소유한 집 때문이라면 쫓겨나면서 타인에게 집을 내어주는 순간 그 사람은 속성 없는 존재가 된다. 자본가나 권력자가 거대해 보이지만 자본의 소유를 잃거나 권력을 잃는 순간 더 이상 아무것도 아닌 자가 된다. 그래서 더더욱 소유에 집착하게 되는 것이다. 그리고 사회적 소유라 하더라도 그것을 자신의 것으로 영유할 능력이 담보되지 않는 이에게는 개인은 공동 소유라는 미명하에 그 소유물을 작동시키는 톱니바퀴로서 하향 평준화될 뿐이다. 이 역시 대체 가능한 존재이기는 마찬가지이다. 사회적 소유가 실현되더라도 인류 문명의 보고 앞에서 우리 모두 바보가 되는 일이 벌어질 수 있다. 이 모두를 넘어서려면 아무도 뺏어갈 수 없는 것으로 자기 자신을 만드는 것, 대체 불가능한 존재가 되는 길밖에는 없다.

　《자본》을 집필하던 같은 시기 마르크스는 제1인터내셔널(국제노동자협회) 창립을 주도하면서 1864년 창립 대회에서 이렇게 선언한다.

　　노동자계급의 해방은 노동자계급 스스로에 의해 전취되어야 한다. (…) 우리는, 자기 자신을 위해서뿐 아니라 자신의 의무를 다하는 모든 인간을 위해서도, 인간과 시민으로서의 권리를 요구하는 것이 인간의 의무라고 주장한다. (마르크스 1997c: 14/15)

이렇게 대체 불가능성은 '모든 인간의 공동체를 위한 것'인 동시에 다른 모든 개인과 구분되는 자기 자신을 위한 것이기도 하다. 사회도 그렇게 대체 불가능한 사회가 되어야 한다고 제시한 것이 마르크스의 코뮤니즘인데, 현실 사회주의는 그것을 개인적 소유를 제거하고 사회적 소유로 대체하는 길로 받아들였고 결국 멈추어 섰다.

이러한 관점에서 우리 주변의 노동운동을 생각해보면 다른 답을 찾아낼 여지가 생긴다. 노동운동의 궁극적 목표는 단체협상을 통한 임금 인상에 그치는 것일 수 없다. 더 나아가 생각해보면 궁극적으로 그것은 노동자들의 지성화를 목표로 삼는 것이어야 한다. 제도의 변혁은 그 목표를 위한 과정으로 보아야 할 것이다. 자기 스스로 세계를 향해 움직이는 주체가 되고, 기술에 대한 모든 가능성을 통제하고, 사람들을 위해 자신의 지식을 활용할 수 있는 존재. 우리는 그 어느 때보다 많은 지식에 토대하고 있는 사회에 살고 있는 이상 이는 불가능하지는 않을 것이다. 그럼에도 현실은 사람들을 점점 더 끔찍한 불행misery으로 몰아넣고 있다. 왜 그럴까? 그것이 마르크스의 질문이다.

인문은 사람들 간의 관계에 대한 질문이고 사회과학은 그것을 분석하고 비판하는 힘이라고 말할 수 있다면, 사람들은 무엇을 목표로 왜 싸우는가라는 질문을 다시 곱씹어볼 필요가 있다. 싸우는 자와 싸움에 맞서는 자로 나눌 때 모든 싸움은 의외로 단순한 결론으로 귀결될 수도 있다. 처음에는 무조건 약한 자를 무릎 꿇리려다가 세가 불리하다고 판단하면 다소 '양보'를 하게 되는데, 이 국면이 되면 한편에서 이것을 '돈' 문제로, 즉 더 많은 돈을 받으려는 것으로 몰아가는 움직임과, 다른 한편에서는 단지 돈 문제가 아니라 '억압받는 자의 위엄the dignity of the oppressed'을 지켜내는 일이라고 보는 대립이 늘 반복된다. 결국 마지막에 보면 모든 싸움은 억압받는 자의 존엄성을 지키기 위한 싸움으로 귀결된다고 할 수 있다.

가진 자들은 어떻게든 억압받는 자의 존엄성을 깨뜨리기 위해 '너희가 원하는 것은 몇 푼 더 받자는 것 아니냐'고 인정하게 만들려 한다. 그리고 중간에 항상 진보나 자유주의라는 이름을 건 브로커들이 등장한다. 당신들을 위해 돈을 더 받아주겠다며, 당신들이 원하는 것은 원래 돈이 아니었냐며 회유하기 시작한다. 사람들은 돈을 받아서 나쁠 건 없고, 돈 때문에 싸우는 것은 아니더라도 돈을 포기할 수는 없다고 스스로 양보하지만, 결국 위엄을 포기하기에 이른다. 문제는 그때 그걸 포기하는 게 별것 아닌 것처럼 보이지만 그다음부터는 싸우지 못하고 부당한 것을 수용하게 되는 것이다. 싸움의 이유를 잃어버린 뒤이기 때문이다.

사실 억압받는 자로서 자기 자신부터 억압받는 자의 위엄이 무엇인지 이해할 필요가 있다. 그리고 그것은 자기가 무엇으로 대표될 수 있는지, 과연 자신은 대체 불가능한 사람인지 물어보는 일에서부터 출발한다. 약자들의 모든 싸움을 보면, 개인적 소유에 대한 질문이 늘 바탕에 깔려 있다.

세상에는 타인을 '긍휼히' 여기는 사람들이 많다. 애민愛民, 휼민恤民, 더 나아가 존민尊民 등 모두 훌륭한 태도일 수 있다. 그러나 그 모두는 앞서 마르크스가 강조한 대체 불가능성이나 대신 불가능성과는 거리가 멀다. 마르크스의 개인적 소유라는 질문이 사실 정치적 주체로서 궁극적으로 '민-주'(民-主)의 가능성·필요성·곤궁을 동시에 제기하는 것임은 이렇게 다시 확인될 수 있다.

물론 개인 혼자서 이를 달성하려 애쓸 게 아니라 타인의 도움과 연대, 사회의 지원이 반드시 필요할 것이다. 그렇지만 우리가 살고 있는 사회는 그런 연대가 점차 무너지고 있고, 개인들은 조각난 사회적 관계와 연대를 주워 근근히 살아갈 자원으로 삼아야 생존할 수 있는 사회, 지금 사회는 그 정도까지 사회적 관계가 심각한 수준이다. 그것이 마르크스의 중요한 전언이기도 하다.

　　《자본》에서 출구를 찾는 일은 그리 만만치 않다. 그러나 150여 년이 지난 지금 시점에 이 곤궁은 오히려 책의 미덕이 될 수 있다. 쉽게 생각하고 넘겼던 많은 것들을 다시 되짚어봐야 하는 역사 시기이기 때문이다. 자본과 노동의 세력 관계는 지극히 비대칭적이고 자본이 거의 절대적 힘을 가지고 있어 보이므로 노동자와 피억압자들 사이의 연대는 어려울 수밖에 없다. 그게 《자본》의 결론이다. 지금과 비교해 당시 자본주의의 지형과 기반이 달랐더라도 그가 밝혀낸 구조는 여전히 유효하다는 사실에 변함이 없다. 자본주의 세계는 그렇게 바뀌지 않고 되풀이된다. 그렇다면 그 세계를 어떻게 깰 것인가. 그는 적어도 《자본》에서는 그 이야기는 직접 두드러지게 다루지는 않았다. 제1인터내셔널에서 마르크스의 활동을 보면 좀 더 많은 시사점을 얻을 수는 있다. 다만 《자본》에서 마르크스는 세계를 변혁하기가 얼마나 힘든지를 보여주고 싶었다고 본다. 세계는 결코 만만한 곳이 아니며 치밀한 분석 없이는 틈을 비집고 들어가기도 어렵다는 것이다.

　　《자본》을 여러 번 읽어도 사회 변혁의 길에 대한 쉬운 처방은 발견되지 않는다. 그만큼 자본주의는 잘 짜인 공고한 세계라는 말인데, 마르크스는 거기에 몇 가지 단서를 달고 있다. 사회가 지금 상태로 계속 돌아갈 수는 없다는 것, 그리고 사회화된 힘을 키우는 방향으로 가는 한편 개인적 소유의 가능성을 찾아내야 한다는 것으로 정리해볼 수 있다.

물론 현실을 바꾸기 위한 방편으로 마르크스의 이야기가 다는 아니다. 현실을 분석하려면 다른 학자들의 논의와 현실에 대한 다양한 분석들, 역사의 다양한 경험들을 심도 있게 분석해야 한다. 그래도 현실은 우리가 분석과 개념이라는 벽돌을 자기 고유의 방식으로 쌓는 만큼 보인다는 점은 분명하다. 앞서 말했듯이 현실을 분석하고 그려내는 일은 마치 작곡이나 건축과 같은 작업이다. 여러 길이 희미하게 보이는 곳에서 자기 손으로 울타리를 확인하고 벽돌을 쌓아봐야 길이 보이는 것과 같은 이치이다. 마르크스는 세계를 변혁하려 한 사람이지만, 무엇보다 그의 출발은 '글'과 분석이었다.

왜 마르크스가 끊임없이 자기가 쌓아온 성과를 스스로 비판하고, 새로운 돌파점을 찾으려고 노력했는지 잘 새겨볼 필요가 있다. 새 길을 여는 시도는 항상 어떤 다른 길은 닫거나 잊게 만드는 일이기도 하다. 그리고 어떤 해결점을 찾으려는 노력은 항상 현실을 단순하게 만들 위험 또한 안고 있다. 그래서 분석하고 글을 쓴다는 것은 사유의 폭을 넓힘으로써 현실의 좁은 돌파점을 찾는 일이다. 그러기 위해서는 먼저 돌파해 나가는 것이 얼마나 어렵고 세상은 꽉 짜여 있는지를 세밀히 살펴야 한다. 그리고 그것을 서로 겹쳐진 시간의 리듬 속에서 다시 쌓아보고, 거기서 균열의 틈을 발견하는 것이 필요하다.

리듬을 읽는 눈

마르크스가 어떻게 사유하는지 배우는 것이 우리의 삶과 어떻게 연결될 수 있을까. 이렇게 한번 생각해보자. 지금까지는 글쓰기에 대해 이야기했는데, 조금 다른 영역이기는 하지만 항상 마르크스에 대한 관심과 뗄 수 없는 이야기를 해보자. 살면서 세상을 바꿀 마음을 먹게 되면 불가피하게 싸워야 할 경우가 생긴다. 싸운다는 것struggle, 이걸 좀 더 들여다볼 필요가 있다. 마르크스를 읽고 이해하는 와중에 현실을 돌아보면 우리는 주위에서 벌어지는 여러 싸움들과 자신이 무관하지 않음을 깨닫게 된다. 싸움을 통해 마르크스를 이해하는 첫 단계는 싸움이란 무엇인지 명확히 아는 일이다. 마르크스 자신이 기존 세계와 끊임없이 불화하고 싸웠던 사람이니까. 물론 기득권 세력이 자신들의 기반을 잃지 않으려고 세워놓은 구조적 메커니즘을 파악하는 일도 중요하다. 나중에 살펴보겠지만, 마르크스의 분석처럼 자본주의의 재생산 순환과정은 엄밀하며 그 틈을 비집고 파고드는 것은 지난한 일이다.

무엇보다도 우선 싸움은 분풀이와 구별되어야 한다. 우리는 흔히 두 단어가 비슷한 뜻이라고 착각하는데 전혀 그렇지 않다. 만약 어떤 이가 부당한 일을 당해 호소문이나 항의서를 썼다면 과연 어떻게 쓰여 있을 것 같은가. 그런 글은 거의 대부분 억울한 사연과 상대에 대한 비난으로 채워졌을 것이다. 거기에 그친다면 그건 싸움이 아니라 화풀이이다. 사람들은 싸움을 한다고 해놓고 알고 보면 화풀이를 하는 경우가 많다. 상대방에게 욕을 하고 울분을 토해내다 보면 나중에는 거꾸로 자기가 열 받는 꼴이 된다. 열 받으면 저녁에 술을 마시게 되고 깨어나면 다시 열 받는 식으로 되풀이된다. 그러는 동안 상대방은 준비를 끝마치고 반격을 시작한다. 일테면 풀타임으로 대응하는 상대에 비해 자신은 파트타임으로밖에 싸우지 못하는 형국이 되는 것이다. 그래서 싸움과 분풀이는 다르다. 욕을 해서 사회를 바꿀 수는 없다. 기득권과 싸우는 일은 생각보다 만만치 않다.

싸움에는 적어도 고려해야 할 세 가지 기본 요소가 있다. 그 셋을 갖춘 싸움이라면 이를 통해 조금은 사회를 바꿔볼 수 있다. 첫 번째는 정세와 세력 관계 분석이다. 싸움은 우선 정세나 세력 관계를 아는 것과 긴밀히 맞물려 있다. 어느 쪽이 세가 강한지, 자신이 얼마나 유리한지 파악하는 일이다. 놓여 있는 구조에 대한 세부적 분석은 당연한 전제이다. 약점이 전혀 없는 상대는 없다. 약한 지점이 하나라도 있기 마련이고, 어떤 국면에서는 상황이 불리하게 전환될 수도 있다. 일단 지금이 어떤 상황인지 정교히 분석하는 것이 중요하다. 정세를 분석하여 우리가 지금 어떤 상황에 처해 있는지 아는 데 바로 마르크스 읽기가 기여하는 바가 있다.

세력 관계를 분석하고 나면 현 상황에서 개입할 지점을 찾을 수 있다. 개입할 지점을 찾는 것, 그것이 두 번째 요소다. 개입을 위한 정확한 지점과 시점이 있을 것이다. 좁지만 개입할 수 있는 공간이 보인다.

앞서 말한 에스에프 영화에서처럼 시간의 문이 열리면서 그곳으로 과거와 현재를 넘나드는 이미지. 과거로 건너간 주인공이 문이 닫힌 나머지 현재로 돌아오지 못하거나, 뒷산 약수터의 암벽에 갔다가 문을 발견했는데 다음에 다시 찾아가보면 아무리 기다려도 열리지 않는다는 상황을 본 적이 있을 것이다. 이 시간의 문은 정세에 관한 비유로 딱 어울려 보인다. 정해진 궤도에 따라 움직이며 결코 변하지 않을 것 같은 현실이지만 어딘가 개입할 수 있는 시간의 장소가 있다는 것이다. 그 장소는 일정한 방식으로 반복되지도 않고 똑같은 곳에 잠복해 있지도 않다. 지난번에 그렇게 싸워봐서 잘되었으니까 6개월 지난 지금 똑같은 곳에서 같은 방식으로 싸워보면 과연 잘될까. 정세는 절대로 되풀이되지 않는다. 변수가 생기는 순간 그림은 이미 달라져 있다. 그 순간 세력 관계를 다시 살펴봐야 한다. 지난번 경험에서 떨어져 나와 시간이 얼마간 흘렀다면 세력 관계가 어떻게 달라졌는지, 정확한 시간에 어느 곳으로 개입할 수 있는지 다시 들여다봐야 한다.

세 번째, 이것은 특히 강조해둘 만한데, 속도와 리듬이다. 싸우는 이라면 무엇보다 속도와 리듬을 탈 줄 알아야 한다. 정상적으로 돌아가는 사회는 자기 고유의 속도와 리듬을 갖는다. 그것에 한번 말려들면 우리는 아무것도 할 수 없게 된다. 그렇다면 그것에 비해 속도를 더하거나 줄이는 식으로 다른 방법을 모색해야 한다. 리듬을 비틀 수 있어야 한다. 이는 세력이 약한 쪽이 비교적 잘 싸웠다는 평을 들을 수 있는 유일한 길이다.

보통은 세력이 강한 쪽이 먼저 속도를 일방적으로 내기 마련이다. 주도권을 잡은 쪽은 상대방이 따라올 엄두를 내지 못하도록 몰아붙인다. 그런 상황에 처한 대항 세력은 어떤 판단을 내려야 할까. 상대의 속도를 막아내고 버티려면 가속할 수밖에 없다. 때론 상대의 속도를 능가해야 한다. 풀타임으로 싸워냄으로써 상대를 파트타임 전략으로 떨어뜨려 속도를 역전시켜야 비로소 유리한 고지를 차지하게 된다. 그러면 리듬도 바뀐다. 구조라는 것은 정해진 궤도를 따라가기 때문에 사실 유연성이 떨어진다. 주도권을 잡은 쪽이 대단한 속도의 우위를 지닐 것 같지만, 그쪽은 대개 일상적으로, 관료적으로 반복해야 할 업무가 상당히 많다. 그리고 그런 업무들은 일정한 패턴의 속도 속에서 진행된다. 그런 와중에 대항 세력이 예상치 못한 속도와 리듬으로 나오기 시작하면 교란이 발생할 수 있다. 리듬이 흐트러지는 것이다. 평소처럼 모든 것이 제자리에서 정상적으로 돌아가려면 일정한 조건이 필요하고 유리한 세력 관계가 뒷받침되어야 한다. 그런데 어느 지점에서 세력 관계가 무너지는 고리가 생긴다.

대개 보면 세력은 불균등하고, 약자가 더 적은 자원과 수단으로 싸우게 되어 있다. 그렇다고 싸움이 처음부터 불가능하지는 않다. 일단 시작한 싸움은 그 나름의 리듬을 획득하게 된다. 일정한 상태로 계속 유지할지, 속도를 줄여 긴장을 이완할지 알아내려면 무엇보다 리듬을 읽는 눈이 중요하다. 그것은 시간을 읽는 눈이기도 하다.

근대 사회과학은 하나의 시간만을 상정하고 있다. 사람들에게 시간이란 보통 시계의 시침과 분침이 가리키는 시간을 말하며, 사회과학자의 시간도 이와 크게 다르지 않다. 여기서 시간은 긴 것 같지만 잘게 쪼개질 수 있는 시간이다. 그런데 사실 시간은 훨씬 더 복잡한 구도 속에 중첩되며, 지속 기간에 따라 장기 시간, 중기 시간, 단기 시간으로 구별될 수 있다. 또 그것들이 겹치면서 리듬이 생겨난다. 그 리듬을 어떻게 읽어낼 수 있을까? 지금의 시간과 중첩되어 있는 또 다른 시간을 볼 줄 아는 이는 드물다. 지속 기간이 긴 시간을 읽으려면 '구조'라는 관점을 지녀야 하는데, 이 관점이 취약하면 단기 시간을 늘어놓은 것에 멈출 뿐 긴 시간을 읽지 못한다. 시간의 중첩과 그 속에서 리듬이라는 문제를 고민한 대표적 인물이 마르크스이다. 하나의 시간만을 가지고 있으면서 리듬을 읽어내는 눈까지 부족하면 정세에 개입하기는 힘들 수밖에 없다.

그런 의미에서 마르크스를 읽는다는 것은 세력 관계를 분석하고, 자기 방식의 리듬을 만들어내고, 그 속에서 개입할 수 있는 지점을 정확히 찾아내는 방법을 그의 사유를 통해 발견하는 일이기도 하다. 그게 바로 우리가 마르크스에게서 '무엇'보다 '어떻게'를 배우는 길이다.

마르크스는 어떻게
자신의 사유 세계를 수립했는가

: 인식론적 단절의 계기로서 〈포이어바흐 테제〉

마르크스가 1845년 〈포이어바흐 테제〉를 계기로 인식론적 단절을 겪었다는 것은 알튀세르의 유명한 테제이다. 이 시기 이후 마르크스는 '인간'과 '소외'라는 문제 설정에서 벗어나 '사회적 관계'의 역사유물론이라는 문제 설정으로 이행하게 된다(알튀세르 1997a).

그렇지만 마르크스를 읽을 때 정작 〈포이어바흐 테제〉를 꼼꼼히 따지면서 단절의 의미가 무엇인지 살펴보려는 경우는 많지 않다. 이를 경시하면 《자본》을 포함해 마르크스가 남긴 저작들의 함의를 이해하는 데도 제약이 있을 수 있다. 여기서는 단절의 계기로서 〈포이어바흐 테제〉가 어떤 중요성을 지니는지 살펴보도록 하자.

프랑스혁명의 철학으로서 헤겔이라는 계기

청년 마르크스 철학의 본격적 출발은 헤겔과의 대결에서 시작한다.

관념론자 헤겔이 마르크스에게 왜 중요했는지 이해할 수 있는 가장 중요한 고리는 그가 가장 위대한 프랑스혁명의 철학자였다는 점이다. 프랑스혁명에 사상적 영감을 불어넣은 철학자라는 것이 아니라, 프랑스혁명의 결과 변화한 세계를 철학적으로 인식해내려 한 대표적 철학자라는 점이 중요하다.

헤겔은 1770년에 태어났고 만 19세 때 프랑스혁명을 멀리서 겪었다(1831년 사망). 이 사건이 동시대 진보적 청년들에게 준 충격은 같은 해 헤겔처럼 프랑스 아닌 인접 유럽 국가에서 태어난 다른 두 청년의 삶을 통해서도 확인된다. 루트비히 반 베토벤(1770~1827)과 윌리엄 워즈워스(1770~1850)가 그들이다. 헤겔을 포함해 이들 셋 모두 열렬한 프랑스혁명 정신의 지지자였다.

워즈워스는 혁명의 숨결을 느껴보기 위해 직접 프랑스를 찾아갔을 만큼 열렬한 프랑스혁명의 지지자였고, 영국에 돌아와서는 혁명의 이상을 전파하는 데 노력을 경주했다. 그러나 노력이 수포로 돌아가고 프랑스혁명 자체가 방향성을 상실하자 실망한 나머지 서머싯에 들어가 전원시인이 된다. 그래도 그의 《서곡》에서는 프랑스혁명 이상에 대한 찬미가 어렵지 않게 발견된다(워즈워스 2009: 283/324).

나도 그와 더불어

믿었다네. 관대한 정신이 널리 퍼져서

아무도 막지 못할 것이며, 이러한

처절한 빈곤은 잠시 후 더 이상 존재하지

못할 것임. 그리고 이 땅이 아무 방해도

받지 않고, 온유한 자, 겸손한 자, 참고 견디며

일하는 어린이를 보상하고자 하는 희망을 이루고,

예외를 합법화하는 모든 제도가 영원히 사라지며,

공허한 허세와 방종한 생활방식과 잔인한 힘이

한 사람의 칙령에 의해서건, 몇몇의 그것에

의해서건 폐지되며, 마침내, 이 모두의 총화이자

가장 중요한 것으로서, 사람들이 강한 힘을

얻어 자신들의 법칙들을 손수 만드는 것을

우리가 보게 될 것이며, 이로써 온 인류에게

더 나은 날들이 오리라는 것을.

(…)

오 희망과 기쁨의 유쾌한 순간들이여!

당시, 삶을 열렬히 사랑한 우리 편에 섰던

도우미들의 힘이 참으로 위대했나니!

그 새벽에 살아 있음이 축복이었지만,

젊다는 건 바로 천국이었네!

베토벤이 프랑스혁명의 지지자였다는 사실은 '영웅Eroica'이라는 부제를 붙여 프랑스혁명을 찬미하는 교향곡 3번을 준비했다가 나폴레옹이 황제에 등극했다는 소식을 듣고 실망해, 2악장을 '장송행진곡 Marcia funebre'으로 바꾸어버렸다는 일화를 통해 잘 알려져 있다. 1815년의 유럽 반동을 겪은 후에도 베토벤은 좌절하지 않고 프랑스혁명 이념을 수호하려 했고, 그 결과가 9번 교향곡, 후기 현악사중주, 후기 피아노소나타 등으로 남겨졌다(솔로몬 2006).

잘 알려진 베토벤의 9번 교향곡 4악장은 실러의 '환희의 송가'에 곡을 붙인 합창으로 끝나는데, 가사에는 다음과 같은 내용이 들어 있다.

위대한 하늘의 선물을 받은 자여

진실한 우정을 얻은 자여

여성의 따뜻한 사랑을 얻은 자여

모두 함께 환희의 송가를 부르자

(…)

엄혹한 현실로 찢겨진 자들을

신비한 그대의 힘이 다시 묶어세우니

모든 인간은 형제가 되리

그대의 고요한 나래가 멈추는 곳에

만인이여, 서로 포옹하라

온 세상의 입맞춤을 받으라

형제들이여!

헤겔 또한 동년배 두 사람과 다르지 않았다. 17세기 초 30년 전쟁의 결과로 300여 개 공국으로 쪼개진 채 오랜 반동의 세월을 지내온 독일 지역에서 프랑스혁명의 소식은 새로운 변화의 기대를 불러일으켰다. 청년 헤겔은 매일같이 프랑스혁명군이 독일 지역에 도달하기를 기다렸을 만큼 새로운 정신이 독일이라는 반동의 구세계를 쓸어버릴 것을 믿었고, 또 기다렸다(핀카드 2006: 42/46).

청년기 헤겔이 집필한 《정신현상학》의 '절대정신'의 자리에 프랑스혁명의 이념을 놓고, 그 새로운 이념에 의해 작동하는 새로운 세계와 그렇지 않은 낡은 세계를 나누어보면, 그가 구분하는 시대의 구획 또한 이해할 수 있다. 독일의 통일, 더 나아가 새로운 '유럽'이야말로 헤겔에게는 새로운 이념, 즉 프랑스혁명의 이념에 의해 통일되는 세계이다. 그 이념은 세계 곳곳에 새로운 영향력을 발휘할 것이며, 그 운동에 의해 낡은 세계는 이제 역사의 뒤안길로 밀려날 것이다. 그래서 '이성적인 것은 현실적인 것이고, 현실적인 것은 이성적'(《법철학》 서문)이 되는 세계가 도래한다.

이러한 헤겔 사유의 중요성은 현재의 유럽 통합과 비교해보면 잘 이해가 된다. 헤겔은 또다시 유럽 통합의 가장 중요한 사상가로 등장할 가능성이 있다. 왜냐하면 유럽 통합은 이념의 통합인가, 아니면 혈통처럼 이미 유럽인의 자격증을 받은 자들만의 통합인가라는 질문이 지속적으로 제기되기 때문이다. 마치 헤겔의 시대에 독일 통일이 게르만인들에 의한 통일인가, 그렇지 않고 새로운 이념(즉 프랑스혁명의 이념)에 의한 통일인가가 문제 되었던 것과 마찬가지이다. 히틀러의 게르만 제국론을 둘러싼 논쟁과도 다르지 않다. 유럽이 이미 유럽의 특정 국적을 가진 자들의 집합으로서 통일하는 것이 아니라, 유럽이라는 새로운 보편적 이념을 공유하는 세계의 형성이어야 한다는 것은 그때나 지금이나 헤겔이 던지는 중요한 문제 설정이다.

그러나 청년 헤겔의 염원은 실현되지 못하고 1815년 유럽은 반동을 맞게 된다. 나폴레옹을 패퇴시키고 등장한 메테르니히를 중심으로 신성동맹이 형성되는 것이다. 프랑스혁명 이념(즉 헤겔의 절대정신)이 낡은 시대와 새로운 시대를 구획하는 불가역성을 보여준다고 믿었던 헤겔로서는 이 반동으로의 회귀를 설명해내기 힘들었다. 청년 헤겔의 이상주의는 이제 '현실적인 것이 곧 이성적'이라고 주장하는 현실에 대한 보수주의에 손쉽게 자리를 내주고, 현존하는 수많은 공국의 군주제를 정당화하는 논리로 추락할 지경에 처한다. 헤겔에게는 베토벤 같은 새로운 돌파점은 없었던 셈이다.

포이어바흐에 의한
청년헤겔파의 구원

청년 마르크스는 헤겔 그리고 헤겔의 동년배들만큼이나, 아니 그들보다 훨씬 더 철저한 프랑스혁명 이상의 지지자였다. 에피쿠로스 등 원자론자들과 스피노자에 대해 관심을 기울이던 마르크스가 헤겔에게서 길을 찾고자 했던 것도 프랑스혁명이라는 역사적 사건을 철학으로 정립하려 한 헤겔 노력의 핵심적 함의를 발견했기 때문이다. 그렇지만 마르크스를 비롯한 청년헤겔주의자들이 헤겔을 수용하려 노력하던 그 시점은 프랑스혁명의 열기가 끓어오르던 시기가 아니라 메테르니히 반동 체제가 자리를 잡아 혁명이 절망으로 전환하던 무렵이었고, 헤겔이 보수적으로 수용되던 시기였다.

생전의 헤겔 자신에게도 이러한 시대적 퇴행은 고민이 아닐 수 없었겠지만, 헤겔이 겪은 곤혹은 그 이후 마르크스와 젊은 헤겔 지지자들에게 참으로 난감한 일이었다. 프랑스혁명을 철학화함으로써 독일에 진보를 도입하려던 청년들은 역설적으로 그것을 가능하게 한 헤겔 철학이 보수화하자 발목이 잡힌다.

돌파구로서 포이어바흐, 《헤겔 법철학 비판》

이 곤경은 1840년대에 등장한 포이어바흐를 통해 새로운 돌파구를 찾게 된다(Althusser 2003).

포이어바흐는 헤겔과는 상이한 개념 구도를 통해 헤겔의 곤경을 돌파하고자 했다. '인간' '유적 본질' '소외'가 그것이다. 그의 비판은 기독교의 본질을 분석하며 제시한 '종교가 인간의 유적 본질의 소외'라는 테제에 가장 잘 드러난다. 인간의 유적 본질이 소외되어 대상화된 실체가 종교이며 그것이 다시 우리를 지배하는 관계에 놓인다는 사실이 종교를 이해하는 핵심이다. 종교는 인간이 만든 것임에도, 인간은 자신의 보편적이고 추상적인 본질을 대상화해 낯선 실체로 투사함으로써 신이라는 존재를 만들어낸다. 그리고 낯선 존재인 신에 의해 지배되는 세계가 형성된다. 이로써 이제 종교에 의해 지배받는 인간이라는 구도가 해명된다. 이렇게 인간은 본래 자신의 본질이었던 것을 외부로 투사해 낯선 것으로 만든 다음 그 낯선 것의 지배를 받는데, 그것이 바로 소외이다. 1843년 마르크스는 바로 이 구도에서 다음과 같이 이야기한다.

> 인간이 종교를 만들지, 종교가 인간을 만드는 것은 아니다. (…) 인간, 그는 **인간의 세계**이고 국가이고, 사회이다. (…) **인간적 본질**이 아무런 신정한 현실성노 얻지 못하기 때문에 송교는 인간적 본질의 **환상적 현실화**일 뿐이다. (…) 종교는 곤궁한 피조물의 한숨이며, 무정한 세계의 감정이고, 또 정신을 상실해버린 현실의 정신이다. 종교는 민중의 아편이다. 민중의 환상적 행복인 종교의 지양은 바로 민중의 현실적 행복에 대한 요구이다. 《헤겔 법철학 비판》: 187/188)

이러한 종교 비판의 핵심은 '인간을 깨우친다'는 것이다(《헤겔 법철학 비판》: 188). 이 소외론의 구도는 급진적 민주주의자인 마르크스의 국가 비판의 틀로 옮겨져 활용된다. 종교 비판을 통해 '천상에 대한 비판'이 '지상에 대한 비판'으로 전환되어야 함을 알게 되었기 때문이다(《헤겔 법철학 비판》: 188/190). 헤겔의 주장처럼 '이성적인 것이 현실적인 것'이고, 그것은 특수한 것으로서의 시민사회를 지양하는 보편국가 속에서 그 보편성이 실현되는 것이 아니다. 이제 종교의 소외 구도처럼 역으로 국가는 오히려 인간 본질의 실현인 시민사회를 억압하고 그 본질을 낯선 것으로 만들어 투사한 외적 실체가 됨으로써 인간들을 지배하는 소외된 대상이 된다. 이제 과제는 국가를 해체하고 시민사회 속에서 인간의 유적 본질을 실현하는 일이다.

이는 특히 독일이라는 현실에서 두드러진다. 독일의 상황은 "역사의 평균 수준 이하에 머물러 있고, 모든 비판 수준 이하에 있다"(《헤겔 법철학 비판》: 190). 마르크스는 유럽 전체에서 보면 독일이 심하게 뒤처진 까닭은 원본이 아니라 복사본이 등장했기 때문이며, 그것이 국가철학과 법철학이라고 본다. 즉 국가철학과 법철학은 독일의 현실과 괴리된 끝에 뒤집어진 대상이 되었다. 독일은 가장 끔찍한 앙시앵레짐의 현실 속에 있지만, 혁명이 여기 현실 속에서 추진되지 못하면서 현실을 투사한 법철학은 관념적인 자유의 왕국을 그려내고 있다. 그것이 "우리 독일인들은 자신들의 미래의 역사를 사유 속에서, 즉 철학 속에서 체험한다"고 지적한 이유이다(《헤겔 법철학 비판》: 194).

그럼에도 '철학'이 독일의 현실과 무관한 것은 아니다. "지금까지의 철학 그 자체도 이 독일적 세계에 속하며, 따라서 비록 관념적일지라도 그 세계에 대한 보충이다"(《헤겔 법철학 비판》: 195). 마치 종교와 인간의 관계가 그러하듯이. 그래서 독일의 상황은 다음과 같이 그려진다.

> 근대국가에 대한 이 추상적이고 과도한 사유의 현실은 아직 피안에 머물러 있었으며 (…) 이에 못지않게 거꾸로 근대국가 자체가 현실적 인간으로부터 추상되어 있거나 혹은 인간 전체를 단지 상상적이고 허구적인 방식으로 만족시키고 있기 때문에, 그리고 그런 한에 있어서만, 근대국가에 대한 독일적이고, 현실적인 인간으로부터 추상되어 있는 사유적 반영상이 가능했다. 다른 민족들이 실행했던 것을 독일 민족은 정치학 속에서 사유했다. (《헤겔 법철학 비판》: 195)

그렇다면 독일의 과제는 한정된 의미의 '실천적' 혁명이 될 것이다. 앞서 종교에 대한 마르크스의 언급, 즉 "민중의 환상적 행복인 종교의 지양은 바로 민중의 현실적 행복에 대한 요구이다"는 지적을 이 맥락에서 다시 쓰면 '민중의 환상적 행복인 국가의 지양은 바로 민중의 현실적 행복에 대한 요구이다'가 될 것이다. 그런데 독일에서 혁명이 가능하려면 "이론도 그것이 대중을 사로잡는 순간 물질적인 힘"이 됨을 알아야 하고, 대중을 사로잡으려면 '근본적'이 되어야 하며, 근본적으로 된다는 것은 "사태를 그 뿌리에서 파악하는 것"이다. 그리고 "인간에게 있어 뿌리라는 것은 다름 아닌 인간 자신이다"(《헤겔 법철학 비판》: 196/197). 독일은 종교개혁이라는 '이론적 혁명'의 과거를 배경으로 둔 나라이다. 종교를 지양하려면 그 소외된 구도를 이해하고 여기 이쪽의 인간의 본질의 가능성으로 내려와야 한다. 국가도 마찬가지이다.

마르크스는 여기서 독일 혁명의 과제를 '철학'의 과제로 여긴다. 철학의 과제는 바로 독일의 낙후됨, 즉 혁명의 물질적 토대가 부족한 조건에서 어떻게 혁명이 가능할까를 고민하는 것이다. 마르크스는 이를 일반과 특수의 관계로 풀고자 한다. "정치적 현대의 일반적 한계들을 포기하지 않으면 특수한 세계로 구성된 정치적 현대의 결점으로서의 독일은 극복될 수 없을 것이다"(《헤겔 법철학 비판》: 199). 독일은 낙후되었지만 그럼에도 뒤집혀진 방식으로 "모든 국가 형태들의 죄악들을 발견할 수" 있는 곳이다(《헤겔 법철학 비판》: 199). 그래서 역설이 등장한다. "프랑스에서는 부분적인 해방이 보편적인 해방의 토대이다. 그러나 독일에서는 보편적인 해방이 모든 부분적인 해방의 필수 조건이다"(《헤겔 법철학 비판》: 202). 프랑스는 '실천'에 의해 보편성이 이미 사회 곳곳에 스며들어 있다면, 독일에서는 어느 계급에게도 보편성으로 나아갈 필연성이 결여되어 있다는 것이다. 그래서 보편성이 전도된 자유의 왕국(보편국가)에서만 추구되는 것이다.

그래서 마르크스는 이 '철학적 과제'를 추구한 결론으로 프롤레타리아트를 발견한다.

독일 해방의 실질적인 가능성은 (…) 철저하게 속박되어 있는 한 계급, 시민사회의 계급이면서도 시민사회의 어떤 계급도 아닌 한 계급, 모든 신분들의 해체를 추구하는 한 신분, 자신의 보편적 고통에 의해 보편적 성격을 소유하고 있으며 (…) 어떤 특수한 권리도 요구하지 못하는 한 영역 (…) 마지막으로 사회의 모든 다른 영역들을 해방시키지 않고는 결코 해방될 수 없는 한 영역의 형성에 있다. 한마디로 말하자면, 그 가능성은 인간의 완전한 상실태이고, 따라서 인간의 완전한 회복에 의해서만 자기 자신을 획득할 수 있는 영역의 형성에 있다. 이 같은 사회의 해체를 체현한 특수한 한 신분이 바로 프롤레타리아트이다.

(《헤겔 법철학 비판》: 202)

낙후된 독일은 '관념적 국가상' 속에서 자유를 투사하지만, 현실을 돌아보면 전도된 소외를 발견할 따름이다. 관념적 종교의 낙후성을 전면 전복하는 것이 인간 본질의 전면적 실현이듯, 관념적 국가상이라는 낙후성을 전면 전복할 길은 '여기 이쪽'으로 내려와 인간 본질의 전면적 구현체인 프롤레타리아트의 '형성'에 있다.

포이어바흐 작업의 핵심은 '비판'이며, 이는 사실 계몽이었다. 중요한 것은 전도되고 소외된 세계를 '이해'하는 것이고, 그 이해를 위한 계몽의 작업에 초점이 놓인다. 종교 비판의 핵심은 그 본질에 인간이 놓여 있으며, 전도된 구도를 뒤집어 우리가 현실 세계 속에서 인간의 유적 본질을 실현하도록 깨달음을 주는 데 있다.

마찬가지로 국가에 대한 비판 또한 초점은 계몽이다. 우리는 국가 비판을 통해 개인의 본질을 찾는 데로, 더 나아가 그 본질을 프롤레타리아트 속에서 구현하는 데로 향해 가는 것이 과제가 된다. 현실 비판은 이론적 비판에서 출발하며, 이론적 비판이 현실을 변혁하는 출발점이자 곧 현실 변혁 자체가 된다.

이 시기 마르크스의 전환은 유물론적인 반전을 꾀하는 것인 동시에 매우 관념론적이다. 마르크스는 포이어바흐적 유물론을 따라 저기 저편 천상의 세계를 여기 이편의 현세로 끌어오지만, 여기 이편 현세의 핵심은 여전히 '인간의 유적 본질'로서의 총체성이다. 프롤레타리아트

라는 관념조차 현실의 운동과 연계되어 사고되는 것이 아니라 '철학적'
이라는 범주 속에서 시고된다.

　프롤레타리아트는 철저한 부정성으로 규정되며, 그것은 독일 상
황의 전도된 반영이다. 낙후된 독일 상황에서 독일 사회는 역설적으로
그 낙후성을 국가의 완전성이라는 관념적 투사를 통해 해결하고자 했
다. 따라서 독일을 해방시키기 위해서는 허구적 저편인 투사된 국가에
서 해답을 찾을 게 아니라 그 기원인 이편으로 와야 한다. 그리고 이편
의 무소유이자 "인간태의 완전한 상실"로서 역설적 보편성을 지닌 것
이 바로 프롤레타리아트로 규정된다. 이는 결국 인간의 잃어버린 유적
본질에 다름 아니다. 그 실천은 무엇보다 철학적 실천이며, 마르크스는
이를 '철학의 실현'이라고 불렀다(《헤겔 법철학 비판》: 204).

　다른 모든 계급을 통해 구현되는 어떤 '소유'도 낡은 앙시앵레짐과
의 특정한 고리를 만들 뿐이고, 그것이 현세의 국가 속에서 관철된다.
반면 프롤레타리아트는 무소유/무규정이며 이는 낡은 세계와 관계없
는 "기존 세계 질서의 해체"로 상정된다. 즉 프롤레타리아트는 '철저한
해체'의 동의어가 된다. "이 해방의 머리는 철학이고, 이 해방의 심장은
프롤레타리아트이다"(《헤겔 법철학 비판》: 204). 독일의 혁명은 부분
혁명이 아니라 총체성의 혁명이어야 한다. 철학은 보편성의 이름으로
근본적인 해체 작업을 실행하는 것이며, 그 해체를 현실적으로 사회의
원리로 담고 있는 것이 프롤레타리아트라는 말이다.

　이렇게 되면 독일에서 프롤레타리아트는 프랑스의 혁명적 시간을
따라잡기 위해 보편적 이념이 사회 전체로 투사되는 과정이 된다. 특정
한 계급이라기보다는 보편적 이념의 작동이다. **"프롤레타리아트는 사
회가 프롤레타리아트의 원리로서 고양시켜 왔던 것(을)⋯ 사회의 원리**

로서 고양시키고 있는 것뿐"이다(《헤겔 법철학 비판》: 203). 여기서는 부분적으로 헤겔적인 관념론의 흔적(프롤레타리아트는 이념의 운동으로서 사유이자 현실이다), 그리고 상당 부분 포이어바흐적 '유물론'의 흔적(전도와 소외)이 관찰된다.

그러나 독일의 낙후성을 반복해 지적하는 데서도 알 수 있듯이, 여기서 지시되는 프롤레타리아트는 구체적인 근대적 산업 노동자 계급은 아니다. 마르크스에게 아직 혁명은 구체적으로 존재하는 자본주의적 모순이나 거기서 형성된 근대적 노동자계급의 문제가 아니다. 오히려 시대정신이라 할 프랑스혁명의 시간대를 따라잡지 못하는 독일의 낙후성에 '철학적 충격'을 가할 수 있는가가 관심사였다. 그렇게 되면 독일은 일거에 프랑스의 시간대를 따라잡을 수 있을 것이다. 혁명은 새로운 변화의 힘 또는 원리가 마디마디로 확산되어 가는 총체적 과정이다. 개인들은 과거의 규정성에서 완전히 탈피하고 프랑스혁명의 이상을 실현하면서 새로운 공동체 속에서 새롭게 형성되는데, 이 총체성이 바로 프롤레타리아트라는 규정이다. 독일에서 그 출발점은 철학이어야 하고, 철학의 과제는 전도되어 서 있는 국가를 비판하는 데서 출발할 것이다.

그렇지만 마르크스의 이 전환이 완전히 포이어바흐적 틀로 환원되는 것은 아니다. 그 사이의 균열을 보여주는 개념이 실천이다. 마르크스는 실천의 유물론을 향해 한 발 내딛은 것이다.

파리에서 실제 '노동'을 만나다, 《경제학─철학 수고》

정치적으로 급진 민주주의자라 할 수 있고 과제로서 이론적 '비판'을 중시한 마르크스는 1844년 파리에서 노동자운동과 공산주의 사상을 만나며 받은 충격 속에서 새로운 사고의 전환을 꾀한다. 노동운동이나 자본주의 발전 모두 후진적이었던 독일에 살다가 프랑스의 거리에서 전개되는 투쟁의 세계를 접하면서 비로소 포이어바흐적 틀에 따른 '계몽적 비판'과 국가에 대한 급진 민주주의적 태도의 한계를 절감한다. 파리에서 실제 존재하는 프롤레타리아트를 만난 이후 마르크스는 프롤레타리아트 대 독일 법철학이라는 대응 구도를 유지하기 어려워진다. 프롤레타리아트가 어떤 현실 속에 살고 있고 스스로 어떤 저항을 전개하고 있는지가 구체적으로 문제가 되기 때문이었다.

독일이 유럽 전반에 확산된 혁명의 시간대에 뒤쳐져 있다고 생각한 마르크스가 정작 혁명의 중심인 파리에 갔을 때, 그는 독일을 비판한 구도에 따라 프랑스 사회 곳곳에서 프랑스혁명 이념이 살아 숨 쉬는 현실을 발견했어야 했을 것이다. 그런데 그가 발견한 것은 오히려 현실의 모순, 프랑스혁명 정신을 굴복시키는 자본주의 체계의 문제였다. 또 마르크스는 이 시기에 엥겔스와 교류하게 된다.

마르크스에 앞서 정치경제학과 노동자들의 생활에 관심을 갖고 연구를 해온 엥겔스는 마르크스 사고의 전환에 중요한 기여를 한다. 이 계기를 통해 마르크스는 추상적 '프롤레타리아트'로부터 구체적인 노동으로 한 걸음 내딛는다.[1] 그리고 애덤 스미스 등의 정치경제학(여기서는 국민경제학이라고 지칭되는) 작업에 대한 비판적 독해 또한 마르크스가 접한 프랑스의 자본주의 현실에 대한 해석에서 중요한 지침이 된다. 물론 이 시기 그가 아직 본격적인 정치경제학 비판의 작업으로 나아간 것으로 보기는 어렵다. 그의 작업은 '비판적 스미스주의'[2]와 소외론에 기반한 노동의 철학을 결합하는 방식으로 진행된다.

파리의 경험을 거치는 동안 이제 마르크스에게 중대한 정치적 입장의 변화가 일어난다. 철학적 실천이라는 계몽만으로 현실은 바뀌지 않는다. 마르크스는 이 새로운 질문을 아직 붙잡고 있던 포이어바흐의 소외의 문제 설정 속에 삽입했다. 그것이 《1844년 파리 수고》(또는 《1844년 경제학 – 철학 수고》)라고 부르는 작업에 등장하는 '노동의 소외'라는 질문이다. 구도는 여전히 포이어바흐적이다. 기본적인 철학적 구도는 크게 바뀌지 않았다. 이제 인간의 유적 본질의 자리를 차지하는 것은 노동이다. 노동의 결과물은 노동자 자신에게 낯선 것이 되면서 외부로 투사되어 자립하고, 노동자는 그 자립한 노동의 결과물에 종속되어 지배를 받는다.

> 사물 세계의 가치 증대에 정비례해 인간 세계의 가치 절하가 일어난다. (⋯) 노동이 생산하는 대상, 노동의 생산물은 노동에게 하나의 **낯선 존재**로서, 생산자에게 **독립된 힘**으로서 노동에 대립한다는 것. 노동의 생산물은 하나의 대상 속에 고정된, 사물화한 노동이거니와, 이는 노동의 **대상화**이다. 노동의 실현은 노동의 대상화이다. 노동의 이러한 실현이 국민경제학의 상태에서는 노동자의 **현실성 박탈**로 나타나고, 대상화는 **대상의 상실과 대상에 대한 예속**으로, 획득은 **소외**로, **외화**로 나타난다. (《경제학 – 철학 수고》: 85. 강조는 원문)

앞선 시기와 비교해 정치적 입장에서 중요한 변화가 일어났다는 것은 문제와 해결을 철학의 영역에서 찾지 않게 됨을 말한다. 소유 제도, 즉 사적 소유(사적 재산)라는 제도가 중요하며, 그 때문에 노동자들은 노동의 결과물을 스스로 통제할 수 없게 된다. 따라서 노동의 소외를 극복하고 인간의 유적 본질인 노동을 되찾으려면, 철학적 실천으로서 계몽이 아니라 현실의 변혁이 필요하다. 즉 사적 소유 철폐가 전제가 된다. 이렇게 해서 이제 마르크스의 정치적 입장은 이전의 급진적 민주주의로부터 공산주의로 전환한다.

그렇지만 여전히 포이어바흐의 틀이 문제로 남는다. 소외는 소외일 뿐이다. '인간' '본질' '소외'라는 세 축은 여전히 마르크스를 사로잡고 있다. 그는 아직 '역사'라는 질문의 영역으로 나아가지 못한다. 마르크스가 소외된 노동의 구도를 종교에 빗대어 설명하는 곳에서 그 함의는 분명하게 드러난다.

> 노동자가 힘들여 노동할수록 그가 자신에 대립되도록 창조한, 소원한 대상적 세계는 더욱 강력해지며, 그 자신, 그의 내적 세계는 더욱 가난해지고 그 자신의 것으로 귀속되는 것은 더욱 적어진다. 이는 **종교에서도 마찬가지로**, 인간이 신에 더 많은 것을 귀속시킬수록 그가 자신 안에 지니고 있는 것은 적어진다.
>
> (…)
>
> 종교에서 인간적인 상상력, 인간적인 두뇌, 인간적인 심정의 자기 활동이 개인에게 독립되어, 다시 말해서 낯선, 신적인 또는 악마적인 활동으로서 개인에게 영향을 끼치듯이 노동자의 활동은 자기 활동이 아니다. 노동자의 활동은 다른 사람에게 속하며, 노동자 자신의 상실이다. (《경제학 - 철학 수고》: 86/90)

문제는 해결된 것 같지만 사실 오히려 곤경은 더욱 심해진다. 마르크스가 '인간'을 '본질'과 연결 지어 유적 존재임을 강조하는 데서도 곤경은 확인된다. 앞으로 살펴볼 〈포이어바흐 테제〉와 비교해보면 차이는 분명하다. 마르크스는 아직 전형적인 포이어바흐적 틀 속에서 말한다.

> 소외된 노동은 **인간의 유적 존재**, 자연뿐만 아니라 인간의 정신적인 유적 능력을 그에게 **낯선** 본질, 그의 개인적 생존의 수단으로 만든다. 소외된 노동은… 그의 정신적 본질, 그의 **인간적** 본질을 소외시킨다. (《경제학-철학 수고》: 95. 강조는 원문)

마르크스는 조금 앞에서 이 구절의 함의를 좀 더 자세히 설명하면서 인간을 인간으로서 고유하게 만드는 특질, 즉 인간적 본질을 보충해 이렇게 설명한다.

> 의식된 생명 활동은 인간을 동물적인 생명 활동과 직접적으로 구별한다. 바로 이 때문에 인간은 하나의 유적 존재이다. (…) 소외된 노동은 이 관계를 전도시키고 인간은 의식하는 존재이기 때문에 자신의 생명 활동, 자신의 **본질**을 자신의 **생존**을 위한 수단으로 만들어버린다. (…) 동물은 직접적인 육체적 욕구의 지배 아래서만 생산하지만, 반면에 인간은 육체적 욕구에서 자유롭게 생산하고 그러한 욕구에서 벗어난 자유 속에서만 진정으로 생산한다. (…) 소외된 노동은 인간에게서 그의 생산의 대상을 박탈함으로써, 인간에게서 그의 **유적 생활**, 그의 현실적인 유적 대상성을 박탈하고 동물에 대한 인간의 장점을 단점으로 변화시켜 그의 비유기적 신체 자연을 떨어져 나가게 만든다. (《경제학-철학 수고》: 94)

소외라는 '거울'의 구도에는 시간이 존재하지 않으며, 따라서 역사를 설명할 수 없다. 그리고 '인간'은 서로 균열되어 존재하는 아직 구체적인 '계급'은 아니다. 노동의 소외로 자본주의를 비판할 수 있지만, 그럼에도 그 비판은 아직 '도덕적' 비판이다. 단순히 말하면, 자본주의는 인간의 본질을 소외시키는 나쁜 것으로 비판될 따름이다. 그리고 여기서 이러한 노동의 소외란 자본주의에 대한 초시간적인 규정성이다. 모든 자본주의는 다 노동의 소외이고 모두 나쁜 것이다. 그것으로 끝이다. 자본주의가 자본주의인 한, 그것은 노동의 소외이다. 구체적인 자본주의의 역사로 분석이 한 걸음 더 진척되어야 할 이유를 아직 우리는 발견하지 못하고 있다.

이렇게 되면 이제 마르크스는 자신이 헤겔로부터 물려받으려 했던 많은 자원을 잃게 된다. '과정' '역사' '변증법'이 들어설 자리는 없다. 그가 나중에 살펴볼 '경향적 법칙'이나 '위기'(공황)도 여기서는 설명될 자리가 없다. 자본주의라는 체제가 역사 속에 등장해 노동의 소외를 만들어냈다는 점에서 역사적 분석이라 할 수 있겠으나, 정작 '자본주의의 역사'를 분석할 개념과 틀은 아직 없다.

그렇지만 《경제학 – 철학 수고》는 파리의 경험을 바탕으로 공산주의로 정치적 입장을 전환한 마르크스가 당시의 실천적 · 이론적 고심을 담아낸 저작이기도 하다. 이 저작을 계기로 그에게 과제는 계몽에서 본격적으로 혁명 또는 변혁(물론 실천적일뿐 아니라 이론적이기도 한)으로 전환된다. 그 과제를 마르크스는 '사적 소유 철폐'라고 말하고 있다. 그런데 여기서 '사적 소유'의 의미는 이후 《자본》에서 '자본관계'로 발전할 내용을 담고 있다는 점에서 흥미롭다. 다만 아직은 거울의 구도 속에서 분석되고 있기는 하지만.

사유재산[즉 사적 소유]의 운동—생산과 소비—은 지금까지의 모든 생산 운동, 다시 말해 인간의 실현 또는 현실의 운동의 감각적 드러남이다. (…) **사유재산**의 적극적 지양은 인간적 생활의 획득으로서, 모든 소외의 적극적 지양이며, 그러므로 종교, 가족, 국가 등에서 자신의 인간적인, 다시 말해 사회적인 현존으로 인간이 귀환하는 것이다. (《경제학 – 철학 수고》: 128/129. 강조는 원문)

"모든 소외의 적극적 지양"은 한 해 전 그가 '프롤레타리아트'를 통해 사유했던 것에 근접해 있다. 그런데 이 수고에는 이러한 과거적 측면만 있는 것이 아니라 새로운 전환의 계기들도 담겨 있다. 여기서 좀 더 관심을 기울여 볼 것은 마르크스가 사적 소유를 '관계'로 설명하고 있다는 점이다.

소유의 배제로서 사유재산의 주체적 본질인 노동과 노동의 배제로서 객관적 노동인 자본은 발전된 모순 관계로서 **사유재산**, 따라서 해소를 추동하는 하나의 정력적 관계로서 사유재산이다. (《경제학 – 철학 수고》: 123)

이렇게 보면 사적 소유(사유재산)란 하나의 상태, 단순한 법률적 상태가 아니라 관계이자 모순으로서 이해된다. 이는 사적 소유의 '변증법적 관계'라고 볼 수 있다. 나중에 마르크스가 《자본》에서 자본을 산 노동lebendige Arbeit에 대한 죽은 노동tote Arbeit의 지배로서의 '자본관계'로 보는 관점의 단초가 여기서 발견된다. 마르크스는 좀 더 분명히 이렇게 말한다.

노동자는 그가 **스스로** 자본으로서 존재할 때에만 노동자로서 존재할 뿐이며, **자본이 그에 대해** 존재할 때에만 자본으로서 존재할 뿐이다. 자본의 현존은 **노동자**의 현존, 그의 **생활**이거니와, 이는 자본이 그의 생활 내용을 그에게 아무래도 상관없는 방식으로 규정하는 것과 마찬가지이다. (《경제학 – 철학 수고》: 106. 강조는 원문)

"자본의 현존은 노동자의 현존"이라는 지적에서 우리는 이후 등장할 '자본관계'라는 사고의 단초를 보게 된다. 그렇게 된다면 사적 소유 철폐 또한 단순한 법률적 조치가 아니라, 노동과 자본 간 모순적 관계의 전화임을 알 수 있다. 그러나 소유를 법률적인 동시에 자본 – 노동관계의 구체적 역사성을 담는 이중적 함의로 쓰게 되면 혼동이 생길 수밖에 없다. 후에 《자본》을 집필할 때 마르크스는 소유를 법률적 영역에 한정하고, 그것을 넘는 더 넓은 영역의 변화는 영유(전유)나 재생산 같은 개념으로 설명하고자 한다. 그런데 우리가 이미 앞서 언급한 '개인적 소유'의 복원이 이 청년기 마르크스의 '사적 소유' 비판과 일정한 관련이 있을 수 있다는 점은 흥미롭다. 이에 대해서는 좀 더 연구가 필요하다는 것을 지적해둔다.

이처럼 《경제학 – 철학 수고》에서 '소유'에는 단순한 법률적 측면뿐 아니라 훨씬 넓은 사회적 관계의 영역이 연관되어 있는 것은 사실이지만, 아직 마르크스에게 이 모순에 대한 분석은 '자본 운동'의 영역보다는 '관념'의 영역에 더 쏠려 있는 것으로 보인다. 이는 1843년의 관심사가 지속된 것에서 드러난다. 자본의 세계는 아직 소외된 저편의 추상적 세계이다. 이 시기 마르크스는 '사회적'인 것을 강조하지만 그것은 '관념적 총체성' 속에서 강조된다.

> 인간[은]… 총체성, 관념적 **총체성**이고, 사유되고 지각된 사회의 대자적·주체적 현존이며, 마찬가지로 현실 속에서도 인간은 사회적 현존의 직관과 현실적 향유로서 존재할 뿐만 아니라 인간의 생활 표현의 한 총체성으로서도 존재한다. (《경제학-철학 수고》: 132)

사적 소유는 인간의 이러한 사회적 총체성을 소외시켜 자본에 의해 그것이 실현되도록 만든 관계이다. 마르크스가 보기에 이는 인간이 "유적 의식으로서 자신의 실재적인 사회생활을 확증"(132)하는 것으로 나타나지 못하게 하는 관계이다. 그 때문에 "모든 육체적·정신적 감각 대신에 모든 이러한 감각들의 단순한 소외, 소유의 감각이 등장했다"(134)고 본다. 그렇지만 이 사유는 '총체성 회복'이라는 포이어바흐적 구도로 나아갈 수도 있고, 아니면 《자본》에서 보이듯 '노동의 사회화'라는 사유로 나아갈 수도 있어, 앞으로 어떤 굴절을 거치는지 지켜볼 필요가 있다.

헤겔 대신 포이어바흐를 택함으로써 역사의 퇴행과 뒤집혀진 세계의 구도를 그려낼 수는 있었으나, 그 대가는 '역사'와 '과정'을 버리는 것, 즉 변증법을 포기하는 것이었다. 그렇게 되면 역사과학이 아니라 다시 철학으로 귀결되는 작업으로 끝난다. 따라서 이제 마르크스는 한때 중요했던 포이어바흐를 청산해야 그동안 열려고 한 역사과학의 대륙에 들어설 수 있게 된다. 그래서 1년간 새롭게 고심한 후 마르크스는 엥겔스와 더불어 이렇게 선언한다.

> 포이어바흐가 유물론자인 한 그에게는 역사가 나타나지 않으며,
> 또 그가 역사를 고찰하는 한에는 결코 유물론자가 못 된다. (《독일 이
> 데올로기》: 91)

포이어바흐로부터 전해 받은 '소외' '주체' '인간' 세 관점은 마르
크스의 세 가지 인식론적 장애가 된다(Althusser 2003). 1845년 마르크
스는 자신의 철학적 의식을 청산하기 위한 노력에 돌입한다. 그 결과
물이 스스로 새로운 철학의 길에 들어서고자 하는 선언인 〈포이어바
흐 테제〉의 11개 테제이다.

포이어바흐 테제

세계를 변화시키는 것과 철학: 테제 11

가장 잘 알려진 테제 11에서 시작해보자(마르크스 1997a: 185/189).[3]

> 테제 11: 철학자들은 세계를 단지 다양하게 해석해왔을 뿐이다. 그러나 중요한 것은 세계를 변화시키는 것이다.

이 테제는 철학사에 하나의 단절점을 가져왔다는 점에서 중요하다. 그전까지 철학은 보편적 원리를 말하는 제일철학 또는 학문의 학문으로서 제왕의 지위에 있었다고 할 수 있다. 마르크스는 철학의 기능에 제한이 있음을 명백히 선언한다. 이제 '해석'에 대립하는 '변화'가 중요해진 것처럼 보인다. 그런데 한 걸음 더 나아가보면 이 테제가 의미하는 바가 무엇인지 생각처럼 이해하기 쉬운 것은 아니다.

첫째 이것은 철학의 폐기를 선언한 것인가? 이제 철학은 필요하지 않고, 과학이나 정치의 도움을 받아 직접 행동에 나서면 되는 것일까?

실제 《독일 이데올로기》에서 마르크스와 엥겔스는 철학의 종언으로 이해되는 선언을 하며, 실증과학으로 그것을 대체하고자 한다. 그러나 이후에 보듯, 철학을 폐기하려는 철학의 종언 선언은 마르크스 자신에 의해 부정되고, 마르크스는 다른 방식의 철학하기를 지속한다. 노년의 엥겔스는 《독일 고전철학의 종말》이라는 책을 쓰면서 철학하기에 대해 다시 분명한 입장을 밝힌다. 그 책에 〈포이어바흐 테제〉가 수록됨으로써 이 선언이 철학 폐기 선언이 아님이 다시 분명해졌다.

그리고 더 근본적으로, 세계에 대한 해석이 아니라 변화가 중요하다고 주장하는 마르크스의 선언 자체도 또 하나의 '해석'임이 분명하다. 따라서 이 테제는 이제 학습은 그만하고 직접 행동에 뛰어들자는 선언이 아니다. 만일 그렇다면 앞선 10개의 테제 모두 불필요해질 것이다.

그럼, 두 번째 해석으로, 마르크스는 철학을 '세계를 해석하는 철학들'과 '세계를 변화시키는 철학'으로 구분한 것일까? 그런데 양자의 구분이 생각처럼 분명할까? 해석하지 않으면서 변화시키는 것이 가능한가?

이어서 세 번째 해석으로, 철학은 그 자체로서, 즉 해석으로서 의미 있는 것이 아니라, 다른 기능으로서, 즉 세계를 변화시키는 데 의미가 있어야 한다는 선언인가? 그렇다면 이는 철학의 기능 양식이 근본적으로 바뀌어야 함을 요구하는 것이다. 그런 의미에서 철학은 더 이상 과거 의미에서의 철학은 아닐 것이다. 이는 철학을 폐기하는 것이 아니라 철학의 위상을 다르게 바꾸려는 시도이다. 다시 말해 '비판적' 사유, 또는 그것을 가능하게 하는 '철학'은 마르크스가 보려고 하는 어떤 것, '자본주의 비판의 학'으로서 이후 '정치경제(학) 비판'이라고 부르는 대상을 탐구할 수 있게 하는 길잡이가 되었어야 한다. 철학은 그 자체로 모든 원리를 알려주고, 모든 삶의 지침을 내리는 기능을 맡을 수 없다. 철학은 철학 아닌 것과의 관계에서만 비로소 유의미한 자리를 확인하게 된다. 과학과의 관계에서, 그리고 정치와의 관계에서 철학이 무엇을 할 것인가가 이제 마르크스에게 중요해진다.

이러한 자리 변화를 위해 마르크스는 철학에 실천이라는 개념을 도입한다. 그래서 포이어바흐 테제 전체는 '실천 철학' 선언으로 읽힐 수 있다. 그런데 실천의 개념은 아직 모호하다. 그것은 단지 행동의 강조가 아니라, 주관과 객관의 이원적 대립을 넘어서려는 문제 제기이기 때문이다. 이 모호함을 해결하기 위해 우리는 테제들 내에서 마르크스가 사용하는 다른 개념인 관계라는 표현에 좀 더 주목할 필요가 있다.

시민사회론을 부정하다: 테제 9, 테제 10

다시 포이어바흐에 대한 마르크스의 비판으로 돌아와보자.

앞서 인용했듯이 마르크스는 바로 두 해 전(1843) 포이어바흐의 틀을 빌려 추상적 '인간'이라는 질문 속에서 답을 찾으려 했다.《헤겔 법철학 비판》에서 인간(인간세계=시민사회), 본질, 환상적 현실화로서 종교라는 전형적인 포이어바흐적 구도가 확인된다. 그러던 마르크스는 〈포이어바흐 테제〉에 와서 정반대의 주장을 편다.

테제 10: 낡은 유물론의 입지점은 시민사회이며, 새로운 유물론의 입지점은 인간적 사회 혹은 사회적 인류이다.

테제 10을 보완하는 차원에서 테제 9가 제기된다.

테제 9: 관조(직관)하는 유물론,[4] 즉 감성을 실천저 활동으로서 개념 파악하지 않는 유물론이 도달하는 정점은 각각의 개체들 및 시민사회의 관조(혹은 직관)이다.

(다른 번역: 관조적 유물론anschaunder Materialismus, 즉 감각을 실천적 활동으로 파악하지 않는 유물론은 기껏해야 개별 개인들과 시민사회bürgerliche Gesellshaft를 관조할 수 있을 뿐이다.)

마르크스가 여기서 비판하고 부정하는 구도는 인간 본질로서의 시민사회와 그 대립되고 소외된 대상화로서의 국가를 대당으로 설정한 다음, 시민사회로의 복귀에서 인간의 본질을 찾으려는 입장이다. 그 자신도 포이어바흐를 처음 받아들일 당시에는 그 구도에서 세계를 이해해보려 했지만, 이제는 그것을 낡은 유물론이라고 부른다. 낡은 유물론의 문제는 관조적이라는 것, 즉 고정적 대상으로 통째로 묶어서 보고 실천적 활동으로 파악하지 못한다는 것이다. 그러면서 마르크스는 그 대신 사회적 인류 또는 인간적 사회라는 모순적 규정을 덧붙인다.

아직 모호한 용어로 표명되고 있지만, 여기서 마르크스는 '인간'과 '(시민)사회'라는 추상적 규정을 버리고, 이를 대체해 '인간적 사회' '사회적 인류'라는 유사하지만 상이한 용어를 사용하면서 자기비판을 전개한다. 인간이나 사회라는 단어에서 출발하는 포이어바흐의 소외론의 문제 설정은 인간이나 사회에 대한 본질론을 내장한다. 그렇게 되면《독일 이데올로기》에서 마르크스 자신이 말했듯이 "포이어바흐가 유물론자인 한 그에게는 역사가 나타나지 않으며, 또 그가 역사를 고찰하는 한에는 결코 유물론자가 못 된다." 단수의 인간이나 사회라는 개념에서는 다수의 개인들과 그들 사이에 형성된 '관계들' 그리고 그 관계들의 작동인 '활동'을 파악할 수 없다. 이것이 포이어바흐의 감성적 유물론 또는 기계적 유물론의 한계인데,《독일 이데올로기》에서 마르크스는 포이어바흐의 한계를 다음과 같이 지적한다.

> (…) 자신에게 주어진 사회적 연관 속에서, 또 현재의 모습대로 만들어낸 눈앞의 생활 조건 속에서 파악하지 않았기 때문에, 그는 결코 현실적으로 실존하고 활동하는 인간에 도달하지 못하고 '인간'이라는 추상물에 머물러서 '현실적, 개별적, 육체적' 인간을 다만 감각 속에서 인정하는 데 그쳤다. (…) 따라서 그는 감성적 세계를, 그것을 형성하는 개인들의 총체적이고 살아 있는 감성적 '활동'으로 파악하는 데는 결코 이르지 못했다. (《독일 이데올로기》: 90/91)

관계와 활동 속에서 설명된 것이 아닌 본질로 추상된 '인간'은 복합적 사회적 관계 속에서 이해될 수 없다(시민사회도 마찬가지이다). 이렇게 파악된 인간(과 사회)은 역사 속에서 설명될 수도 없다.

실천의 유물론: 테제 5, 테제 8

> **테제 5**: 추상적 사유에 만족하지 않는 포이어바흐는 직관(혹은 관조)을 추구한다. 그러나 그는 감성을 실천적, 인간적·감성적 활동으로서 파악하지 못하고 있다.
> (다른 번역: 포이어바흐는 추상적 사고로 만족하지 못하고 관조Anschauung[관

찰]를 원하지만, 감각Sinnlichkeit을 실천적인 인간의 – 감각적 활동-menschliche-sinnliche Tätigkeit으로 파악하지 않는다.)

여기서 마르크스는 한편에 추상적 사유를, 다른 한편에는 감성적 '활동'을 둔다. 포이어바흐의 한계는 감성(감각)을 파악하지 못하는 것이 아니라, 그것을 직관(또는 관조)하기 때문에 인간의 실천적 활동으로 보지 못한다는 것이다. 우리는 같은 시기에 쓴 《독일 이데올로기》에서 마르크스가 포이어바흐를 '역사 없는 유물론 또는 유물론 없는 역사'라는 딜레마로 파악하면서, 감성적 세계는 '개인들의 총체적이고 살아 있는 감성적 활동'으로 파악되어야 한다고 주장했음을 확인했다. 포이어바흐는 추상적 사유 속에 머물지 않고 감성의 세계로 내려오려 한다는 점에서 유물론자이고자 했다. 그런데 그의 유물론은 실천의 유물론이 아니라 관조의 유물론이며 '활동'을 파악하지 못한다는 점에서 유물론일 수 없다. 마르크스는 그렇게 비판한다.

포이어바흐 비판의 강조점은 이렇다. 첫째 사물들이 고립되어 있지 않고 관계 속에 있음을 강조한다. 둘째 인식은 주관과 객관을 구분하는 것일 수 없으며, 인식은 그 관계를 관계로 인식하는 것이기도 함(인식 또한 직관이 아니라 실천이고 과정이다. 즉 지식 형성으로서 역사적 과정이다)을 보여준다. 셋째 인식과 감성은 모두 사회의 산물임을 밝힌다.

이처럼 마르크스는 여기서 실천이나 활동이라는 표현을 통해 상이한 목적들을 동시에 달성하려 하고 있는 것으로 보인다. 첫째 주관과 객관을 통일적으로 파악하는 인식론적 기획을 구상하는 동시에, 둘째 주체 우위가 아니라 과정과 구조 우위로서의 사회적 관계론으로 넘어가려는 의도도 담고 있다. 의식과 감성의 형성 또한 이 관계론 속에서 이해된다. 그런데 실천의 개념은 여기서 아직 모호하다. 전자를 함의하면 성공적일 수 있겠지만, 후자를 함의하면 그 개념은 불충분해 보이는 것이다. 실천이라는 문제를 이해하기 위해 테제 8을 좀 더 자세히 살펴보자.

> **테제 8**: 모든 사회적 생활은 본질적으로 실천적이다. 이론을 신비주의로 이끌고 가는 모든 신비들은 인간의 실천에서 그리고 이 실천의 개념적 파악에서 그 합리적인 해결을 얻는다.
>
> (다른 번역: 모든 사회적 삶은 본질적으로 실천적이다. 이론이 신비주의에 빠지게 만드는veranlassen[유도하는] 모든 신비는 인간의 실천 속에서 그리고 이 실천을 이해함으로써 합리적으로 풀 수 있다.)

잘 보면 여기서 실천에 대립되는 것은 이론 일반이 아니라, 이론적 신비주의임을 알 수 있다. 마르크스가 말하는 실천은 좁은 의미에서의 행동이 아니다. 이는 "모든 사회적 생활은 본질적으로 실천적"이라는 말에서도 확인된다. 이론적 행동이나 정치적 행동이나 모두 실천의 범주 속에서 이해될 수 있는 것이다. 실천 개념을 뒤이어 말할 관계 개념과 연관 지어 생각하면 좀 더 분명해진다.

실천이 좁은 의미의 행동이 아니라면, 앞서 살펴본 테제 11번의 함의도 좀 더 확실해진다. 지금까지 철학의 '해석'은 실천 속에서 실천을 이해하면서 제시된 것이 아니다. '세계의 변화'란 그 자체가 실천이지만, 그것이 실천이기 위해서는 "개인들의 총체적이고 살아 있는 감성적 '활동'으로 인간의 실천을 이해함으로써" 이론적 신비주의를 벗어나는 과정이 있어야 가능하다.

그런데 실천을 이해함으로써 이론의 신비주의를 해결하려면 실천을 분석해야 할 텐데, 실천을 어떻게 분석해야 하는 것일까? 앞서 인용한 《독일 이데올로기》의 구절은 계기를 주지만, 좀 더 분명한 입장이 필요하다.

여기서 우리는 마르크스가 포이어바흐를 비판하면서 '그가 역사를 고찰하는 한 결코 유물론자가 못 된다'고 한 것을 염두에 둘 필요가 있다. 포이어바흐의 전도된 구도의 세계는 결코 시간의 흐름 속에 놓일 수 없다. 마르크스는 이를 비판하면서 실천 개념을 도입하지만, 많은 경우 오해하듯 이를 이론 대 실천이라는 구도로 몰고 가면 또다시 우리는 역사를 고찰할 수 없게 된다.

실천은 인간의 감각적 활동인데, 우리는 이것이 어떻게 서로 연결되어 역사를 구성하는지를 물어야 하는 단계에 왔다. 여기서 관계 개념이 매우 중요하게 등장한다. 이는 '과정'을 거쳐 '역사'로 나아가는 출발점이 된다. 실천 → 활동 → 관계는 이렇게 연결된다.

이렇게 해서 실천 또는 능동적 측면, 다시 말해 관계적 측면은 차라리 "유물론에 대립해서 관념론에 의해—물론 관념론은 현실적 감성적 행위 자체를 알지 못한다—추상적으로 발전된다"는 그의 첫 번째 주장이 등장한다(테제 1).

관계의 존재론: 테제 1

〈포이어바흐 테제〉의 문을 여는 테제 1은 매우 논쟁적이고 또 도발적이다.

생각하는 마르크스

테제 1: 지금까지의 모든 유물론(포이어바흐의 유물론을 포함해)의 주요한 결함은 대상, 현실, 감성이 오직 객체의 혹은 관조의 형식 아래에서만 파악되고 있다는 것, 그리고 감성적 인간 활동으로서, 실천으로서 파악되지 않고, 주체적으로 파악되지 않는다는 것이다. 따라서 능동적 측면은 유물론에 대립해서 관념론에 의해―물론 관념론은 현실적·감성적 행위 자체를 알지 못한다―추상적으로 발전된다. (…) 그[포이어바흐]는 이론적 태도만을 진정으로 인간적인 태도라고 간주하며 (…) 그러므로 그는 '혁명적' '실천적·비판적' 활동의 의미를 개념적으로 파악하지 못하고 있다.

테제 1을 읽고 나면 마르크스를 보는 기존 시각을 바꾸어야 할지도 모른다. 대표적 유물론자인 마르크스가 '지금까지의' 유물론과 관념론을 평가하는 것을 보면, 유물론에 대한 평가는 박한 반면 관념론에 대한 평가는 후하다. 마치 '지금까지의' 유물론을 수선해 쓰기보다는 관념론을 잘 고쳐 쓰는 편이 낫다는 느낌마저 준다. 앞서 우리가 테제 10에서 보았듯이 마르크스는 '지금까지의 유물론'을 '낡은 유물론'이라고 부르면서 폐기한다.

이 낡은 유물론의 한계는 '관조'이며, 결여된 것은 '실천' '활동' '관계'에 대한 사유이다. 그런데 역설적으로 '관계'는 관념론이 잘 발전시킨 영역이다. 물론 '실천'은 관념론에서도 여전히 한계이다. 대체로 이것이 마르크스가 내리는 평가점일 것이다. '실천'은 여전히 모호하지만, 마르크스가 낡은 유물론을 비판하는 동시에 관념론도 비판할 수 있는 그 자신의 고유한 입장이 된다. 그가 강조하는 '관계'가 유물론적이고 역사적인 분석이 될 수 있는 것은 그것이 관념론의 구도가 아니라

'실천'의 구도에서 이해되기 때문이다.

여기서 마르크스가 유물론자라고 해서 그를 경험주의적 유물론, 즉 기계적 유물론의 전통에 세울 수 없다는 점을 지적하고 넘어갈 필요가 있다. 우리가 지금까지 살펴보았듯이, 마르크스의 사상적 여정은 영국 경험론류의 유물론으로부터 자신의 사유를 발전시켜오지 않았다. 오히려 반대로 헤겔 같은 관념론에 대한 자기비판의 길을 거쳤다. 마르크스에게 중요한 것은 철학의 역사를 관념론과 유물론, 두 진영으로 선을 그어 구획하는 것이 아니라, 자신의 철학적 작업 속에서 철학이 유물론적 효과를 발휘할 수 있도록 새로운 철학의 운동을 작동하는 것이었다.[5]

그럼, 마르크스가 관념론 전통에서 찾아낸 '능동적 측면'이라고 평가한 것은 무엇인가? 그것은 사물들의 연관 관계를 사유하기 위한 '개념적 사유'라고 할 수 있다. 개념적 사유란 '사물들을 주어진 것으로' 보는 것이 아니라 연관 관계 속에서 파악하는 것이며, 따라서 실증적 사고로는 불가능하다.

헤겔은 《정신현상학》 서설에서 "진리는 오직 개념 속에서만 스스로 존재의 터전을 마련한다"(39)고 했다. 또 "학문이 엄존할 수 있는 토대는 개념의 자기운동에 있다"고 썼다(헤겔 2005: 109).

좀 더 인용해보자면,

개념이란 대상 자체의 자기로서, 이 대상의 생성 과정이 표현되는 것이기 때문에 자기가 정지된 부동의 주체로서 속성을 담지하는 것이 아니라 스스로 운동하는 가운데 갖가지 성질을 자체 내로 되돌려오는 개념이 주체가 된다. (…) 이제 주체는 내용에 대립해 이 한쪽 편에 있는 것이 아니라 오히려 내용의 갖가지 성질이나 운동을 구성하기에 이르는 것이다. (헤겔 2005: 99)

이렇게 보면 하나하나의 비연관적 이름/명사들의 합계가 이론이 될 수 없다. 연관성들을 파악하는 개념만이 비판적 사유가 시작됨을 보여주고, 학문이 된다. 그 개념은 당연히 개방/폐쇄의 변증법과 한계 속에서 '분열'과 '개방'의 과정을 거치며 더한층 성숙한 비판적 사유와 학문의 발전에 개방되어 있다.

따라서 여기서 중요한 것은 지식, 정확히 말하면 지식의 생산과정이 절대 관조적일 수 없으며, 실천적이어야 한다는 것이다. 외부에 존재하는 대상 세계의 본질을 여기 주체인 내가 뽑아오는 것이 아니라, 나와 대상 세계를 관계들 속에서 개념적으로 확장해감으로써 우리는 세계 그 자체를 자신의 실천 속에 가져오는 동시에 자신의 지식 속에 담아내는 것이다.

이렇게 해서 세계를 관조적이 아니라 실천적으로 파악하고 그것을 관계 속에 담고자 한다면, 그 관계의 출발점은 어디인가?

저기 저쪽에서 여기 이쪽으로: 테제 7, 테제 4

마르크스는 그 분석의 대상을 '인간적 사회' 또는 '사회적 인류'로 잠정적으로 지칭했다. 같은 시기 《독일 이데올로기》에서는 '교통 Verkehr 양식'이라는 표현이 등장하는데, 관건은 대상 자체가 이미 관계들로 이루어진 덩어리로 존재해야 한다는 것이다. 마르크스는 더 이상 통일적인 본질을 여기 이편에 두고 저기 저편에 소외된 세계를 두어 구분하는 전략을 취하지 않는다.

테제 7: 따라서 포이어바흐는 '종교적 심성' 자체가 하나의 사회적 산물임을, 그리고 그가 분석하고 있는 추상적 개체가 하나의 특정한 사회 형태에 속함을 알지 못한다.

이것은 단순한 반영이나 거울은 아니다. 여기서 중요한 단어는 '특정한 사회 형태'이다. 그리고 그 함의는 테제 4에서 자세히 설명된다.

테제 4: 포이어바흐는 종교적 자기 소외라는 사실, 종교적인 세계 및 세속적인 세계로의 세계의 이원화라는 사실에서 출발한다. 그의 작업은 종교적 세계를 그것의 세속적 기초로 해소한 데에 그 요체가 있다. 그러나 세속적 기초가 자기 자신으로부터 떨어져 나와서 위로 올라가 구름 속에 하나의 자립적인 영역으로 스스로를 고정한다는 사실은 이러한 **세속적 기초의 자기 분열과 자기모순**으로부터만 설명될 수 있다. 따라서 세속적 기초 자체가 자기 자신 안에서, 자신의 모순 속에서 이해되어야 할 뿐 아니라 실천적으로 혁명화되어야 한다. 그러므로 예를 들면 세속적 가족이 신성 가족의 비밀로서 폭로된 이후에 이제 전자 자체가 이론적으로나 실천적으로나 파괴되어야 한다.

본질의 외화로서 소외라는 2자 관계가 아니라, 이제 여기 이편의 모순 자체를 분석하는 것이 우선되어야 하고, 그다음 그것의 자립화가 별도로 분석되어야 하는 더 복잡한 사회적 관계가 설명되어야 한다. 이제 여기 이편에 있는 것은 더 이상 추상적 본질(인간이든 사회이든)이 아니고, 구체적인 '구조'이다. 그 세속적 기초는 고정된 불변의 실체가 아니라 변화 속에 있는 '실천적인' 인간의 감각적 '활동'이다. 여기 이편의 본질이 무엇인지 알아내고 그것이 저기 저편으로 어떻게 투사되고 소외되는지 설명하는 것이 더 이상 분석의 목표가 되지 못한다. 분석의 과제는 여기 이편의 자기 분열과 자기모순의 세계를 탐구하는 것인데, 여기서 이미 추상적 '인간'이라는 범주는 의미를 잃는다.

이렇게 해서 마르크스는 추상적이지 않은 개인들('인간적 사회'나 '사회적 인류'로 대체 가능성이 모색되던 이 개념은 좀 더 진척되면 결국 '계급'이나 '대중'이라는 개념으로 대체된다)과 실천 – 역사 속에서 구체성을 모색하기 위해 '사회적 관계의 복합체로서 역사'라는 개념에 도달하게 된다. 그러기 위해서는 먼저 싸움의 장소를 저기 저편에서 여기 이편으로 옮겨와야 한다.

이렇게 보면 마르크스의 작업은 두 공간으로 나뉘어 분석이 진행되리라는 것을 예견할 수 있다. 먼저 여기 이편의 모순적 관계, 즉 종교적 세계의 세속적 기초 자체의 자기 분열과 모순적 구조에 대한 분석이 선재해야 한다. 그렇지만 세속적 기초를 분석하고 그 기초의 자기 분열과 자기모순을 이해했다고 해서, 우리가 종교적 세계의 구성과 작동을 곧바로 알 수 있는 것은 아니다. 그것이 단순한 '반영'일 수는 없기 때문이다. 마르크스에게 '경제학 비판'과 더불어 '이데올로기(비판)'가 계속 중요하게 남는 것은 이 때문이다.

〈포이어바흐 테제〉를 거치면서 바뀐 마르크스의 철학적 입장은 《독일 이데올로기》에 반영된다. 오해하는 바와 달리, 이 시기 《독일 이데올로기》에서 마르크스는 이데올로기를 '토대'로 환원해 설명할 수 있다고 전혀 주장하지 않았다. 그와 반대로 이데올로기 문제는 독자적인 분석이 필요한 주제임을 강조해 보어준다. 다만 이데올로기를 이해하려면 세속적 기초의 자기 분열과 모순에 대한 분석이 전제되고 필요하다는 것을 분명히 해두었을 따름이다.[6]

《독일 이데올로기》 집필을 계기로 등장한 이데올로기 비판은 그에 앞선 '정치 비판'과는 다른 것이었다. 한편에서 이데올로기 비판은 그 비판을 위한 전제로서 여기 이편의 균열되고 모순된 세계 자체에 대한 분석을 전제로 한다. 마르크스는 거기에 역사유물론이라는 이름을 붙였으며, 교통 양식과 생산관계 등 새로운 개념들이 세계의 분석을 위해 등장하기 시작한다. 다른 한편에서 여기 이편의 이러한 현세 분석을 전제로 한 이데올로기 비판은, 한 걸음 더 나아가 '관념의 세계'의 구성에 대해 분석할 필요성을 제기한다.

슈티르너 등으로 대표되는 독일 '이데올로기'는 관념의 구성물이라는 점에서 여기 이편과 대비되는 저기 저편의 이야기이다. 그것은 여기 이편의 균열과 모순에 연결되어 있는 특징을 보이지만, 동시에 그것은 저기 저편의 세계를 '지배계급의 보편성'이라는 관념적 구성물로 형성해내는 힘을 지니고 있다. 우리가 살고 있는 여기 이편의 세상을 왜 저기 저편의 특정한 계급적 '보편성'의 틀을 통해 인식하게 되는지, 또 그 역사적 형태와 내용은 무엇인지는 사실 생산양식을 대상으로 하는 역사유물론에 남겨진 또 하나의 중요한 과제이다.

그렇지만 마르크스 자신은 이 작업을 완성했다고 보기는 어렵다. 무의식 개념이 없는 의식 모델에서는 이 문제의 해결에 난점이 있다는 것이 주요한 이유 중 하나이다. 그리고 여기 이편과 저기 저편, 이렇게 둘로 나뉜 세계의 관계는 토대와 상부구조의 대쌍에서 확인되듯

하나가 다른 하나의 원인으로 오해되기 쉬운 '외적 관계'로 묘사된다는 점도 문제로 남는다.

이렇게 되면 이후에도 포이어바흐적 구도가 마르크스에게 완전히 사라지지 않고 다시 출현하는 까닭을 이해할 수 있다. 그것은 소외로서의 거울이라는 구도를 담으며, 나중에 물신숭배를 어떻게 해석할 것인가의 문제와도 연관된다. 그렇지만 이러한 거울로서의 소외는 〈포이어바흐 테제〉에서 이미 분명히 지적되듯이, 무시간성, 즉 시간 밖의 구도로서 제기된다. 따라서 시간의 작동 속에 놓이지 않으므로 역사를 설명하는 틀이 될 수는 없다. 우리는 앞서 《자본》을 다룰 때 화폐와 자본에 대한 이해에서 '거울'에서 '운동'으로 넘어가야 할 필요성을 그렇게 다시 설명한 바 있다.

'사회적 관계들의 앙상블': 테제 6

이제 이러한 준비를 거쳐 우리는 본격적으로 포이어바흐의 핵심 개념들을 버릴 수 있게 된다. 폐기할 것은 '인간' '본질' '소외'라는 개념군이다.

테제 6: 포이어바흐는 종교적 본질을 인간의 본질로 용해시킨다. 그러나 인간의 본질은 각각의 개체 속에 내재하는 추상물이 아니다. 인간의 본질은 그 현실에 있어서 **사회적 관계들의 앙상블**das Ensemble der gesellschaftlichen Verhältnisse이다.

여기서 마르크스는 '인간의 본질=사회적 관계들의 앙상블'이라는 주장을 보이는데, 그것은 사실 인간의 본질이란 없다는 선언이다. 테제4에서 이미 예고했듯이, 마르크스의 분석은 이제 인간의 본질을 탐구하는 것도, 그 본질의 소외를 보여주는 것도 아닌 다른 곳에 놓이게 된다. 이제 마르크스에게 추상적인 '인간'도 '인간의 본질'도 관심의 대상이 되지 않는다. 테제 10에서 '인간적 사회' 또는 '사회적 인류'라는 말 속에 남아 있던 '인간' 개념의 흔적이 여기서는 '사회적 관계들' 속으로 용해된다. 마르크스의 작업은 사회적 관계들의 앙상블을 규명하는 작업이 된다.

'사회적 관계들의 앙상블로서의 구조'라는 주장은 매우 독특한 사유이다. 핵심적 용어는 **'사회적 관계'** '-들' **'앙상블'** 셋이다. 이 주장은 매우 특별한데, 무엇보다 짧은 문장에 이후 마르크스의 연구 방향을 규정할 세 가지 내용이 포함되어 있기 때문이다.

첫째 마르크스는 '사회적 관계'를 강조한다. 앞서 살펴본 대로 이는 마르크스가 말하는 '실천'과 '활동'의 핵심이며, 이로써 실천을 추상적 개념이 아니라 역사와 연결된 개념으로 전개해나갈 수 있게 된다. 이것이 '인간'이라는 질문과 얼마나 다른지를 생각해보면 차이점을 알 수 있을 것이다.

둘째 마르크스가 '사회적 관계'를 복수의 '관계들'로 규정하고 있음에 주목할 필요가 있다. 이를 통해 마르크스는 사회적 관계의 다수성으로 나아간다. 어떤 특정 사회적 관계에 초역사적인 특권적 위치를 부여하고 있지 않다.

셋째 마르크스는 사회적 관계들을 '앙상블'이라는 개념을 통해 묶어내고 있다. 단지 다수의 사회적 관계들이 존재하는 것이 아니라, 그 관계들 사이에도 동시에 특정한 역사적 '관계'가 존재하며, 그 사회적 관계들을 특정한 관계로 묶어내는 '구조'가 작동하는 것이다(관계들의 관계 또는 구조들의 구조). 마르크스는 적절한 용어법을 고민하다가 독일어에서는 찾을 수 없다고 보고 ensemble이라는 프랑스어 표현을 그대로 사용하고 있다. '앙상블'은 여러 관계들이 그저 병렬되어 있는 것이 아니라, 특정한 방식으로 하나로 묶여 고유하고 독특한 효과를 발휘하는 구조를 지칭한다(발리바르 1995a).

이렇게 마르크스는 개별 사회적 관계, 복수의 사회적 관계들이라는 복수성, 구조들의 구조라는 세 가능성을 동시에 사고할 수 있게 된다. 여기서 구조들의 구조라는 상이한 조합의 앙상블이 곧 역사가 될 것이다. 그 속에서 인간은 주체나 본질로 등장하지 않을 것임을 우리는 알 수 있다.

테제 6은 또 달리 해석하면 다음 세 가지를 동시에 담는 것이기도 하다. 첫째 객관적 존재로서, 유물론적 근거로서 지속되는 '구조', 둘째 상이한 사회적 관계들의 복합체(즉 하나로 환원될 수 없는 독특성의 총체인 동시에 그 결합 방식의 차별화에 따른 독특화), 셋째 사회적 관계들의 규정성 속에 있는 '인간 개인들', 이렇게 상이한 세 차원이 함께 담긴다고 할 수 있다. 그래서 이는 구조주의도, 구조환원론도, 인간환원론도 아닌, 발리바르의 말을 빌리면 '초개인성transindividuality'으로서의 구조에 대한 사고의 틀이다.

복수의 사회적 관계들이 앙상블을 이루고 있다는 주장은 이미 알튀세르의 '과잉결정'이나 마오쩌둥의 '주요모순'의 구도를 암시하고 있다. 역사를 분석하는 것은 결국 복수의 사회적 관계들이 어떤 특정한 양태에 의해 특정한 앙상블로서 구조들의 구조를 형성하고 있으며, 그 효과는 무엇인지를 분석하는 일이다. 바로 〈포이어바흐 테제〉를 준비하던 시기에 마르크스가 엥겔스와 함께 《독일 이데올로기》를 집필하면서 역사유물론이라는 그 자신의 유물론, 그러니까 그가 기계적 유물론이라고 부른 것뿐만 아니라 '관계의 관념론'까지 넘어서는 작업을 시작한다는 것은 이러한 측면에서 이해될 수 있다. 역사 일반에 대한 추상적 일반 철학화가 아니라, 구체적 역사의 분석들, 역사를 사회적 관계들의 특정한 구조 형성과 그 효과로 분석하려는 입장이 성립된 것이다.

이제 실천은 이론과 대립하는 초역사적 범주가 아니라, 이론을 포함해 특정한 역사적 시기에 특정한 사회적 관계들을 하나의 구조로 묶어내는 관계들의 관계를 파악하는 지침이 된다. 당연히 '인간'은 이 외부에 존재할 수 없다. 마르크스가 '사회적 인류'라고 지칭한 인간들 자체가 관계들의 구조를 형성하는 동시에 그 구조를 관계로서 인식하면서 그 속에서 구조를 작동시키고 변화시키는 것이다.

이렇게 생각해보면, 테제 3의 내용 또한 이 맥락에서 이해할 수 있다.

테제 3: 환경의 변화와 교육에 관한 유물론적 교의는 환경이 인간들에 의해 변화되며 교육자 자신도 교육되어야 한다는 것을 잊고 있다. 그러므로 그 유물론적 교의는 필연적으로 사회를 두 부분—그중 하나는 사회를 초월해 있다—으로 탐구하지 않을 수 없다.

환경의 변화와 인간 활동의 변화 혹은 자기 변화와의 일치는 오직 혁명적 실천으로만 파악될 수 있고 합리적으로 이해될 수 있다.

이 테제는 활동가의 지침으로 읽힐 수도 있지만, 그에 앞서 무엇보다 유물론은 그 외부를 두지 않는다는 테제로 이해될 필요가 있다. 마르크스는 기계적 유물론이 여전히 주관─객관의 이분법에 빠져 있고, '실천'을 통해 통일하지 못하고 있다고 비판했다. 기계적 유물론은 결국 우리 저편의 물질적 세계를 여기 이편에서 관조하는 외부자적 시선을 전제하기 때문이다. 그에 비해 마르크스 자신의 입장은 우리─즉 '사회적 인류'─자신이 이 관계의 외부에 놓일 수 없음을 인정하는 데서 출발한다. 우리는 우리가 변화시켜야 하는 구조를 작동시키는 일부이다. 따라서 현실에 대한 우리의 이해와 개입 또한 그 제약 속에서만 이해되어야 한다. 작동인因은 구조의 일부이며, 작동의 결과로도 나타난다. 마르크스가 인간 대신 '개인들' 또는 '사회적 인류'라고 잠정적으로 부르는 대상은 이제 원인인 동시에 결과이기도 하다. '실천'은 실천의 구조와 무관히 전개되지 않으며, 실천을 통한 개입 또한 새로운 실천의 구조 속에서 작동한다.

칸트 대 헤겔, 《독일 이데올로기》

앞서 서두의 〈포이어바흐 테제〉가 형성되는 역사적 맥락에서 청년 마르크스가 프랑스혁명의 계승자였다는 점이 얼마나 중요했는지를 언급한 바 있다. 마르크스의 사유 전개에서 그 중요성을 여러 각도에서 확인해볼 수 있는데 여기서는 칸트와 헤겔의 질문과 관련해 잠깐 살펴보고 넘어가기로 하자. 다른 사상가의 경우에도 그렇지만 마르크스를 둘러싼 논쟁에서도 헤겔 대 칸트의 구도가 출현한다. 잘못된 도식적 구분에 따르면, 총체적 사상가로서 헤겔 대 자유의 사상가로서 칸트의 대립을 가져와 경제결정론적 마르크스(헤겔과 관련된) 대 해방의 마르크스(칸트와 연관된)라는 구도가 출현하기도 한다. 그러나 〈포이어바흐 테제〉를 살펴본 다음에는 이런 대립이 마르크스를 이해 하는 데 적절한 구도인가 수긍하기 어렵다. 마르크스는 양자의 대립 구도를 일정하게 지양하고 있기 때문이다.

마르크스와 연관해 칸트와 헤겔의 구도를 이야기할 때 중요한 것은 그들을 대립 관계로 보기 전에 둘 다 프랑스혁명의 철학적 계승이라는 점을 이해하는 것이다. 프랑스혁명을 예견했거나 프랑스혁명에 개입 한 철학이라는 측면이 아니라, 프랑스혁명으로 달라지고 비가역적으 로 바뀐 세계에 대한 개념적 이해로서 새로운 철학을 추구했다는 차원 에서 말이다.

칸트가 항상 '주체'나 '계몽'과 연관되는 것은 그 때문이다. 칸트의 추상적 주체의 논의에서 어떤 특정 주체도 다른 주체에 비해 선천적으 로 더 이론적이거나 도덕적이거나 미적 사유에서 더 우위에 있게 태어 난다고 전제될 수 없다. 칸트는 독립된 주체의 이성이라는 질문을 다루 고, 거기서 우리는 인민주권과 만민 평등의 철학적 전제를 읽는다. 그 런데 항상 그에게는 주관과 객관이 대립한다는 문제가 남는다. 또 주체 가 역사의 시간에서 벗어나 있다는 문제가 제기된다.

헤겔은 전혀 다른 방식으로 문제를 풀고자 했다. 관념론자답게, 절 대정신의 운동이 주관과 객관의 세계 모두를 운동 속에 끌어넣어 종합 한다고 함으로써 이 문제를 해결한다. 다시 말해 프랑스혁명의 이념은 운동 속에 객관과 주관 모두를 하나의 세계 속에 담아내, 그 이념을 관 철한다. 그렇게 보면 그것을 인식하는 주체와 그 주체가 인식하는 세계 는 같은 시대를 공유하지 않을 수 없다. 그렇게 주관 대 객관의 대립이라는 질문은 극복된다. 하지만 헤겔은 그 대신 역사주의라는 대가를 지불해야 한다. 역사의 운동이 자기 전개 속에서 세계 전체를 그 세계 본질의 전개로서 담아내는 것으로 상정되기 때문이다. 그리고 이는 목적론을 수반한다. 이처럼 서로 대비되는 상보적 측면을 지니기에, 프랑스혁명 이후 세계에서 칸트와 헤겔은 계속해서 서로 대립하면서도 서로 동시에 호출되는 철학으로 등장하게 된다.

그래서 양자는 뗄 수 없다. 칸트에게는 주체와 객체가 대립하면서 비역사 속에 떨어지고, 헤겔에게는 주체와 객체가 결합하지만 역사주의적 목적론 속에서만 그러하다. 둘은 결합될 수도, 뗄 수도 없는 곤경점이라 할 수 있다. 〈포이어바흐 테제〉에 오면 이 대립은 마르크스 자신의 방식으로 극복되는 것으로 보인다. 그 출발점은 '실천'이지만 이후 이 관념은 오히려 '관계' '과정' '역사'에 자리를 내준다.

우리는 마르크스가 〈포이어바흐 테제〉를 쓴 시기에 엥겔스와 더불어 《독일 이데올로기》를 집필하고, 여기서 이데올로기라는 질문을 제기했음을 기억하고 있다. 이는 칸트 대 헤겔이라는 인식론적 구도에 대한 제삼의 길로서, 마르크스적 해결이 제시된 것으로 이해될 수 있다.

그 함의는 1960년대 이후의 마르크스 재해석에 따른 개념들로 설명해보면 좀 더 분명해진다. 마르크스는 주관(주체) 대 객관(객체)의 대립이라는 질문을 역사적 인식론과 이데올로기론을 결합하는 방식으로 전환하기 시작했다고 할 수 있다. 역사적 인식론은 바슐라르-캉길렘이 분석한 과학의 역사적 전개에 대한 이론이다. 이는 개인 주체의 인식 능력을 다루는 것이 아니라 지식의 역사적 전개를 다룬다. '인식론적 단절rupture épistémologique'이나 '문제 설정problematique'이 그로 부디 제기된 중요한 개념이다(르쿠르 2012). 그 점에서 이러한 사유는 '개념의 자기 전개'를 논의한《정신현상학》의 헤겔적 전통에서 이해하기가 더 쉽다.

그렇지만 여기에 이데올로기론이 덧붙여지면 대중으로서 개인은 역사주의적으로 세계와 동조화될 수 없고, 오로지 세계에 대해 가상적인 관계만을 맺으며, 그런 점에서 알튀세르가 말하듯이 '이데올로기에 의해 생산된 주체'로 이해된다. 그렇게 보면 알튀세르가 〈포이어바흐 테제〉를 마르크스의 인식론적 단절이 이루어진 저작이라 규정한 것은 정치 비판에서 정치경제학 비판으로 넘어가는 것뿐 아니라 주체와 객체에 대한 기존의 철학적 이해에 대해서도 선을 그을 수 있는 훨씬 폭 넓은 계기를 지적한 것이다.

이제 우리는 포이어바흐의 '인간' '본질' '소외' 개념 대신 '구조' '관계' '과정' '역사' 개념들의 세계에 들어섰다. 이제 그다음 단계에서 필요한 것은, 이 개념들을 서로 연결시키는 초역사적 일반화 작업이 아니라 이러한 관점에서 실제 역사 분석에 돌입하는 것이다.《자본》의 작업이 잘 보여주듯이.

1 엥겔스의《영국 노동자계급의 형성》은 마르크스의 전환에 매우 중요한 계기가 된다.

2 마르크스는 임금의 저하와 노동자 상태의 열악화, 이윤율의 하락, 과잉생산 등 자본주의의 대부분의 문제를 '경쟁의 심화'에서 원인을 찾는 입장을 보인다. 이는 대체로 애덤 스미스의 주장을 크게 벗어나지 않는다.

3 〈포이어바흐 테제〉의 다른 번역으로 이덕하 번역(http://theacro.com/zbxe/free/414962)을 참조했다.

4 아리스토텔레스가 말한 활동적 삶과 대비되는 이론적 삶. 참고할 곳은 발리바르 1995a.

5 철학을 두 진영으로 구분하는 것이 아니라, 끊임없는 선 긋기 작업으로서 '유물론적 효과'를 발휘하는 것이 마르크스적 철학임을 강조한 것은 알튀세르의 전통이다. 참조할 곳은 알튀세르 1997c; 알튀세르 1996.

6 그렇다 하더라도 이는 토대/상부구조의 이원론의 한계로 귀결될 수 있다. 상부구조에 대한 이론이 '묘사적'인 수준에 머물 한계를 내포한다. 참조할 곳은 알튀세르 1991.

노동-거울

사진 Roger Reuver

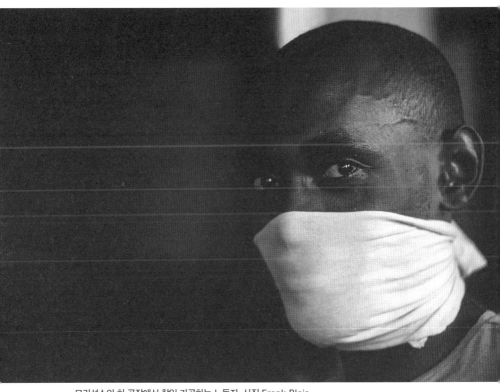

모리셔스의 차 공장에서 찻잎 가공하는 노동자. 사진 Frank Blais

대기실. 사진 Kai Engel

양털을 짜내는 루마니아 여인. 사진 Andrea Floris

잉글랜드은행 은행가들. 사진 Chris Brown

멜버른 콜린스 스트리트. 사진 Chris Brown

중국 자싱의 의류공장. 사진 Matt

사진 Abhisek Sarda

홍콩의 휴일 근무. 사진 Ding Yuin Shan

중국 농민공의 퇴근. 사진 Matt Mingt

사진 Gus Valentim

사진 Wendelin Jacober

암스테르담의 시위자. 사진 Jos van Zetten

사진 Jan Bocek

《자본》을 어떻게 읽을 것인가

《자본》은 쉽게 이해되는 책은 아니다. 그래서 독자들이 쉽게 소화할 수 있게 요점만 정리해주는 입문서들이 많이 나왔지만 그럴수록 《자본》에 대한 오해는 더욱 커진다. 더 큰 문제는 마르크스가 비판한 입장을 오히려 마르크스의 주장으로 둔갑시키는 경우도 있었다는 점이다. 어떻게 해도 오해가 많다면 뜻 맞는 이들끼리 모여서 그 나름 괜찮은 지침서와 함께 《자본》을 꼼꼼히 읽어나가는 방법도 있다.

그런데 막상 찾아보면 쓸 만한 지침서도 많지 않다. 여기서는 《자본》을 요약하려는 것이 아니라 《자본》에 입문할 때 도움이 되도록 몇몇 논란에 대한 간단한 안내를 제시해보려 한다.

《자본》을 이해하려면

'(정치)경제학 비판'은 어떻게 다른가

《자본》을 잘 이해하려면 마르크스가 책에 붙인 부제이자, 1850년 대 이후 지속적으로 그의 작업의 핵심 주제였던 '(정치)경제학 비판'이 라는 의미를 잘 이해해야 한다. 마르크스의 작업은 기존의 경제학(정 치경제학, 즉 고전파경제학)을 비판하는 한편 '경제적' 접근과 효과에 대 한 분석을 포기하는 것은 아니라는 점에서 '반경제학'과는 다르다. 이 태도가 잘 드러난 구절이 《자본 Ⅰ》 첫 장에 등장하는 다음과 같은 언 급이다.

[(정치)경제학은] 불완전하게나마 가치와 가치크기를 분석하고 이 형 태들 속에 숨겨져 있는 내용을 발견했다. 그러나 이 내용이 왜 그런 형 태를 취하는지, 즉 왜 노동이 가치로 표시되고 노동생산물의 가치량이 그 노동시간의 길이에 따라 측정되는지에 대해서는 경제학은 아직 한 번도 문제를 제기한 적이 없다. (《자본 Ⅰ》: 145)

그렇다면 싸움의 무대는 경제학 바깥에서 경제학을 비판하는 것이 아니라, 경제학 내에서 경제학을 비판하고 전복하는 것이 된다. 그 결과 등장하는 것은 이전의 기준에서 보면 단순한 '경제학'은 아니다. 기존의 경제학은 어떻게 되더라도 자본의 관점에서 자본 축적을 위해 존재하는 경제학이며, 그런 만큼 자본주의 '경제'가 계급사회 위에서 구성된다는 것을 끊임없이 부정하지 않을 수 없다. 그리고 이 자기기만 때문에 경제학은 경제 위기 같은 핵심적 분석에서 스스로의 덫에 빠질 수밖에 없다. 이러한 이유 때문에 마르크스는 경제학의 근본 전제들을 문제 삼으며, 경제학이 스스로를 한계와 모순 속에 묶어 둔 질문들을 경제학 비판의 출발점에서 던지며 시작한다. 그래서 기존 경제학 내에서 보면 마르크스는 너무 경제학이 아닌 것처럼 보일 것이다. 역설적인 것은 경제학이 아닌 다른 사회과학들의 관점에서 보면 마르크스는 그럼에도 너무나 경제학적으로 보인다는 점이다.

앞서 우리가 자세히 살펴본 〈포이어바흐 테제〉의 관점에서 보면, 경제학은 경제현상을 설명하지만 결코 그것을 '사회적 관계들의 앙상블'이라는 관점에서 파악해내지 못한다. 경제라는 현상을 그 자체의 자연성의 세계로, 모순 없이 주어진 세계로, 대등한 개인들 사이의 평등한 계약의 세계로 그려내는 경제학은 생산에 초점을 맞추든 유통에 초점을 맞추든, 경제현상 자체를 온전히 설명할 수 없다. 왜 화폐가 상품 거래를 매개하게 되고 그 효과는 무엇인지, 어떤 조건에서 노동력이 상품으로 거래되고 그 효과는 무엇인지, 화폐와 노동력이 상품이 되는 사회는 어떤 독특한 기술적 경향을 보이는지 등에 대해 경제학은 설명하지 못한다. 따라서 경제학은 요소들 사이의 교환의 불균형 상태만 찾아낼 수 있을 뿐, 자본주의의 고유한 위기에 대한 이론을 전개하지 못한다. 경제학은 교환의 불균형에서 경제의 문제점을 발견하기 때문에, 위기에 대한 경제학의 관념(그런 것이 있다면)의 함의는 양적 불균형을 다시 균형으로 되돌리는 다소간의 개입에 초점이 있을 뿐이다.

반면 마르크스의 경제학 비판은 경제라고 보이는 현상의 모순이 사실 좁은 의미의 경제라기보다 더 넓은 의미에서 사회적 관계에 뿌리를 내리고 있다고 보는 데서 출발한다. 따라서 '경제적 현상'으로 보이는 이 현상을 분석하려면 지금까지 경제학의 범위 안에 있는 개념 구도로 설명할 수 없다. 그 이유 때문에 마르크스의 관점에서 보는 위기 또한 단순한 일시적 균형 상실로 이해될 수는 없다. 위기가 사회적 관계들에 내재하는 모순 때문에 발생한다면, 위기란 앞선 순환(또는 재생산)이 더 이상 지속될 수 없게 만드는 모순의 폭발이다. 그리고 위기를 벗어난다는 것은 기존의 사회적 관계에 어떤 형태로든 변화가 발생하는 것을 뜻한다.

따라서 정치경제학 비판의 관점에 선 마르크스의 자본주의 위기 이론은 앞선 축적의 모순이 어떻게 위기로 표출되는지, 그리고 이 과정은 어떻게 하나의 위기에서 또 다른 위기로 이어지는지를 분석한다. 다음 위기로 넘어가는 과정에서 자본주의 내부의 질적 전환이 어떻게 나타나는지 또한 질문되어야 한다.

(정치)경제학을 비판하는 마르크스는 화폐와 노동력이라는 자본주의하의 독특한 두 상품의 내적 모순을 분석하는 데서 출발하며, 여기서 어떻게 자본주의에 고유한 역사적 모순 관계가 성립하는지를 드러낸다. 경제학에서 화폐는 교환을 매개하는 수단에 불과하며, 노동은 그

대가로 임금이 지불되는 또 다른 '자본'처럼 등장한다.

마르크스는 경제학의 이 전제들을 의문시하면서 화폐의 모순은 그것이 상품이라는 데 있다고 말한다. 다시 말해 상품으로서의 화폐는 모든 상품을 초월한 가치의 주재자가 될 수 없는데도 현실에서는 그런 전능한 능력을 가진 것처럼 보이고 작동한다는 모순이 있음을 보여준다.

그다음, 노동 영역의 모순은 노동과 노동력이 다르다는 데 있음을 밝힌다. 판매되는 상품은 노동이 아니라 노동력이며, 이 특성으로부터 잉여가치, 즉 '착취'라는 질문이 등장함을 강조한다. 화폐와 노동력이라는 상품의 모순이 현실 속에서 전개될 때 자본주의의 동학은 반드시 자본 간 경쟁을 매개로 해서 일어난다는 점에도 주의해야 한다. 자본 간 경쟁은 앞서 두 상품의 모순이 은폐되고 환상을 불러일으키는 이유가 되기도 한다. 또 자본 간 경쟁은 개별 자본이 지향하는 바와 총자본의 지향 사이에 불일치를 일으킨다. 그 결과 이러한 경쟁의 독특성 때문에 자본주의에는 특이하게도 기술의 편향적 진보가 나타난다. 이것이 유기적 구성의 고도화와 상대적 과잉인구의 형성이라는 역사적 '법칙' 그리고 '이윤율의 경향적 저하' 법칙을 형성하게 된다.

마르크스의 분석은 현실의 경제적 위기 또는 경제적 동역학이라 할 것을 설명하는 '경제학'이기는 하지만, 그것을 설명하기 위한 이론의 전개 과정은 다른 모든 경제학과는 다른 역사과학적 구도에 기초한다. 그것은 무엇보다 자본주의가 계급사회이고 만물의 상품화를 추동하는 사회라는 전제에 서 있다. 그 전제는 당연한 것이 아니므로 그것의 구도를 역사적으로 성립시키고 유지해가기 위해서는 매우 복합적인 '사회적 관계들의 앙상블'이 이미 전제되고 재생산되어야 한다. 자본주의에 대한 설명의 출발 자체가 이미 알튀세르가 말하는 '과잉결정'의 관점을 요구한다. 마르크스가 분석의 대상으로 삼는 생산양식, 특히 자본주의 생산양식은 좁은 의미의 경제가 아니라, 계급관계의 기반 위에서 전개되는 생산관계의 재생산, 그리고 생산력의 지속적 변환의 역사이다. 그리고 여기서 생산력이란 보통 기계나 기술적 분업으로 이해되기 쉬우나, 그것이 무엇보다 사회적 노동 분할의 우위하에서 작동한다는 점을 강조해둘 필요가 있다.

(정치)경제학 비판에 오게 되면 마르크스에게서 '비판'의 위상은 청년 시기에 비해 상당히 달라진다. 마르크스의 '비판' 작업은 청년 시절의 정치 비판과 이데올로기 비판을 거쳐,《자본》의 초고를 집필하는 시기에 오면 경제학 비판으로 관심이 확장·이동한다. 청년 시절의 정치 비판은 앞의 글 '마르크스는 어떻게 자신의 사유 세계를 수립했는가'에서 살펴보았듯이 포이어바흐의 '소외'의 틀을 활용한 급진 민주주의적 관점을 드러내 보여준다. 그 비판은 허상에 대한 비판을 통해 본질로 나아가고자 하며, 그 점에서 현실의 허상을 폭로하는 '계몽' 작업에 초점을 맞춘다. 마르크스 작업의 초점이 폭압적인 프러시아 군주제에 맞추어졌던 것은 이러한 이유 때문이다. 그때 초기의 비판은 세계를 둘로 나누고 전도된 저편에서 본질이 있는 여기 이편으로 돌아와야 함을 강조하는 비판이었지, 그가 포이어바흐 테제 4에서 말하듯, 여기 이편, 모순된 균열의 세계 자체를 분석하고자 한 것은 아니었다.

앞의 글에서 살펴보았듯이《독일 이데올로기》의 이데올로기 비판은 첫 시기와 달리 모순되고 균열된 여기 이편의 세계에 대한 분석을 전제로 한 것이었다. 그러나 그 분석의 내용을 채우기까지는 좀 더 시간을 기다려야 했다.

마르크스의 정치경제학 비판은 두 번째인 이데올로기 비판의 이론적 입장을 전제한 위에서 전개되는 작업이라 할 수 있다. 저기 저편을 분석하기 위해 여기 이편의 내적 분열과 자기모순을 본격 분석하는 것이기 때문이다. 정치경제학 비판은 그래서 단순한 허구이거나, 현실의 전도로서의 허상이 아니다. 그렇다고 또 이데올로기 비판으로만 볼 수도 없다. 그것은 여기 이편 현실의 모순을 분석하기 위한 출발점이며, 그 작업을 위해 필요한 개념 형성 작업이다.

마르크스의 정치경제학 비판에는 분명한 비판의 타깃이 있다. 비판의 대상은 그 자신이 '부르주아 경제학'이라 부른 것인데, 여기서 주의할 점은 비판을 정치적 입장에 대한 비판, 즉 '그건 부르주아적 입장이야'라는 방식으로 진행하지 않는다는 것이다. 마르크스는 정치경제학과 속류경제학을 구분한다. 후자를 부르주아 사회의 '변호론'이라며 정치적 – 이데올로기적으로 비판하지만, 그에 비해 전자에 대한 비판은 무엇보다 우선적으로 '이론적' 비판이라는 점에 주목해야 한다. 마르크스는 고전파경제학과 달리 속류경제학에 대해서는 이론적 대화의 상대로 인정하지 않고, 그저 부르주아 계급적 입장의 변호론이라며 비판할 뿐이다.

마르크스는 고전파경제학이 가치 이론과 관련해 그전 논의들과 구분되는 과학적 발견을 보여준다는 점을 강조한다. 그러면서도 왜 정치경제학이 오류에 찬 잘못된 분석으로 나아가는지를 그 이론의 내부적 모순을 드러냄으로써 보여주려 한다. 그리고 나서 그 이론적 한계가 부르주아 경제학의 계급적 한계에 의해서도 규정됨을 보여준다. 결국 이들은 자신들이 분석하는 '경제'가 계급적 세계임을 인정할 수 없는 근

생각하는 마르크스

본적 한계 때문에 이론적 곤궁 또한 발생하는 것이다. 그러나 두 비판을 혼동해서는 안 된다. 고전파경제학에 대한 마르크스의 논의는 이데올로기 비판에 앞서 또는 그것을 전제로 한 '이론적 비판'이 우선되기 때문이다.

개념적 구성물로서 《자본》을 본다

《자본》을 이해하려면 앞서 지적했듯이 마르크스를 마치 건축가처럼 이해하는 것이 좋다. 또는 오선지 위에서 작업을 하는 음악가에 비유해보는 것이 더 나을 수 있다. 《합창》 교향곡을 작곡한 베토벤은 어떤 현실을 음악으로 '반영'한 것이 아니다. 프랑스혁명의 정신이라 할 수 있는 '이념'은 베토벤의 작곡법, 다시 말해 오선지 위에 음표로 표기되는 건축 작업에 따라 복잡하게 구축된다. 그런데 그의 관현악 작곡법의 결과물의 효과를 우리는 공연이라는 형태를 통해 결합된 '앙상블'로서 듣게 된다. 우리가 단순한 감상자의 위치를 넘어 음악을 좀 더 심층적으로 이해하고 분석해보려 한다면, 그 효과를 내기 위해 어떤 건축 작업이 이루어졌는지를 뜯어보아야 할 것이다. 물론 음악을 그저 듣기 좋은 것으로만 평가하는 아마추어 감상자의 입장이라면 작곡 노트를 뜯어볼 일이 없겠으나, 어떤 작곡가의 음악을 내용과 형식의 측면에서 이해하고 그것을 더 발전시켜보려 한다면 건축 작업과 대면하지 않을 수 없다.

이론가로서 마르크스가 《자본》을 어떻게 구성해 자신의 위대한 건축물을 만들었는지 알려면 우리도 그럴 수밖에 없다. 그 책을 통해 현실을 어떻게 비판적으로 이해할 수 있는지 알기 위해, 그리고 마르크스를 더 발전시키기 위해 그가 어떤 재료들을 어떤 방식으로 쌓아서 건물을 완성했는지 분석적으로 이해해볼 필요가 있다.

현실을 일대일로 반영하는 용어들을 모아가면 이론이 완성된다는 조야한 경험주의적 – 실증주의적 인식에 머물러서는 마르크스를 이해하기 힘들다. 여기서 우리는 마르크스가 〈포이어바흐 테제〉 테제 1에서 관조적 유물론(또는 기계적 유물론)을 비판하면서 오히려 관념론이 '관계'에 대해 더 잘 설명했다고 한 주장을 상기할 필요가 있다. 물론 마르크스가 거기서 한 걸음 더 나아가, '낡은 유물론'이나 관념론 양자 모두 실천의 측면을 이해하지 못했다고 비판한 것도 덧붙여야 한다.

관계라는 사고로 나아가기 위한 핵심은 '개념'이었다. 새로운 개념의 발명과, 그것을 과거의 낡은 사유 속으로 투입하는 '비판'의 작업이 마르크스의 경제학 비판의 핵심에 놓여 있다. 또 자신의 방법을 '추상에서 구체로'라고 설명한 마르크스의 언명도 꼭 새겨들어야 한다.

《자본》을 이해하려면 항상 마르크스가 타깃 삼아 비판하려 한 대상과의 대결을 염두에 두어야 한다. 《자본》에서 그는 고전파경제학의 전제들을 일단 비판의 대상으로 수용해 출발하면서도, 그다음 걸음에서는 그 틀 속에서 왜 질문의 답을 찾을 수 없고 오류에 빠지는지를 추적한다. 그러면서 그 인식의 공백을 새로운 개념을 도입함으로써 넘어서고자 한다. 《자본 I》1편을 예로 들면, 마르크스는 스미스 – 리카도의 주장처럼 가치의 실체가 노동이라고 한다면, 왜 그것이 화폐를 통해 '표현'되어야 하는지, 그리고 그렇게 표현됨으로써 어떤 효과가 발생하는지를 질문한다. 경제학자들에게서 화폐가 편리함을 위한 단순한 수단이라면, 마르크스에게 화폐란 자본주의 사회의 핵심적 사회적 관계를 설명하기 위해 먼저 설명되어야 하며, 따라서 그 자체로 심도 있는 분석이 요구되는 대상이다. 이를 설명하기 위해 마르크스는 사용가치-교환가치-가치라는 삼각형의 틀을 전제하는 가치형태론이라는 논법과 물신숭배라는 테제를 도입한다.

이어서《자본 I》2편에서 마르크스는 '노동의 가치'를 둘러싼 고전파경제학의 혼동을 비판하면서, 그들이 노동의 가치라 부르는 것은 사실 노동력의 가치임을 보여준다. 그리고 노동력이라는 개념이 등장하면, 이제 우리는 단순한 사물들의 교환관계가 아니라 자본-노동을 하나로 묶는 사회적 관계인 '자본관계'(마르크스는 '자본-노동관계'라고 부르지 않고 항상 '자본관계'라고 지칭한다)를 대면하게 된다.《자본》은 바로 자본관계에 대한 분석이며, 자본관계가 어떻게 우리가 '경제'라고 부르는 현상으로 나타나는지를 설명하는 책이라 할 수 있다.

마르크스의 비판은 고전파경제학의 논리적 곤궁과 허점에 맞추어진다. 이것이《자본》서술의 강점이지만, 동시에 항상 그 이면에 주의할 필요가 있다.《자본》에서 마르크스는 대체로 '경제학자들의 전제대로 따라가보자'라면서 이야기를 시작한다. 즉 상품이 가치대로 판매되며, 계약 쌍방 사이에는 사기나 협잡이 없다고 보는 등을 가정한다. 대표적으로 마르크스는 '노동자가 노동력의 가치대로 임금을 지불받는다고 가정해보자'라고 하면서 잉여가치 분석을 출발한다. 당연히 많은 사람들이 '그런 현실이 어디 있는가. 대부분의 비정규직 노동자들은 생계비 수준의 임금도 못 받으며 겨우 살고 있는데!'라고 말할 것이다.

이처럼 마르크스는 추상에서 구체로 나아가는 데서 발생하는 곤란함을 잘 인식하고 있었다. 그 때문에《자본》이 하나의 서술 논리로 통일되어 있는지에 대한 논쟁이 벌어질 수 있다. 가정과 현실 사이의 차이, 경향적 법칙과 그것을 상쇄하는 요인들 사이의 관계, 논리적 분석과 역사적 분석의 관계 등 《자본》 내에는 서로 충돌하는 듯 보이지만 서로 연결되어 있는 서술 방식들이 섞여 있다. 이 측면과 관련해 마르크스가 서술의 문제를 해결하기 위해 찾은 해결책 중 하나는 상이한 시간성을 결합해 《자본》을 서술하는 것이었다.

《자본》에는 최소한 세 가지 이상의 시간성이 혼재하고 그 셋을 결합함으로써 자본주의의 동역학과 역사를 잘 이해할 수 있다는 것은 앞서 지적한 바 있다. 마르크스가 초고를 여러 차례 고쳐 쓰고 그 결과 우리가 지금 접하는 《자본》이 되는 과정의 핵심에 이 쟁점이 놓여 있다. 《자본 I》에서 마지막으로 완성되는 부분이 1장의 '가치형태론'과 '노동일' '기계와 대공업' '본원적 축적' 등에 관한 역사적 서술들이라는 데서도 이는 확인된다.

세 가지 복합적 시간성이란, 첫 번째 비시간성으로서 '거울', 두 번째 회귀하는 시간성으로서 '재생산', 그리고 세 번째 분기하는 시간성으로 역사적 계급투쟁의 장면들을 말한다.

비시간성은 두드러지게 《자본 I》 1편 '상품' 장에서 확인된다. 마르크스에게 '거울'의 비유는 포이어바흐적인 것이다. 그는 명시적으로 〈포이어바흐 테제〉 테제 4에서 이를 스스로 비판한 바 있다. 마르크스가 '거울'을 문제 삼은 것은 거기에만 빠져 있으면 시간이 정지되며, 비역사적, 비과정적, 비관계적, 비변증법적 설명이 되기 때문이었다. 그럼에도 《자본》의 첫 부분을 다시 가치형태론이라는 '거울'의 구도로 시작하는 것은 흥미롭다. 여기서 중요한 것은 거울에 대한 설명이 2장 '교환 과정'의 '운동'이라는 관점으로 연결되어야 현실의 자본주의에 대한 설명으로 나아간다는 점이다. 그럼에도 이 부분이 필요한 것은 '물신숭배'로 이어지는 전도된 구도를 설명하기 위해서인데, 1편의 설명은 스스로 자기 자신을 드러낼 수 없는 '실체'의 운명을 보여준다. 우리가 보는 것은 전도된 관계이며, 그것은 항상 거울을 통해서만 그 '실체'를 '표현'한다. 그러나 거울 속에서 시간은 정지해 있으므로 이 설명은 과정적이 아니라 정태적일 수밖에 없다.

1편 2장에 자본 '운동'의 관점을 도입해 '거울'로부터 벗어남으로써 '과정'으로 넘어간 다음, 본격적으로 2편부터 《자본 Ⅱ》를 지나 《자본 Ⅲ》까지 전개되는 대부분의 시간성은 회귀하는 시간성이다. 마르크스는 이를 재생산 개념으로 담아내고자 했다. 재생산은 원래 그대로의 회귀는 아니지만, 그럼에도 원래 출발점의 상태를 유지하도록 회귀해야 한다.

재생산의 핵심에는 두 상품이 놓여 있다. 자본주의적 순환에서 다른 모든 것은 강물처럼 흘러들어왔다 흘러나가지만(특히 소재적으로), 유독 선대된 일정량의 화폐와 과정을 작동시키는 노동력은 과정에서 빠져나가지 않는다. 그 둘이 마중물처럼 다시 돌아와 있어야 과정이 지속된다. 이렇게 반복되는 재생산 관계를 마르크스는 '자본관계'라고 부른다.

'자본관계의 재생산'이 이루어질수록 양극에서 매우 상이한 결과가 형성된다. 자본의 극에서 자본이 재생산된 결과는 축적(확대재생산)인 반면, 노동의 극에서 노동력이 재생산된 결과는 '궁핍화'(축소재생산?)이다. 따라서 마르크스가 보는 재생산은 단순 반복은 아니다. 그렇기 때문에라도 재생산은 여러 역사 – 제도적 조건이 작동함으로써만 가능하며, 특히 국가와 이데올로기가 그 핵심 조건임은 이미 전제되어 있다.

마르크스도 그 때문에 재생산의 '자연법칙'이라는 외양과 대비해 현실에서 주기적으로 나타나는 '위기'(공황)를 보여준다.

이로부터 마르크스의 세 번째 시간성인 분기하는 시간성이 제기된다. 마르크스는《자본》의 초고를 작성하는 과정 마지막 단계에 1권 전체 분량의 3분의 1에 해당하는 부분('노동일' '기계와 대공업' '이른바 본원적 축적')과 3권의 상인자본과 이자를 낳는 자본, 지대와 관련된 부분에서 역사적 자료에 기초한 논증을 대대적으로 전개한다. 얼핏 보면 선행하는 논지의 예시라고 간단히 해석될 수도 있겠지만, 자세히 살펴보면 역사적 장들은 매우 중요한 논리에 따라 서술되고 있다.
역사적 장의 서술 논리에서 주목되는 점은 다음과 같다.

1. 자본주의는 노동자의 상태를 점점 더 열악하게 만든다(알튀세르는 이를, 자본주의의 계급투쟁은 노동자계급이 아니라 자본가계급이 개시하는 것이라고 정리한 적이 있다).
2. 이 계급투쟁은 매우 비대칭적이어서, 노동자계급은 훨씬 열악한 조건에 놓인다(비대칭적 재생산).
3. 그러다가 임계점을 넘어서면서 계급투쟁은 기존의 사회적 관계를 바꿔놓는다. 이는 자본가계급의 일부 분파를 위태롭게 할 수 있다(내적 모순의 필연적 전개).
4. 그러나 계급투쟁으로 노동자계급에게 일정 정도 유리한 성과가 돌아가면, 자본가계급은 계급으로서의 반격을 개시하고, 노동자들은 성과를 잃고, 계급투쟁은 권력관계의 비대칭적 구도의 원점으로 다시 돌아온다(노동일과 기계 도입의 예).

5. 그렇지만 이는 자본주의의 생산관계와 생산력 구조 모두에 의도하지 않은 결과(예컨대 기술적 변화)를 초래할 수 있다.

6. 그리고 역사적 설명은 태초에 이 관계가 어디서부터 시작되었는지 보여주는 동시에, 그렇지만 과정의 반복을 그 기원으로 소급해 설명할 수는 없음을 보여준다.

이렇게 보면 세 번째 분기하는 시간성은 두 번째 회귀하는 시간성으로 다시 연결되지만, 그 회귀가 똑같은 자리로 돌아가는 회귀일 수는 없음을 보여준다. 이렇게 '역사'와 '재생산'은 통일적으로 연결된다.

《자본》 집필 계획의 변경

1848년 유럽 혁명의 실패 이후 마르크스는 1849년 영국으로 망명하고, 1850년부터는 대영박물관 도서관에 침거하며 경제학 저술들을 집중 분석하는 일에 착수한다. 그 성과를 모아 1857년《자본》을 위한 최초의 초고인《정치경제학 비판 요강》을 저술한다. 출판용으로 준비한 것이 아니라, 서술을 위한 단상과 좀 더 체계적인 집필을 위한 원고를 모은 것이다. 그 책에서 마르크스는《자본》의 구성 계획을 드러낸다. '6부작 플란'으로 알려진 계획은 공간된 최초의《자본》초고인 1859년《정치경제학 비판을 위하여》의 서문에서 다시 한 번 확인된다.

6부작 플란은 자본, 토지 소유, 임금노동, 국가, 외국 무역, 세계시장 · 공황으로 구성된다. 마르크스는 이후《자본》을 준비하면서 1861~1863년에 집중적으로 초고를 작성하였고, 이어서 1863~1865년에도 다시 초고를 작성하여 그중《자본 I》부분은 출판에 사용했다.《자본》작업은 1867년 1권이 출판된 후에도 계속되었다.《자본 Ⅱ》와《자본 Ⅲ》이 꼭 순서에 따라 집필된 것은 아니며, 마르크스 사후에 엥겔스가 완성한 이 책들은 1870년대에 추가된 원고뿐 아니라 1860년대의 초고들까지 광범위하게 사용되어 출간된 것이다.

《자본》의 서술 체계와 방법을 이해하는 데 중요한 쟁점은 1850년대 최초의 초고 이후《자본》이 완성되는 과정에서 마르크스의 최초의 집필 계획에 중대한 변화가 발생했는가 하는 점이다. 일단 변화는 두 측면에서 관찰된다. 6부작 플란이 변경되고 또 한편에서는《자본》의 서술 논리가 변한 것인데 양자는 서로 관련되어 있다.

처음 6부작 구성과 달리 실제 집필된《자본》은 다음과 같은 4부작으로 재편되었다.

1. 자본의 생산과정
2. 자본의 유통과정
3. 자본의 총과정
4. 이론사(《잉여가치학설사》)

마르크스는 변화된 집필 계획 중 첫 번째 부분만 출간한 뒤 사망했고, 두 번째와 세 번째는 엥겔스에 의해 불완전하나마 완성된 형태의 책자로 출판되었으며, 네 번째는 미완으로 남았다. 엥겔스를 도와 마르크스의 유고를 정리하는 작업에 참여한 칼 카우츠키가 엥겔스 사후에 마르크스의 유고를 독자적으로《잉여가치학설사》라는 별도의 책으로 출판했으나,[1] 이를《자본》과 연결 지어 엥겔스와 같은 방식으로 완성한 것은 아니었다.

첫 계획과 다른 형태로《자본》이 출판되었기 때문에 6부작의 최초 계획 중 첫 단계만 달성되고 나머지가 미완인 것인지, 아니면《자본》내에 6부작이 새롭게 재조정되어 담긴 것인지 당연히 논쟁이 되지 않을 수 없었다. 그리고 마르크스의 미완의 부분은 어떤 방식으로 보완·완성될 수 있는지도 논점이 되었다.

그로스만과 로스돌스키로부터 시작된 오랜 논쟁을 여기서 정리할 것은 아니다.[2] 플란 변경을 둘러싼 대체적 결론은, 앞서도 지적했듯이《자본》에는 6부작 플란의 일부가 포함되어 플란이 일부 변경되었으며, 또한 서술 과정에서 현실의 역사 분석을 대폭 확대했다는 점도 확인된다.

이 쟁점이 왜 중요한지를 보여주는 한 가지 사례는 앞에서 말한 임금노동이라는 쟁점이다.《자본》에서 마르크스는 노동력의 가치대로 임금을 받더라도 착취가 발생한다는 것을 증명하고자 했다.

그렇지만 그의 지침대로 우리가 추상에서 구체로 한 걸음 더 내딛으면, 현실에서 임금의 운동이 이 전제와는 다르다는 것은 누구나 아는 사실이다. 브뤼노프가 마르크스의 논점을 발전시켜 설명했듯이, 노동력의 일상적 가치는 재생산 가치로부터 벌어지는 것이 자본주의의 일반적 경향이며, 그 때문에 국가의 개입이 필수적이다(브뤼노프 1992). 마르크스가 '자본 일반'과 구분되는 '임금노동'의 책을 쓰고자 한 것은 추상과 구체 사이의 이 간극 때문일 것으로 이해된다. 이러한 내용의 일부는《자본》안으로 들어와서, 임금이 노동력의 가치 대신 '노동의 가격'으로 역으로 전환되어 노동자를 분할하는 작용을 하고 있음을 보여주는《자본 I》6편 '임금'에서도 확인된다. 그러나 이를 임노동에 대한 본격적 분석이라고 보기에는 부족하다.

집필 계획의 변경만큼 중요한 또 다른 쟁점은《자본》서술 논리의 변화이다. 마르크스는《자본》을 서술하는 과정에서 헤겔로 다시돌아가《대논리학》을 매우 꼼꼼히 다시 읽었다. 그리고《자본》서술의 논리적 통일성에 대해 오래 고민했다. 이는 마르크스와 헤겔의 관계, 그리고《자본》에 등장하는 변증법에 대한 이해를 둘러싼 논쟁을 야기했다. 마르크스의 변증법을 헤겔의 변증법과 동일시하는 입장은 오랫동안 영향을 끼쳐왔다. 또 이 관점에서《자본》서술을 논리적 연역의 과정으로 이해하려는 노력 또한 지속적으로 제기되었다. 반면 알튀세르를 위시하여, 마르크스의 변증법과 헤겔의 변증법 사이의 단절을 강조하는 주장 또한 1960년대에 제기되었다.

알튀세르는 '표출적 인과성'과 구분되는 '구조적 인과성', 그리고 그것을 뒷받침하는 과잉결정이라는 변증법을 마르크스 철학의 핵심으로 부각했다. 알튀세르는 이 논리를 좀 더 발전시켜,《정치경제학 비판 요강》과 비교해《자본》이 가진 강점 중 하나를 역사적 장들이 추가된 데서 찾고자 했다. 이 쟁점을 세 가지 구분되는 시간성의 등장과 연결 지은 설명은 앞에서 제시한 바 있다.

서술 논리나 복합적 시간성이 문제 되는 이유는 마르크스가《자본》에서 이야기하는 법칙을 어떻게 이해할 것인가의 문제와도 연관된다. 마르크스는 자연과학과 다르게 역사과학의 법칙을 '경향적 법칙'이라 지칭했다.《자본》의 구성이 논리적 접근과 역사적 접근의 결합으로 구성되어 있다는 사실이 이 법칙의 특징을 잘 보여준다.

지금까지《자본》의 구성과 논리에 대해 전반적으로 살펴보았고,

이제《자본》각 권에서 좀 더 주의해 읽을 내용들을 검토해보기로 하자. 주로 독자들의 관심이 쏠리는《자본Ⅰ》을 자세히 이야기하고,《자본Ⅱ》와《자본Ⅲ》에 대해서는 간단히 이야기해두겠다.

《자본 Ⅰ》의 독해

시작의 어려움, 가치형태론

《자본》세 권 중 1권만이 유일하게 마르크스가 여러 차례 정서를 거쳐 완성한 책이다. 나머지는 불완전한 초고를 엥겔스가 완성한 것이며, 그중에서도 마르크스 자신이 마지막까지 초고 작업을 진행한 것은 3권이 아니라 2권이었다. 2권부터는 장별로 완성도 면에서 차이가 크다.

《자본》전체 중《자본 Ⅰ》의 첫 편 '상품' 장은 자본을 이해하는 데 난공불락의 성채이다. 사전 지식 없는 독자에게 한없이 높은 입구의 문턱을 보여줌으로써《자본》은 난해한 책이 되었다. 알튀세르는 새로 번역 출간된 프랑스어판《자본》의 서문을 쓰면서 아예 획기적인 제안을 한 적도 있다.《자본 Ⅰ》1편의 문제점은 대부분의 사람들이 읽어서 이해가 안 된다는 점이며, 더 큰 문제는 읽어서 이해했다고 오해하는 것이라서, 차라리 처음에는 1편을 건너뛰어 2편부터 읽고 마지막에 1편으로 다시 돌아오는 것이 낫다는 제안이다(알튀세르 1997b:

59/60). 사실 그렇게 읽어보는 것이 훨씬 더 나을 수 있다. 많은 경우 처음부터 읽는다고 독서의 결과가 달라지지도 않을 것이다.

그래도 다시 돌아와 이해해보려 할 때, 뭔가 지침은 필요할 테니, 주목할 점과 주의점을 이야기해보도록 하자.

1편의 핵심은 가치형태론이다. 이 부분은《자본》집필에서 마르크스가 가장 나중에 완성한 부분이기도 하다. 이 분석의 목적은 화폐가 상품으로서 어떤 모순을 지니고 있는지를 보이려는 것이고, 이를 통해 자본주의라는 사회적 관계가 화폐 관계의 기초 위에 서 있다는 의미를 좀 더 확대 설명해 보여주려는 것이다. 마르크스는 여기서 사용가치 Gebrauchswert, 가치Werte, 교환가치Tauschwert 간의 관계, 그리고 노동의 이중성(유용노동nützlich Arbeit[생산물의 사용가치를 만드는 노동]과 가치를 생산하는 노동)을 통해 어떻게 화폐를 매개로 하는 자본주의적 사회관계가 수립되는지를 보여준다.

마르크스의 가치형태론은 단순히 말하면 다음과 같은 구도로 설명된다. x 양의 상품 A와 y 양의 상품 B가 등가교환 된다는 등식이다. 마르크스는 좌변을 '상대적 가치형태relative Wertform', 우변을 '등가형태Äquivalentform'로 지칭한다.

$$xA = yB$$

이를 $yB = xA$로 좌우변을 바꾸어도 수식 자체에서 달라질 것은 없어 보인다. 그런데 마르크스의 논지에서 중요한 점은 여기서 좌변과 우변을 바꾸면 안 되며, 그렇게 하면 논지가 달라진다는 것이다.

이를 마르크스의 표현대로 20엘레의 아마포와 1벌의 웃옷으로 표시해보자. 그리고 경제학자들이 좋아하는 세계처럼 두 명의 교환자가 등가교환 한다고 전제하자.

20엘레의 아마포에는 그 아마포에 값하는 가치가 포함되어 있을 것이다(가치실체와 가치크기). 그런데 우리에게 아직 화폐가 없기 때문에 20엘레 아마포의 가치는 '표현'되어야만 알 수 있다. 그것을 비추어 볼 거울로 우변의 등가형태가 있어야 한다(가치형태). 그래서 20엘레의 아마포의 가치형태는 '상대적' 방식으로 우변의 1벌의 웃옷이라는 등가형태의 교환가치로 표현된다(가치실체와 가치크기를 표현하는 가치형태로서 교환가치). 그럼, 이제 우변 웃옷의 가치만 알면 모든 문제는 해결된다. 그런데 웃옷의 가치를 알려면 이번에는 웃옷을 좌변으로 옮겨야 한다. 이번에는 웃옷의 상대적 가치형태를 아마포라는 등가형태의 교환가치로 표현할 수 있을 뿐이다. 문제는 원점으로 돌아왔다. 좌변과 우변을 바꿀 수 없다고 이야기한 데서 알 수 있듯, 이 '거울'의 세계는 그 자체로 해결될 수 없다.[3]

잘 보면, 여기서 우리는 사용가치 대 가치, 또는 사용가치 대 교환가치라는 2항 대립을 보는 것이 아니라, 사용가치 – 교환가치 – 가치로 구성된 세 범주 간의 가치의 세계가 있음을 알게 된다. 바로 앞 단락의 괄호 속에 표시된 것처럼, 여기서 가치실체, 가치크기, 가치형태 세 가지가 동시에 쟁점이 된다.[4]

이 세계의 모순은 화폐가 등장한다고 해결되지 않고 심화하며, 우리는 다만 문제가 해결되었다고 오해할 뿐이다. 화폐'형태'란 우변의 등가형태가 좀 더 전개되어 일반적 가치형태하에서 일반적 등가물이 되었다는 차이가 있을 뿐이다. 하나의 예외적 등가형태가 일반적 등가형태로 바뀐다고 모순이 해결되지는 않는다.

그럼에도 이렇게 등장한 일반적 등가물로서의 화폐는 이제 '화폐형태'라는 구도를 형성하면서 그 자체가 힘과 권력을 지닌 실체처럼 작동하기 시작한다. 자본주의적 관계의 모순은 여기서 비롯한다. 화폐가 '사회적 힘'을 부여받은 실체로서 사회적 관계 자체를 주도하고, 각 상품에 가치라는 생명을 불어넣는 것처럼 보이는 구도, 그것이 물신숭배이다. 발생론적으로 보자면, 가치실체가 먼저 있고 그것을 표현할 교환가치가 필요해서 그 구체적 형식으로서 화폐를 찾아가는 것처럼 설명하는 것이 온당할 수 있다. 하지만 현실의 세계에서는 역으로, 죽어 있는 상품에 '가치'라는 숨을 불어 넣는 것이 곧 화폐가 된다. 이 전도로서의 물신숭배가 자본주의의 첫 번째 모순인 상품으로서 화폐의 모순이다.

1편 2장이 '거울'을 '운동'으로 매개해 다른 시간성으로 나아간다는 것은 앞서 지적했다. 1장에서 추상적 상품, 3장에서 추상적인 화폐가 분석되지만, 그 사이인 2장 '교환 과정'에서는 구체적인 교환자들이 등장해야 하는 이유는 이 때문이다.

그다음 장인 3장 제목은 '화폐 또는 상품유통'이다. 이 장에서 주목할 점은 여기서 논하는 화폐가 자본주의적 화폐인지 아니면 '단순 상품생산'에도 적용되는 화폐 범주인지 하는 것이다. 이는 《자본》 전체의 구상을 어떻게 이해할지와도 관련된 쟁점이다. 나는 자본주의적 화폐로 보아야 한다는 입장이다. 이와 관련해 흥미로운 점은 3장 3절의 제목이 다시 '화폐'라는 것이다. 그리고 거기서 다루는 내용은 화폐 축장, 지불수단, 세계화폐이다. 많은 해설서들이 설명하듯이 마르크스가 3장을 화폐의 '기능'들을 나열하기로 구상했다면, 굳이 3절의 제목을 이렇게 붙인다는 것을 납득하기 힘들다. 1절 '가치척도' 기능과 2절 '유통수단' 기능은 3절 지불수단에 와서 모순적으로 통일되어 나타난다. 그런 점에서 3장은 단순히 화폐의 발생사적 설명이나 화폐 기능들의 나열로 보기는 어렵다고 지적해두고 넘어가기로 하자.

노동력 상품과 자본주의의 편향적 기술 진보(또는 불변자본 편향적 축적)

2편(화폐의 자본으로의 전화) 이후에서 마르크스는 노동력 상품이라는 관점을 도입하며, 이로부터 잉여가치론이라는 그의 핵심 이론을 전개한다. 이와 관련해 여러 이야기를 할 수 있고 많은 쟁점이 있지만, 여기서는 노동력 상품에 대한 자본주의적 착취가 절대적 잉여가치와 상대적 잉여가치로 나뉘고, 이는 자본주의에 고유한 방식으로 불변자본을 우위에 두고 노동력을 절약하는 고유한 편향적 기술 진보를 초래하며, 그 결과 상대적 과잉인구의 법칙이 등장한다는 논지를 간단한 수식을 들어 설명해보려 한다. 수식을 동원한 설명 방식은 마르크스를 단순화하고, 그의 '정치경제학 비판'을 오해하게 만들 우려를 항상 담고 있다.《자본》은 이러한 간단한 정리로 이해할 수 없다는 것을 당연히 전제하고, 마르크스의 논점을 정리해보기로 하자. 이렇게 하면 우선 논점을 간단하지만 분명하게 파악해볼 수 있는 이점이 있다.

이러한 방식으로 기본적 논지를 숙지한 다음,《자본》에서 정치경제학 비판, 개념적 비판, 역사적 논증을 가장 이상적으로 결합한 서술 형식을 갖춘 1권 13장 '기계와 대공업'을 읽어보면, 단순 수식화한 구도로만《자본》을 이해할 수 없고 논점을 훨씬 풍성하게 파악해야 함을 깨닫게 될 것이다.

《자본》에서 마르크스 논의의 핵심은 잉여가치론에 있다. 이를 어뗗게 이해할 것인가가 《자본 Ⅰ》 독해의 관건이 된다. 마르크스는 잉여가치 형성을 크게 절대적 잉여가치와 상대적 잉여가치로 구분한다. 이해하기 쉽게, 절대적 잉여가치는 노동일Arbeitstag의 연장을 통해 나타나는 잉여가치로서 개별 작업장 수준에서 개별 자본가의 노력을 통해 증대되며, 곧 노동력의 '폐절'을 낳기 쉽다고 해두자. 이와 달리 상대적 잉여가치는 자본주의의 발전에 따라 경제 전체에서 진행된다. 개별 작업장에서 개별 자본가의 의도한 결과로 형성되는 것이 아니라 임금재 부문의 생산성이 증가한 간접적 결과로 나타난다. 이는 임금재 가격을 하락시킴으로써 노동력가치를 떨어뜨리고 잉여가치의 몫을 늘리는 것으로 이어지며, 직접적으로 노동력의 '폐절'을 낳는 것은 아니다. 둘을 이렇게 비교해두면 이해하기 쉽겠다.

마르크스의 잉여가치 이론은 단순히 생산된 가치가 어떻게 배분되는지에 대한 회계식의 문제는 아니다. 여기서 마르크스는 근대적 분업 체제의 구조적 특징 또한 분석한다. 특히 '공장의 전제주의 대 시장의 무정부성의 대립'의 형성, 기계에 대한 노동의 실질적 포섭, 그리고 자본주의의 기술 편향적 발전 등의 문제를 심도 있게 다룬다.

그중에서 불변자본이 가변자본보다 우위에 서는 '편향적 기술 진보'는 마르크스가 '생산력의 구조'를 다루는 독특한 관점을 보여준다. 이는 또 상대적 과잉인구가 형성되는 문제, 더 나아가 《자본 Ⅲ》의 이윤율의 경향적 저하로도 이어지는 분석이므로 특별히 주목할 필요가 있다. 이는 총자본 수준과 개별자본 수준을 구분해 양자의 상이한 논리 충돌을 보여주는 방식으로 설명된다.

이 논의를 상대적 잉여가치와 특별잉여가치의 작동 메커니즘에서 시작해보자. 잘 알다시피 전자는 총자본 수준의 기술적 변화 속에서 진행되며, 후자는 개별 자본의 기술적·경영적 변화로부터 추동된다.

▶ 자본에게는 잉여가치율과 이윤율이 모두 중요한 고려가 된다. 전자는 고용된 노동이 창출한 가치 중 노동력가치 지불 부분을 넘어서는 잉여가치를 자본이 얼마만큼 가져올 것인가의 문제이다(자본 – 노동관계). 후자는 선대 자본에 대한 이윤 회수의 비율로, 실제 투자를 장기적으로 판단하는 데 기준이 된다(자본 간 경쟁 관계가 중요함). 이윤율은 엄밀한 의미에서는 총자본 수준에서 경쟁을 매개로 일반이윤율이 형성되어 개별 자본에게 배분된 이후에만 의미가 있는 수치이지만, 여기서는 계산의 편의를 고려해 개별 자본 투자액 대비 잉여가치액으로 근사치를 잡았다.

ⅰ. 일반적 조건에서 특정 생산 부문 자본의 가치 구성을 $c+v+m$ $=100+20+20=140$이라 가정하면, 잉여가치율은 100퍼센트, 이윤율은 0.17이 된다.

(c는 불변자본, v는 가변자본, m은 잉여가치. 그러므로 잉여가치율, 즉 가변자본에 대한 잉여가치의 비율은 m/v이고, 이윤율, 즉 사용된 총가치[불변자본+가변자본] 중 잉여가치가 차지하는 비중은 $m/(c+v)$이다.)

ⅱ. 이때 불변자본만 두 배로 증가시키면,
$c+v+m=200+20+20=240$이 되고, 잉여가치율은 100퍼센트, 이윤율은 0.09가 된다.
: 그러나 이 경우 생산성의 변화 없이 불변자본만 증가하면서 잉여가치율은 변화하지 않고 이윤율이 하락하기 때문에 자본은 이를 선

택하지 않는다.

iii. 새로 자본을 늘리지 않고 현재 자본액 내에서 조정한다고 가정하면,

c+v+m=110+10+10=140이라 하면, 잉여가치율은 100퍼센트, 이윤율은 0.083이 된다.

: ii와 마찬가지의 결과가 나오므로 자본은 이를 선택하지 않는다.

이러한 조건이라면 기계가 도입되지 않는다. ii와 iii 모두 잉여가치율에는 변화가 없는 대신 이윤율이 하락하기 때문에 변화의 유인이 없다.

그러나 다음 두 조건에서는 기계를 도입할 수 있다.

▶특별잉여가치: 개별 기업의 생산성 증가로 상품 개당의 가치가 하락하는 경우,

i 에서 생산물 총량이 100개이면 개당 가치는 1.4가 된다. 특정한 개별 기업의 생산성 증가로 동일 시간에 150개를 생산해서 개당 시장 가치 1.4에 판매하면 총수입은 210으로 늘어난다.

iv. 이를 **역으로 배분하면**(왜냐하면 개별 자본은 시장 상황에 적응해 회계 계산을 하는 것으로 보아야 한다. 달리 말해 사회적 평균 수준, 또는 '시장적 조건'에 대한 개별 기업의 '전략적 선택'이라고 보아도 무방하다), 기업의 회계 계산은 다음과 같이 정리될 수 있다.

역으로 계산하면 c+v+m=**210**=100+20+**90**이 되고, 잉여가치

율은 450퍼센트, 이윤율은 0.75이 된다.

　: 예외적 시장 상황에서 동일 시간에 더 많이 생산한 상품의 총매출액을 회계 계산할 때, 총판매액에서 생산비용을 제외한 부분을 이윤으로 계산할 수 있다. 기계 도입을 고려하지 않고 특별잉여가치 90을 얻는다는 의미이다.

　ⅴ. 이때 기계 도입분을 계산하면(기계를 30만큼 추가 투자해 생산성을 향상시킨 결과라고 한다면),

　$c+v+m=210=130+20+60$이 되고, 잉여가치율은 300퍼센트, 이윤율은 0.4가 된다.

　: 기계 도입을 고려한 특별잉여가치 산출이다. 개별 기업에서 불변자본을 30퍼센트 증가시켜도 잉여가치율과 이윤율이 상승하므로 개별 기업은 기계를 도입한다.

　ⅵ. 그런데 현실적으로 시장가치보다 낮게 판매해도 이 기업에는 이득이 된다. 개당 1.3으로 낮추어 할인 판매한다고 하면 총판매액은 195이 된다. 이때 회계 계산은,

　$c+v+m=195=100+20+75$이 되고, 잉여가치율은 325퍼센트, 이윤율은 0.625가 된다.

　: 시장가격보다 낮추어 판매해도 특별잉여가치가 발생한다.

　ⅶ. 기계 도입분을 계산하더라도,

　$c+v+m=195=130+20+45$이 되고, 잉여가치율은 225퍼센트, 이윤율은 0.3이 된다.

: 기계를 도입함과 동시에 시장가격보다 낮추어 판매해도 특별잉여가치가 발생한다.

viii. 그러나 경쟁의 결과, 부문 내 모든 곳이 똑같이 기계를 도입해 표준이 되면, 평균으로 환원되고, 개별 자본의 특별잉여가치는 사라진다.

오히려 환원을 넘어 더욱 나빠진다. c의 크기만 커지면서 이윤율이 전반적으로 하락한다.

c+v+m=130+20+20=170이 되고, 잉여가치율은 100퍼센트, 이윤율은 0.13이 된다.

: 경쟁을 매개로 기술이 도입된 결과 동일 부문의 '유기적 구성'은 전반적으로 고도화하고, 이윤율은 하락한다.

개별 자본으로서는 이윤율 하락을 상쇄하기 위해 특별잉여가치를 '고정화'하는 방법으로 '독점화'를 시도할 가능성이 있다. 또 불변자본의 가치가 하락하면 이윤율 하락이 상쇄된다.

▶ 상대적 잉여가치: 사회 평균적으로 필요노동에 해당하는 임금재의 가치가 하락하는 경우(잉여노동시간 대비 필요노동시간의 비중이 줄어든 것),

다시 c+v+m=100+20+20=140이라 가정하면, 잉여가치율은 100퍼센트, 이윤율은 0.17이 된다.

ix. 여기에서 임금재의 가치가 떨어지면서 명목임금이 하락하면,
c+v+m=100+10+30=140이 되고, **잉여가치율은 300퍼센트,**

이윤율은 0.27이 된다.

ⅹ. 이때 불변자본을 증가시키더라도,

$c+v+m=130+10+30=170$이 되어, 잉여가치율은 300퍼센트, 이윤율은 0.21이 된다.

: 기술 도입과 필요노동시간 감소를 동시에 고려한 경우이다. 기술이 도입되더라도 이윤율이 하락하지 않을 수 있다.

여기서 기술적 동학이 가지는 함의는 이렇다.

첫째 자본 간 경쟁의 결과(특별잉여가치를 매개로 한 경쟁): 불변자본에 대한 투자분이 증가하는 경향으로 평균치가 조정되며, 그 결과 전반적인 이윤율은 하락한다.(ⅰ 과 ⅷ 비교)

둘째 상대적 잉여가치의 결과: 사회적 필요노동 부분의 하락이 불변자본 투자 증가분을 상쇄해, 이윤율이 하락하지 않을 수 있다.(ⅰ 과 ⅸ, ⅹ 비교)

현실에서 두 동학은 결합되어 작용하므로 그 결합 효과를 구체적으로 분석해야 한다. 이것이 마르크스가 '경향적 저하'를 강조한 이유이다.

이러한 이해를 바탕으로 마르크스는 기술 발전의 속성을 다음과 같이 설명한다.

상품의 가치는 노동생산성의 발전에 반비례해 감소하지만 상대적 잉여가치는 그 발전에 정비례해 증가하기 때문에, 바꾸어 말하면, 하나의 동일한 과정이 상품을 싸게 만드는 동시에 상품에 들어 있는 잉여가치를 증대시키기 때문에, 교환가치의 생산만을 염두에 두고 있는 자본가가 왜 상품의 교환가치를 끊임없이 떨어뜨리려고 노력하는가라는 수수께끼가 해명된다. (《자본 Ⅰ》: 446)

그렇지만,

자본주의적 생산에서는, 노동생산성의 발전에 의한 노동의 절약은 결코 노동일의 단축을 목적으로 하지 않는다. 그것이 겨냥하는 것은 오직 일정한 양의 상품을 생산하는 데 필요한 노동시간의 단축이다. (《자본 Ⅰ》: 447)

자본주의의 이러한 독특한 기술 발전의 논리로부터 마르크스는 그 다음 '상대적 과잉인구 법칙'의 설명으로 나아간다.

우리는 앞에서 자본주의적 기술 발전이 자본의 유기적 구성의 고도화를 유발하며, 그로써 가변자본 대비 불변자본의 크기가 커지고 이윤율이 하락함을 보았다. 물론 여기에는 생산성 증가로 기계의 가치가 하락하거나 기계 사용을 절약함에 따라 상쇄 효과가 작용할 수 있음을 잊어서는 안 된다. 마르크스는 《자본 Ⅲ》 첫 부분에서 이 문제를 특히 집중적으로 분석한다.

일단 여기서는 장기적 경향으로서 자본주의 기술 발전이 가변자본 대비 불변자본의 크기를 크게 한다는 점을 강조해두자. 그렇게 되면 다음으로, 고정자본의 규모를 키우는 기계의 도입은 같은 규모의 자본을 투입하는 조건에서 자본의 고용 창출률을 하락시키는 경향을 낳는다.

이것이 상대적 과잉인구의 형성이다.

앞의 수식을 통해 다시 설명해보기로 하자.

1. i 과 viii을 비교해보면, 자본 축적의 경향성은 불변자본의 비중을 증가시킨다. → 이는 신규 투자에 대해 불변자본 대 가변자본의 비율을 불변자본 편향성을 크게 하는 방향으로 조정한다. 또는 동일한 재생산을 위해 더 많은 불변자본을 필요로 하게 된다(동일 액수에서 보면 가변자본으로 가는 비중이 줄어든다). → 절대적으로는 고용 수가 증가하더라도 자본 총액에서 보면 가변자본으로 배정되는 상대적 비중은 하락한다. → 상대적 과잉인구가 탄생된다(기술의 동학, 즉 구조조정의 결과에서 직접적으로 기인한다. 구조적 실업이다). 축적이 커질수록 격차는 확대된다.

2. 동시에 상대적 과잉인구가 노동 간 경쟁을 촉발해 노동력가치 이하로 임금을 하락시킨다. → 동일한 가변자본으로 고용할 수 있는 노동량이 증가한다. → 이는 불변자본 대 가변자본의 분배 비율을 더욱 불변자본에 편향된 방식으로 만든다.

이리하여 축적이 진행됨에 따라 한편에서는 더 큰 가변자본이 더 많은 노동자를 모으지 않고도 더 많은 양의 노동을 움직이고, 다른 한편에서는 같은 크기의 가변자본이 같은 수의 노동력으로 더 많은 양의 노동을 움직이고, 마지막으로 또 다른 한편에서는 고급의 노동력을 밀어냄으로써 더 많은 저급한 노동력을 움직인다.

따라서 상대적 과잉인구의 생산[또는 노동자의 유리]은 그러지 않아도 축적의 진전과 함께 가속화되는 생산과정의 기술적 변혁[그리고 거

생각하는 마르크스

기에 맞추어 불변자본 부분에 대한 가변자본 부분의 상대적 감소]보다 더 빠르게 진행된다. (《자본 I》: 864/865)

결국 기술 변화나 축적 자체보다 더 빠른 속도로 상대적 과잉인구가 형성된다.

《자본 II》·《자본 III》의 독해

《자본 II》와 자본주의 회계 제도

보통 어렵사리 시작한 《자본》 독해는 1권에서 끝나거나, 2권의 처음을 들쳐보다가 중단되는 경우가 많다. 가끔씩 3권의 한두 장에 관심이 생겨 읽어보는 경우도 있을 것이다. 그러다 보니 세 권 전체의 구도가 아니라 1권에 초점을 맞추고, 그것도 어려운 1권 1편을 뺀 다음 이해하게 되며, 《자본》은 노동력 착취에 대한 분석뿐이라고 단정 짓기 쉽다. 그 주장이 마르크스의 핵심인 것은 사실이지만 그것이 전부라고 할 수는 없다.

《자본 II》를 압축하는 마르크스의 다음과 같은 주장이 있기 때문이다.

자기증식 하는 가치인 자본은 단지 계급관계[즉 노동이 임노동으로 존재하는 데 근거한 특정 사회적 성격]만 포함하는 것이 아니다. 그것은 하나의 운동으로서 여러 단계를 통과하는 순환과정이며, 이 과정은 순환과

생각하는 마르크스

정의 서로 다른 세 형태를 포함한다. 따라서 자본은 멈춰 있는 물적 존재가 아니라 단지 **운동**으로서만 이해될 수 있다. 《자본Ⅱ》: 134)

'운동'으로서의 자본과 '계급관계'로서의 자본을 통일적으로 이해하는 것, 이것이 《자본》을 이해하는 핵심일 것이다.

《자본Ⅰ》에서 분석의 대상으로 나타나는 것은 '자본 일반'인데 이는 개별 자본은 아니다. 물론 개별 자본의 운동을 분석하는 대목이 많지만, 이미 《자본Ⅱ》과 《자본Ⅲ》에서 다루는 총자본이 전제되어야 설명되는 것들이다. 어쨌든 《자본Ⅰ》은 다수 자본들의 상호 연관 속에 있는 자본주의를 다루는 것은 아니다.

그 점에서 《자본Ⅱ》는 《자본Ⅰ》과는 다른 지반으로 논의를 이끌어 간다. 자본의 유통이 초점이 된다. 여기서는 개별 자본이 아니라 다수의 자본, 나아가 총자본이 문제가 된다. 《자본Ⅱ》는 이를 서로 연결된 고리나 그물의 구도에서 설명을 전개한다. '끝없는 자본 축적'이라는 동일한 욕망을 지닌 서로 다른 자본들이 어떻게 서로 맞물려 하나의 체계를 구성하는가? 그리고 어떻게 그것을 단순히 개별 자본의 합이 아니라, 서로 맞물려 운동하는 과정 속에서 이해할 수 있는가? 이것이 《자본Ⅱ》의 질문이다.

이 질문에 답하기 위해 마르크스는 자본의 순환 도식에서 자본 순환의 세 형태를 구분한다. 화폐자본의 순환 도식 $G-W \cdots P \cdots W'-G'$는 잉여가치를 가장 직관적으로 이해할 수 있는 구도를 보여주며(G: 화폐, W: 상품, P: 생산과정, W': 가치 증식된 상품자본, G': 가치 증식된 화폐자본), 그 자체로 자본주의의 원리, 즉 축적을 위한 축적을 가장 잘 드러낸다. 그러나 그것은 첫째 여기서 잉여가치의 증식이 어떻게 가능한지를 보여줄 수 없다. 둘째 이 과정이 왜 이어져야 하는지, 즉 재생산이 왜 필연적으로 발생하는지를 설명하지 못한다. 증식된 화폐를 주머니에 넣어둘 수도 있는데, 왜 군이 또다시 투자를 계속해야 하는가?

다음 생산자본의 순환 $P\cdots W'-G'-W\cdots P$로 옮겨가면서, 우리는 생산자본의 순환은 중단될 수 없는 고리들로 이어진 재생산을 전제하고 있음을 발견하게 된다. 증식된 화폐자본은 '축장'됨으로써 순환 고리에서 이탈할 수 있지만, 생산자본은 중단되면 곧 자본의 폐절이 되므로 순환은 계속 이어져야 한다. 이는 재생산을 전제한다. 그렇지만 아직까지 순환은 개별 자본의 순환이다.

이에 비해 세 번째로 등장하는 상품자본의 순환 $W'-G'-W\cdots P\cdots W'$는 그 출발점이 이미 잉여가치를 포함하고 있는 자본의 생산물이므로 생산자본의 순환과 마찬가지로 중단될 수 없는 재생산으로 이해된다. 또 출발점에서 이미 잉여가치를 포함하고 있는 상품자본은 그 생산적 소비와 개인적 소비로의 분할을 통해 사회 총자본의 그물망을 해명해준다. 상품자본의 순환은 그야말로 '유통'의 영역이지만, 여기에 와서야 우리는 비로소 사회 전체적으로 총자본이 유통의 그물망에 의해 빠짐없이, 서로 긴밀히 연결되어 있음을 보여준다. 상품자본에서 출발해야 서로 얽혀 있는 모든 자본의 운동을 하나의 구도에서 파악할 수 있다. 그리고 이를 이론적으로 그렇게 규명할 뿐 아니라, '회계적'으로도 그렇게 분석할 수 있게 된다.

또 《자본 Ⅱ》의 자본의 세 순환 형태의 논리는 개별 기업의 회계와 국민경제의 회계가 서로 맞물려 있음을 잘 보여준다.

기업 회계에서 마르크스가 말하는 화폐자본은 '유동자산'에, 생산

자본은 '고정자산'에, 상품자본은 '재고'에 기록되어 대차대조표의 대변을 구성한다. 그리고 차변에는 각종 자본의 생산과 유지에 투자된 여러 비용과 회수된 이윤을 각각 '자본'과 '부채'로 나누어 기록한다. 그리고 개별 기업의 회계 기록은 서로서로 맞물려서 기록되어야 하며, 개별 기업들의 회계는 전체 국민계정 회계의 합을 형성한다.

마르크스는 복식부기와 초보적인 근대적 회계 제도가 성립된 시기에 살았으며, 엥겔스를 통해 이 회계에 대해 잘 알고 있었다. 복식부기란 사용가치로서의 자본과 교환가치로서의 자본을 하나의 장부에 기재하고 소유권의 소재를 분명히 기록한 장부이다. 또 자본 간 스톡과 플로의 연결 네트워크를 서로 연결 지어 하나의 사회적 총자본이라는 개념을 실질화할 수 있는 제도적 기반이기도 하다.

그렇지만 마르크스의 시대는 근대적인 국민계정이나, 불환지폐 발행에 기초한 중앙은행 회계 제도가 수립된 시기는 아니었다. 그럼에도 마르크스가 《자본 Ⅱ》에서 행한 분석은 20세기에 체계화되는 자본주의적 회계 제도의 핵심을 잘 파악하고 있다. 일본 등을 중심으로 '비판적 회계학'이라는 흐름이 형성되었던 것도 바로 이러한 《자본 Ⅱ》의 분석을 그 출발점으로 삼는다.

《자본 Ⅱ》에서 심화하는 정치경제학 비판

《자본 Ⅱ》에서 또 하나 중요한 점은 마르크스의 정치경제학 비판 작업이 더욱 심층적으로 진척된다는 것이다. 마르크스는 《자본 Ⅱ》에 오면, **특히 애덤 스미스를 타깃으로 삼아** 정치경제학의 문제점을 두 측면에서 파고든다. 첫째 논리적이거나 개념적인 오류, 둘째 그것이 토대하고 있는 계급적 조건에 대한 비판. 이 측면에 초점을 맞추면

《자본 Ⅱ》 전체를 스미스에 대한 마르크스의 비판, 그리고 스미스를 잇는 현대경제학에 대한 마르크스의 대립으로 재구성할 수도 있다.

《자본 Ⅰ》에서는 아직 이 논의가 본격적으로 전개되기 어렵다. 왜냐하면 정치경제학은 '유통'을 자신의 고유한 영역으로 삼고 있고 여기서 본격적으로 혼동이 일어나는데, 마르크스는 혼동을 해결하기 위해 《자본 Ⅰ》에서는 "소란스러운 유통 영역을 벗어나 (…) 비밀스러운 생산의 장소"로 들어가서 탐구를 진행했기 때문이다.

《자본 Ⅰ》이 '생산' 영역에서 잉여가치 생산의 논리를 탐구했다면, 이제 《자본 Ⅱ》는 다시 '소란스러운 유통 영역'으로 돌아와 본격적으로 정치경제학의 혼동을 비판한다. 그런데 처음에 '자유·평등·소유·벤담'의 영역인 듯 보이는 유통 영역은 《자본 Ⅰ》을 마친 이후에는 더 이상 그런 특징을 유지할 수 없게 된다. 마르크스는 《자본 Ⅰ》에서 밝힌 잉여가치론을 전제하면서 '유통'에 대한 (정치)경제학의 오류를 본격적으로 비판한다.

정치경제학, 특히 애덤 스미스의 오류는 다음에서 두드러지게 나타난다. 첫째 고정자본과 유통자본의 구분을 불변자본과 가변자본의 구분과 혼동하고, 고정자본을 특히 관계가 아니라 소재적 측면으로 이해했다. 둘째 상품의 가격을 가변자본+잉여가치(v+m)로 '분해'하고, 그럼으로써 그해 총생산물 가치와 새로운 가치생산물을 혼동했다.

이 비판에서 출발해 다음으로 마르크스는 정치경제학 비판이라는 맥락에서 자본주의 상품의 '사용가치적 측면'에 대해 독특한 분석을 편다. 이는 바로 앞에서 살펴본 애덤 스미스의 가치분해론의 한계에 대한 비판이 함의하는 바이며, 또한 과소소비론에 대한 마르크스적 비판의 출발점이기도 하다. 마르크스는 스미스와 달리 Ⅰ 부문(생산수단 생산)과 II 부문(소비재 생산)을 구분하고(II 부문 내에서도 필요재와 사치재를 구분), 이것이 재생산에 매우 핵심적임을 지적한다. 반면 스미스는 불변자본을 논의에 포함시킬 수 없다. 이 점은 중요한데, 마르크스가 교환가치가 아닌 **사용가치**를 다루는 매우 독특한 측면을 보여주기 때문이다.

《자본》 전체에서 마르크스의 가장 두드러진 독특성은 자본주의 생산양식을 그 고유한 **기술적 기반**, 달리 말해 그 고유한 생산력적 기반을 통해 설명하려는 것이다. 그것이 그의 정치경제학 비판의 핵심이라 할 수 있다. 《자본 I》에 이어 《자본 II》에서도 자본주의의 고유한 편향적 기술 진보는 계속 분석의 주제로 등장한다.

《자본 II》에서는 자본주의적 성장의 핵심이 $v+m$에 있는 것이 아니라 c의 증가에 있으며, 특히 이는 I 부문의 $v+m$이 II 부문의 c보다 더 크게 나타나는, I 부문 우위의 축적의 특징임을 밝힌다. 이는 고정자본에 대한 투자 급증, 선대금 규모 증가, 상각기금 형태의 준비금에 대한 필요 증가, '도덕적 마모' 발생 위험 증가로 이어진다. 그 때문에 신용의 중요성이 매우 커지고, 이는 다시 모순의 심화로 이어진다. 반면 정치경제학적 이해는 스미스적인 $v+m$ 분해론의 역사로 이어지며, 이는 여러 형태의 과소소비론을 낳는다. 즉 위기는 '유효수요' 부족이 원인이며(결과가 아니라) 이는 임금이나 투자가 올라감으로써 위기가 해소될 수 있다는 논리를 낳는다. 여기서는 c가 어떻게 위기의 원인이 되며, 이것이 자본주의의 특징인지는 논의되지 않는다.

이러한 마르크스의 분석은 《자본 II》 후반부의 '재생산 표식'에서 집약된다. 이에 대해서는 앞선 논의들이 있기 때문에 여기서는 따로 다루지는 않겠다(윤소영 2009; 폴리 2015).

《자본 Ⅲ》과 이윤율의 '자본주의적 성격'

《자본 Ⅲ》은 현대 자본주의의 위기 분석과 관련해 많은 논쟁을 낳았다. 일찍이 '전형 논쟁'이 벌어진 바 있고, 현대 자본주의의 위기를 해석할 때 '이윤율의 경향적 저하'를 둘러싼 논쟁은 지금도 진행 중이다. 숨겨진 쟁점이자 마르크스의 가장 미완이면서 중요한 영역인 '금융'을 둘러싼 논점도 중요하다. 레닌이 힐퍼딩의 《금융자본론》을 수용해 국가독점자본주의론적 맥락에서 정식화한 금융과두제론이 있고, 조반니 아리기가 '금융적 팽창'이라는 맥락을 강조한 또 다른 금융론이 있다. 금융론의 쟁점은 《자본 Ⅲ》 5편에서 미완의 형태로 자리 잡고 있다(아리기 2014; 뒤메닐·레비 2006).

자세한 논쟁들은 여러 문헌이 있으니 참고하기 바라고, 여기서는 《자본 Ⅲ》에서 총자본의 관점이 어떻게 제기되는지를 살펴보기로 하자. 《자본 Ⅲ》을 읽을 때는 《자본 Ⅰ》, 《자본 Ⅱ》를 바탕으로 서술이 전개된다는 점을 기억하는 것이 중요하다. 따라서 《자본 Ⅲ》에서 등장하는 동역학과 논리는 고유하게 '자본주의적'이라고 이해해야 한다.

고유하게 자본주의적이라는 것은 우선 두 가지 점에서 그렇다. 첫째 이윤율이라는 범주 자체가 자본주의적 범주라 할 수 있다. 마르크스는 이윤율이 성립하려면 선대 자본의 소유권이 분명해지고, 그 자본이 공동체나 사회 전체의 것이 아닌 개별 사적 자본의 소유가 되어, 자본에 비례한 이윤의 배분이 사적 영유로 귀결되는 사회체제가 성립되어야 한다고 본다. 따라서 이윤율은 자본주의적 소유제도 위에서 비로소 정착될 수 있는 범주가 된다.

둘째 평균이윤율과 일반이윤율은 총자본과 개별 자본 사이의 특수한 관계를 전제하고 있다. 개별 자본이 투하한 선대 자본에 비례해 사회의 총이윤으로부터 배분받는 이윤율 기제가 마련되어야 한다. 즉 평균이윤율 기제가 수립되어야 이윤율은 의미를 지니게 된다는 것이다. 평균이윤율은 고유한 '자본주의적 경쟁'을 전제로 한다. 마르크스는 자본주의는 단지 분산된 자본가들의 경쟁 체제가 아니라, 하나의 집합적 총체로서 총자본의 실체가 있고 그 작동하에서 비로소 분산된 자본들의 경쟁이 존재함을 강조해 보여준다.

《자본 Ⅲ》에서 '경쟁'을 다룰 때 애덤 스미스와 달리 마르크스는 결코 경쟁의 격화 때문에 이윤율이 저하한다고 서술하지 않는다. 마치 《자본 Ⅰ》에서 잉여가치론을 논할 때, 노동자 간의 경쟁 격화로 노동력가치가 저하하는 것으로 설명하지 않는 것과 유사하다.《자본》에서 그는 늘 '경쟁을 통해 수요와 공급이 일치한다고 가정하자'는 전제하에서 자본주의적 법칙들을 설명한다. 경쟁의 격화 또는 부족은 그 법칙 자체를 만드는 원인이 아니다. 마르크스가 이윤율 저하의 원인으로 삼는 것은 자본주의 고유한 기술적 동학이며, 이를 '유기적 구성의 고도화'라고 지칭했다. 자본 간 경쟁은 이를 촉발하지만, 이 경쟁 자체가 요인은 아니다. 마르크스는 자본 간 경쟁이 같은 정도로 유지된다고 가정하더라도, 유기적 구성의 고도화라는 기술적 동학 때문에 이윤율이 하락하게 됨을 보여준다. 그 때문에 마르크스의 주장은 경쟁의 격화에 따른 이윤율 저하라는 스미스적 논리와 다르다.

《자본 Ⅲ》 1편과 2편의 관계를 보면 이를 분명히 이해할 수 있다. 2편의 일반이윤율이 총자본 또는 집합적 자본 전체의 동학이라 한다면, 1편에서의 논의는 개별 자본들의 경쟁의 이야기로 해석된다. 즉 1

편은 일반이윤율이 전제되지 않은 차원에서 개별 자본의 이윤율과 그에 따른 경쟁, 그리고 그로부터 추론되는 위기의 이야기이다. 그렇기 때문에 마르크스는 2편에서 경쟁의 격화에 따른 이윤율의 변화를 논하지 않는다. 그리고 1편의 제한적인 경쟁 논의는 2편 이후에 연결되기 힘들다. 그래서 마르크스가 '경쟁에 대한 서술은 별도의 장소에서 이루어져야 한다'고 이야기하는 것이다.

이윤율 동학에 대한 마르크스의 분석은 자본주의 경제 위기의 가장 중요한 논점이 된다.《자본 Ⅲ》의 이윤율 분석은 마르크스가 강조하는 '경향적 법칙'을 잘 보여주면서, 현실 자본주의의 경제 변화와 위기의 동학을 설명하는 데도 매우 중요한 근거가 된다.《자본 Ⅲ》의 이윤율 분석은《자본 Ⅰ》의 자본주의적 축적의 일반 법칙의 연장선에서 논의될 수 있다. 이윤율의 경향적 저하는 개별 자본이 아니라 총자본 수준에서 진행되는 법칙이라는 점에서 그 서술은《자본 Ⅲ》에 오기 이전에《자본 Ⅰ》의 말미에서도 전개될 수 있다.[5]

마르크스는《자본 Ⅲ》에서 이윤율의 계산을 '선대 자본'에 대한 이윤량의 비율로 계산한다. 선대 자본은 자본의 순환과정에서 고정자본으로 나타나는데, 제라르 뒤메닐은 이 관점에서 이윤율을 아래와 같은 구도로 분석하고 있다.[6]

$$이윤율 = \frac{이윤}{고정자본} \equiv \frac{이윤}{총소득} \times \frac{총소득}{고정자본} \equiv \frac{총소득-총임금}{총소득} \times 자본생산성$$

$$\equiv \left(1-\frac{임금}{총소득}\right) \times 자본생산성 \equiv \left(1-\frac{임금/총노동시간}{총소득/총노동시간}\right) \times 자본생산성$$

$$\equiv \left(1-\frac{임금률}{노동생산성}\right) \times 자본생산성$$

이를 대수식으로 표현하면 다음과 같다.

$$r = \frac{\Pi}{K} \equiv \frac{\Pi}{Y} \cdot \frac{Y}{K} \equiv \left(\frac{Y-W}{Y}\right)P_K \equiv \left(1 - \frac{W}{Y}\right)P_K$$

$$\equiv \left(1 - \frac{W/L}{Y/L}\right)P_K \equiv \left(1 - \frac{\omega}{P_N}\right)P_K$$

> r: 이윤율, K: 고정자본, Π: 이윤, Y: 총소득, W: (총)임금,
> L: 총노동시간, P_K: 자본생산성, P_N: 노동생산성, ω: 임금률

이렇게 분해해보면 우리는 이윤율을 결정하는 데에는 세 가지 주요 변수가 있음을 알 수 있다. 자본생산성, 노동생산성, 임금률이 그것이다. 이윤율은 자본생산성이 오를수록, 노동생산성이 오를수록, 임금률이 하락할수록 더 오른다. 세 변수의 조합에 따라 서로 다른 역사적 궤적이 나타날 수 있다.

1. 자본생산성과 노동생산성이 모두 빠르게 증가하는 경우

1−1. ω 고정이면, r ↑

1−2. ω ↑ 이면,

$$\triangle r \geq 0 \Longleftrightarrow \frac{\triangle\omega}{\omega} \leq \frac{\triangle P_N}{P_N}$$

$$\triangle r \leq 0 \Longleftrightarrow \frac{\triangle\omega}{\omega} \geq \frac{\triangle P_N}{P_N}$$

(단, 자본생산성 증가 부분만큼 상쇄된다.)

2. 자본생산성과 노동생산성 모두 고정이면

2−1. ω ↑ 이면, r ↓

2−2. ω 불변이면, r도 불변

3. 자본생산성이 하락하면

3 – 1. $P_N \downarrow$ 이면, ω 고정이거나 앞 두 변수의 하락 부분을 상쇄할 정도로 $\omega \downarrow$ 아니면, $r \downarrow$

3 – 2. $P_N \downarrow$ 이고, $\omega \uparrow$ 이면, 빠른 속도로 $r \downarrow$

3 – 3. P_N 고정이면, $\omega \downarrow$ 이 $P_K \downarrow$ 을 상쇄할 정도로 커지지 않으면, $r \downarrow$

3 – 4. $P_N \uparrow$ 이면,

3 – 4 – 1. $P_N \uparrow$ 의 효과가 $P_K \downarrow$ 을 상쇄할 정도라면, ω 불변이면, r 도 불변, $\omega \downarrow$ 이면, $r \uparrow$

3 – 4 – 2. $P_N \uparrow$ 의 효과가 $P_K \downarrow$ 을 상쇄할 정도가 아니라면, ω 불변이면, $r \downarrow$, $\omega \downarrow$ 이면, $\omega \downarrow$ 과 $P_N \uparrow$ 의 비율의 폭에 따라 r는 오르거나 내리거나, 현상 유지 모두 가능하다.

▶또 자본생산성과 노동생산성의 변화율을 동시에 고려하면 다음 세 경우를 아래와 같이 다시 생각해볼 수 있다. 이때 앞의 수식을 조금 변경해: $r = (P_N - \omega)\dfrac{P_K}{P_N}$

4. 자본생산성이 노동생산성보다 빨리 증가하는 경우

이는 다음과 같이 나타낼 수 있다: $\left(\dfrac{P_K}{P_N}\right) \uparrow$

노동생산성의 증가율이 임금률 증가율 이상인 경우 이윤율은 무조건 상승한다.

또 노동생산성 증가율이 임금률 증가율보다 작더라도 노동생산성 대비 자본생산성 증가 속도의 차이를 상쇄하지 않을 정도라면 이윤율은 상승한다.

5. 자본생산성과 노동생산성, 둘의 증가 속도가 동일한 경우

이는 다음과 같이 나타낼 수 있다: $\overline{\left(\dfrac{P_K}{P_N}\right)}$

노동생산성 증가율이 임금률 증가율 이상이어야 이윤율이 상승한다: $\dfrac{\triangle P_N}{P_N} \geq \dfrac{\triangle \omega}{\omega}$

6. 자본생산성이 노동생산성보다 느리게 증가하는 경우

이는 다음과 같이 나타낼 수 있다: $\left(\dfrac{P_K}{P_N}\right) \downarrow$

노동생산성에 뒤처지는 자본생산성 증가 속도의 차이를 만회할 수 있을 정도로 노동생산성 증가율이 임금률 증가율보다 높아야 이윤율이 상승한다: $\dfrac{\triangle P_N}{P_N} > \dfrac{\triangle \omega}{\omega}$

이와 같이 국면을 구분해보면, 이를 역사적 자본주의의 변동, 특히 20세기 미국 헤게모니가 부침하는 모습에 적절히 적용해볼 수 있다. 아리기가 《장기 20세기》에서 논의한 내용이나 뒤메닐이 이윤율의 경제학을 통해 설명한 것이 바로 이 맥락으로 해석된다. 20세기 미국 헤게모니는 1873~1896년 세계 대불황을 벗어나 새로운 실물적 팽창을 개시했다. 그 기반은 법인혁명, 경영혁명, 금융혁명, 세 '혁명'에 기초한 법인자본주의의 출현이었다. 이는 이후 보통 포드주의라고 부르는 국면까지 이어지는데, 이 시기 전체는 새로운 '조직혁명'에 따라 자본생산성(과 동시에 노동생산성)이 증가하면서 이윤율이 상승하는 국면이었다. 이 경우 임금률이 오르더라도 노동생산성 증가가 그것을 상쇄하는 범위 내에서 오르면(즉 생산성임금제) 자본생산성 증가만큼 이윤율은 상승한다(1−2, 4).

이에 비해 1970년대 들어서 세계경제 위기가 되면 상이한 국면으로 옮겨가게 된다. 이제 자본생산성 증가가 둔화되거나 현상을 유지하게 되고 노동생산성 또한 마찬가지 상황이 된다. 그에 비해 1970년대 정치적 상황에서 임금 인상에 대한 요구는 높았고, 그 결과 임금률은 오히려 상승한다. 이는 이윤율의 하락을 낳는다(3, 5, 6). 이 경우의 해석에서 중요한 점은 임금율의 상승과 하락이 이윤율의 하락과 상승을 유발하는 핵심 변수임을 주장하는 것은 아니라는 점이다. 이렇게 해석하면 임금 – 이윤 압박설로 이윤율 하락을 설명하는 오류를 범하게 된다. 마르크스의 주장을 해석하면 임금 인상이 그 자체로 이윤율을 하락시키는 것이 아니라, 이윤율 하락 국면에 들어서면 임금 인상은 이윤율 하락을 더 촉진할 수 있으며, 반대로 임금 하락은 이윤율 하락의 경향을 완화시킬 수 있다는 것이다.

1980년대 이후 신자유주의적 전환은 이윤율 하락을 반전시키고자 하는 동기에서 시작했다. 신자유주의 전략은 크게 두 가지로 나타난다. 첫 번째 자본생산성 상승을 동반하지 않는 노동생산성 증가이다. 새로운 조직혁명 없이 단순히 노동시간의 증가, 노동강도의 강화 등으로 나타나는 이러한 변화는 일시적으로 이윤율 하락을 둔화시킨다. 두 번째 여기에 추가해 임금률을 하락시키는 대응이 나타난다. 이것이 노동생산성 증가와 함께 작동하면, 일시적으로 자본생산성 하락의 영향을 상쇄할 수 있다(3, 6). 비정규직 증가 등의 방식으로 실질임금의 수준이 하락하는 것이 대표적이다.

신자유주의하에서는 헤게모니 국가에서 금융적 팽창이 진행되면서 '벨 에포크'라 부르는 이윤율 상승 국면이 발생할 수 있다. 이 경우 금융 부문과 비금융 부문을 구분해 살펴볼 필요가 있는데, 미국의 경우에서 관찰되듯이 이윤율 상승은 주로 금융 부문이 주도한다. 그럴 경우 제조업 부문의 대응 중에는 3 – 4와 5, 6의 대응이 두드러지게 나타난다.

이처럼 '이윤율의 경향적 저하'를 단선적 저하가 아니라 역사적 자본주의의 맥락으로 확대해 이해하면, 우리는 자본주의의 구체적 역사 속에서 다양한 위기들의 차별성과 복잡성을 폭넓게 알 수 있다. 또 이윤율 저하를 서로 다른 자본주의 헤게모니하에서 전개되는 비교의 축으로 확대하면, 이를 통해 자본주의 세계경제의 부침과 세계 헤게모니 교체와 위기의 동학에 대해서도 이해를 넓힐 수 있는 출발점이 된다.[7]

《자본 Ⅲ》에서 자본주의 신비화의 완성

'잉여가치의 이윤으로의 전화'는 단지 수치상의 문제가 아니라 심층에서 표층으로, 구체에서 추상으로, 노동자의 관점에서 자본가의 관점으로의 전화도 동시에 완성시킨다. 《자본 Ⅲ》에 오면 이윤의 원천이 산 노동에서 추출된 잉여가치가 아니라 '비용가격의 절감'과 '경쟁'으로 옮겨가게 된다. 그리고 '구체에서 추상으로'와 관련된 전형 논쟁이 아직도 중요성을 띠는 이유는 '가치법칙'이 논증되지 않으면, 《자본 Ⅰ》에서 《자본 Ⅲ》으로의 연결 또한 중단되기 때문이다. 여기서는 이 문제를 따로 다루지는 않겠다.

그런데 우리가 앞서 이야기했던 맥락에서 《자본 Ⅰ》 맨 처음 자본주의적 화폐의 모순과 더불어 등장한 물신숭배와 자본의 신비화는 거기서 중단된 것이 아니라, 《자본 Ⅱ》와 《자본 Ⅲ》을 거치면서 더욱 심화한다. 《자본 Ⅲ》에 오면 《자본 Ⅰ》에서 화폐 물신숭배를 통해 보여준 자본의 신비화가 정점에 이른다. 그것을 우리는 '이자를 낳는 자본인 금융'에서 발견하게 된다.

《자본》 전체에서 자본의 물신숭배와 신비화의 논리가 어떻게 고리를 이어가며 전개되는지는 중요하다. 개략적으로 살펴보면 다음과 같다.

1. 화폐의 물신숭배(《자본 Ⅰ》1편)

2. 고정자본과 유동자본의 구분을 불변자본과 가변자본의 구분과 혼동하는 정치경제학(《자본 Ⅱ》)

3. c + v를 분배 속으로 분해하는 애덤 스미스(《자본 Ⅱ》)

4. 비용가격과 이윤 범주의 등장(《자본 Ⅲ》1편)

5. 일반이윤율의 형성과 잉여가치 범주의 소멸(《자본 Ⅲ》2편)

6. 이자를 낳는 자본과 자본의 소재적 성격에 기인하는 증식의 환상(《자본 Ⅲ》5편)

7. 이자와 기업가수익의 분할에 따라 노동의 자리와 대립의 소멸(그리고 삼위일체 정식에서 자본 ─ 이윤 쌍이 자본 ─ 이자 쌍으로 바뀌고, 평균이윤율 대신 평균이자율이 법칙인 것처럼 오해됨)(《자본 Ⅲ》5편, 7편)

8. 분배의 신비화(《자본 Ⅲ》7편)

물신숭배에 대한 논리는 이처럼 《자본 Ⅰ》에서 화폐상품의 물신 숭배적 구도를 설명하는 부분에서 등장한 이후 그치지 않고, 2에서 8까지의 내용을 통해 《자본 Ⅱ》와 《자본 Ⅲ》에 걸쳐 지속된다.

그중 대표적인 몇 가지 주장을 살펴보기로 하자.

《자본 Ⅱ》에서 마르크스는 고정자본과 유동자본의 '소재적' 구분을 불변자본과 가변자본이라는 잉여가치 생성 원리상의 구분과 혼동하는 것이 왜 물신숭배인지를 지적한다.

또한 이것은 부르주아 경제학 특유의 물신숭배 ─ 사회적 생산과정

　　　　　　　　　　　　　　　　生각하는 마르크스

을 통해 각 물품들에 각인된 사회적·경제적 성격을 이들 물품의 소재적 성질에서 비롯된 자연적 성격으로 전화시키는 것—를 완성한다. (…) 노동수단이 고정자본이 되는 것도 생산과정 일반이 자본주의적 생산 과정이고 생산수단 일반이 자본이라는 경제적·사회적 성격을 가질 경우뿐이다. 또한 둘째로 노동수단이 고정자본이 되는 것은 그것이 자신의 가치를 특수한 방식으로 생산물에 이전하는 경우뿐이다. (…) 여기에서 중요한 것은 각 물품이 분류되는 범주가 아니라 그런 범주가 나타내는 기능이다. (《자본 Ⅱ》: 281/282)

물신숭배의 논리는 《자본 Ⅲ》에 와서 잉여가치가 이윤으로 전화하면서 한층 더 강화된다.

사실 이윤은 잉여가치의 현상 형태[즉 잉여가치가 이윤의 분석을 통해서만 비로소 파헤쳐지는 그런 현상 형태]이다. 잉여가치를 통해 자본과 노동 간의 관계는 완전히 드러난다. 그러나 **자본과 이윤의 관계[즉 자본과 잉여가치의 관계] 속에서는**, 즉 잉여가치가 한편으로는 유통과정에서 상품의 비용가격 이상으로 실현되는 초과분으로, 또 다른 한편으로는 총자본에 대한 비율을 통해 더욱 분명이 드러나는 초과분으로 나타나는 그런 관계 속에서는, 자본은 **자신에 대한 관계**[*강조는 원문]로 나타난다. 그 관계란 자본이 스스로 원래의 총가치로서 자본 자신이 만들어 낸 새로운 가치와 구별되는 그런 관계를 가리킨다. **그리하여 자본이 생산과정과 유통과정을 거치는 자신의 운동을 통해 새로운 가치를 창출해낸다고 하는 생각, 바로 그런 생각이 의식을 지배하게 된다. 그러나 자본이 새로운 가치를 창출해내는 그 과정은 이제 신비화되어버리고,**

마치 그것이 자본 자신에서 비롯되는[자본의 내부에 감추어져 있는] 어떤 성질 때문인 것처럼 보이게 된다. 《자본 Ⅲ》: 67/68)

이 과정을 거쳐 최종적으로 자본의 신비화와 물신숭배는 이자를 낳는 자본, 즉 '금융'에서 완성된 형태를 취한다. 이를 잘 보여주는 구절을 인용해보자.

이자 낳는 자본의 형태에서 이것은 생산과정과 유통과정의 매개 없이 직접적으로 나타난다. 자본은 이자[즉 자신의 증가분]의 신비로운[그리고 스스로를 창출하는] 원천으로 나타난다. **물적 존재**(*강조는 원문)**[화폐, 상품, 가치]는 이제 단순한 물적 존재만으로 이미 자본이며, 자본은 단순한 물적 존재로 나타난다. 그리하여 총재생산 과정의 소산은 물적 존재 그 자체에 부여된 속성으로 나타나며**, 화폐를 화폐로서 지출할 것인지 아니면 자본으로 대부할 것인지는 그 화폐[즉 항상 교환 가능한 형태를 취하는 상품]의 소유주에게 달려 있다. 따라서 이자 낳는 자본에서는 이러한 **자동화된 물신성**[곧 스스로를 증식하는 가치이자 화폐를 낳는 화폐]이 순수한 형태로 만들어지고, 이 형태 속에서 자신의 발생 흔적을 깨끗하게 지워버린다. **사회적 관계는 물적 존재[즉 화폐]의 자신에 대한 관계로 완성된다.** 《자본 Ⅲ》: 514)

이제 그러면, 자본 – 이윤, 토지 – 지대, 노동 – 임금이라는 삼위일체 정식은 '자본 – 이자' '토지 – 지대' '노동 – 임금'이라는 형태 속에서 비로소 완성되는 것으로 나타난다.

마르크스는 《자본 Ⅲ》 끝부분인 48장 '삼위일체 정식'에서 지금까지 자신이 세 권에 걸쳐 설명한 자본의 신비화 과정을 요약해서 설명한다. 노동의 사회적 성격이 자본의 생산력으로 전도된다는 자본 신비화의 논지를 가장 잘 요약하는 부분이 이곳이다. 마르크스 자신에 의한 《자본》의 요약으로 읽어도 좋을 것이다(《자본 Ⅲ》: 1103/1108).[8] 그는 신비화와 관련된 논의를 잉여가치의 이윤으로의 전화가 발생하는 《자본 Ⅲ》에서 더욱 집중적으로 설명한다. 추상에서 출발해 구체로서 우리 눈앞에 전개되는 세계는 이렇게 해서 "마법에 걸려 전도되고 거꾸로 선 세계"가 된다.

> 자본 – 이윤 혹은 더 엄밀하게는 자본 – 이자, 토지 – 지대, 노동 – 임금[즉 가치와 부 일반의 성분들과 그것들의 원천 사이의 관계를 나타내는 경제적 삼위일체 정식]에서는 자본주의적 생산양식의 신비화, 사회적 관계의 물화, 물질적 생산관계와 그것의 역사적·사회적 규정성의 직접적인 결합이 완성되어 있다. 그것은 마법에 걸려 전도되고 거꾸로 선 세계이며 (…). 이런 잘못된 외관과 기만, 각기 다른 부의 사회적 요소들 간의 독립화와 화석화, 물적 존재의 인격화와 생산관계의 물화, 일상생활의 종교—이런 모든 것을 해소한 것이 바로 고전파경제학의 위대한 공적이다. (…) 그럼에도 고전파경제학의 가장 훌륭한 대변자조차도—이것은 부르주아적 입장에서는 어쩔 수 없는 것이긴 하지만—자신들이 비판적으로 해소한 외관의 세계에, 정도의 차이는 있지만, 여전히 사로잡혀 있고, 따라서 모두 많든 적든 불철저와 불완전함과 해결할 수 없는 모순에 빠져 있다. 그러나 다른 한편으로 현실의 생산 담당자들이 이 자본 – 이자, 토지 – 지대, 노동 – 임금이라는 소외되고 불합리한 형태에서 편안함을 느끼는 것 역시 아주 당연한 일이

다. 왜냐하면 바로 이것이야말로 그들이 그 속에서 활동하고 있고 매일 관계를 맺고 있는 외관상의 모습이기 때문이다. 따라서 이와 마찬가지로 당연히 속류경제학(은)… 일체의 내적 연관을 소거해버린 바로 이 삼위일체 정식 속에서야말로 자신의 천박한 교만을 받쳐주는 숭고한 토대(모든 의혹을 날려버리는)를 발견한다. 이 정식은 동시에 지배계급의 이익과도 일치한다. 왜냐하면 그것은 지배계급의 수입원에 대한 자연적 필연성과 영속적인 정당성을 선언하고 그것을 하나의 교의로 끌어올리기 때문이다. (《자본Ⅲ》: 1107/1108)

그리고 여기서 우리는 마르크스의 출발점인 〈포이어바흐 테제〉로 돌아간다. 테제 4를 상기해보자. 마르크스는 종교적 자기 소외와 구분되는 세속적 기초가 이미 '자기 분열과 자기모순'에 있음을 강조했다. 종교적 자기 소외의 극복이 '계몽'을 통해서 이루어질 수 없는 이유는 그것이 그 소외가 복귀해야 할 근본적인 '무모순적 자기 통일성'이나 '본질'이 없기 때문이다. '전도되고 거꾸로 선 세계'를 그저 되돌려 세우면 정상적 세계가 등장하는 것이 아니다.

이자와 이윤의 관계에서 보듯이 《자본Ⅲ》의 신비화는 《자본Ⅰ》의 세계를 '전도되고 거꾸로 선 세계'로 만든다. 하지만 이 신비화는 《자본Ⅲ》의 세계, 즉 잉여가치의 원천이 완전히 은폐된 세계로부터 '비밀스러운 생산의 장소'로, 즉 소외된 세계에서 그 '세속적 기초'로 돌아옴으로써 해결되는 것은 아니다. 왜냐하면 (테제 4에서 지적하듯) 세속적 기초가 '자기 분열과 자기모순' 속에 있기 때문이다. 똑같은 부르주아 경제학임에도 마르크스가 지적하듯이 경제학 자체가 고전파경제학과 속류경제학, 두 영역으로 분열되어 있다는 것이 그 일단을 보여준다. 이미 《자본 Ⅰ》의 세계는 '생산력이 노동에서 자본으로 이전'한 '전도'된 세계인데, 그것은 다시 사회적 관계를 물적 존재의 속성으로 전환한 데서 기인하며, 또 이는 그 이전에 가치를 교환가치로 표현해야 하는 모순에서 기인한다.

즉 어떤 것도 근원적 본질 대 소외의 대립으로 이해될 수 없다. 그 점에서 본질 대 현상 또는 본질 대 소외는 '추상에서 구체로'와는 다른 구도이다. 《자본 Ⅰ》에서 《자본 Ⅲ》으로 가는 여정은 본질에서 현상으로가 아니라, 추상에서 구체로 가는 길이다.

따라서 〈포이어바흐 테제〉의 테제 4에서 이야기하듯이, 이 신비화의 해결은 "세속적 기초 자체가 자기 자신 안에서, 자신의 모순 속에서 이해되어야 할 뿐 아니라 실천적으로 혁명화되어야 한다." 여기서 중요한 점은 그 세속적 기초가 "이론적으로나 실천적으로나 파괴되어야 한다"는 것이다. 그 파괴(또는 변혁)는 실천적이어야 하는데, 〈포이어바흐 테제〉 전체의 맥락이 그러하듯, 이 '실천적'이라는 말은 사실 '이론적으로나 실천적으로나'와 동일어임이 다시 확인된다.

1 우리나라에서는 1980년대 말 북한판《잉여가치학설사》를 영인하는 방식으로 출판된 적이 있다. 마르크스 유고의 편찬 과정에 대해서는 정문길(2008)을 참조.

2 참조할 곳은 윤소영(2009), Lapides(1992), 로스돌스키(2003), 비고츠키(2016).

3 잘 살펴보면 여기서 설명되는 구도는 라캉이 거울 단계로서의 상상계, 그리고 '조각난 신체'에서 사용한 논법과 유사하다. 라캉은 마르크스 이후의 이론가이기 때문에 당연할 법도 한 이야기이다.

4 '가치실체·가치크기'는 1장 1절의 제목의 괄호 안에 들어 있는 부제이고, '가치형태'는 1장 3절의 제목('가치형태 또는 교환가치')이다.《자본》을 쓰고 난 후 마르크스는 사용가치 대 교환가치라는 용어가 둘 사이에 마치 공통된 어떤 본질이 있는 것 같은 오해를 불러일으켰다고 하면서 차라리 다른 개념을 쓸 수도 있음을 자기비판 한다(Marx 1879).

5 이 관점에서《자본》을 분석한 책으로는 윤소영(2009)이 있다. 자본주의 법칙에 대한 좀 더 자세한 분석은 같은 책 215/237.

6 뒤메닐·레비 2006: 43을 기준으로 일부 변경했다.

7 좀 더 자세한 내용은 아리기(2014)의 도표 10과 도표 16.

8 그 외에도 자본주의의 역사와 관련된《자본 Ⅲ》의 내용이 주목되는데, 이는 자본주의 세계 체계의 헤게모니 순환이라는 아리기의 논점을 미리 예견해 보여준다. 특히 상인자본의 역사와 고리대 자본의 역사에 대한 장들이 그렇다.

숨겨진 자본주의 세계는
어떻게 드러나는가

: 마르크스와 사회적인 것

우리는 '마르크스와 더불어 생각하기'와 '마르크스는 어떻게 자신의 사유 세계를 수립했는가' 《자본》을 어떻게 읽을 것인가'를 통해 마르크스가 어떻게 사유했는지 살펴보았다. 청년기에 '인식론적 단절'을 거쳐 정치경제학 비판 작업을 수행하면서 《자본》의 완성으로 향해 가는 과정에서 우리의 관심은 그가 '어떻게' 난관들을 돌파하고 새로운 개념을 통해 새로운 사유를 열어가려 했는지에 있었다.

이러한 사전 공부를 바탕으로 이제는 한 단계 더 나아가 마르크스의 사유를 '깊이' 읽어보려 한다. 깊이 읽기에서 우리는 방향을 조금 바꾸어볼 것이다. 앞의 '더불어 생각하기'가 마르크스의 어깨에 올라 앉아 마르크스가 걸어간 방향을 따라가면서 사유를 키워가는 과정이었다고 한다면, 깊이 읽기에서는 이제 마르크스의 어깨에서 내려와 그가 마무리하지 못한 영역으로 조금 들어가보고자 한다.

먼저 '숨겨진 자본주의 세계는 어떻게 드러나는가'에서 우리는 마르크스의 고민을 '사회적인 것'의 관점에서 새롭게 해석해보고자 한다. '사회적 관계' '노동의 사회화' '사회적 필요노동' 등 '사회적'이라는 개념은 마르크스에게서 중요하다. 그렇지만 그 사용법이 마르크스 당시나 그 이후 사회과학에서 사용되는 용어법의 함의와 다름을 아는 것이 중요하다. 마르크스에게서 이는 경제와 '사회적인 것', 그리고 '정치적인 것' 사이의 관계 설정의 문제로 제기되는데, 이 관계에 대한 오해는 수많은 정치·이론 논쟁의 배후에 깔려 있는 것이기도 했다.

이 글에서 나는 '사회적인 것'에 대한 마르크스의 분석을 두 가지로 구분해볼 수 있다고 주장할 것이다. 하나는 《자본》에서 부각되는 '사회적인 것 1'(das Gesellschaftliche)이 있고, 다른 하나는 그가 직접 분석하지 않으면서 '허구적'이라 생각했으나 그럼에도 결코 스스로도 무시할 수 없다고 생각한 '사회적인 것 2'(das Soziale)가 있다고 할 것이다. '사회적인 것'이 이처럼 두 가지로 구분될 수 있지만, 그 난점과 상호 연결을 충분히 고려하지 못한다는 데 현대 정치의 곤경의 한 측면이 있을 것이다.

이 글은 한국사회학회에서 발간하는 〈한국사회학〉 49집 5호(2015년)에 '마르크스와 사회적인 것: 사회적인 것의 기원 밖에 놓인 사회적인 것의 자리'라는 제목으로 실렸던 것을 수정한 것이다.

경제학 비판과
사회적인 것의 갈래

'사회적인 것'이라는 질문이 점점 더 중요해지고 있다. 고전사회학의 형성기처럼 경제와 사회 사이의 관계를 어떻게 설정할 것인가라는 질문이 다시 등장하기 때문이다. 이러한 상황에 직면해 사회적인 것이라는 질문을 풀어가는 대표적 방식은 '경제의 과잉'에 대응해 사회적인 것을 더욱 늘려서 경제를 제어하자는 것이다. 하지만 이미 고전사회학의 문제 설정을 통해 확인될 수 있듯이, 경제와 사회 사이의 내적 연관 관계가 분명히 해명되지 않은 채 이 목표가 달성되기는 쉽지 않을 것이다.

'사회적인 것의 해체'는 이미 1970년대 이래 오랜 쟁점이었지만(김홍중 2013: 2/3), 최근 ○○사회라는 논의가 붐을 이룰 만큼 '사회'의 위기에 대한 관심이 다시 커지고 있다. 우리에게 익숙한 진단들을 들자면 위험사회(벡 2006), 피로사회(한병철 2012), 액체근대 속의 개인들의 사회(바우만 2013), 단속사회(엄기호 2014), 잉여사회(최태섭 2013), 모멸감사회(김찬호 2013) 등 다양한 분석이 이어진다.

다른 한편에서는 사회적 위기의 '원인'으로 경제적 위기와 불평등을 들며 이에 대한 진단 또한 적지 않다. 대표적으로 피케티 열풍이 있고(피케티 2014), 신자유주의 금융 세계화의 모순에 대한 진단(Duménil and Lévy 1993; 뒤메닐·레비 2006; 뒤메닐·레비 2014) 그리고 케인스주의적 입장의 불평등 진단(스티글리츠 2013; 장하준 2014; 루비니·미흠 2010) 등이 있다.

이 위기론들을 사회위기론과 경제위기론으로 나누어보면, 양측 대부분이 경제와 사회의 관계를 '원인 → 효과'라는 외적 관계로 주로 설명하고 있음을 알 수 있다. '사회'에 대한 많은 논의들이 '징후'를 넘어 좀 더 심층적 논의로 나가기 어려운 것은 사회와 경제의 관계가 여전히 문제인 데다가, 그 관계 방식에서도 새로운 변화가 생겼기 때문이다. '사회적인 것(또는 사회성)의 경제화'(임운택 2010) 또는 "사회적인 것을 표상하는 독특한 기획이었던 사회는 이제 소멸했거나 소멸하는 중"(서동진 2012: 119)이라고 부르는 변화이다.

사회적인 것이라는 질문이 등장한 것이 '주권'을 내적 균열로 이르게 하는 '노동권'이라는 새로운 질문 때문이었다는 데서도 알 수 있듯이(동즐로 2005), 사회적인 것이라는 질문에 대응할 때, 경제와 사회의 내적 연결 고리를 어떻게 이해할지는 지금도 중요한 쟁점이 된다.

ㅣ

경제학을 비판하면서 사회적인 것의 고유성을 주장한 것은 바로 고전사회학의 출발점이었다. 뒤르켐, 베버, 마르크스가 20세기 들어 점차 고전사회학의 세 거두로 지칭되게 된 데에는 이 공통점이 놓여 있다. 그렇지만 경제학을 비판하고 사회적인 것을 설명해낸 이들 각각의 방식은 상이했고, 그 상이함은 지금까지도 우리가 사회적인 것을 인식하는 데 큰 영향을 끼치고 있다(테르본 1989).

다소 단순화해 말하면, 뒤르켐은 사회적인 것을 '경제'에 대해 외적 '적응' 관계에 놓이는 자율적이고 독립적인 공간으로 설정했다(뒤르켐 2012). 베버는 사회적인 것을 '경제'를 구성하는 행위의 기초로 이해했고 여기서 경제는 사회적인 것에 의해 구성되는 '문화적 특이성'의 맥락에서 설명될 수 있었다(베버 2011). 그렇게 되면 둘에게서 사회적인 것은 고유한 연구 대상으로 설정될 수 있지만, 경제는 질문의 바깥으로 벗어나 사회적인 것의 연원이나 효과로만 설정되게 된다.

뒤르켐의 공화주의는 새로운 시민 통합 윤리로서 유기적 연대의 필요성·필연성을 질문하고, 그 윤리-규범의 부재를 아노미로 설명하면서 사회적인 것의 중요성을 부각했다. 그런데 뒤르켐에게서 경제는 사회적인 것을 규정짓는 외적 조건으로 다시 결정적으로 복귀한다. 그 때문에 그의 '사회적 자유주의'는 경제적 보수주의와 별 충돌 없이 결합할 수 있다.[1] 뒤르켐에게 사회(적인 것)가 경제와 병립해 그만큼의 중요성을 지니는 공간을 의미한다면, 베버에게 사회적인 것은 경제, 행정 등으로 구획된 모든 것들을 횡적으로 연결하는 행위 기초를 형성하는 것으로 이해될 수 있다. 그렇게 되면 경제, 법률, 행정, 음악 등을 연구하는 베버의 작업은 언제나 사회적인 것을 연구하는 작업이 된다. 그 점에서 베버의 경우 사회적인 것은 뒤르켐보다도 경제와 더 밀접하고 내적인 연관 속에 놓이는 것처럼 보인다.

하지만 베버가 경제를 사회 행위의 기초 위에 건립했다 하더라도, 뒤르켐의 경우와 마찬가지로 사회를 독립적인 논리를 갖는 실체로 간주하는 대가로, 경제 자체는 사회학의 관심 외부로 배제될 수 있다. 그가 행위와 수단의 목적 사이에서 계산하는 주체라는 방식으로 한계효용학파 혁명을 수용하는 데서 보이듯, 베버에게서도 현대 사회에 대한 비판적 사회학은 보수적 경제학 이론과 별 충돌 없이 결합될 수 있다(테르본 1989: 303).

II

사회학을 포함해 사회과학에서 마르크스가 계속 문제로 등장하는 것은 사회적인 것과 경제 사이의 이러한 긴장 관계 때문이다.[2] 마르크스가 '(정치)경제학 비판'을 통해 제기하는 사회적인 것의 위상은 뒤르켐이나 베버의 것과는 근본적인 차이를 보인다. 마르크스는 사회(적인 것)와 경제가 따로 분리되어 존재하지 않는다고 보면서 경제학을 내부로부터 해체한다. 뒤르켐이나 베버뿐 아니라 대부분의 사회학자의 경우와 달리, 마르크스에게서 사회적인 것은 자율적 공간으로 배정되지 않는다는 점이 특징적이다. 이 점이 마르크스에 대한 수많은 비판과 오해의 출발점이 되었을 것이다.

뒤르켐과 베버가 사회적인 것의 이름으로 경제학을 외부에서 비판한다면, 마르크스는 사회적인 것의 이름으로 경제학을 내부로부터 비판·해체한다고 할 수 있다. 경제학을 비판하는 《자본 I》의 다음과 같은 구절에서 이러한 전략을 확인할 수 있다.

[(정치)경제학은] 불완전하게나마 가치와 가치크기를 분석하고 이 형태들 속에 숨겨져 있는 내용을 발견했다. 그러나 이 내용이 왜 그런 형태를 취하는지, 즉 왜 노동이 가치로 표시되고 노동생산물의 가치량이

노동시간의 길이에 따라 측정되는지에 대해서는 경제학은 아직 한 번도 문제를 제기한 적이 없다. (《자본 I》: 144)

경제학의 틀 내에서 제기된 질문에 대해 경제학의 틀 내에서 답을 완성할 수 없다는 것이 마르크스가 진행한 비판의 핵심이다. 그에게 경제학은 경제라는 토대를 신비화하고 사회적인 것 없는 경제를 그려냄으로써 신화를 만들어내는 작업으로 비판된다.

마르크스가 보여주고자 한 것은 "경제적 구조라는 측면에서의 사회"였다(《자본 III》: 1094).《자본》의 맨 처음에 가치형태론이라는 매우 복잡한 논리를 전개하면서 보여주고자 한 바는, 경제적 관계와 구조들이 경제적 논리로 설명될 수 없으며, 그것은 사회적 관계들(그리고 필연적으로 국가를 통해 재생산되는)로만 설명될 수 있다는 것이었다. 상품들, 더 나아가 그 생산자들의 사회적 관계들이 왜 화폐형태를 통해서만 승인되어 사회적 성격을 띠게 되는지, 그리고 이를 위해 왜 끊임없이 죽은 노동이 산 노동을 포섭해야 하는지를 질문하지 않을 수 없다는 것이다. 다른 한편에서 자본의 생산과 재생산의 통일성을 부과하는 '경제적 관계'들은 노동자들을 노동자로 생산하는 동시에 노동자들 내부에서 분할과 통치를 끊임없이 재생산하는 '사회적 관계들'일 수밖에 없다.

마르크스에게서 경제학은 사회적인 것 없이 완결될 수 없는 불가능한 과업으로 해체된다. 그렇지만 이는 경제 외부에 사회라는 독립된 공간을 설정하는 것이 아니기 때문에 경제를 '사회'로 대체하는 '반경제학'이 되지 않고, 경제의 논리를 사회적인 것 속에서 설명하는 경제학 비판이 된다(발리바르 1993; 발리바르 1999; 비데 1995; 富塚良三

이러한 경제학 비판의 측면을 주의 깊이 살펴보면, 마르크스를 사회를 설명하지 못한다고 비판하면서 단순한 경제환원론으로 오해하는 흐름과 달리, 그가 어떤 다른 사회학자들보다 사회적인 것의 중요성과 독자성에 대해 오히려 더 분명한 견해를 보여주었음을 발견하게 된다. 사회적인 것과 '사회'를 쉽게 혼동하는 경우와 달리, 마르크스는 둘을 구분하고, 사회적인 것을 국가, 경제, 개인 동일성 모두와 관련지어 현대 사회를 비판하는 출발점으로 삼는다. 이로부터 '보편적인 것의 사회화와 사회적인 것의 보편화'라는 전망까지도 끌어낼 수 있다(Neocleous 1995).

III

사회적인 것에 대한 마르크스의 해석을 다시 살펴볼 필요가 있는 것은, 그가 국가 대 시민사회라는 헤겔적 대당관계에 대해 자기비판을 한 이후에 사회적인 것을 더 이상 경제 아닌 것이나 정치 아닌 것으로 해석하지 않으면서도 그 양자와 동일시하지도 않는 틀을 제시하기 때문이다.

마르크스의 고민은 그가 쓰는 독일어 용어법에서도 확인해볼 수 있다. 그가 사용하는 '사회적'이라는 형용사는 독일어 'gesellschaftlich'와 'sozial' 둘이다. 이를 영어와 대비해보면 'societal'과 'social'의 구분과 유사하기는 하지만 꼭 일치하지는 않는다. 마르크스가 '사회적 생산관계' '사회적 노동' '사회적 생산력' 등의 개념을 쓸 때 '사회적'은 거의 항상 'gesellschaftlich'이다. 그런데 당대에 사회의 새로운 함의를 담고 출현한 새로운 용어들 '사회문제', '사회보장', '사회 국가', '사회주의', '사회정책'에서 '사회'는 모두 'sozial'로 표현된다. 이 표현법은 특히 19세기 후반 비스마르크의 등장이나 사회정책학회의 형성 등과 더불어 중요성이 커진다.[3]

이러한 독일어 표현 구분에 기초해 사회적인 것을 '사회(적인 것) 1' 또는 'das Gesellschaftliche', '사회(적인 것) 2' 또는 'das Soziale'로 나누어볼 수 있다. 둘 중에서 마르크스가 명시적으로 분석해 보여주는 것은 압도적으로 사회적인 것 1에 집중되어 있다. 그로부터 우리는 사회적인 것을 경제나 정치와 구분해서는 안 되며 오히려 그것들과 통일된 것으로 해석해야 한다고 주장하는 마르크스의 강점을 알게 된다.

그런데 여기서 강점은 다시 약점 또는 맹목점이 될 수 있다. 사회적인 것 2라는 질문이 이후 마르크스 주변을 계속 배회하는 것이다. 그렇지만 사회적인 것 1과 사회적인 것 2의 구분은 경제 대 정치 또는 시민사회 대 국가라는 지난날의 대립으로 회귀될 수도 없다. 마르크스는 경제와 정치가 이미 포함된 것으로서 사회적인 것 1에 대한 분석을 전개하기 때문이다.

이제 마르크스가 어떻게 사회적인 것 1의 독특성을 분석하는지 살펴본 다음, 왜 사회적인 것 2의 질문이 제기되어야 하는지 탐구해보자. 이를 통해 독자들은 사회적인 것이라는 질문과는 거리가 있어 보이지만 역설적으로 그것을 더 내밀하게 분석할 수 있는 힘을 마르크스에게서 발견하게 될 것이다. 또 사회적인 것의 중요성이 커지고 있지만 정작 그 문제를 해결할 돌파구를 찾아내기 어려운 난점이 생기는 이유가 무엇인지도 마르크스를 통해 알게 될 것이다. 나는 이 과정에서 마르크스에게 공백이 있다는 점도 확인하겠지만, 그 공백이 오히려 마르크스의 문제 설정의 강점을 재확인해줄 수 있음을 주장할 것이다.

사회적 관계의 존재론

마르크스의 경제학 비판의 입장에서 독특한 점은 본격적으로 경제학과 대결하기에 앞서 먼저 근본적인 철학적 대립선을 그은 데에 있다. 사회적인 것에 대한 기본 관점은 이 과정에서 형성되었다. 알튀세르가 마르크스의 '인식론적 단절'이라고 표현한 바 있는 청년 마르크스의 대결선은 인간과 사회라는 개념에 대한 상이한 인식을 둘러싸고 벌어진 대립이었다. 잘 알려져 있다시피 마르크스는 1845년경 과거의 인식을 청산하는 인식론적 단절을 거쳤다고 한다. 그 핵심 측면을 가장 잘 드러낸 글이 〈포이어바흐 테제〉이다.

이 단절이란 마르크스가 인간본질론 또는 사회본질론을 버리고 사회적 관계의 존재론이라 부르는 입장으로 옮겨간 것을 말한다. 그 과정에서 그가 어떻게 '인간' '시민사회' '소외'라는 개념을 동시적으로 포기하게 되는지를 아는 것은 이후 그의 경제학 비판 작업을 볼 때도 중요하다(알튀세르 1997a: 45/52; Althusser 2003: 232/270; 발리바르 1995: 24/57).

포이어바흐에 대한 비판이 우리의 관심인 사회적인 것에 대한 설명과 관련해 중요성을 띠는 이유는, 마르크스가 그전까지는 사회적인 것을 본질의 외화로서의 소외라는 2자 관계를 통해 설명하다가 〈포이어바흐 테제〉를 계기로 이 관점을 포기했기 때문이다. 소외된 '저기 저편'과 대립해 '여기 이편'에 있는 것은 더 이상 추상적 본질(인간이든 사회이든)이 아니고, 구체적인 '구조'이다. 앞서 살펴보았듯이 이것이 가장 잘 드러난 것이 6번 테제이다(4번 테제도 관련 있다).

포이어바흐는 종교적 본질을 인간의 본질로 용해시킨다. 그러나 인간의 본질은 각각의 개체 속에 내재하는 추상물이 아니다. 인간의 본질은 그 현실에 있어서 사회적 관계들의 앙상블이다.

여기서 핵심 표현은 '사회적 관계들의 **앙상블**'이다(발리바르 1995: 51/52). 이로부터 세 가능성이 동시에 사고될 수 있다. 첫째 각각 독자성을 지닌 개별적 사회적 관계, 둘째 복수의 사회적 관계들이라는 복수성, 셋째 이 복수성을 연결 짓는 구조들의 구조. 구조들의 구조라는 상이한 조합의 앙상블이 곧 역사가 될 것이고, 그 속에서 인간은 주체나 본질로 등장하지 않을 것이다.

각 사회적 관계는 고유의 역사를 지니며, 사회적 관계들(즉 개개의 구조)이 결합되어 형성한 구조들의 구조인 사회적 앙상블은 어떤 하나의 구조 요소로 환원되지 않는 독특한 역사성을 지닌다. 사회적 관계들의 앙상블이라는 최초의 단절의 기준점은 이후 마르크스 자신의 작업에 다시 되먹임 되어 자기비판의 기준이 된다는 점도 미리 지적해둔다.

〈포이어바흐 테제〉는 이러한 맥락에서 사회적인 것에 대한 인식에서 중요한 변화를 보여준다. 그 직전까지 '시민사회'와 '인간의 본질'이라는 개념을 가지고 현존 사회를 비판하려 했던 마르크스는 〈포이어바흐 테제〉에 와서 "낡은 유물론의 입지점은 시민사회이며, 새로운 유물론의 입지점은 인간적 사회 혹은 사회적 인류이다(테제 10)"라고 선언하면서 기존 시민사회론의 틀을 버린다.

이 선언으로부터 《자본》에 이르는 과정에서 마르크스에게 사회적인 것의 위상이 그 전 시기에 비해 어떻게 바뀌었는지를 두고 논쟁이 벌어지게 된다. 마르크스를 경제환원론으로 평가하는 많은 입장은 마르크스가 시민사회라는 관점을 버리고 그 대신 토대-상부구조의 도식을 채택했으며, 그 때문에 그가 독자적인 사회적인 것의 공간을 설명할 수 없었다고 비판한다(Keane 1988; Kumar 1993). 그렇지만 〈포이어바흐 테제〉 이후에도 마르크스는 사회적인 것의 문제 설정을 폐기한 적이 없다. 세 단계에 걸쳐 그 함의를 바꾸어갔으며 그 방향은 '시민사회'를 '사회'로 대체하거나 '시민사회'를 따옴표를 치고 거리를 두는 방식으로 변해갔다(Hunt 1987). 더 나아가 마르크스는 사회적인 것과 '사회'를 구분하고, 사회적인 것에 보편성을 부여하기 시작했기 때문에, 그에게 사회적인 것은 초기보다 후기에 그 중요성이 더욱 커졌다고 볼 수도 있다(Neocleous 1995).

나는 〈포이어바흐 테제〉에서 《자본》에 이르는 마르크스의 작업을 사회적 관계들의 앙상블을 구체적으로 분석하기 위해 나아간 여정, 그리고 사회적인 것에 대한 분석의 심도를 더해간 과정으로 보고자 한다. 《자본》에 이르러 특히 집중적으로 등장하는 '사회적gesellschaftlich'이라는 수식어에 주목해보면 마르크스에게 사회적인 것의 함의가 어떻게 풍부해졌는지 알 수 있다.

사회적 관계들의 앙상블이라는 입장에서 출발한 마르크스의 분석은 정치경제학 비판의 작업을 통해 구체화된다. 1850년대 들어 경제학 비판 작업을 집중적으로 진행한 마르크스는 1857~1858년에 첫 번째 체계적 초고인 《정치경제학 비판 요강》을 작성한다. 이후 《정치경제학 비판 요강》과 《자본》의 관계는 많은 논쟁을 낳았다.[4] 먼저 자본주의 시대를 역사적 시좌 속에 위치시킴으로써 그 '사회적' 측면을 부각한 《정치경제학 비판 요강》에서 마르크스의 질문을 살펴보고 그 한계를 지적한 다음, 그 질문이 《자본》에서의 질문과 어떻게 연관되고 단절되는지 살펴보자.

중단된 기획으로서 소유의 문제 설정

소유론 차원에서의 단절과 연속

《자본》의 첫 초고로 집필된《정치경제학 비판 요강》(이하《요강》)에서 두드러지는 마르크스의 시기 구획 노력은 두 가지에 집중된다. 하나는 '생산 일반'이라는 규정에서 출발해 하위 범주로서 구체적 시기별 단절(또는 내적 구조의 전변)을 그려내려는 사고로 나타난다. 그다음은 소유와 개인의 관계 속에서 자본주의 시대의 특징을 살펴보는 설명으로 나타난다. 둘 다 역사의 일반 구도를 설정한 다음 구체적 시기별 차이성을 규명하는 방식으로 진행된다.

먼저 첫 번째 시도를 보면,《요강》의 '서설'에서 마르크스는 생산 일반과 구체적 생산 사이의 구분을 시도한다.

요컨대 우리가 생산에 대해 말할 때 그것은 언제나 일정한 사회적 발전 단계에서의 생산, 사회적 개인들의 생산이다. (…) 그러나 모든 생산 시대는 일정한 특징을 공유하고 그것이 실제로 공통적인 것을 강조

생각하는 마르크스

하고 고정시키며, 따라서 우리에게 반복을 덜어주는 한에 있어서 이해를 돕는 합리적 추상이다. 그렇지만 이 일반적인 범주, 또는 비교를 통해 추출해낸 공통적인 요소들 자체가 다층으로 구조화된 것, 다양한 규정들로 분기된다.《요강 I》: 53)

그러나 여기서 제시된 '생산 일반 → 생산 일반을 구성하는 범주들(생산, 분배, 소비 등) → 특정한 생산 → 특정한 생산의 범주들의 재구성'이라는 순서의 연구가 성공했는지는 의문이다.《자본》에서 마르크스는 이러한 순서의 서술을 포기하고 있는 것으로 보이기 때문이다.[5] 앞서 지적했듯이 마르크스가 역사를 사회적 관계들의 앙상블로 규정한다고 하면, 상이한 시기에 그 앙상블을 구성하는 관계들과 그 관계들이 결합되는 앙상블은 달라지고 그것이 시대적 차이를 규정하게 될 것이다. 그런데《요강》의 방식으로 논지를 전개하면, 항상 특수성에 대해 일반성이 우위에 서게 되며, 시대별 '종별성'은 묻힐 수 있다.

일반 → 특수로 전개됨에 따라 발생하는 난점은《요강》의 두 번째 시도인, 전前자본주의와 자본주의를 구분하는 소유라는 쟁점에 와서도 되풀이된다. 우선 마르크스가 전자본주의 공동체(사회라기보다)에서 주목하는 규정은 '무기적'이라는 성격이다.

공동체(종족)의 특수한 형태 및 이와 연관된 자연 소유, 또는 객체적 생산 조건들에 대해 자연적 현존으로서, 공동체에 의해 매개된 개별자의 객체적 현존으로서 관계하는 것 사이의 최초의 통일─한편으로는 특수한 소유 형태로 나타나는 이 통일─은 일정한 생산방식 자체에서 그것의 살아 있는 실재를 가지는데, 이 생산 방식은 **무기적 자연**에 대해 개인들이 일정히게 활동적으로 관계히는 것, 일정힌 노동 방식(언제나 가족노동, 자주 공동체 노동)이면서 또한 개인들이 서로 관계히는 것으로 나타나는 방식이다. 공동체 자체가 첫 번째 커다란 생산력으로 나타난다. 《요강 Ⅱ》: 121)

여기서 소유란 공동체에 소속됨으로써 자신이 무기적 자연의 일부가 되며, 그로써 자신을 소유자로서 재생산히는 동시에 공동체 자체를 재생산히는 것으로 이해된다.

요컨대 소유란 인간이 그의 자연적인 생산 조건들에 대해 그에게 속히는 것으로서, 자기의 것으로서, 그 자신의 현존과 더불어 전제되어 있는 것으로 관계히는 것, 다시 말해 생산 조건들에 대해 자신의 연장된 신체를 이룰 뿐인 자기 자신의 자연적 전제들로서 관계히는 것을 뜻힌다. (…) 이 모든 공동체들의 목적은 **그것들을 구성히는 개인들을 소유자로 재생산히는 것, 즉 구성원들의 상호 관계 행위를 이루고, 따라서 동시에 공동체 자체를 이루는 동일한 객체적 실존 방식에서 개인들을 보존, 재생산히는 것이다.** 《요강 Ⅱ》: 117/120)

공동체에 소속됨으로써 개인은 어떤 특성을 지니는 '소유자'가 되는 것이다. 이렇게 규정힐 때 자본주의 사회는 이 소유의 해체이자, 역사상 최초로 '개별화'가 등장히는 것으로 이해된다.

인간은 역사적 과정을 통해 비로소 개별화힌다. (…) 부르주아 사회

생각히는 마르크스

에서 노동자는 예컨대 순전히 객체 없이 주체적으로만 존재한다. 그러나 그에게 **마주 서는** 사물이 이제는 그가 먹어 치우고자 하고 그가 먹히는 **진정한 공동체가 되었다.** 《요강 Ⅱ》: 123)

이렇게 해서 '소유'는 전자본주의와 자본주의를 하나의 구도 속에서 비교해보는 동시에 양자 사이의 단절을 볼 수 있는 일반적인 문제 설정이 된다. 이 문제 설정의 핵심은 개인과 공동체의 관계에 있다. 자본주의란 이 관계가 '개별화'라는 새로운 방식으로 등장하는 새로운 소유, 또는 개인과 공동체의 대립으로 설명된다. 이것이 우리가 앞으로 살펴볼 자본주의에서 독특한 '사회적인 것'이 출현하는 배경이지만, 아직《요강》에서는 개인과 공동체 사이를 연결 짓는 매개 고리에 대한 논의가 본격적으로 전개되고 있지 않다. 그 중간 고리가 없는《요강》에서는 교환가치를 사회적 노동과 연결 지어 설명하는 것 또한 아직은 공동체와 개인의 소유 사이의 '일반성의 관계' 속에서 사고된다.

교환가치로 정립된 생산물은 (…) 자신의 자연적 소질과는 상이한 것으로 (…) **관계**로 정립되었는데, 이것은 (…) 모든 상품, 모든 가능한 생산물과의 일반적인 관계이다. 요컨대 그것은 일반적 관계를 표현한다. (…) 교환가치는 사회적 노동을 (…) 모든 생산물의 실체로 가정한다. 스스로 다른 것과 관계하지 않으면서 다른 것과의 관계를 표현하거나, 일반적인 것과 관계하지 않으면서 일반적 관계를 표현할 수 있는 것은 아무것도 없다. 《요강 Ⅰ》: 194)

이러한 소유의 문제 설정은 개인 대 공동체라는 2자 구도에 서 있다는 점에서 한계를 보인다. 이 2자 관계는 '소유-점유-대상화-소외'라는 거울 관계적 구도를 넘어서기 힘들다. 그것은 사회성이 이편에서 저편으로 옮겨가는 관계일 뿐이다.

> 여기서 강조점은 **대상화됨**이 아니라 **소외됨**, 외화됨, 양도됨—노동자가 아니라 인격화된 생산조건, 즉 자본에 속하는 것, 사회적 노동 자체를 자체의 계기들 중의 하나로 마주 서게 한 거대한 대상화된 권력에 속하는 것이라는 데 있다. 《요강Ⅲ》: 124)[6]

청년기 마르크스로부터 유래하는 이 2자 구도(때로는 헤겔적이며, 때로는 포이어바흐적인 구도)는 그 역동성과 모순의 전개 과정을 보여주는 측면이 있음에도, 마르크스 자신은 그 구도가 어떻게 형성되고 어떻게 재생산되는지를 잘 보여주지 못한다. 결국 그 구도를 형성하는 구조적 관계의 '종별성'을 보여주거나 '과정으로서의 역사'를 다루는 데에는 매우 취약하다.

이렇게 《요강》에서는 개별 노동과 자본의 사회성 사이의 관계가 헤겔적인 '대상성'과 '타자성' 개념을 통해서만 설명된다. 자본주의 이전에는 공동 소유가 개인 속에서 체현되는 관계였다가 자본주의에서는 공동 소유로부터 단절된 개체성이 등장해, 공동체와 대립하는 구도로 옮겨간다는 논지로 설명된다(《요강Ⅰ》: 194). 노동의 생산력이 자본의 생산력으로 이전되고 현현되는 모순은 이미 《요강》에서도 지적되지만("노동자들의 결합은 **노동자들의** 현존이 아니라 자본의 **현존**이다" [《요강Ⅱ》: 233, 372]) 이를 설명하려면 '소유' '점유' '교환' '생산' 범주들만으로는 아직 부족하다. 그 틀에서는 설명의 구도가 대상화나 소외의 2자적인 수평적 차원에서만 이루어지기 때문이다.

또 두 역사적 시기를 비교한다는 점에서 '역사'를 이미 다루는 것 같지만, 앞서 《1844년 경제학-철학 수고》에서 경험했듯이, 비교 대상인 두 역사 시기는 사실 시간이 정지된 '과정 외부'의 단일한 실체로 등장하고 있다. 그러면 마르크스가 목표로 삼는 '과정과 운동으로서의 역사'는 설명되지 못한다.

뒤에서 살펴보겠지만 《자본》에서 마르크스가 개별 노동의 사회성이 전도되어 자본에 의해 담지된다고 설명할 때는 '물신숭배'라는 제3항과 '재생산'이라는 구도가 상당히 중요하게 강조된다. 반면 《요강》은 세 공간과 '과정'이라는 도식이 아니라 두 공간과 '거울'이라는 도식을 가지고 전도된 사회성을 설명하고 있다. '사회적'이라는 용어 대신 '일반적'이라는 용어가 많이 사용되는 것도 그 때문이다.[7] 《자본》에 가면 《요강》에 비해 '일반적'이라는 수식어가 많이 줄어드는 대신 '사회적'이라는 수식어가 늘어난다. 이는 《요강》의 2자 관계의 한계를 넘어서려는 노력과 관련된 변화이다.

《자본》에서 소유의 문제 설정

'소유'의 문제 설정이 《자본》에 와서 완전히 사라지는 것은 아니다. 《자본》에서도 '개별화'를 통한 노동자의 소유로부터의 배제가 자본에 의한 사회성 체현의 전제 조건으로 설명되고 있다. 또 《자본》에 와서는 소유 분석이 1권 24장 '이른바 본원적 축적'과 이 장의 마지막 절인 '자본주의적 축적의 역사적 경향'에서, 즉 마르크스가 자본주의의 역사의 시작과 끝을 설명하는 대목에서 다시 두드러지게 등장하는 것처럼 보인다. 그렇지만 사실《자본》은 그때 개인 대 공동체 사이의 2자 관계 틀로 소유를 설명하지 않는다. 그 설명에 앞서 '재생산'과 '자본주의적 영유 법칙'이라는 고리가 삽입되어 이미 3자 관계 구도로 전환된 다음에 소유의 질문이 등장하는 것이다. 이렇게《요강》의 구도와는 큰 차이점을 보인다.

'상품 생산 소유 법칙의 자본주의적 영유 법칙으로의 전화' 부분이 짧지만 핵심적이다(윤소영 2009: 217/221).[8] 마르크스는 '자본주의적 축적의 역사적 경향' 절에서 소경영적 사적 소유와 자본주의적 생산양식을 구분하고, 전자에서 후자로 가는 과정을 '본원적 축적'이라고 말한다(《자본 I》: 1020). 이처럼 단지 공동체적 소유 대 사적 소유의 대립만 강조하는 것이 아니라, 두 사적 소유를 구분하고 있다. 그러므로 마르크스에게서 자본주의의 지양은 단순히 사적 소유의 철폐가 아니라, '부정의 부정'이 되지 않을 수 없다.[9]

여기서 이 '부정의 부정'의 조건이 되는 것이 자본주의적 영유 법칙이고, 그것은 22장 '잉여가치의 자본으로의 전화'와 23장 '자본주의적 축적의 일반 법칙'에서 설명된다. 이때 논의의 핵심은 '재생산'에 있다. 그리고 재생산의 초점은 그가 '자본관계'라고 부른 것이다.

> 이리하여 자본주의적 생산과정을 연속되는 과정으로(즉 재생산 과정으로) 고찰하면 그것은 단지 상품이나 잉여가치만을 생산하는 것이 아니라 **자본관계 그 자체(즉 한편은 자본가, 다른 한편은 임노동자)를 생산하고 재생산한다.**(《자본 I》: 793)

자본관계가 재생산된 결과는 한편에서 자본(또는 화폐자본)의 재생산(＝축적)으로, 다른 한편에서는 노동력의 재생산(＝궁핍화)으로 인한 비대칭성·불균등성으로 나타난다. 자본주의 생산과정은 마치 흐르는 강물처럼 모든 소재적 투입을 일시적 흐름으로 만들어 과정 바깥으로 배출하지만, 유독 선대 자본인 화폐와 노동력만은 그 과정 속에 스스로 머물게 만든다(그러나 동일한 것은 아니므로 재생산이다). 그 재생산의 결과는 비대칭적이다.

자본주의 생산과정에서 최초에는 자본의 '선대'가 화폐형태로 필요하지만, 이것이 산 노동력과 결합해 한 순환이 끝나면 선대된 자본은 고스란히 재생산된다. 그다음부터 이 과정은 선대와 무관한 '자동적' 과정이 된다. 다른 한편 노동력은 새로운 가치를 창출함으로써 자신의 생활 조건을 재생산한다. 마르크스는 이러한 자본관계의 재생산을 적어도 네 가지 이상의 차원으로 서술하고 있다는 점에서, 결코 이 과정은 '자동적' 과정이 될 수 없다.

그 네 차원에는 첫째 자본 축적(또는 잉여가치의 자본화), 둘째 생산관계의 재생산('노동자를 임노동자로 생산' 또는 '노동자의 끊임없는 재생산 또는 영구화'), 셋째 노동자계급의 재생산('생산수단인 노동자의 생산이며 재생산' 또는 '직접적 노동 과정 외부에서도 자본의 부속물'이 되는 과정), 넷째 노동자계급의 세대 재생산('다음 세대로의 기능 전승과 축적') 같은 서로 다른 계기들이 포함된다(《자본 I》: 782/787).

그런데 이 재생산의 양 항이 매우 비대칭적이라는 점이 자본주의적 재생산의 특징이다. 자본의 재생산은 축적 또는 잉여가치의 자본화로, 그 크기가 증대하는 것을 의미한다면, 노동력의 재생산은 늘 최대치가 현상 유지에 머무는 것이며 역사적으로 상대적 과잉인구와 궁핍화라는 특성을 낳는다. 이러한 맥락에서 이해하면, 마르크스가 말하는 '양극화'란 두 사회 집단 사이에서 나타나는 것이 아니라, 자본관계 재생산의 결과로서 자본 축적(=확대재생산)과 노동력의 현상 유지 또는 궁핍화 사이에서 나타나는 관계를 가리킨다.

이 메커니즘은 '소유' 자체에서 귀결되는 것이 아니고, 자본주의적 잉여가치 생산 기제가 작동하는 과정에서 자본주의적 소유가 '자본주의적 영유 법칙으로 전화'한 결과이다. 그래서 이러한 소유를 지양한다는 것은 사실 영유 법칙과 재생산 기제를 지양함을 뜻한다. 이렇게 《자본》에 다시 등장한 소유라는 관념은 《요강》의 2자 관계와 다른 훨씬 복잡한 '과정'이나 '구조' '기제' '역사'를 이미 함축하고 있다.

이렇게 되면, 이제 이 과정과 기제를 지탱하는 사회적 기초가 중요해진다. 여기서 우리는 법률적 외양의 대등성과 현실적 사회관계의 비대칭성이라는 문제를 만나게 된다. 이에 대해서는 뒤에서 좀 더 자세히 살펴볼 테지만, 그전에 마르크스의 논점의 독특성을 확인하기 위한 우회로로 유사한 질문에 대한 푸코의 대답을 잠시 살펴보기로 하자.

푸코와 통치성: '자연화'의 질문

마르크스에게서 소유의 2자적 문제 설정이 어떻게 과정과 기제에 대한 질문을 통해 3자 관계로 확장되는지 살펴보기에 앞서, 3자 관계를 작동시키는 자본주의적 '기제'에 대한 그의 질문을 검토해볼 필요가 있다. 이 지점에서 흥미로운 비교 대상으로 푸코의 통치성이라는 질문을 살펴보려 한다. 푸코는 소유의 문제 설정과는 상이한, '장치'나 배치의 역사적 차별성이라는 질문을 제기한다.

푸코는 마르크스와는 다른 질문에서 출발하지만 근대 세계, 특히

18세기에 '통치성gouvernementalité'과 더불어 형성된 역사적 단절을 강조한다. "통치, 인구, 정치경제학이라는 운동"(푸코 2011: 162)이 견고한 계열을 형성해 등장한 이후

> 통치성은 이제 다음과 같은 상황에 놓이게 된다는 것입니다. 한편으로 이 통치성은 **자연성**에 관련된 영역, 즉 경제를 참조해서 인구를 관리해야 하는 상황에 놓이게 됩니다. 그리고 이 통치성은 자유의 존중에 관한 법체계를 조직해야 하는 상황에 놓이게 됩니다. 마지막으로 이 통치성은 직접적이지만 부정적인 개입의 도구를 손에 넣어야 합니다. (푸코 2011: 479)

여기서 강조되는 것은 정상화가 아닌 '규범화'이고, 통치성에서 중요하게 부각되는 것은 '자연성'이다. 그런데 이때 주목할 점은 '자유'와 '자연화'를 매개로 등장하는 이 통치성의 공간이 매우 단일적·평면적으로 그려진다는 것이다. 그것은 물론 국가들 간의 관계와 '내치'라는 서로 평행한 두 영역을 결합하지만, 거기서 표층과 심층이라는 수직적 구분이 제시되지는 않는다.[10]

그리고 이 맥락에서《자본》의 마르크스 또한 '자연화'를 강조하고 있음을 발견하게 된다. 이를 푸코와 비교해볼 수 있는데, 얼핏 마르크스의 논의는 주권과 규율에 바탕을 두고 통치성으로 이행이 발생하는 것에 대한 푸코의 설명과 비슷해 보인다.

> 자본주의적 생산이 진전됨에 따라 교육이나 전통 또는 관습에 의해 이 생산양식의 요구를 자명한 **자연법칙**으로 인정하는 노동자계급

이 발전해나간다. 일단 완성된 자본주의적 생산과정의 조직은 모든 저항을 분쇄하고, 상대적 과잉인구의 끊임없는 창출을 통해 노동의 수요–공급 법칙을 유지하며, 그 결과 임금 수준을 자본의 증식 요구에 알맞은 범위 내에서 유지하는 것은 물론 온갖 경제적 관계에 의한 보이지 않는 강제를 통해 노동자에 대한 자본가의 지배를 확실하게 만들어준다. (…) 사태가 **정상적으로** 진행될 때, 노동자는 '생산의 **자연법칙**'에 맡겨놓기만 하면 된다. 자본주의적 생산의 역사적 맹아기에는 그렇지 않았다. 이제 막 성장하고 있던 부르주아는 (…) 노동자의 종속 상태를 **정상적인** 수준으로 유지하기 위해, 국가권력을 필요로 했고 또 이를 직접적으로 사용하기도 했다. 이것이야말로 이른바 본원적 축적의 본질적 계기이다. 《자본 I 》: 990/991)

이렇게 자본관계에 대한 마르크스의 분석은 '자연성' 또는 '정상적' 작동이라는 점에서 푸코의 것과 일치하는 것으로 보인다. "경제적 관계의 무언의 강제"에 의해 "자본주의적 생산양식의 요구를 자명한 자연법칙으로 인정하는 노동자계급이 발전"하는 것은 푸코와 유사하게 마르크스도 강조하는 '근대'의 단절의 핵심적 특징이다(《자본 I 》: 990). 마르크스가 《요강》에서 소유의 문제 설정을 가지고 비교하고자 했고, 《자본》에서 구조의 체계적 분석을 통해 좀 더 분명히 드러내고자 한 것도 이것이라고 할 수 있다.

그렇지만 좀 더 들어가 비교해보면, 푸코와 마르크스 사이에 차이점이 확인된다. 푸코의 '통치성' 질문은 '통치, 인구, 정치경제학'이라는 복합체를 통해 그 효과가 '자연성'이 되는 기술과 효과에 맞추어진다. 따라서 그에게 분석의 공간은 단일 평면으로 그려진다. 반면 마르크스에게서 '자연성'은 한편에서 그것을 자연성으로 만드는 기원의 비자연적·비정상적 과정을 전제해야 하며, 다른 한편에서 '자연성'을 자연성으로 만들어내는 장치의 이면(그리고 불가능성으로서 재생산)을 동시에 분석해야 하는 과제가 포함되어 있다. 그러기에 마르크스의 논의는 단일 평면에서 전개될 수 없다.

마르크스의 서술은 한 층위에 집중되지 않고 서로 다른 층위들 사이에 분절되어 있고, 그 층위는 둘이 아니라 최소한 셋이라는 점이 중요하다. 그것이 푸코의 '정치경제학'에 대한 강조와 대비되고, 마르크스 자신의 '소유의 2자 관계'와도 대립되는 '정치경제학 비판'의 핵심 내용으로 보인다.

지금까지 우리는 마르크스 자신의 '소유의 2자 관계'의 한계를 지적했고, 이 영역을 벗어나 기제나 과정을 강조하기 위해 푸코의 통치성 같은, 단일 평면의 '자연성'의 영역으로 질문을 바꿔보았지만, 마르크스가 제기하는 질문의 요체가 잘 보이지는 않는다. 논점의 특이성을 확인해보려면 그를 따라 좀 더 복잡한 다층적 공간으로 들어가볼 수밖에 없다.

정치경제학 비판과
사회적인 것의 삼중 공간

교환의 세 층위 또는 세 공간

정치경제학을 비판하는 마르크스는 우선 정치경제학과 마찬가지로, 이러한 정상적인 자연법칙이 작동하는 모든 관계의 매개체로서 '교환'을 강조하면서 출발한다. 교환은 푸코가 강조하는 정치경제학의 핵심 주장이고, 자본주의적 소유관계를 규정짓는 법률적 틀이다.

> 생산자들은 자신들의 노동생산물을 교환함으로써 비로소 사회적으로 접촉하기 때문에, 그들의 사적 노동이 지닌 특수한 사회적 성격도 역시 이 교환 속에서 비로소 나타나게 된다. 달리 말해서 사적 노동은 교환을 통해 노동생산물 간에 그리고 그 생산자들 간에 형성되는 관계를 통해 비로소 사실상 사회적 총노동의 한 부분들임을 보여준다. (《자본 1》: 135)

이 교환은 '자유로운' 계약의 세계이고 '부르주아 법률'의 세계이다.

그것 없이는 상품의 실현도, 노동력의 상품화도 불가능하며, 이 세계는 역설적으로 '자유'의 세계이다.

> (그 내부에서 노동력의 매매가 진행되는) 유통 분야 또는 상품 교환 분야는 사실상 천부인권의 참다운 낙원이다. 이곳을 지배하는 것은 오로지 **자유·평등·소유·벤담**이다. 《자본 I》: 261)

그렇지만 잘 알다시피 마르크스는 이 교환 또는 유통에 머물지 않고, 한 걸음 더 나아간다.

> 우리는 화폐 소유자 및 노동력 소유자와 함께 (모든 것이 표면에서 진행되고 또 누구의 눈에나 쉽게 띄는) 이 소란스러운 유통 분야를 벗어나서 이 두 사람을 따라 '관계자 외 출입금지'라고 입구에 쓰인 **비밀스러운 생산의 장소로** 들어가보도록 하자. 이곳에서 우리는 자본이 어떻게 생산하고 있는가뿐만 아니라 어떻게 자본 그 자체가 생산되고 있는가도 알게 될 것이다. 이윤 창조의 비밀도 드디어 폭로되고 말 것이다. 《자본 I》: 261)

마르크스가 전자(자본이 어떻게 생산하는가)가 아닌 후자(자본은 어떻게 생산되는가)에 관심을 집중했음은 잘 알려진 사실이다. 전자는 후자를 위한 법률적 조건이 될 것이다. 마르크스의 관심사는 후자를 사회적 관계의 앙상블로 집중 분석하는 데 놓이며, 전자는 오히려 'pseudo' 사회적 관계로 설정된다고까지 볼 수 있다. 그렇다면 마르크스를 '교환'보다 '생산'을 우위에 두는 입장이라고 단순히 해석할 수 있을까?

사실은 그렇게 단순하지 않다. 마르크스에게 교환의 중요성은 사라지지 않는다. 마르크스는 다른 곳에서 교환 개념을 전혀 다르게 사용하고 있다. '자유·평등·소유·벤담' 영역에서 이루어지는 교환을 '교환 1'이라고 부르고, 마르크스는 "은밀한 생산의 장소"라고 부른 바로 그곳에서도 또 다른 교환을 찾아내고 있기에, 그 교환을 '교환 2'라고 부르기로 하자. 당연히 두 번째 교환(교환 2)은 첫 번째 교환과는 "아무런 공통성도 없다."

좀 길지만 교환의 상이한 측면들을 잘 드러내는 아래 인용문을 살펴보자.

자본과 노동의 교환에 있어서는 서로 제약하기는 하나 본질적으로 다른 두 계기를 구별해야 한다.

첫째로, 노동과 자본의 최초의 교환은 자본이 **화폐**로서 나타나며 노동력이 **상품**으로서 나타나는 **형식적인** 과정이다. (…) 노동력의 판매는 이 첫 과정에서는 관념적으로 또는 법률적으로 진행된다. (…) 여기에서 교환되는 것은 한편으로는 일반적 사회적 형태로서의, 즉 **화폐**로서의 **대상화된 노동**이며 다른 한편으로는 **아직 노동력으로서만 존재하는 노동이다.** (…)

둘째로, 자본과 노동의 교환의 **둘째 계기는 사실상 첫째 계기와 아무런 공통성도 없다. 엄격히 말하면 그것은 전혀 교환이 아니다.**

첫째 계기에서 특징적인 것은 화폐와 상품과의 교환, 즉 등가물들의 교환이다. 이 경우에는 노동자와 자본가는 다만 상품 소유자로서만 서로 대립한다. (…)

둘째 계기에서 특징적인 것은 여기서는 전혀 교환이 없다는 점이다. (…) 화폐 소유자는 이제는 자본가로서 행동한다. (…) 선행한 거래의 결과 노동 자체는 대상화된 부의 일부분으로 되었다. 그 노동은 노동자가 수행하지만 노동자의 이 노동은 자본에 **속하며** 이제부터는 자본의 기능으로서만 나타난다. 그러므로 노동은 자본의 직접적인 통제와 관리하에서 진행되며, 이 노동이 대상화되는 생산물은 자본이 취하는, 또는 더 정확히 말하면 자본이 현실적으로 자본으로서 **실현되는** 새로운 형태이다. 바로 그렇기 때문에 첫 거래의 결과 노동이 **형식상** 이미 자본의 구성 부분으로 전화된 이후에 진행되는 이 과정에서는 노동이 직접 **대상화되며 직접** 자본으로 전화된다. (…) 이 경우에 **노동과 자본 간의 직접적 교환**은 다음과 같은 것을 의미한다: 1) 노동의 자본으로의, 자본의 대상적 구성 부분으로의 직접적인 전화, 즉 생산과정에서의 전화, 2) 일정한 양의 대상화된 노동과, 동일한 양의 산 노동 더하기 교환 없이 취득되는 산 노동의 추가량과의 교환(…) **노동과 자본 간에는 두 종류의 교환**이 진행된다. 첫째 교환은 노동력의 구매 따라서―실제적 결과를 염두에 둔다면―노동의 구매, 따라서 또 노동의 생산물의 구매만을 표현한다. 둘째 교환은 **산 노동의 자본으로의 직접적인 전화**, 즉 자본의 실현으로서의 산 노동의 대상화이다. 《잉여가치학설사 I》: 444/447)

여기서 우리는 '직접 자본과 교환되는 노동'이라는 새로운 형태의 '교환=비교환'을 발견하게 된다. 그것이 비교환인 이유는 유통의 영역에서 발생하는 것은 아니기 때문이다. 그럼에도 교환인 이유는 서로 다른 노동량의 교환이 발생하기 때문이다. 그리고 이 특성 때문에 앞의 인용에서 보듯 마르크스는 두 번째 교환의 특성을 다시 두 측면으로 분할해 설명한다. 그것은 첫째 자본에 대한 노동의 종속인 동시에, 둘째 노동의 자본으로의 직접적 전화로 이야기된다. 여기서 교환은 사회적인 것이 경제 내부로 연결되는 고리가 된다. 교환은 경제 바깥의 사회가 작동하는 표층인 동시에, 경제 내부로 들어와 작동하는 고리이기도 하다.

이렇게 교환은 상이한 측면들의 결합을 보여주면서, 표층과 심층의 모순을 보여준다. 바로 앞의 두 인용문만 놓고 보자면, 마르크스는 표층에서 진행되는 대등한 교환보다는 그 이면에서 작동하는 교환 2의 심층이 더 핵심적이라고 강조하는 것처럼 보인다.

그런데 양자의 관계는 단지 허상과 실상의 대립 또는 표층과 심층의 대립으로 나뉘는 것은 아니다. 표층의 대등한 교환은 단순한 환상이 아니다. 왜냐하면 생산의 영역이 실제 작동할 수 있는 형식적 틀을 제공하기 때문이다. 이와 관련해 뒤메닐과 비데는 이 두 측면을 메타구조와 구조라는 구분을 통해 설명한 바 있다(비데·뒤메닐 2014). 착취의 구조라는 생산 체계는 자유로운 계약이라는 메타구조의 틀 없이 형성될 수 없다. 그런 점에서 생산과 유통의 통일성은 메타구조를 단순한 환상이 아니라 자본주의의 자본 – 노동관계에 의해 끊임없이 재생산되는 또 하나의 전제된 구조로 설정하게 된다. 그리고 그것은 무엇보다 우리의 법률적 형식과 정치적 형식을 규정짓는 틀로 작동하고, 거기서 사회적인 것 자체가 쟁점이 된다.

이렇게 본다면, 우리는 여기서 교환 1은 교환 2와 상이하지만 교환 2의 전제 조건이며, 더 나아가 교환 2는 다시 교환 1에 되먹임 효과를 발생시킬 것이라고 예상할 수 있다. 그런데 이렇게 되먹임 된 결과로 작동하는 교환 공간에서는 교환 1이 더 이상 대등한 소유자 사이의 '자유·평등·소유·벤담'이기는 어렵다. 특히 기계의 등장과 더불어 노동력의 구매자와 판매자 사이의 "법률적 관계의 (…) 혁명"이라 부를 변화가 발생하고, 마르크스가 '자연법칙'이라 부른 관계가 성립하면 더더욱 그렇다(《자본 I》: 537). 되먹임 효과를 고려할 때만 교환 1의 환상 대 현실이라는 부당한 대립 문제도 해결될 수 있다.

이렇게 해서 우리 앞에 교환의 세 번째 측면, 즉 '교환 3'이 등장한다. 그것은 앞선 과정의 전제나 그 과정 자체가 아니라 과정의 결과로 나타난 '전도된 구조'이다. 상품의 물신숭배가 그것이다.

상품형태의 신비성은 단지 다음과 같은 점에 있다. 즉 상품형태는 인간들에게 인간 자신의 노동이 갖는 **사회적 성격**을 노동생산물 그 자체의 대상적 성격인 양 또는 **이 물적 존재들의 천부적인 사회적 속성인 양** 보이게 만들며, 따라서 총노동에 대한 생산자들의 사회적 관계도 **생산자들 외부에 존재하는 갖가지 대상의 사회적 관계인 양** 보이게 만든다. 이러한 착시 현상을 통해 노동생산물은 상품, 즉 감각적이면서 동시에 초감각적이기도 한 물적 존재 또는 **사회적인 물적 존재**가 된다. (…) 상품형태나 이 상품형태가 나타내는 노동생산물 간의 가치 관계는 노동생산물의 물리적인 성질이나 거기에서 생겨나는 물적 관계와는 전혀 상관이 없다. 그것은 인간 자신들의 일정한 사회적 관계일 뿐이며, 여기에는 그 관계가 사람들 눈에는 물체와 물체 사이의 관계라는 환상적인 형태를 취하게 된다. (…) 이것을 나는 물신숭배라고 부르는데, 그것은 노동생산물이 상품으로 생산되는 순간 이들에게 달라붙는 것으로서 상품 생산과는 불가분의 것이다.

상품 세계의 이러한 물신적 성격은, 앞서의 분석에서 이미 보여준 바와 같이, 상품을 생산하는 노동 특유의 **사회적 성격**으로부터 생겨난다. (《자본 I》: 134/135)

세 번째 교환인 상품 물신성의 영역(교환 3)은 앞의 두 교환과 구분되는 또 하나의 공간이라기보다는, 두 번째 교환의 결과가 첫 번째 교환의 영역으로 되먹임 해 들어갈 때 발생하는 효과이다. 그것은 앞서의 두 교환과 물신숭배의 구도가 맺는 관계를 통해 발생한다.

물신숭배는 단순한 '자유주의적 구도'의 상품 – 화폐 관계의 일반성이나 자유로운 계약이 아니라, 교환 2의 자본 – 노동관계의 결과 생겨난 '화폐를 매개로 한 사회적 성격의 전도된 승인'이라는 구도를 뜻한다. 달리 말하면 자기 자리가 아닌 곳에서 사회적인 것의 표상 – 승인이 형성된다는 것이다. 이는 자본관계 발생의 결과인 동시에 자본관계의 재생산이다.

사회적인 것은 물신숭배의 영역에서만 확인된다

사회적인 것이 물신숭배 형태로 전도되고, 사회적인 것의 자리가 자본으로 이전되는 것은 단순히 힘 관계의 종속 때문만은 아니다. 여기서 '매개'로서 화폐가 중요하다. 마르크스가 고전파경제학의 핵심 오류를 지적하면서, 그들이 가치형태의 역사적 특수성을 규명하지 못하고 화폐형태의 중요성을 파악하지 못했다고 한 것은 이 때문이었다.

'자본주의적' 화폐는 첫째 '거울상'을 보여주고, 둘째 '사회적 필요노동'을 통해 사회성을 한정 짓는 독특성에 뿌리내리고 있다. 이에 의해 물신숭배의 구도가 작동하게 된다.

바로 이 상품 세계의 완성 형태인 화폐형태야말로 사적 노동의 사회적 성격과 개별 노동자의 사회적 관계를 밝혀주는 것이 아니라 오히려 그것을 사실상 은폐하는 것이다. (《자본 I 》: 139)

화폐는 사회적 필요노동-거울 관계-가치형태의 모순적 관계를 그 발생적 연원을 드러내는 방향으로 보여주는 대신 은폐한다. 화폐에 마르크스가 '화폐형태'라는 명칭을 반드시 붙인 이유는 그것이 사회적 관계를 특정하게 담아내고 있고, 단순한 실용적 도구가 아니라고 보기 때문이다. 화폐형태의 사회적 성격에서 중요한 점은 그 형태가 가치 관계로서 상대적 가치형태와 등가형태 사이의 거울 관계라는 2자 관계에서 기원하지만, 실제 현실성을 띠고 사회적인 것의 함의를 얻게 되는 것은 '사회적 필요노동'이라는 규정 부여에 의한 3자 관계의 구도하에서만 가능하다는 것이다. 이미 사회성을 체현한 화폐가 두 상품의 등가성을 '보증'하며, 이에 의해 사회성은 두 사물 간의 관계로 드러난다. 이것이 전도된 물신숭배의 구도이다.

가치형태나 '사회적 필요노동 시간'이라는 관점이 나온 것이 중요한 이유는 이를 《요강》에 나오는 화폐에 대한 논의(가치형태론을 매개로 하지 않는)와 비교해보면 분명해진다. 《요강》에서 마르크스는 가치척도로서 노동시간을 매개하는 화폐의 등장을 보편과 특수의 관계로 설명한다.

화폐는 **일반적** 대상으로서의 노동시간 또는 일반적 노동시간의 대상화, 일반적 상품으로서의 노동시간이다. (…) 주체적으로 표현하자면 그의 **특수한** 노동시간이 다른 어떠한 특수한 노동시간과도 직접적으로 교환될 수 없으며, 그것의 이러한 일반적 교환 가능성은 비로소 매개되어야 한다는 것, 이 **일반적 교환 가능성**을 획득하기 위해 그것은 그 자신과는 상이한 **대상적 형태**를 취해야 한다는 것을 의미하는 데 지나지 않는다. (…) 노동시간이 직접적으로 일반적 화폐가 되기 위해서는 처음부터 특수한 노동이 아니라 **일반적 노동**, 즉 처음부터 일반적 생산의 고리로 정립되어야 할 것이다. 《요강 Ⅱ》: 151/154)

이렇게 설명하면, 특수한 노동시간으로서 개별 노동과 일반적 노동시간으로서 화폐 사이의 관계는 2자 관계, 2자적 소외 관계로만 설정된다. 《자본》으로 가면서 새롭게 등장한 변화는, 개별 노동과 사회적인 화폐형태 사이에 가치형태론과 사회적 필요노동이라는 범주가 등장해, 2자 관계의 구도를 '2자+3자' 구도로 전환한 데 있다. 가치형태는 그렇기 때문에 "사적 노동이 그 대립물의 형태, 즉 직접적으로 사회적인 형태의 노동으로 된다는" 특징을 지닌다《자본 Ⅰ》: 74).[11]

가치형태의 중요성은 개별 노동의 결과가 유통을 매개로 해서 다른 상품과의 교환의 관계에 놓일 수 있으며, 그 과정에서 상이한 상품이 동일한 특성의 지배 아래 놓이게 됨으로써 사회성을 얻게 된다는 점을 보여준다는 데 있다. 사실 여기에는 '거울'이 표상하는 어떤 불가능성이 숨어 있다.

경제학의 당연한 전제와 달리, 가치형태론은 처음에 두 상품 간의 거울상 2자 관계에서는 결코 교환 가능성이 교환 현실성과 등가성으로 나아갈 수 없고, 따라서 '사회적 관계'에 놓일 수 없음을 보여준다.

사회적인 것은 사회적 필요노동과 화폐형태라는 3자 관계의 규정성 하에서만 현실성을 얻는다. 우리가 경험하는 일상 세계는 2자 대면 관계에서 교환의 구도가 나타나고 거기서 '사회성'이 출현하는 것처럼 오해되는데, 실상 이는 여기에 이미 사회성을 부여하는 3자 구도의 우위를 전제로 해서만 가능하다. 이때 3자 구도를 매개로 해서 나타난 2자 관계는 전도된 사회성의 구도라는 특징을 보인다.

마르크스의 논지를 보면, 가치형태의 전개는 발생론적으로 설명되지만, 그 '사회적 성격'이 부여되는 것은 발생론적 논리가 아니라 구조적 특징에 의거함을 알 수 있다. 그는 상대적 가치형태와 등가형태라는 두 상품의 발생론적 만남을 '사회적'인 것의 기원으로 설명하지 않는다. 이 점에서 마르크스는 교환에서 출발하는 정치경제학자들과 근본적으로 다르다. 이 구도를 두 상품과 수직적 관계에 있는 제3항을 통해 규정짓고 있으며, 그것이 바로 화폐를 매개로 인정되는 '사회적으로 필요한 노동시간'이라는 범주이다. 역설적으로 두 상품은 도구처럼 보이는 화폐라는 매개에 의해서만 현실성을 획득한다.

두 상품이 '가치'를 통해 매개되고 나아가 사회적 성격을 획득하는 것은 이렇게 제3항이 전제됨으로써만 가능한 것이다. 상품의 개별 가치들이 서로 교환되는 것이 사회적인 것이 아니며, 그것은 마르크스가 '중농주의자들의 한계'이자 아담 스미스의 기여라고 지적한 내용이다. 본래 사회적인 것은 사회적 분업 속에 놓인 개별적 노동들이고 또는 그것이 놓이는 교환 관계이지만, 실제로 사회성을 체현하는 것은 개별 노동도, 두 상품의 교환도 아닌 제3의 자리에 있는 것(사회적 필요노동의 구현체로서 화폐)이다. 더욱이 그것은 개별 노동이 일어나거나 교환이 진행되기 이전에 마치 '선재先在'하는 것처럼 존재한다.

　그런 점에서 마르크스의 사회적인 것은 '상호주관적inter-subjective'이지 않다. 이 맥락에서 물신숭배도 '주관적'이지 않고 구조적이다. 물신숭배는 그것을 주관적으로 의식하기 이전에 먼저 교환 1이 교환 2를 거쳐 되먹임 된 효과이며, 교환 1의 부정으로 나타나는 교환 3의 구조적 자리이다. 그것은 라캉의 '상징계'가 주관적이지 않고 구조적이라고 할 때와 같은 의미에서 구조적이다.

　《요강》에서는 가치형태론이 전개되지 않으며 가치형태는 '교환가치형태'나 '화폐형태'라는 의미 맥락에서만 사용된다. 《요강》이 기초하는 일반-특수 또는 개별-소외의 2자 관계는 그것을 구조화할 틀이 부재하면서 스스로를 넘지 못하는 한계 속에 갇힌다. 반면《자본》의 가치형태론은 상품에서 화폐로 가는 과정을 2자 관계의 거울 구도 속에서 설명한 다음, 이 2자 관계의 모순을 넘어서 사회적 필요노동과 화폐라는 범주의 매개를 거쳐 3자 구도로 발전할 가능성을 열어준다.

　이렇게 서술을 복잡화하고 교환을 세 층위로 구분해 설명하는 이유는 **마르크스에게 사회적인 것이 교환의 세 번째 층위에서 비로소 출현하기 때문이다.** 그 결과 여기에는 두 개의 거울상이 존재한다. 규정하는 것과 규정받는 것의 관계가 전도된 거울상으로 나타나는 동시에(가치형태론), 뒤에서 설명하겠지만, 노동의 생산력이 자본의 생산력으로 이전되어, 자본의 생산력(=사회성)을 통해서만 확인되는 노동의 사회적 성격이라는 전도된 거울상 또한 존재한다. 거울을 통해서만 사회성을 부여받게 되는데, 그 자체가 본래 사회성의 결과일 뿐인 '전

능성'(화폐)이 지정한 자리에 가 있는 것만이 비로소 사회성의 승인을
얻는 것이다.

사회성의 전도: 노동이 아니라 자본이 사회성을 대변한다

마르크스의 사회적인 것의 삼중 관계는 그 사회적인 것의 효과로
서 사회성의 자리를 전도한다. 마르크스는 이처럼 전도된 사회성의
관계를 "물건의 인격화이며 인격의 물화"《잉여가치학설사 I》: 437) 또
는 "사회적 생산 규정의 물화Verdinglichung와 생산의 물질적 기초의 주
관화"《자본 III》: 1167)라고 부른다. 매우 헤겔적인 이 도식은 앞서 논
의한 소유에 대한 규정으로부터 이어지는 것이기도 하다. 핵심적 특
징은 노동자의 개별화와 그것의 대극에서 일어나는 자본에 의한 사회
성 체현이다.

자본에는 노동과 함께 노동의 사회적 결합물도, 그리고 노동의 이
사회적 결합물에 상응하는 노동 수단의 발전 정도도 포함되었다. (…)
자본은 극히 신비로운 물건으로 된다. (…) 그리하여 자본은 생산적이
다: 1) 잉여 노동을 강제하는 힘으로서, 2) 사회적 노동 생산력과, 예컨
대 과학과 같은 일반적인 사회적 생산력을 흡수하며 취득하는 (그것의
인격화로서) 힘으로서 생산적이다. (…) 가치의 창조자로서는 노동은 언
제나 일반적 노동으로서만 나타나는 **개별적 노동자**들의 노동인 것이
다. 그러므로 가치를 생산하는 노동으로서의 생산적 노동은 항상, 개별
적 노동력의 노동으로서, 그 노동자들이 생산과정에서 어떠한 사회적
결합 형태에 들어가든 간에 고립된 노동자의 노동으로서 자본과 대립
한다. 즉 노동자와 대립하는 자본은 사회적 노동 생산력을 표시하는데,

자본과 대립하는 노동자의 생산적 노동은 항상 **개별적 노동자의 노동**만을 표시한다. 《잉여가치학설사 I》: 439/441)

그 결과 자본이 사회성을 대표하며, 사회적 노동이 곧 자본의 생산력이 된다.

> 협업자로서(즉 움직이는 유기체의 한 부분으로서) 그들[노동자들] 자신은 단지 자본의 한 특수한 존재 양식에 지나지 않는다. 바로 그렇기 때문에 **노동자가 사회적 노동자로서 발휘하는 생산력은 자본의 생산력이다.** 노동의 사회적 생산력은 노동자가 일정한 조건에 놓이면 무상으로 발휘되는데, **이러한 조건을 부여하는 것은 바로 자본이다.** 노동의 사회적 생산력은 자본에는 아무런 비용도 들지 않는 것이고, 또 다른 한편 이 생산력은 노동자의 노동 그 자체가 자본가의 소유가 될 때까지는 노동자에 의해서 발휘되지 않기 때문에 **자본의 타고난 생산력, 즉 자본의 내재적인 생산력**으로 나타난다. 《자본 I》: 462)

외양상 이것은 《요강》의 2자 관계와 유사해 보일 수 있다. 중요한 차이점은 《자본》에 와서 마르크스는 사회적인 것의 삼중 공간과, 이로부터 발생하는 '소유 법칙에서 자본주의적 영유 법칙으로의 전화'라는 구도를 거쳐 '과정' '기제'를 통해 설명한다는 것이다. 이로써 중요해지는 것은 효과 자체만이 아니라 그것을 발생시키는 장치나 과정, 기제에 대한 질문이다. 특히 기계의 등장은 자본 쪽으로 이전된 사회적 성격을 사물 속에 고정하는 변화를 가져온다. 자본의 사회적 속성이 기계로 이전되면, 그 물신성은 더욱 강화된다《자본 I》: 570). 그리고 사물 속에 체화된 사회적 성격의 대극에서 '물질적 기초의 주관화'가 강화된다.

그리하여 교환의 세 계기는 다시 연결된다. '자본과의 직접적 교환'(교환 2)은 사물화 된 생산수단 그 자체의 물신적 사회적 성격으로 나타나고(교환 3), 상품 물신성의 전도된 구조는 직접적 교환을 '경쟁'의 외양을 띤 채로만 드러내도록 만든다(교환 1). 여기서 사회성은 사물 속에서만 표출되고, 반대로 우연한 거래 형태의 교환 속에서 나타나는 것은 비관계적 사회성이라는 역설이 출현한다.

여기서 사회성의 자리를 보면 전도된 거울 관계 구조가 다시 확인된다. **노동의 사회적 성격이 형성되는 그 자리에 사회성은 존재하지 않으며, 사회성은 타자로서 자본 속에서 존재하는데, 자본은 그 사회성을 체현할 수 없는 구조를 가진다는 것이다.** 노동은 점차 사회적 성격을 획득하지만, 그 사회성은 우연적 관계 속에서 자본의 역량 속에 던져진다.

> 가치의 이 전적으로 특수한 형태에서는, 한편으로 노동이 사회적 노동으로만 간주되고, 다른 한편으로 이 사회적 노동의 배분과 그 생산물의 상호 보완, 그 생산물의 물질대사, 그리고 사회적 추동 장치로의 예속과 삽입 등이, 개별 자본가적 생산자들의 우연적이고 서로 상쇄적인 활동에 맡겨져 있다. (…) 내적인 법칙은 오직 그들의 경쟁(즉 그들이 서로에게 가하는 압력)을 매개로 해서만 관철되고, 이 경쟁과 압력에 의해서 다양한 편차는 상쇄된다. 여기에서 가치법칙은 내재적인 법칙(개별 당사자들에 대해서는 맹목적인 자연법칙)으로만 작용하고, 생산의 우연적인 변동의 한가운데에서 생산의 사회적 균형을 바로잡는다. 《자

본 Ⅲ》: 1167)

한 걸음 더 나아가면 이러한 관계에서 작동하는 정치의 특성도 예상될 수 있다. 이는 앞서 뒤메닐과 비데가 구조와 메타구조의 관계로 정의한 특성을 보인다. 자본의 사회적 관계가 표출되는 사회의 공간에 그 관계는 뒤집어진 형태로만 표상된다. 사회성은 한 극단에서는 엄격한 권위로, 다른 한편에서는 무정부 상태로 표출되는 것이다.

> 자본주의적 생산의 기초 위에서, 생산의 사회적 성격은, 직접적 생산자 대중에 대해 엄격히 규제적인 권위의 형태(그리고 완전히 위계로 편제된 노동 과정의 사회적 메커니즘의 형태)를 띠고 그들을 만난다. 그러나 이 권위의 담지자는 노동에 대리하는 노동조건의 인격체로서만 이러한 권위를 갖는 것이며, 이전의 생산 형태에서처럼 정치적 또는 신정적 지배자로서 권위를 갖는 것은 아니다. 이 권위의 담지자들(즉 서로 상품 소유자로서 만날 뿐인 자본가들 자신) 사이에서는 가장 완벽한 무정부 상태가 지배하고 있으며, 이 상태 속에서 생산의 사회적 관련은 오직 개인적 자의를 압도하는 자연법칙으로만 그 힘을 발휘한다. 《자본 Ⅲ》: 1168)

사회성의 전도는 세 교환 사이의 관계를 좀 더 분명하게 보여준다. 사회적인 것을 형성하는 교환의 세 영역 사이에서 벌어지는 '거울상의 전도'의 결과로서, 우리는 사회적인 것을 사실상 교환 3, 즉 물신숭배의 영역에서만 확인할 수 있었다. 교환 1의 영역은 법률적 '허상'으로서 존재한다. 교환 2는 사회적인 것을 생산하는 '공장'일 수 있지만, 그곳은

268

"비밀스러운 장소"이자 "관계자 외 출입금지"여서 그 모습은 우리 눈 앞에 바로 나타나지 않는다. 오로지 우리가 볼 수 있는 것은 교환 3에서 나타나는 사회적인 것의 효과들이다. 사실 그 자리에서 우리가 발견하 는 사회적인 것이란 속이 빈 사회적인 것이다.

그리고 공간이 삼중으로 분할됨으로써, 마르크스의 사회적인 것의 특징은 공리주의적 특징, 전제주의적 계획성, 시장 무정부주의를 공히 포함하며, 그 사이를 횡단하게 된다.

물신숭배의 구도에 의해 사회적인 것이 전도되어 표현되면, 이는 사회적인 것의 기원을 점차 소거해간다. 첫 단계에서 이는 기원의 반대 편으로의 전도(노동에서 자본으로)로 전개된 다음, 두 번째 단계에서는 기원이 완전히 소거되어, 사회적인 것은 사물 사이의 관계로 치환된다. 마르크스는 그 완성을 '금융'에서 발견한다.

이자 낳는 자본의 형태에서 이것은 생산과정과 유통과정의 매개 없 이 직접적으로 나타난다. 자본은 이자(즉 자신의 증가분)의 신비로운(그 리고 스스로를 창출하는) 원천으로 나타난다. 물적 존재(화폐, 상품, 가치) 는 이제 단순한 물적 존재만으로 이미 자본이며, 자본은 단순한 물적 존재로 나타난다. 그리하여 총재생산 과정의 소산은 물적 존재 그 자체 에 부여된 속성으로 나타나며, 화폐를 화폐로서 지출할 것인지 아니면 자본으로 대부할 것인지는 그 화폐(즉 항상 교환 가능한 형태를 취하는 상 품)의 소유주에게 달려 있다. 따라서 이자 낳는 자본에서는 이러한 자 동화된 물신성(곧 스스로를 증식하는 가치이자 화폐를 낳는 화폐)이 순수한 형태로 만들어지고, 이러한 형태 속에서 자신의 발생 흔적을 깨끗이 지

위버린다. 사회적 관계는 물적 존재(즉 화폐)의 자신에 대한 관계로 완성된다. (《자본 Ⅲ》: 514)

자본주의의 물신숭배의 '구조'는 화폐의 물신성에서 출발해, 노동의 생산력이 자본의 생산력으로 이전되는 과정(《자본 Ⅰ》)을 거친 후, 고정자본과 불변자본의 혼동과 생산물 총가치와 새로 생산된 가치의 혼동(《자본 Ⅱ》)을 거친 다음, 최종적으로는 이윤율의 동학 이후에 '이자 낳는 자본'(금융)에 와서 완성된다(《자본 Ⅲ》). 자본주의의 운동 전체가 이 물신숭배를 재생산하는 구조를 형성하는 것이다. 그리고 거기서 자본주의적 구조에 의해 전도된 사회적인 것도 완성된다.

재생산의 '자연성' 또는 재생산의 위기

'자연성'으로 재생산이 문제없이 지속될 수 있을까

이처럼 마르크스에게 사회적인 것이란 그 기원 밖에서 전도되어 존재하는 것으로 설명된다. 그런데 마르크스의 분석은 여기까지일까? 이 모든 과정은 쉽게 '자기 발로 서서' '정상적'이 되고, '자연법칙'이 될 수 있었을까? 그것이 가능하다면 어떻게 가능했을까?

이에 답하려면 앞서의 논의를 전제한 위에서 '관계'이자 '과정'으로서의 자본을 재생산으로 이해하려는 마르크스의 구상에 직면해야 한다.

노동자는 끊임없이 객관적인 부를 자본(즉 자신에 대해 외적이면서 자신을 지배하고 착취하는 힘)으로서 생산하고, 자본가는 끊임없이 노동력을 주관적인(즉 그 자신을 대상화하고 실현하는 수단에서 분리되어 추상적으로 노동자의 육체 속에 존재하는) 부의 원천으로서 생산한다. 요컨대 노동자를 임노동자로서 생산하는 것이다. 이러한 **노동자의 끊임없는 재생**

산 또는 영구화는 자본주의적 생산에서 없어서는 안 될 조건이다. 《자본 I》: 783)

이 구절에는 자본-노동관계의 상호성, 재생산, 과정이라는 세 차원이 동시적으로 발견된다. 재생산이란 교환 1의 공간을 전제로 해서, 교환 2에 의해 작동하며, 그 결과로서 교환 3의 형태를 만들어내는 과정이 반복적으로 수행되는 것에 다름 아니다. 마르크스가 밝힌 교환의 세 영역은 재생산에 의해 서로 분리될 수 없는 하나의 통일성을 형성하는 것이다. 우선 재생산에 대한 마르크스 자신의 언급을 살펴보자. 마르크스가 말하는 재생산은 "물적 생산물을 생산할 뿐만 아니라 그 물적 생산물이 생산되는 생산 관계를 끊임없이 재생산하고, 따라서 이것에 조응하는 분배 관계도 끊임없이 재생산"하는 것이다(《자본 III》: 1165). 앞서 지적한 대로 한마디로 말해 '자본관계' 그 자체를 재생산하는 것이다.

그런데 재생산을 통한 이러한 통일성은 지금까지 논의한 자본-노동의 변증법이나 '자연성'에 어떤 내적 한계를 부여한다. 재생산은 겉으로는 '자연성'의 외양 속에서 진행된다. 그렇지만 이때 '자연성'은 이미 삼중 공간의 분할 속에서 '자본관계의 재생산'으로 작동해야 하며, 삼중 공간은 사회적 관계로서 '생산 관계'를 작동시키는 공간이다.

일견 마르크스 자신이 말하듯이 세 교환들 속에서 재생산의 위기(공황)는 자본주의의 근본적 부정이 아니라, 새로운 방식으로 재생산의 시작, 즉 '쇄신된 자연성'으로 이해된다.

이러한 다양한 영향들은 공간적으로는 물론 시간적으로도 점차 확산된다. 그리하여 이들 모순된 계기들 간의 갈등은 주기적으로 공황의 형태로 표출된다. **공황은 기존 모순을 단지 일시적으로만 폭력적으로 해결하는 것일 뿐이며, 얼핏 보기에 흐트러졌던 균형을 다시 회복하는 것처럼 보이는 급격한 폭발 현상이다.** 《자본 Ⅲ》: 329)

자연성이 재생산 관점에 의해 난점으로 부각되기보다, 재생산이 자연성의 닫힌 구도로 다시 돌아오게 된다.

그런데 이처럼 '자연성'으로 재생산이 문제없이 지속될 수 있을까에 대해 의문을 제기하는 것은 마르크스 자신이기도 하다. 곤란은 교환의 각 영역에 제약을 부여한다. 첫 번째로 계약(교환 1)의 외양에 대해 마르크스는 다음과 같이 지적한다.

기계는 또 노동자와 자본가 사이의 계약(이것은 그들 상호 간의 형식적 표현이다)을 근본적으로 변혁시킨다. (…) 종전에는 노동자는 자기 자신의 노동력을 판매한 것이며, 이것을 그는 형식상 자유로운 인격으로서 처분한 것이다. 이제 그는 처자를 판매한다. 그는 **노예 상인이 된 것이다.** 《자본 Ⅰ》: 504)

'자유·평등·소유·벤담'으로 나타나는 '자유로운 계약'의 영역(교환 1)이 이제 그 반대물인 '노예(상인)'의 영역이 된다.[12] 이는 자본과 노동 사이의 시장에서 일어나는 교환만 변형시키는 것이 아니라 동업자들 사이의 관계 또한 변화시킨다. "자본의 개별적 자립성의 폐지이며, 나아가서는 자본가에 의한 자본가의 수탈"인 '집중'의 동학을 작동시킨다(《자본 Ⅰ》: 853).

두 번째로 '직접 자본과 교환'되는 생산 내에서의 관계(교환 2)는 그 자체가 적대의 자리로 이해된다. 자본관계의 재생산은 곧 축적이자 노동력의 재생산인데, 이는 '자본 축적의 일반 법칙'을 의미한다. 그것은 다시 축적에 내장된 결과(그리고 자본주의의 고유한 '편향적 기술 발전'의 결과) 한편에서는 '이윤율의 경향적 저하'로, 다른 한편에서는 '상대적 과잉인구의 형성'으로 나타난다. 이 둘은 자본관계가 '정상적'으로 재생산되는 데 내적 제약이 되며, 재생산이 미리 정해진 과정을 걸을 수 없게 만드는 주요 원인이 된다.[13]

직접적인 착취 조건들과 그것의 실현 조건들은 동일하지 않다. 이 둘은 시간과 장소는 물론 개념적으로도 서로 일치하지 않는다. 전자는 단지 사회적 생산력에 의해서만 제약을 받지만, 후자는 서로 다른 생산 부문들 간의 비례 관계와 사회적 소비력에 의해 제약을 받는다. (…) 이런 모순적인 토대 위에서 **자본의 과잉과 인구의 과잉이 함께 나타나는 것은 전혀 모순이 아니다.** (…) 이러한 자본 과잉은 상대적 과잉인구를 불러일으키는 요인으로부터 발생하며 (…) 그럼에도 **전자는 후자의 보완적인 현상이다.** (…) 경기가 좋을 경우, 경쟁은 (…) 자본가계급의 사실상의 연대 관계로 작용함으로써 이들 자본가들이 공동의 전리품을 각자의 투자 규모에 비례해 나란히 나누어 갖게 한다. 그러나 **문제가 이윤의 배분이 아니라 손실의 배분이 될 경우에는** (…) **경쟁은 그럴 경우 철천지원수들 간의 전쟁으로 바뀌어버린다.**

《자본 Ⅲ》: 324/334)

재생산이 곧 쟁점임은 '직접 자본과 교환'되는 교환 2에서 재확인된다. 이 문제는 특히 《자본》의 서술상 논리적 구성의 전개에 간섭하듯 삽입된 '역사적 장'들에서 재생산의 '자연성'이 사실상 중단된다는 것을 통해 확인된다.

마르크스는 《자본》의 초고를 작성하는 중에 역사적 부분을 가장 나중에 포함시켰다. 이로써 《자본》의 서술 체계에 큰 변화가 발생했다는 것은 평자들 사이에서 많이 지적되어왔다. 이 역사적 장들은 《자본 Ⅰ》과 《자본 Ⅲ》에 포진하는데, 《자본 Ⅰ》에서는 '노동일' '기계와 대공업' '자본주의적 축적의 일반 법칙' '본원적 축적' 네 장에 집중된다. 그중 처음 두 부분과 마지막 부분을 대조해보면 흥미로운 결론이 나온다. '본원적 축적' 장에서 마르크스는 역사적 설명을 자본주의의 '자연성'의 성립 이전과의 대비를 위해 동원하고 있는 것처럼 보인다.

그런데 '노동일'과 '기계와 대공업' 장에서 마르크스가 보여주는 것은 '자연성'의 성립 이후 상황이며, 구체적 내용은 다음과 같다. 첫째 계급투쟁은 매우 비대칭적 권력관계로 형성되어 있다는 점, 둘째 계급투쟁은 몇 가지 테제로 정리될 수 없는 매우 구체적인 역사적 대응 형태로 나타나며, 하나의 방식이 해결되면 곧바로 새로운 방식이 출현한다는 점, 셋째 여기서 국가가 중요하게 고려되어야 한다는 점. 이를 통일적으로 설명하고자 한다. 그 이야기는 그가 자본주의가 자기 발로 선 이후에도 '자연성'은 자동성이 아닌 계급적 관계의 재생산을 의미하며, 그것은 항상 재생산의 중단 가능성을 내장한다는 점에서 경제학적 자동성과는 다르다는 것을 보여주려 했다는 것이다.[14]

이상을 살펴보면, 교환 1은 교환 2를 거친 다음 '노예' '전제주의'라는 단어로 재현되는 영역으로 변환된다. 그런데 변환 이후에도 교환 1과 교환 2가 동시에 지속되고, 두 교환이 재생산의 '자연성'을 얻으려면 '지배와 예속'을 필요로 한다. 이는 경제적인 동시에 정치·사회적인 쟁점이 된다.

> 직접적 생산자로부터 불불노동이 탈취되는 특수한 경제적 형태는 지배와 예속의 관계를 규정하는데, 이 관계는 생산 그 자체로부터 직접 생겨난 다음 다시 자기 쪽에서 생산의 성격에 영향을 미치는 반작용을 가한다. 그러나 이를 기초로 하여 생산 관계 그 자체로부터 생겨나는 경제적 공동체가 완전한 모습을 갖추게 되며, 그와 동시에 그 **공동체의 특수한 정치적 형태**도 갖추어진다. 사회 전체의 구조와 그에 따른 주권 관계와 예속 관계의 **정치적 형태[요컨대 그때그때의 특수한 국가 형태]의 가장 내밀한 비밀이자 그것의 숨은 기초**는, 항상 생산 조건의 소유주와 직접적 생산자 간의 직접적인 관계—그때그때의 형태가 언제나 노동[그에 따른 노동의 사회적 생산력] 양식의 일정한 발전 단계에 자연적으로 조응하는 관계—에 있다. 《자본 Ⅲ》: 1056)[15]

'지배와 예속'은 당연히 생산과정에서 자본과 노동 사이의 '직접적 교환'이 지속되기 위한 전제이기도 하다. 그렇다면 교환 2에서 일어나는 '직접적' 교환의 직접성은 그 자체로 보장되지 않고 어떤 조건을 필요로 하는 것이 된다. 마르크스는 '자연법칙'의 세계와 '본원적 축적'의 세계를 마치 하나는 경제에, 다른 하나는 정치에 배정한 듯 보이지만, 사실 둘은 늘 재생산하에서 동시적으로 존재해야 한다. 여기서 교환 2의 재생산 또는 '재생산의 위기'에 대한 개입도 경제적 공동체와 그 공동체의 정치적 형태에 대해 동시적이어야 함을 짐작할 수 있다. 그렇지만 마르크스는 아직《자본 I》에서는 매뉴팩처 분업의 전제주의 이상으로 이 논의를 진전시키지는 않는다.

물신숭배적 구조의 재생산

여기까지 교환 2의 재생산이 보증되려면 어떤 조건이 필요한지 검토했는데, 이는 곧바로 교환 3의 영역으로 연결되지 않을 수 없다. 이는 앞의 인용에서 보았듯이, 마르크스 자신이 '주권 관계와 예속 관계의 정치적 형태'라는 구절을 통해 제기한 질문이다. 교환 2를 거친 다음 교환 1의 법률적 표상에 변화가 나타나며, 이는 물신숭배적 구조의 재생산에도 문제가 된다. 사회성의 출현이 교환 3에 와서 가능하다면, 교환 2의 위기를 해결하기 위해서는 교환 3의 사회성이 교환 2가 지속되도록 개입해야 하기 때문이다.

재생산이 위기에 처하는 세 번째 측면인 물신숭배의 구도를 살펴보면, 이미 앞에서 밝혔듯이 사회성이 타자로 이전될 때 그 역설적 관계에 의해 '자유로운 시장 관계' 속에서 사회성이 소멸한다는 모순을 보인다. 교환 3은 교환 1이 허상임을 그 전도된 관계 속에서 보여주지만, 그럼에도 교환 3이 지속되어야 교환 1과 교환 2도 지속될 수 있다. 그렇다면 유일한 사회성의 자리인 교환 3에서 사회성이 오히려 소멸할 때, 이 관계는 어떻게 지속될 수 있는가? '허구적'으로라도 구성되는 사회성의 질문이 제기되어야 하지 않을까?

여기서 물신숭배 속의 비사회성으로서의 사회성이 사회성으로 작동(즉 재생산)하려면 지금까지 살펴본 교환의 '외부'가 구도 속으로 들어올 수밖에 없음을 알 수 있다. 이 문제는《독일 이데올로기》가 보류해둔 또 하나의 사회적 구조에 대한 관점으로 돌아가 살펴볼 수 있다.《독일 이데올로기》에서 마르크스(와 엥겔스)는 '생산양식 Produktionsweise'과 구분되는 '생활양식Lebensweise'이라는 질문(59), 또 지배계급의 '지배적 사상'이라는 질문을 제기한다. 마르크스(와 엥겔스)가 '지배적 사상'을 설명하는 다음 두 문구를 비교해보자.

> 부르주아지는 그가 하나의 계급이고 더 이상 하나의 신분이 아니라는 단순한 사실 때문에, 자신을 더 이상 지역적으로가 아니라 국민적으로 조직해야 하고, 또한 그 **평균적 이익에 일반 형태를 부여해야만 한다.** (《독일 이데올로기》: 112)

> 어떤 시대에서나 지배계급의 사상이 지배적인 사상이다. 다시 말해 사회의 지배적인 물질적 세력인 지배계급이 동시에 그 사회의 지배적인 **정신적** 세력이라는 말이다. **물질적인 생산의 수단을 통제하는 계급은 그 결과 정신적인 생산의 수단도 통제하고 있으며, 그에 따라 정신적인 생산 수단을 가지지 못한 계급의 사상은 대체로 그것에 종속된다.** 지배적인 사상은 지배적인 물질적 관계들의 관념적 표현, 사상으로서 파악된 지배적인 물질적 관계일 뿐이다. 그러므로 한 계급을 지배계급으로 만드는 관계들의 표현, 곧 이 계급의 지배 사상 이외의 아무것도 아니다. **지배계급을 구성하는 개인들은 무엇보다도 의식을, 즉 사상을 갖는다.** (《독일 이데올로기》: 91/92)

첫 번째 인용문에서는 '조직해야 하고 (…) 부여해야만 한다'라고 되어 있는데 비해, 두 번째 인용문에서는 '~이다' '~갖는다'라고 말하고 있다. 그 사이에 미묘한 긴장이 있다. 그것은 앞서 자연성과 재생산이라는 말로 표현되는 자본-노동관계에서도 등장하는 긴장이다. 먼저, 마르크스는 본원적 축적의 시기에 국가의 드러난 개입과 그 시기 이후 '자연화' 되는 것의 차이를 비교했다(마치 '인위적'과 '자연적'의 대비처럼). 그다음, 노동자는 개별화에, 그리고 자본은 사회성의 측면에 배정했다(청년기의 헤겔에 대한 관심을 반영하듯). 양자 모두 국가 없이 자연화되고, 재생산은 국가 없는 재생산으로 상정되는 듯하지만, 양쪽 모두에서 재생산의 난점이 발생한다. 국가와 밀접하게 연관된 '지배적 사상'의 질문으로 되돌아오는 것이다.

이 '지배적 사상'이라는 질문은 세 가지 교환 영역 모두와 연관되지만 '교환'의 세계로 해소될 수 없다. 이것이 교환의 세계의 (불가능한) '자연성'을 지탱하는 조건이 되기 때문이다. 여기서도 마르크스는 다시 푸코와 비교될 수 있다. 푸코의 통치성 논의에서는 단일 평면이 지배하며, 국가도 그 평면 속에 정치경제학과 나란히 들어올 수 있다. 그것이 자연화 또는 규범화의 조건이다. 푸코에게 국가는 "통치이성의 규제적 이념"으로 이해될 수 있다(푸코 2011: 388). 그래서 푸코에게서는 이 통치성의 자연화에 대한 내적 제약이 불분명하다.

반면 마르크스에게 국가는 두 변증법(자본-노동, 그리고 지배-피지배) 재생산의 불가능성을 보이는 한계 개념이 된다. 그것은 재생산의 자연화를 설명하기 위한 보족으로 보이지만, 사실 이면에서 재생산의 불가능성의 표명이기도 하다. 앞서 지적했듯이 '자연화' 하는 재생산은 이윤율의 경향적 저하와 상대적 과잉인구 법칙이라는 내적 제약 요소를 내장할 수밖에 없고, 사회성의 물신숭배적 전도는 사실상의 사회성의 소실로 귀결된다. 이는 교환의 세 영역의 재생산 각각에 난점을 부여한다. 마르크스가 제기한 세 교환으로 이루어진 사회적인 것의 공간 내에서 그가 제기하고자 한 재생산의 내적 한계는 두드러지지만, 그럼에도 이 공간 내에서 이 쟁점을 충분히 다루기는 어렵다. 사회적인 것의 또 다른 공간에 대한 설명이 필요한 것은 이러한 문제를 해결하기 위해서이다.[16]

삼중의 교환 공간을 통한 재생산에 대해서도 그렇고, 역사적 서술의 장에서 설명하는 내용을 검토해봐도 그렇고, '자연화' 한 과정으로 보이는 재생산 자체는 시작부터 문제가 아닐 수 없다. 여기서 사회성의 자리는 개별 노동에 있지 않고 생산력으로서의 자본으로 옮겨갔기 때문에, 세 공간 각각이 표상하는 사회성의 위기는 곧 자본의 재생산의 위기이다. 사회성에 대한 개입 또한 기본적으로 자본의 재생산에 대한 개입을 우위로 하는 형태로 진행되지 않을 수 없다.

여기서 마르크스에게 남는 과제는 이중적이다. 한편에서 마르크스는 자본-노동의 변증법에 맞물리는 지배-피지배의 변증법을 '사회적 관계론' 수준에서 구성할 수 있는 공간적 구상을 제시해야 한다. 다른 한편에서는 두 변증법 모두에서 재생산의 한계점을 국가라는 쟁점을 통해 드러낼 수 있어야 한다. 이때 이미 마르크스에게 사회적인 것의 또 다른 공간에 대한 질문이 전제되어 있는 것이다.

사회적인 것의 또 다른 장소,
'사회적인 것 2'

이처럼 마르크스는 사회적인 것의 2자적 또는 평면적 이해를 3자적 또는 입체적으로 발전시키고, 재생산의 문제 설정을 통해 '자연성'을 닫힌 공간이 아닌 개방된 역사에 열어놓는 작업을 진행했다. 거기서 발견되는 중요한 함의를 정리해보면 다음과 같다.

첫째 사회적인 것은 경제의 외부가 아니며, 정치 또한 사회적인 것의 외부로 사고될 수 없다. 둘째 사회적인 것은 상호주관성이나 사회계약적 구도로 해명되지 않는, 세 교환들로 얽힌 구조적 효과의 산물이다. 셋째 사회적인 것은 자연법칙의 자동 메커니즘이 아니라, 재생산의 위기를 내장한 모순적 기제이다. 넷째 사회적인 것은 자본주의하에서 사회성을 부여하는 장치(기제)이자 그 (전도된) 효과이다. 다섯째 그 효과를 발생시키는 서로 맞물린 세 교환들이 재생산으로 얽힌 구도를 변혁하지 않는 정치는 불가피한 실패로 귀결된다. 여섯째 따라서 사회적인 것은 되찾아야 할 어떤 것이 아니라, 변혁·전화되어야 할 역사적 특수성이다.

그런데 이러한 강점의 이면에는 숨은 맹목점 또는 약점이 발견된다. 그 이면을 살펴봄으로써 마르크스가 제시한 사회적인 것의 강점 또한 재확인될 것이다. 마르크스는 《자본》이나 다른 저작에서 이를 본격적으로 분석하지는 않았지만, 3자 관계의 입론이나 '(정치)경제학 비판'이라는 그의 입장은 이 문제를 어느 정도 예견하고 전제한다. 청년기의 중요한 개념이지만 '잊혀진' 개념인 '이데올로기'라는 질문과, 그가 중시하지만 명시적으로 잘 부각하지 않는 '국가'는 역설적으로 맹목점의 존재와 동시에 그 설명 가능성을 보여준다.

사회적인 것 1과 사회적인 것 2: das Gesellschaftliche와 das Soziale

이와 관련해 《요강》의 '일반적'이라는 수식어를 대체하면서 《자본》에 와 집중적으로 등장하는 '사회적'이라는 개념을 마르크스가 어떻게 사용하는지 엄밀히 살펴보면 매우 흥미로운 쟁점이 발견된다. 앞서 주장했듯이, 마르크스를 검토하는 가설의 측면에서 사회적인 것을 다시 두 공간으로 분할할 수 있다고 생각해보자. 사회(적인 것) 1 또는 das Gesellschaftliche와, 마르크스에게 암묵적으로 존재하지만 그의 맹목점이 될 수 있는 사회(적인 것) 2 또는 das Soziale로 나누어질 것이다.

앞서의 논의에서 살펴본 바로는, 마르크스는 재생산과 세 교환의 영역에 대한 논의를 주로 사회(적인 것) 1의 영역에 한정했지만, 그럼에도 재생산이 이 공간 내에서 완성될 수 없음을 이해하고 있었다.

독일에서 사회적인 것을 지칭하는 용어로서 sozial은 프랑스혁명 이후 변화한 정치·사회 변동을 반영해 1800년경 처음 출현한 19세기의 발명품이다. 독일 사회의 변화에 따라 1850년대와 1860년대에 이 형용사가 붙은 용어들이 대거 등장했다(사회문제, 사회운동, 사회과학, 사회 개량, 사회국가, 사회정책 등). 그리고 1872년 아이제나흐 회의에서 슈몰러 등의 주도로 사회정책학회가 출현하고, 비스마르크의 지휘 아래 국가 건설이 진척되면서 독일에서 sozial은 사회정책 Sozialpolitik이라는 함의를 지닌 '규범적' 의미로 자리 잡기 시작했다 (Kaufmann 2012: 26/50).

망명객인 마르크스가 《자본》의 집필 시기에 독일에서 전개된 이 사회 분위기와 완전히 괴리되어 있었다고 하기는 어렵다. 마르크스는 국가를 중심으로 한 '통합'의 함의를 지니는 sozial과는 거리를 두었는데, 이는 《자본》에서 흥미롭게 확인된다.

《자본》에서 '사회적'이라는 형용사는 거의 항상 gesellschaftlich 이다. '사회주의'나 '사회통계'처럼 상용되는 단어가 아닌 경우에 sozial은 한정적으로 사용된다. 《자본 I》을 보면, 우선 8장 '노동일'에서 노동자가 충족시키려는 '정신적 · 사회적 욕망geistiger und sozialer Bedürfnisse'이나 노동일 변화의 '육체적 · 사회적 한계sozialer Schranken' (9장에도 출현) 그리고 22장 '잉여가치의 자본으로의 전화'에서 '자연적 · 사회적 욕망'의 경우에 한정해 sozial을 사용하고 있다(《자본 I》: 331, 429, 806). 그다음으로 이 용어는 자본주의적 축적의 일반 법칙과 관련한 몇몇 특징을 묘사할 때 다시 사용된다. 23장 '자본주의적 축적의 일반 법칙'에 등장하는 '사회적 메커니즘'이나 '사회적 위기sozialen Krisis' 그리고 24장 '이른바 본원적 축적'에서 '사회적 영혼soziale Seele' 이나 '사회적 종속soziale Abhängigkeit'의 경우가 그렇다(《자본 I》: 842, 854, 1001, 1030).[17]

이렇게 볼 때《자본 I》에서 마르크스의 sozial 사용은 gesellschaftlich 에 비해 체계적이고 개념적인 지위를 얻고 있다고 보기 어렵다. 마르크스가 자본주의의 중요한 역사적 특성인 '노동의 사회화'를 설명할 때 사용하는 개념도 두 용어 중 후자를 명사화한 'Vergesellschaftung'이다《자본 I》: 1021/1022).[18]

《자본 II》에서는 '매우 다양한 사회적 생산양식der verschiedensten sozialen Produktionsweisen의 상품유통과 교차'라는 표현에서 단 한 번만 지나가면서 sozial이라는 표현이 사용될 뿐이다. 그 외에는 유의미하게 사용된 곳을 찾을 수 없다《자본 II》: 139).

《자본 III》에 오면 사정이 조금 달라진다. 지대를 설명하는 장들 (37, 39, 47장)과 48장 '삼위일체 정식'에서 sozial은 비교적 자주 등장한다. 지대를 설명하는 장들에서는 '정치적이고 사회적인 장식물들' '아직 사회적으로 발전되지 못한 노동' '사회적 생산 일반의 진보' '허구적 사회적 가치를 생산'[19] '사회적 생활 과정의 한 산물' 등의 표현이 확인된다《자본 III》: 843, 864, 885, 897, 1045). '삼위일체 정식' 장에서는 '생산과정의 사회적 형태' '자본주의적 생산과정에서 취하는 사회적 성격' '사회적 대표자에게 이윤(이자)과 지대라는 형태로 할당' '자본주의적 생산양식의 (…) 역사적·사회적 규정성'이라는 표현들에서 sozial이 사용된다《자본 III》: 1090, 1092, 1102, 1107).

흥미로운 것은 '사회적 관계'라는 표현이 등장할 경우《자본》대부분에서 마르크스는 gesellschaftlich라는 형용사를 사용했지만, 3권 후반에 와서 두 번에 걸쳐 sozial(das soziale Verhältnis)을 사용한다는 점이다《자본 III》: 525, 1092). 역사적 설명을 필요로 하는 부분에서 자본주의에 나타난 변화를 지칭하기 위해 이 용어가 부분적으로 사용

생각하는 마르크스

되었다고 할 수 있지만, 그렇더라도 sozial이 gesellschaftlich와 체계적으로 구분되는 개념적 지위를 차지하고 있다고 보기는 어렵다. 《자본 Ⅲ》 편찬에 사용된 초고가 《자본 Ⅰ》 출판 이전 것과 이후 것이 섞여 있기 때문에(윤소영 2009: 47), 마르크스 자신의 최종 교열을 거친 《자본 Ⅰ》과의 차이도 고려해야 한다.

마르크스에게 잠복해 있던 이러한 사회적인 것의 두 공간의 차별성이 두드러진 것은 das Soziale에 경도된 입장을 보인 라살레파의 영향을 받아 '고타 강령'이 문제가 된 이후였다. 마르크스가 〈고타 강령 비판〉에서 제기한 비판의 요점은 사회적인 것에 대한 상이한 이해나 오해에 대한 것이었다. 이 쟁점이 마르크스 생전에 가장 두드러지게 나타난 글은 〈아돌프 바그너의 〈정치경제학 교과서〉에 대한 평주〉라는 1879년의 노트였다. 여기서 비판의 초점은 바그너가 마르크스를 오해한 나머지 그에게 적용한 '사회국가Sozialstaat'와 '사회조세Sozialtaxe'라는 범주에 맞추어졌다(Marx 1879). '사회국가'라는 용어가 슈몰러의 창작물이었다면, 아돌프 바그너는 '복지국가Wohlfahrtsstaat'라는 용어의 창작자였을 만큼(Kaufmann 2012: 124), 사회적인 것을 sozial의 맥락에서 설명하려던 대표적 인물이었다.

〈고타 강령 비판〉에서 〈바그너 평주〉에 이르기까지 마르크스가 견지한 일관된 입장을 재해석해보면, 사회적인 것과 정치를 모두 경제 외부에 존재하면서 경제와 상호 대립하는 이원적 외적 관계에 놓은 다음 '사회문제Sozial Frage'를 사회적 국가의 개입에 의해 해결 가능하다고 생각한 논자들을 비판한 것이라 할 수 있다. 그가 사회적인 것 das Gesellscahftliche이라고 부른 장소는 이미 국가를 내적으로 포함하는 정치-경제적 공간이며, 그 해결로서의 정치 또한 외부가 아닌 공간 내부에서 사고되어야 하는 것이다.[20] 마르크스의 입장에서 보면, das Soziale의 공간은 오히려 정치와 경제를 분리시키는 지배적 이데올로기의 효과의 장소가 될 것이다. 그래서 'gesellschaftlich'에 비해 'sozial'은 '허구적'이다.

마르크스는 사회 1 분석을 통해 우리에게 자본주의의 지양은 구조의 변혁임을 보여준다. 그리고 정치는 das Gesellschaftliche 외부에서 '사회적 국가'의 개입을 통해서가 아니라, 내부에서 구조의 지양을 통해 이루어져야 한다고 강조했다. 이를 잘 보여주는 문구는 '부정의 부정'과 '수탈자에 대한 수탈'을 다룬 장에서 확인할 수 있다. 마르크스는 자본주의적 생산양식이 자기 발로 서면 '노동의 사회화'가 심화되며, 이는 곧 "토지와 기타 생산수단이 사회적으로 사용되는(즉 공통적) 생산수단으로 전화"를 추동한다고 강조한다. 그리고 이 경향이 자본주의 생산양식의 지양으로 귀결된 결과를 "개인적 소유"라고 지칭한다(《자본 I》: 1021/1022. 번역을 수정함). 즉 '사회적·집단적 소유'로서의 '생산수단의 사회적 사용'을 '개인적 소유'와 결합한 것이 das Gesellschaftliche의 내적 모순을 해결하는 정치임을 주장한 것이다.

여기서 흥미로운 것은 "사회적으로 사용되는(즉 공통적)"이라는 구절이다. 원문은 "gesellschaftlich ausgebeutete, also gemeinschaftliche"이다. 마르크스는 퇴니스식으로 '게마인샤프트'와 '게젤샤프트'를 대립시키는 구도와 달리 양자의 재통합('개인적 소유'라는 기반하에서)이 자본주의 지양의 전제임을 주장하고 있다.[21] 이렇게 사회적인 것의 공간 내에서 전도의 원인과 해결의 방향이 함께 모색된다.

그런데 사회(적인 것) 1(das Gesellschaftliche)은 모순이 발생하는 기원지이지만, 그 자체가 사회성으로 '표상'되지는 않는다. 왜냐하면 전도된 사회성으로서 물신숭배는 사실 사회성의 부정(부재)이기 때문이다. 마르크스는 이를 공장의 전제주의 대 시장의 무정부성이라는 대립을 통해 설명한 바 있다《자본 Ⅰ》: 490). 따라서 물신숭배의 구도 속에서 전도된 표상은 사회적인 것 2(das Soziale) 속에서 비로소 자기표현을 찾게 될 것이다. 전도된 사회성의 자리 속에서 개인이 개인 주체로서 자신의 자리를 부여받으려면 das Soziale의 형식을 통해야 하는 것이다. 물신숭배까지의 구도는 인식의 틀이라기보다는 구조의 틀로서, 따라서 여기서는 자유계약을 허구로 만들고 자유계약자를 노예상인으로 만드는 구조로 설명되고 있다.

das Soziale는 '사회적인 것'의 구조의 표상화 또는 더 적절하게 그 '가상화'나 '이데올로기화'를 위해서도 요구된다. 그 구분은 프랑스혁명 이후 '인민주권' 개념의 내적 모순에서부터 필요성이 제기되며,[22] 그 구분이 본격적으로 현실화된 것은 동즐로의 말처럼 주권과 노동권 사이에서 프랑스혁명의 산물인 공화국이 분열되는 19세기 후반부터이다(동즐로 2005). 그때 '자본과의 직접 교환'과 '자유로운 계약' 사이의 모순이 동질적 또는 동일성을 전제한 '인민' 속에서 해결 불가능한 모순에 봉착한 것이다. 이를 해결하려는 국가에게는 적어도 첫째 문제(해석, 원인)의 전위, 둘째 허구적 보편성, 셋째 관리를 위한 테크놀로지 등이 요구된다.[23]

마르크스에게 das Soziale는 그 자체로 사회적인 것의 자리가 될 수 없다. 따라서 이는 '전도된' 곳이라기보다는 '허구적'인 곳이다. 앞서 마르크스가 das Gesellschaftliche에서 분석한 사회적인 것은 대표적으로 '노동의 사회화' 항목에서 설명된 깃처럼, '공통의 깃'인 사회적인 것을 사적으로 전유하거나 사유화하는 전위의 결과였다. 그런 점에서 das Soziale는 '공통된 것'의 전도나 전유가 아니라, 그 구성을 향한 출발점으로서 허구적 표상의 개시이다.

das Gesellschaftliche가 사회적인 것이 발생하는 기원과 그 전도의 기제를 설명한다면, das Soziale는 그것이 표상되고, 또 표상을 통해 그 기원에 대한 개입을 시도하는 출발점으로 등장하게 된다. 한편 das Soziale는 독일에서 그 단어가 출현한 배경에서 살펴본 것처럼, 중립적 '사회국가'라는 허구를 형성하는 공간이다. 마르크스가 sozial이라는 용어에 거리를 둔 것이 그 때문임은 앞에서도 설명했다. 그렇지만 동시에 다른 한편에서 das Soziale는 이 문제를 출발시킨 프랑스혁명의 인민주권 원리가 복귀되어 재구성되는 허구성(또는 발리바르의 표현을 따르면 '이상적 보편성universalité idéale'[발리바르 2007])의 공간이기도 하다. 이는 앞서 사회적인 것 1에서 살펴본 교환 1, 즉 메타구조로서의 계약이나 등가와도 다르다.

das Soziale를 통해 사회적인 것을 현실적인 '사회'로 형성해 나아가는 허구적 구성·관리를 유지하고 일정하게 효과를 발휘하게 하려면 몇 가지에 성공해야 했다.

첫째 물신숭배 구도가 계약의 '자유로운' 외양을 유지하고 노동자를 '노예 상인'으로 만들지 않을 수 있는 정치적·경제적 조건, 둘째 자본과의 직접적 교환이 '노동의 폐절'로 이어지지 않을 수 있는 제약과 '과학적 관리'(통치성), 셋째 이를 정치로 만들어낼 수 있는 특정한 집단의 동일성이 정치 공간 내에서 허용될 것, 넷째 동즐로가 말하는 주권과 노동권 사이의 대립에서 양자의 갈등을 지양할 동일성이 형성될 것, 다섯째 사회성이 전적으로 '자본의 생산력'으로 독점되지 않도록 모호하게 유지될 완충 공간이 형성될 것. 그것은 전반적으로 '인민'의 탄생이며 '공공성'의 형성일 수 있다.

이렇게 보면 마르크스에게 사회적인 것은 das Gesellschaftliche와 das Soziale가 만든 '이중의 사회 효과'라고 이해될 수 있다. 그리고 여기서 둘은 서로 다른 장소에 자신의 기원과 효과를 두고 있다는 사실도 고려되어야 한다.[24]

이는 매우 흥미롭게도 서로 반대 방향으로 전개된 두 논의들이 결합한 것으로 해석될 수도 있다. 첫째 마르크스는 노동의 사회적 성격, 즉 das Gesellschaftliche에서 출발해 그 사회적 성격이 자본으로 이전된 결과 사회적인 것이 형성됨을 설명한다. 그러나 그 사회성은 허구적-거세된-전도된-개별 자본 간의 우연성과 경쟁에 내맡겨지게 된다. 즉 '무정부적'인 것이 된다. 사회 1은 마치 사회적인 것의 무정부성인 것처럼 표출되는 것이다.

반면 둘째 das Soziale는 매우 '조직적인' 특성을 표상하는 것으로 등장한다. '보편적' 국가는 '상징적인 것'으로서 그것에 의해 개인들의 위치에서 보편성이 형성된다. 이 두 번째 공간의 '사회성'은 현실적-활성화한(거세의 반대로서)-전도되지 않은-계획성과 집중성으로 표현될 것이다. 또 전자(das Gesellschaftliche의 기원적 무정부성)를 지양하는 유일한 사회성처럼 보일 것이다. 그러나 그것은 사회적인 것의 기원이 부재한 사회적인 것의 공간이다. 이는 《자본 Ⅲ》에서 마르크스가 강조한 역설과도 유사한 구도를 보인다. 현실에서 법칙으로 작동하는 것은 평균이윤율이지만 현상에서는 마치 다수의 이윤율들만 실존하는 것처럼 보이는 반면, 평균이자율이 마치 법칙인 깃처럼 현실에서 관찰된다는 역설 말이다.

이렇게 해서 das Gesellschaftliche, 특히 교환 3의 영역인 물신숭배와 das Soziale는 서로 다른 것 같지만 또 서로 연결된다. 전자는 노동의 사회적 성격에서 시작해 결국 이자를 낳는 자본에서 완성되는, 전도된 사회성의 효과로서 물신숭배로 종결된다. 반면 후자는 그 자체가 물신숭배의 구조를 갖는 것처럼 보이는 허구성에서 시작해, 그 현실성으로 확장되어야 하는 과제로서 진행된다.[25] 전도된 것으로서 사회적인 것 1의 물신숭배적 표상은 사회적인 것 2 속에서 비로소 자기표현을 찾을 수 있을 것이다. 사회(적인 것) 2는 전도된 사회성의 자리 속에서 개인에게 주체로서의 자리를 부여하는 형식을 제공하기 때문이다.

사회적인 것 2에서 전개되는 '정치'

사회(적인 것) 2의 출현은 사회(적인 것) 1의 난점 때문이지만, 그렇다고 사회(적인 것) 1의 공간으로부터 사회(적인 것) 2의 공간으로 넘어가서 사회적인 것의 기획이 성공하기는 마찬가지로 어렵다. 왜냐하면 앞서 분석해보았듯이 마르크스의 주장처럼 두 번째 사회성의 '허구적 구성'의 기원이 사실 첫 번째 구도에서 펼쳐진 사회성의 전도에 연결되어 있기 때문이다. 두 공간은 유기적·기능적으로 맞물리지도 않고, 그 관계는 매우 갈등적일 수 있다. 다시 말하지만 양자의 구분은 전자가 전적으로 '경제'이고 후자가 전적으로 '정치' 혹은 '국가'일 수는 없다. 전자는 메타구조의 조건 속에서 이미 후자를 작동시키고 있어야 하기 때문이다.

구도가 이렇게 되었을 때 우리가 생각하는 '정치'에도 문제가 발생한다. 근대 정치는 특히 das Soziale의 층위에서 전개되는 것으로 여겨진다. 그러나 마르크스는 오히려 정치의 장소가 das Gesellschaftliche에서 기인함을 보여주고자 노력했다. 다만 사회(적인 것) 1의 장소는 '자연화'(물신숭배 구도 자체) 하거나 아니면 '비밀스러운 생산의 장소'여서 그 '입구'를 찾기는 어렵다. 그래서 통상 전개되는 정치의 방식은 das Soziale의 공간 속에서 전개되는 집합적 행위와 국가의 개입에서 출발해 das Gesellschaftliche의 문제를 해결할 수 있다고(그리고 해결했다고) 오인하는 것이다.[26] 후자의 영역 내에서 나타나는 정치가 전자의 공간으로 개입하는 것이 쉽게 보증되지도 않는다. 왜냐하면 das Gesellschaftliche와 das Soziale는 같은 뿌리에서 기인하지만, 상이한 작동·공간·개입으로 상정되기 때문이다. 사회(적인 것) 2는 사회(적인 것) 1에서 발생하는 재생산 문제를 가상적으로 해결하게 되는데, 여기서 등장하는 국가는 문제의 '가상적 해결' 과정을 통해 가상성·허구성을 강화하는 동시에 물신숭배 구도를 강화한다.[27]

그러나 그 구조를 지양하려면 어느 곳을 출발점으로 삼아야 하고 어떤 계기를 통해야 가능한지는 모호하게 남는다. 마르크스의 분석 속에서 구조 밖으로 나갈 출구를 찾는 것이 불가능하지는 않지만 쉽지도 않다. 그가 보여주는 '사회적 관계들의 앙상블'이 장치나 기제로 서로 얽힌 매우 복잡한 구조로 이루어져 있고, '자기 발로 선' 단계에 오면 스스로를 자연법칙으로 재생산하는 경향을 내장하기 때문이다. '자기 발로 선' 단계에서 사회(적인 것) 1이 보이는 자연성의 작용은 사실 사회(적인 것) 2를 배제한 채 설명되기 어렵고, 사회(적인 것) 1

의 자연성의 조건이 사회(적인 것) 2의 자연성이 될 것이다.

그런데 여기서 우리는 사실상 '정치'라고 부르는 개입의 장소가 사회(적인 것) 1의 공간이 아니라 사회(적인 것) 2의 공간에서 전개됨을 발견하게 된다. 두 공간은 서로를 전제한다. 사회(적인 것) 2의 개입 없이 사회(적인 것) 1 내에서의 재생산은 불가능하지만, 사회(적인 것) 2는 사회(적인 것) 1의 반영도 환원도 아니다.[28] 그 때문에 사회(적인 것) 2를 통한 사회(적인 것) 1에 대한 개입은 현실을 변혁할 유일한 통로일 수 있지만, 그 목표한 바의 달성이 보장되지도 않으며, 더욱이 목표 자체가 명확하게 정립된다는 보장조차 없다.[29]

이렇게 말하면 마르크스에게 사회적인 것이 '이중의 사회 효과'임이 다시 확인된다. 그리고 여기서 둘은 서로 다른 곳에 자신의 기원을 두고 있고, 효과의 장소 또한 그럴 수 있음을 고려해야 할 것이다. 사회(적인 것) 1이 없으면 사회(적인 것) 2는 공허하고, 사회(적인 것) 2가 없으면 사회(적인 것) 1은 입구도 출구도 찾을 수 없게 된다. 구조의 변혁으로서의 '이행'과 집단적인 계급적 실천으로서의 '혁명'이 마르크스에 대한 해석 주위를 늘 함께 맴도는 것도 이렇게 뗄 수 없는 관계 때문일 것이다.

* * *

이제 지금까지 한 분석을 정리해보자. 우리는 마르크스에 대한 오해를 넘어서서, 마르크스를 통해 사회적인 것을 설명할 가능성과 곤란함을 탐색해보았다. 그가 제시한 교환의 세 영역을 통해 사회적인 것의 기원을 살펴보고 그 장소의 전도된 성격을 찾아보았다. 더 나아가 그의 맹목점을 검토해봄으로써 그에게 또 하나의 다른 사회적인 것의 장소가 전제되어 있음을(전제되어야 함을) 살펴보았다. 사회(적인 것) 1과 사회(적인 것) 2라고 부른 두 공간은 서로 맞물려 있으며, 어느 하나만을 통해 현대 사회를 이해하고 현대 정치의 가능성을 설명하기는 어렵다.

마르크스가 보는 사회적인 것은 이중적으로 그 기원의 밖에 놓인다. 한편에서 그것은 교환 2에서 기원하나, 교환 1이 전도된 교환 3의 물신숭배의 전도된 구도 속에서만 존재한다. 무정부성으로 표상되는 사회성이 그 중요한 효과이다. 다른 한편에서 사회적인 것은 직접적으로 사회적인 것 1을 통해서가 아니라 사회적인 것 2를 통해 표상되고, 거기가 그 사회적인 것에 작동을 가하고 개입할 수 있는 정치의 공간으로 오해된다. 사회적인 것이 이렇게 이중적으로 그 기원 밖에 놓이기 때문에, 사회적인 것에 직접 대응하려는 우리의 노력은 허상과의 싸움으로 빠져들기 쉽다.

마르크스의 강점은 사회적인 것을 우리가 대면하는 상호주관적 세계나 사회계약의 세계, 또는 자동적 메커니즘의 세계로 보지 않도록 하는 데 있다. 또 사회적인 것을 한편에서 경제와, 다른 한편에서는 정치와 분리된 독립적이고 자율적인 공간으로 사유하지 않도록 한다. 그의 사유 공간을 사회적인 것 2로 확장하면, 우리는 현대 정치의 가능성과 한계에 대해 조금 더 잘 이해할 수 있게 된다.

그렇지만 여기서 마르크스의 난점을 동시에 보게 되는데, 이는 그의 난점일 뿐 아니라 현대 정치의 난점이기도 하다. 그 난점이 지금은 더 커 보이는 것은 사회적인 것 1과 사회적인 것 2의 혼동을 초래한 역사적 상황이 달라졌기 때문일 것이다. 두 영역을 연결하는 실용적 매개체가 잘 작동한 역사적 정세하에서는 이 문제가 지금보다 덜 두

드러졌다.

지금 이것이 문제가 된다면, 그것은 우리가 대체 '사회의 위기'란 무엇인지에 대해 매우 혼란스러운 상황에 처해 있어서이다. 위기에 처한 것은 사회 1인가, 아니면 사회 2인가? 그도 아니라면 두 공간의 연결 고리인가? 이 질문을 조금 다른 버전으로 바꾸어보면 '자본주의의 위기'와 '자본주의가 초래한 위기'는 같은가라는 질문이 될 수 있다(백승욱 2015). 또 알튀세르가 '과잉결정'과 더불어 강조한 '과소결정'이라는 질문이(알튀세르 1991: 156) 두 사회적인 것의 현재적 함의로 연결될 수도 있다. 사회의 위기라는 질문이 자본주의의 위기로, 다시 자본 재생산의 위기로, 그러나 결국 공황을 통한 자본의 재활성화로 나아가는 과정을 바라보면서 우리는 대체 어떤 고리에서 집단적이고 효과적으로 개입할 수 있는지 몰라 곤혹스럽다. 분석의 전제는 구분이고, 구분은 관계 설정을 위한 조건일 것이다.

생각하는 마르크스

1 사회적 자유주의라 할 뒤르켐의 입장에 대한 해석이 진보와 보수를 왔다 갔다 하는 것은 경제에 대한 이러한 모호한 태도 때문인 것으로 이해된다. 19세기 말 위기와 공화주의 및 사회적 국가의 등장 맥락에서 뒤르켐의 이론의 위상에 대한 해석으로는 김종엽(1998).

2 마르크스의 '사회적인 것'(사회성)을 재구성되어야 할 과제로 제기하고 있는 글로는 임운택(2009)이 있다.

3 전자는 더 포괄적이며(경제적, 정치적, 문화적 관계 전반을 포괄), 후자는 훨씬 좁은 '사회학적' 의미로 사용된다(주로 19세기에 등장한 용어이다). 전자는 좀 더 '서술적'이고, 후자는 좀 더 '규범적'이라고 구분되기도 한다. sozial은 대표적으로 Sozialpolitik, soziale Frage 등을 지칭하는 경우 등에 사용한다. 독일에서 이 개념들의 상이성과 전개 과정에 대해서는 Kaufmann 2012: 26/49.

4 《요강》보다 《자본》을 우위에 두는 입장에는 Althusser and Balibar(1970), Grossmann(Lapides 1992에서 인용), 윤소영(2009)이, 《자본》보다 《요강》을 우위에 두는 입장에는 네그리(2012)가, 양자의 절충에는 로스돌스키(2003)가 있다.

5 다만 《자본 I》 5장 '노동 과정과 가치 증식 과정'과 《자본 III》 51장 '분배 관계와 생산 관계'에서 부분적으로 그 흔적이 발견된다.

6 이 주장에서 포이어바흐의 영향이 다시 나타남을 확인할 수 있다. 마르크스가 포이어바흐를 비판하면서 한 주장, 즉 "포이어바흐가 유물론자인 한 그에게는 역사가 나타나지 않으며, 또 그가 역사를 고찰하는 한에는 결코 유물론자가 못 된다"는 주장이 여기에서 그대로 적용된다.

7 "교환가치에 입각한 노동은 개별자의 노동이나 그의 생산물도 직접적으로 **일반적**이지 않으며, 대상적 매개에 의해서, 그것과는 상이한 화폐에 의해서 비로소 이 형태를 획득한다는 것을 전제로 한다"(《요강 I》: 155).

8 《요강》에서는 이와 관련된 구상이 단초적으로 등장하지만, 《자본》에서처럼 체계적으로 서술되지 않는다. 《요강》에서는 첫째, 소유의 문제 설정이 우위에 놓이고 아직 영유 법칙으로 전화에 대한 구체적 설명이 부족하며, 둘째, 영유 법칙의 설명의 기조도 아직은 '소유와 노동의 완전한 분리'라는 틀에서 설명되고 있다(富塚良三 외 1985: 230/232). 특히 재생산이라는 관점이 아직 부재한 것이 가장 큰 한계이다.

여기서 '영유'는 'Aneignung'의 번역어인데(영어로는 'appropriation'), 국내의 두 번역본 모두 '취득'이라고 번역하고 있다. 이 용어는 '소유'라는 상태가 아니라 타인의 소유인 것을 자기의 것으로 이전시키는 '과정'을 표현한다. 일본에서는 '취득取得', '영유領有', '전유專有'라는 용어가 번역어로 경합하고 있다. 예를 들면 富塚良三 외 1985; 마토바 아키히로 외 2011: 412/413.

9 자본이 사회적 관계라 함은 첫째 자본과 노동의 불평등한 비대칭적 관계를 형성하고 재생산하며, 둘째 그것을 통해 노동을 특정한 방식으로 작동시키는 '생산적' 힘으로 작동하고, 셋째 그 관계로 생기는 일정한 '사회성'을 체득하고 있는 것(인격화), 넷째 그런데 그것은 '노동' 외부에 존재하지 않고 그 '형태' 속에 체화되어 있으며, 다섯째 노동에 의해 작동하는 것이 아니라, 노동이 거기에 종속되어 있는 힘이라는 것을 말한다.

10 사회적인 것이 이처럼 '자연성'으로 표상되어온 역사에 대해서는 김홍중(2013: 4/13).

11 그런데 가치형태를 다루는《자본 Ⅰ》1장 1절의 '거울 관계'에 대한 설명은 이 관계를 '역사'와 '운동' 외부에 둔다는 '소외론적 한계'에 빠지게 된다. 그 때문에 마르크스는 2장의 '교환 과정'을 매개로 해서 2자적 거울 관계의 구도와 3자적 사회적 필요노동을 결합해 비로소 '자본 운동'이라는 '역사' 속에 위치 짓게 된다. "자본은 멈춰 있는 물적 존재가 아니라 단지 운동으로서만 이해될 수 있다"(《자본 Ⅱ》: 134). 이 점에서 자본은 '사회적 관계'인 동시에 '과정'으로 이해된다. 따라서 뒤에서 살펴보듯이 사회적인 것에 대한 마르크스의 관점에서 '거울'과 함께 '재생산'이 핵심적 관점이 된다.

12 마르크스는 자본주의하의 노동자의 상태가 사실 노예와 다르지 않음을 보여준다. 특히 '축적의 일반 법칙의 예증'에서 이러한 관점을 명확히 한다. 또 상황을 보여주기 위해 자본주의가 가장 발전한 국가, 그 국가의 가장 발전한 영역(노동 귀족)과 가장 불안정한 층(유랑자), 그리고 전자본주의적이라고 오해되는 영역(노동)에 모두 이러한 특징이 관철되며, 심지어 인구가 감소하는 상황(아일랜드)에서도 그러함을 보여준다(《자본 Ⅰ》: 880/960).

13 구체적 역사, 특히 계급 간 대립과 제도의 변천, 축적 구조의 전환 등의 분석이 중요한 이유가 여기서 제기된다. '이윤율의 경향적 저하'와 관련해서는 뒤메닐·레비(1993), '상대적 과잉인구'에 대해서는 브뤼노프(1992).

14 이 책의 '마르크스와 더불어 생각하기'에서 밝혔듯이《자본》의 마르크

스에게는 세 가지 상이한 시간성이 공존한다. '거울'의 정지된 시간성, '재생산'의 회귀하는 시간성, 역사적 장들에서 보이는 분기하는 시간성이 그것이다.

15 참고할 곳은 발리바르 2007: 290/296; 비데 1995: 117/120.

16 이 문제를 좀 더 진척시키기 위해 '자본주의의 위기'와 '자본주의가 초래한 위기'를 구분해볼 수 있다(백승욱 2015).

17 8장 '노동일'에서 "변화된 물적 생산양식과 이에 상응하여 변화된 생산자들의 사회적 관계sozialen Verhältnisse der Produzenten"라는 표현을 사용하지만, 이 표현의 맥락은 같은 장 각주 46의 리비히가 말하는 "자연적 사정 때문이든 사회적 사정 때문이든sei es durch physische oder soziale Verhältnisse"과 같다는 점에서, 마르크스의 표현은 특별한 개념적 함의를 지녔다고는 보이지 않는다. 이하 독일어 원본과의 대비는 Marx 1867; Marx 1885; Marx 1893.

18 《자본 Ⅲ》 27장(587)에는 같은 단어를 사용해 '생산의 사회화'라는 표현이 등장한다.

19 강신준 번역본에서는 이 표현이 포함된 문장이 누락되었다.

20 이러한 사고의 전환을 발리바르는 《대중들의 공포》에서 마르크스의 정치와 경제의 '단락court-circuit'이라고 부른다(발리바르 2007).

21 마르크스는 또한 "공동의 생산수단으로 노동하면서 die mit gemeinschaftlichen Produktionsmitteln arbeiten 각자의 개별 노동력을 하나의 사회적 노동력으로 인식하며 지출하는 자유인들의 결사체"라는 문구를 통해 자본주의 생산양식의 지양을 설명하기도 했다(《자본 Ⅰ》: 142). 그는 'gemeinschaftlich'를 '공동의'나 '공통의'라는 의미로 사용하고, 공동체라는 의미를 지칭할 때는 'Gemeinwesen'이라는 단어를 쓴다. 예컨대 《자본 Ⅰ》: 118, 125, 130, 142/143, 458; 《자본 Ⅲ》: 143, 243, 259, 334, 348, 867, 916, 1056, 1095.

22 불평등이 이제 신분 불평등이 아니라 사회적 불평등의 문제로 부각되며, 국가와 시민사회를 구분한 헤겔의 논법이 그 논점을 수용하든 부정하든 새로운 출발점이 되지 않을 수 없다(Kaufmann 2012: 33/34).

23 그 결과로서 '사회적 국가'의 출현과 특성에 대한 자세한 분석은 Castel(2003).

24 '허구적'이라는 특징은 마르크스의 '이데올로기'라는 관점과 연관되며, 마르크스 이데올로기론을 전개시키는 작업은 das Soziale이라는 질문으로

부터 출발할 수 있다. (일반화된) '경제'가 사회적인 것의 기원이고(또는 사회적인 것의 기원을 전도함으로써만 '경제'는 가능하고), 이데올로기는 그 기원의 외부에서 허구로서의 사회적인 것을 직조해내는 기제로 해석될 수도 있다. 이렇게 이해하면 여기서 물신숭배론의 해석 또한 루카치 같은 방식인 소외-총체성론으로서의 이데올로기론으로 이어지지 않는다.

25 그렇다 하더라도 법의 보편성에 의해 자리가 부여되는 개인의 법률적 주체의 자리(파슈카니스 2008)와 근대사회의 일반화한 물신숭배적 주체의 자리(Goux 1990)는 사회 1과 사회 2의 내적 연관성과 확장성에 대해 시사하는 바가 크다. 이에 대한 설명은 Balibar 1995: 103/104.

26 이렇게 이해할 때, 한나 아렌트가 《인간의 조건》에서 보여준 마르크스에 대한 비판적 독해, 즉 마르크스가 노동labor, 작업work, 행위action 중 노동에만 중심을 둔다고 한 비판을 재검토해볼 수 있다. 마르크스적 입장에서는 이 비판을 유의미하게 수용할 수 있는 것이다. 마르크스의 사회적인 것의 지평이 이 글에서 제시한 방식으로 확대된다면 아렌트의 비판과 관련된 맥락에서 제기된 벤야민의 '역사철학 테제'('역사의 개념에 대하여')의 함의도 마르크스에게 수용될 수 있다(벤야민 2008: 329/350). 물론 그 전제는 노동에 대한 마르크스의 분석을 도구적으로 이해하지 않고, 앞서 사회적인 것 1의 재생산의 구도 속에서 이해하는 것이어야 한다. 이 쟁점이 마르크스에게 수용될 수 있는지와 관련해 그가 《자본 1》의 마지막 부분에서 '개인적 소유의 복원'이라고 말한 논점이 중요성을 지닌다.

27 20세기로 넘어가면서 '사회적 국가'가 등장하는 과정은 이 두 사회적인 것의 모순적 관계를 잘 보여준다(안정옥 2013a; 2013b).

28 발리바르의 구분법을 따르자면 사회 1을 '정치의 타율성(또는 변혁의 정치)'으로, 사회 2를 '정치의 자율성(또는 해방의 정치)'이자 '자율성의 자율성'(또는 시빌리테)이 작동하는 장소로 나눌 수 있다(발리바르 2007).

29 양자의 이러한 관계는 현대 정치의 고유한 난점이라 할 수 있는데, 그것이 가장 폭발적으로 표출된 역사적 사례를 이른바 '68 정치'의 정점으로서 중국의 문화대혁명에서 찾아볼 수 있다(백승욱 2012).

생각하는 마르크스

마르크스의 사유는 어떻게 확장되는가

: 발리바르와 '정치의 개조'

마르크스를 깊이 읽는 두 번째 글은 마르크스가 제기했으나 본격 분석하는 데 난점이 있던 이데올로기의 문제에서 시작한다. 알튀세르는 마르크스의 이데올로기라는 질문이 마르크스의 중요한 공백이라 보고 마르크스와는 다른 이론적 자원(특히 프로이트와 라캉)을 동원해 마르크스의 사유를 확장하려 했다. 알튀세르는 이데올로기를 실천으로 강조해 그 '물질성'을 강조했으며, 또한 '이데올로기는 개인을 주체로 생산'한다는 것, 이데올로기는 '그들의 실재 조건에 대한 개인들의 상상적 관계의 '표상''이라는 핵심 테제를 제시해, '생산의 사회관계'와 병렬되는 '가상적 사회관계'에 대한 논쟁의 공간을 열었다.

이데올로기라는 문제 설정이 중요한 이유는 자본주의의 작동과 위기의 역사를 대중의 존재와 연관 지어 설명하고자 하기 때문이다. 사회운동의 역사를 보면 세계 자본주의 위기가 발생하는 구조적 원인에 대해서는 심층적 분석과 논쟁이 많았지만, 그에 비해 대중과 그 자신의 정치 세력까지 역사 상황의 일부로 포함시켜 바라보는 이데올로기 분석에는 늘 취약했다. 자본주의의 위기가 심화하더라도 대중은 더 분할되고 때로는 더 부정적 방향으로 진화할 수도 있다.

알튀세르의 중요성은 바로 이러한 대중의 이데올로기적 조건을 분석할 필요성을 제기했다는 데 있다. 발리바르는 알튀세르의 질문을 한 단계 더 끌어올린다. 그가 '세계화'라 부른 상황이 전개되면서 전 지구적으로 정치의 상황에 근본적 변화가 발생하고 있기 때문이다. 단적으로 정치 자체가 소실되고 우리는 사물에 대한 통치의 시대로 넘어가게 될 수도 있다는 우려가 있다. 여기에서 정치를 다시 부활시키기 위해서는 좀 더 근본적으로 질문을 확대할 필요가 있다. 마르크스가 정치의 새로운 지평을 열었으니 이는 마르크스를 반드시 중요한 출발점으로 삼아야 하지만, 그럼에도 마르크스가 지닌 한계 때문에 마르크스의 틀 내에서는 발전해 완성될 수는 없는 과제이다. 발리바르는 정치의 세 개념을 제시하고, 이를 통해 '정치의 전화'의 필요성을 제기한다.

우리나라에서 발리바르는 처음에 알튀세르를 이해하는 중요한 통로로서 소개되었다가, 이후에는 그 앞의 맥락과 단절해 유럽에서의 정치의 위기와 시민권을 강조하는 이론가로 소개되기도 했다. 그렇지만 발리바르에게서 이 두 측면은 단절된 것은 아니며, 일정한 긴장 관계 속에서 통일적으로 이해될 필요가 있다. 이 글은 이러한 문제의식을 가지고 쓴 것이다.

이 글은 처음에 영미문학연구회가 발간하는 〈안과밖〉에 '우리 시대의 비평 읽기'의 한 꼭지로 실렸다(30호, 2011년). 원 제목은 '다시, 마르크스를 위하여: 발리바르와 정치의 개조'였다. 분량 제약상 생략한 부분이 있었는데, 여기서는 그 부분을 다시 살리고 내용도 전체적으로 손을 보았다.

왜 발리바르인가?

우리가 신자유주의 세계화 시대에 산다고 할 때, 현 시대의 가장 두드러진 특징 중 하나는 전 지구적 경제 위기라 이를 만큼 체계 자체의 모순이 심화되고 있음에도, 그에 도전하는 조직적 대응이 매우 미약하고 도전들 모두 분할되고 흩어져 있다는 점일 것이다. 비견할 만한 세계화가 벌어졌던 한 세기 전인 19세기 말~20세기 초가 조직의 시대, 정치의 시대로 이해된 것과 비교해보면, 지금은 탈조직·탈정치를 동반한 행정의 시대, 치안의 시대처럼 보인다. 바로 여기서 '정치의 위기'의 심각성이 발견된다.

에티엔 발리바르의 작업이 주목받는 이유는 그가 바로 정치의 위기라는 문제를 정면으로 제기하고, 이를 넘어서는 '정치의 개조' 또는 '정치의 전화'를 자신의 목표로 삼기 때문이다. 정치가 사회적 관계들의 문제가 아니라 마치 사물에 대한 관계인 것처럼 변환된 정치의 위기의 시대에 대응하려면 현 시대의 역사와 구조에 대한 분석과 더불어 돌파구가 모색되어야 할 것인데, 발리바르는 '대중의 정치'의 가능

생각하는 마르크스

성과 위험이라는 입장에서 이 문제를 대면한다. 계급의 정치가 쇠퇴해가고 국가들이 위기 속에 있는 듯하며, 다양한 적대가 전례 없이 분출되나 저항의 연대 속에서 연계점을 찾지도 못하는 시대. 변혁보다는 증오와 원한이 더 가깝게 느껴지고, 위기가 전례 없이 가까이 다가와 있지만 그것을 돌파할 정치는 더욱더 멀어진 듯 느껴지는 시대를 우리는 겪고 있다.

발리바르는 이러한 문제를 우회하지 않고 정면으로 맞서서 가장 중요한 출구로 대중의 정치가 소생할 가능성이 있는지 되묻는다. 그런데 지난 한 세기가 대중운동의 가능성과 위험을 실험한 시대였고, 그 경험이 역사적 마르크스주의의 변천과 긴밀하게 얽혀 있었다는 점에서, 대중 정치의 소생 가능성을 모색하는 '정치의 개조' 기획 역시 역사적 마르크스주의의 가능성·한계·모순과 대결하지 않을 수 없다. 발리바르가 주목을 끄는 이유는 그가 역사적 마르크스주의의 한계 내에 머물지 않지만, 동시에 마르크스의 모순을 대면하지 않고는 '정치의 개조' 기획이 불가능함을 설득력 있게 이야기하기 때문이다.

발리바르는 알튀세르의 '제자'로 처음 이름을 알렸는데, 발리바르와 알튀세르를 이어주는 주요 고리는 마르크스주의의 개조(또는 전화)라는 공유된 입장이다.[1] 그는 알튀세르가 제기한 테제를 발전·심화하는 데 주요한 기여를 해왔지만,[2] 양자 사이의 관계를 단순한 수용관계라고 할 수는 없다. 발리바르는 특히 정치의 개조라는 측면에서 이의를 제기했으며, 여기서 자신의 특징이 두드러진다. 그는 1990년대 초 이렇게 말한 적이 있다.

1970년대와 1980년대의 정치적 경험을 통해 나는 '국가 외부'의 사회운동의 실존이란 용어적으로 모순이라는 것을 배웠다. 바로 이 점에서 나는 1978년 알튀세르와 결별하기 시작했다. (Balibar 1995: 157)

이 말은 알튀세르 자신에게서 기원하는 '알튀세르의 모순'에 관한 이야기로 해석되어야 할 것이다. 알튀세르 자신이 마르크스를 도그마로부터 풀어내 오랫동안 억압된 '마르크스주의의 발전'을 개시할 수 있었지만, 여기서 마르크스주의 내부와 외부, 당과 대중운동 사이의 모순이라는 문제는 해소되기보다 오히려 더 극한적인 문제가 되었다. 알튀세르가 '마르크스주의의 위기'를 선언한 이후 발리바르는 알튀세르의 모순(그것은 마르크스의 모순의 새로운 전개이다)을 본격적으로 전개한다는 점에서 알튀세르의 문제 제기에서 출발하지만, 알튀세르의 결론과 반드시 일치하지는 않는 독자적 이론화의 시도가 불가피해졌다.

그 때문에 정치의 문제와 관련해서, 특히 마르크스와의 관계에서 그 자신의 표현을 빌리자면 '포스트-마르크스적' 특징들이 나타나게 된다. 그런데 이 차이나 단절을 해석할 때 주의할 필요가 있는데, 마르크스의 모순을 이야기하는 이유가 마르크스의 폐기가 아니라 발전에 있으며, 또 발리바르 자신이 누구보다 '인식론적 단절'의 의미와 전략을 잘 알고 있음을 고려해보면 더욱 그렇다. 그와 알튀세르와의 단절(발리바르의 작업에서는 1990~2000년대의 것과 그 이전의 단절)에 과도한 의미를 부여하면,[3] 자칫 발리바르와 마르크스의 관계의 중요성까지 경시하는 결과를 낳을 수도 있기 때문이다.

철학자 발리바르에게 마르크스의 철학은 '불귀不歸의 지점'이다. "마르크스 이후에 철학은 더 이상 전과 같을 수 없었다. (…) 비가역적인 사건이 발생한 것이다"(발리바르 1995a: 22). 그리고 마르크스의 철학이 정치의 가능성을 사유하기 위한 것이었으므로, 정치에서도 마찬가지로 마르크스는 '불귀의 지점'이다. "그 가장 첨예한 형태에서 마르크스주의의 위기는 근대 정치의 위기 그 자체"이며(발리바르 1993a: 101/103) "마르크스주의의 현재의 위기는, 바로 그것이 또한 근원적이기도 하기 때문에, 마르크스주의자들에게뿐 아니라 **모든 정치사상**에게 우회 불가능한 것"이어서(발리바르 1993a: 214/215. 강조는 원문), 정치의 개조라는 기획과 마르크스(주의)라는 출발점은 뗄 수 없는 관계에 있다.

마르크스 이후 마르크스를 쉽게 부정하고 폐기하려는 모든 시도가 마르크스 이후post-Marx를 모색하는 게 아니라 오히려 마르크스 이전pre-Marx으로 거꾸로 돌아가버리게 되었는데, 누구보다 이 점을 강조한 이가 발리바르 자신이었다. 그래서 그의 작업을 마르크스와의 긴장 속에서, 마르크스로 다시 되돌아가 던지는 질문으로 되읽지 않으면, 그의 주장의 함의를 충분히 밝혀내기는 어렵다. 그가 제기하는 인권의 정치나 시민권이라는 쟁점의 발본적 성격을 보지 못한다면, 그를 그저 시민권에 새로운 의미를 부여한 급진적 공화주의자 정도로 자리매김하는 것으로 그칠 우려가 있다.

한편 발리바르가 동시대의 매우 중요한 정치철학자임에도 덜 논의되는 이유는 작업 방식 때문이기도 하다. 그가 '철학의 대상'이라 할 것을 집중적으로 가공하는 방식으로 작업을 수행하기보다는 현대 정치의 '아포리아들'에 대해 '해체적'으로 접근하는 것을 훨씬 선호하기 때문이다.[4] 그런 만큼 그의 작업을 총괄적으로 정리하는 것은 어려운 일이다. 이 글에서는 마르크스(주의)의 모순에서 출발해 정치의 개조로 나아가는 맥락에서 그의 작업에 대한 하나의 독해를 제시해볼 것이다. 우선 발리바르의 작업 자체가 역사적 격변과 연관된 개인적 경험 속에서 이해되어야 한다는 점부터 지적해둘 필요가 있다.

그는 파리고등사범학교를 다니면서 알튀세르와 공동 작업을 진행했고,[5] 프랑스 공산당원으로 활동하다가 이민 문제로 1980년대 초 출당되기에 이르렀다. '현존 사회주의'의 위기와 중국의 문화대혁명이 불러온 영향을 받았고,[6] 마르크스주의의 위기와 세계화의 출현을 겪으며 월러스틴과 공동 작업을 진행했고(Balibar and Wallerstein 2011), 스피노자를 통한 우회를 시도했으며(발리바르 2005), 유럽 통합의 과정을 지켜보았다.

생각하는 마르크스

마르크스의 정치경제(학) 비판에서
마르크스주의의 위기까지

발리바르의 정치의 개조 기획은 역사적 마르크스주의에 대한 비판적 접근에서 출발하므로 그가 독해하는 마르크스에서 시작해보기로 하자. 발리바르는 마르크스의 철학이 불가역적인 불귀의 점을 형성한 이유 중 하나를 마르크스가 제시한 '사회적 관계들의 앙상블(총합)로서의 구조'라는 사유에서 찾는다(《포이어바흐 테제》 테제 6). 이 사고는 철학의 질문을 근본적으로 전위시켰고, 발리바르는 이를 '초개인성'이라는 개념을 통해 설명한다(발리바르 1995a: 51/56).[7] 뒤에서 다시 이야기하겠지만, 발리바르가 마르크스(만은 아니지만 무엇보다도 마르크스)에게서 찾아내는 고유한 '철학의 대상'은 이 초개인성이라는 문제 설정이다.

사회적 관계들의 앙상블로서 구조라는 마르크스의 테제가 실제 분석에 적용된 가장 중요한 성과는 마르크스의 정치경제학에 대한 비판 작업이고, 그 산물이 《자본》이었다.

정치경제학 비판은 먼저 가치형태론("왜 노동이 가치로 표시되고 노동생산물의 가치량이 노동시간의 길이에 따라 측정되는지"[《자본 I》: 144])에서 출발해 왜 화폐를 매개로 해서 노동의 사회적 성격이 실현되는지를 보여준다. 그다음에는 노동력이 상품이 됨에 따라 어떻게 적대가 생산 바로 그곳에 자리 잡는지 보여준다. 이로써 자본과 노동의 관계가 외면적 관계가 아닌 '죽은 노동이 산 노동을 포섭'하는 내적 관계로 이해되고, 자본에 의한 통일성의 외부에 구체적 노동이 존재하지 않음이 확인된다. 이렇게 해서 공리적 체계에 따라 수립되고 고유한 '경제적' 논리에 따라 논증되는 경제학은 한계를 드러내게 된다. '적대의 사회적 관계' 위에 서 있지 않은 경제란 존재하지 않으며, 그 적대의 사회적 관계들을 유지·관리하는 정치적 조건 없이 '경제'는 재생산될 수 없기 때문이다.[8] 경제는 '생산관계들' 외부의 자율적 실체가 아니며, 국가는 여기서 '경제'(시민사회)의 소외된 대상물이 아니라 적대의 사회적 관계로서의 경제를 재생산하는 과정 속에 이미 내재하는 것으로 이해된다.

어떻게 정치의 종언으로 귀결되지 않을 수 있을까

이 비판을 통해 마르크스는 경제와 정치의 분리라는 허상을 파괴하고, 그 결과 헤겔에서 유래하는 국가 대 시민사회라는 대당을 넘어서는 길을 열어준다.[9] 그 이론적 함의가 가장 두드러지게 확인되는 곳은 국가의 위상과 관련된 부분이다. 마르크스가 국가에 '장치'라는 위상을 부여하고 이를 통해 생산관계의 재생산이라는 문제 설정을 도입하면서, 국가와 시민사회는 더 이상 본질과 외양이라는 소외론적 구도 속에서 이해되지 않는다. 이것이 알튀세르가 제기한 바 있는 '마르크스에게 국가론은 있는가?'라는 질문의 의미이다(알튀세르 1993:

56/60).

　이를 이어받아 발리바르는 **"이론적으로 말하자면 국가는 '분리된'
실체로서 존재하지 않고 따라서 '마르크스주의적 국가 이론'이라는
대상을 갖지 않는다"**라고 말한다(발리바르 1992a: 287. 강조는 원문). 이
말은 국가의 기능이 없다거나 국가에 대한 분석이 불필요하다는 뜻이
아니라, 국가적 실천이 띤 자율성의 외양을 비판한다는 의미이고, 그
의 말을 빌리자면 국가는 오직 "상품 형태의 인과성과 (…) 집단적 가
상의 형태들의 현재화의 인과성이라는 이중적 인과성의 실천적으로
분리 불가능한, 교차된 효과들"로서 분석될 수 있을 따름이다(발리바
르 1992a: 287/288). 그런데 여기까지 가려면 아직 우회로가 필요하다.
왜냐하면 마르크스의 정치경제학 비판이 이 '이중적 인과성' 중 전자
에 대해서만 이야기하고 있을 뿐이기 때문이다. 그리고 바로 그 이유
때문에 국가-시민사회라는 부당한 이분법적 대당에 대한 근본적 비
판이 결국 다시 국가-시민사회라는 소외론적 도식 속으로 은밀히 흘
러드는 문제가 발생한다.

　마르크스 그리고 이후 마르크스주의는 '부르주아지-국가(장치)-
정치' 대 '프롤레타리아-국가장치 파괴(그리고 당)-비정치'라는 대립
구도를 제안한 셈이었다.[10] 그렇게 되면 마르크스를 국가-시민사회라
는 부당한 대립 구도에서 벗어나게 해준 '국가장치state apparatus'라는
문제 설정이 다시 전부 또는 전무로 되돌아가고, '정치의 종언'이라는
귀결점에 이르게 되는데, 마르크스가 제1인터내셔널 시기에 국가 문
제와 관련해 바쿠닌의 무정부주의와 라살의 개량주의 사이에서 (동요
했다기보다는) 돌파구를 찾아낼 수 없었던 한계는 여기에서 연유한다
(발리바르 2007: 283/285; Balibar 2009a: 103).

프롤레타리아트라는 개념은 지배의 비대칭성 속에서 공산주의적 비판의 가능성을 찾아내는 계기였지만, 현실 운동의 역사 속에서 이 개념은 정치의 위치를 당에게 내어주는 방식으로만 아포리아를 봉합할 수 있을 뿐이었다. 정치는 역사적 맥락으로부터 분리되는데, 그것은 무엇보다 정치가 '국가의 전화'를 사고할 수 없었기 때문이다. 마르크스는 국가가 없다면 노동력이 상품이 될 수 없음을 보여주었지만, "동시에 노동력이 갖는 상품의 지위로 환원될 수 없는 성격"(발리바르 1993a: 274)이 있기 때문에 "국가로 하여금 스스로 전화하도록 부단히 강요"한다는 것, 그리고 그 때문에 자본주의 역사에서 "자본-임노동 관계(임금 관계)가 새로운 형태들을 취하게 된다"는 사실을 제대로 사고할 수 없었다(발리바르 2007: 302/305).

발리바르는 이러한 실천적 · 이론적 동요를 마르크스주의의 '이론적 무정부주의'라고 지칭했다(Balibar 1995: 157). 그 결과 운동은 스스로 자기모순에 봉착했고, 결국 마르크스주의는 자신의 역사, 특히 비극적 역사에 대해 분석할 수 없었다.

마르크스주의는 (…) 국가 붕괴의 역사적 국면들에서 대중 이데올로기들이 드러내는 양가성에 대해서는 전혀 이해하지 못했다. 민족주의를 이해하지 못했기 때문에 마르크스주의는 대륙의 한쪽 끝에서 다른 쪽 끝까지 그 자신이 '민족주의화되고' 말았다. (발리바르 2010: 188/189)

그 이유를 찾자면 인용문이 지적하듯이, 앞서 말한 이중의 인과성 중 '집단적 가상의 형태들의 현재화', 즉 이데올로기론이 부재하다는

생각하는 마르크스

점이 무엇보다 문제일 것이다.[11] 마르크스에게 이데올로기라는 문제설정이 부재하기 때문에, 그의 정치경제학 비판은 이데올로기의 지원 없이는 더 이상 진전될 수 없는 곤경에 멈추어 서고, 그 자리를 부당하게 메우고 대체하려는 여러 곡절에 찬 시도들이 결국 국가 문제를 둘러싼 무능력과 정치에 대한 사유 불가능성을 초래했다고 할 수 있다.[12]

그런데 마르크스에게 이데올로기론이 부재함을 문제로 발견하고 그 공백을 메우려는 이론적 시도를 개시한 이가 바로 알튀세르였고, 그는 '재생산의 문제 설정'과 '이데올로기적 국가장치'론을 통해 이 문제를 진전시키려 했다.[13] 그렇지만 발리바르는 알튀세르까지도 '이론적 무정부주의'의 한계 속에서 비판하고자 한다(Balibar 1995: 157/158). 그럼, 알튀세르가 마르크스에게 이데올로기론을 도입하는 데서 더 나아가 마르크스를 극한까지 몰고 갔듯이, 발리바르도 알튀세르를 극한으로 몰고 갈 필요가 있었던 것일까? 알튀세르가 마르크스의 사고를 발전시킨 대표적 사례인 이데올로기적 국가장치라는 개념을 보자면, 한편에서 국가의 전화라는 틀 속에서 계급관계의 역사적 전화를 사고할 가능성을 보여주지만, 반면 이전의 (억압적) 국가장치에 대한 논지와 동일한 한계에 봉착할 가능성도 보이고 있다. 발리바르가 마르크스의 한계로 '역사 없는 역사성'(발리바르 2007: 304)을 지적했는데, 이것이 알튀세르에게도 문제가 되는 것이다.

프로이트-마르크스주의를
넘어서

알튀세르는 마르크스에게서 유래한 이데올로기 개념을 허위의식이나 반영이라는 방식으로 이해하려는 통상적 접근을 비판하고 이를 고유한 물질성을 지닌 '가상적 관계'로 이해하려 한다. 그때 이데올로기는 특정한 사회에만 존재하는 것이 아니라 보편적으로 존재하는 것이 된다.

이데올로기에 대한 알튀세르의 새로운 문제 설정은 다음에서 집약적으로 표현된다.

사람들은 이데올로기 속에서 자신들의 존재 조건에 대한 자신들의 관계를 표현하는 것이 아니라, 자신들의 존재 조건에 대한 자신들의 관계를 자신들이 체험하는 방식을 표현한다. (…) 이데올로기는 그들의 '세계'에 대한 사람들의 관계의 표현, 즉 그들의 실재적 존재 조건에 대한 그들의 실재적 관계와 그들의 상상적 관계의 (과잉결정 된) 통일체이다. (알튀세르 1997a: 280/281)[14]

라캉의 도식에서 빌려왔지만 다소 전환된, '상상계에 대한 상징계의 우위'라는 주장이 여기서 도입되며(알튀세르 1991: 35/39), 이데올로기는 상징적인 것에 의해 구성되는 '세계' 속에서 개인이 주체로 생산되는, 하나의 독특한 실천의 구조이자 과정으로 이해된다.

이 이데올로기론의 함의를 마르크스의 정치경제학 비판과 결합하면, 사회적 관계들의 구조로 이해된 '경제'는 그것을 작동시키는 이데올로기 없이 재생산될 수 없다는 결론을 얻게 된다. 노동력의 재생산이 불가능할 뿐 아니라 생산관계의 재생산 자체가 불가능하다. 여기서 국가가 다시 중요한 쟁점이 된다. 이를 위해 알튀세르가 '이데올로기적 국가장치'라는 매우 논쟁적 개념을 만들어냈다는 사실은 잘 알려져 있다(이를 통해 알튀세르는 자기비판의 시기 이후 재생산의 문제 설정으로 이행한다고 평가된다). 그럼에도 이 개념은 난점을 충분히 벗어나지 못했다.

마르크스의 국가장치 개념이 결국 국가–시민사회 대당으로 회귀한 이유가 그 국가장치가 억압적인 것으로 한정되고(마르크스뿐 아니라 이후 레닌 같은 마르크스주의자들한테도) 억압적 국가장치의 파괴·소멸이 국가 소멸로 등치되면서 정치 소멸로 이어졌다는 데에 있음을 기억하면, '이데올로기 없는 사회는 없다'라는 알튀세르 자신의 전제에서 출발해 구성된 이데올로기적 국가장치는 그럼, 파괴·소멸의 대상인가 아니면 전화의 대상인가라는 쟁점은 처음부터 모호하게 남아 있었다.

어떻게 동일화와 개인의 특이성이 동시에 제기될 수 있을까

어떤 문제가 왜 여전히 미해결인지 알기 위해 알튀세르가 이데올로기적 국가장치에 대해 논의하면서 제기한 또 하나의 중요한 테제

'이데올로기는 개인을 주체로 호명한다'라는 주장을 살펴볼 필요가 있다(알튀세르 1991: 115/127). '주체화' 논의인 호명 테제는 사실 그가 라캉을 거쳐 이데올로기론을 수립한 과정에서 보여준 라캉적 시도의 정점이라 할 수 있다. '대타자'를 통해 구성되는 '거시기Es'처럼 알튀세르의 주체는 호명됨으로써 구성된다. 프로이트와 달리 라캉에게는 주체 구성에서 사회적인 것의 계기를 끌어들일 가능성이 있었기 때문에 알튀세르-라캉 동맹이 가능했을 테고, 알튀세르는 그 가능성을 호명 테제를 통해 보여주지만, 이 도식에는 라캉 자신에게서 연유하는 중요한 난점이 있다.

두 가지 문제가 발견된다. 첫째 왜 주체는 그 호명에 응하는가(또는 응해야 하는가)? 물론 응하지 않으면 주체는 구성되지 않겠지만, 그것으로 호명이 성공한다는 점이 반드시 보증되지 않는다. 그리고 이 호명에는 어떤 균열이 존재하는가? 특히 '지배 이데올로기'의 세계에서 알튀세르의 '실재계'는 라캉의 '실재계'의 함의와 달라지지 않을 수 없다. 이러한 문제들 때문에 빗나간 비판이라 하더라도, 알튀세르는 늘 기능주의라는 비판에 시달렸다.[15] 둘째 이데올로기와 주체, 대타자와 'Es'의 관계는 기본적으로 양자 사이의 수직적 관계이므로 여기에는 주체들 사이의 수평적 관계에 대한 고려가 빠져 있다. 다시 말해, 이데올로기가 기본적으로 대중적 현상이라면, 어떻게 하나의 주체로 호명된 개인이 같은 조건 속에 놓인 다른 개인들과 동일한 이데올로기를 공유할 수 있는가? 개개인에 대한 각 호명이 성공한다면 전체로서 하나의 이데올로기가 유지된다는 것이 대답이 될 수는 없다. 여기에서 대중들 '사이'에 작동하는 메커니즘에 대한 고려가 포함되어야 한다. 또 일차적 동일성과 구분되는 이차적 동일성 문제가 제기되어야 할 테고, 이로부터 동일화와 개인의 특이성singularity 문제를 동시에 제기할 수 있는가라는 질문이 나온다.

알튀세르가 마르크스의 모순으로부터 거대한 일보를 내디뎠지만, 여전히 멈춰 설 수밖에 없던 곳이 여기였고, 발리바르의 논의가 이데올로기론에 대한 집중 연구에서 시작할 수밖에 없던 이유도 여기에 있다. 이 문제를 해결하기 위해 발리바르는 두 가지 점에서 알튀세르의 전제나 주장으로부터 벗어나며, 이로써 발리바르의 이데올로기론은 알튀세르의 프로이트-마르크스주의적 틀로부터 벗어나 새로운 문제 설정으로 이동한다.

첫째 그는 마르크스와 엥겔스의《독일 이데올로기》에서 연원하고 알튀세르가 되풀이하는 지배 이데올로기에 대한 테제를 비판하고 부정한다. 즉 '지배 이데올로기는 지배계급의 이데올로기이다'라는 테제 말이다(마르크스·엥겔스 1989: 91; 알튀세르 1997a: 281). 이를 대체해 오히려 매우 '니체적인' 이데올로기론을 제기한다.[16]

> 지배적 이데올로기[는] 우선 지배자들의 '체험된' 경험이 아니라, 오히려 기존 '세계'에 대한 인정 또는 승인과 저항 또는 반역을 동시에 함축하는(마르크스는 종교에 대해 이렇게 말했다) **피지배 대중들의** '체험된' 경험이라고 반대로 대답하지 않으면 안 된다. 따라서 우리는 이러한 역설적 테제에 이르게 된다. 즉 최종심에서 이와 같은 **지배자들의 이데올로기 그 자체인 지배적 이데올로기는 존재하지 않는다.** (…) 주어진 사회에서 지배적인 이데올로기는 항상 **피지배자들의** 가상의 특수한 보편화이다. (발리바르 1993d: 186. 강조는 원문)

이 때문에 지배 이데올로기의 '외부'를 상정할 수 없다. 지배 이데올로기의 내부에 균열이 있고 틈새가 존재하지, 지배 이데올로기의 외부에서 대항 이데올로기로서 프롤레타리아 이데올로기 같은 것이 구성되는 것이 아니다. 그러면 지배 이데올로기의 폐기 또는 외부로부터 새로운 이데올로기의 도입이 아니라 이데올로기의 전화가 과제가 된다. 여기서 비로소 우리는 두 개의 동형적인 지배의 '비대칭성'을 발견하고 '국가'가 두 곳 모두에서 핵심적임을 알게 된다. 자본 축적의 경우 자본은 오직 산 노동에 의해서만 작동하는 것이기 때문에 자본의 외부에 노동이 존재하는 게 아니라 자본이 곧 '자본관계'로서 산 노동을 그 일부로 '포섭'한다. 이로부터 자본의 추상성과 노동의 구체화라는 문제가 제기된다. 이와 유사하게, "국가, 교회, 기타 지배적 제도들의 다소간 억압적인 장치들은, 대중들의 종교적, 도덕적, 법률적 또는 예술적 가상으로부터, 인민적인 의식·무의식으로부터 도출하는, 항상적으로 쇄신되는 에너지를 필요로 한다. 그리고 결과적으로 착취가 잠재적 모순을 내포하는 것과 마찬가지로 이데올로기적 지배도 잠재적 모순을 내포한다"(발리바르 1993d: 188).[17]

그 때문에 자본-노동관계와 이데올로기 관계, 양자 모두 항상적인 구조의 전화가 필요하며, 국가는 양자에 모두 관여해 정세적 절합·통일을 가능케 하는데, 그렇기 때문에 국가는 양자의 전화와 더불어 (또는 그 전화를 위해) 그 자체가 전화의 과정에 놓여야 한다.

다음, 둘째로 수직적 관계와 함께 수평적 관계에서 '가상적인 것'의 구성을 사유하기 위해 발리바르는 자신의 사고 틀 중 가장 독창적인 철학 영역인 초개인성의 쟁점을 제기한다. 사회적 관계들의 구조

이전에 개인 주체가 존재하지 않고 개인화는 구조의 효과로 구성된 주체화의 결과이지만, 개인들은 완전히 '동일하게' '동질적으로' 복제되는, 즉 차이 없는 개인들이 아니라는 점에서, 여기서는 구조와 더불어 '개인의 특이성'이 동시에 고려된다.

이 개념은 라캉에게서 기원하는데, 발리바르는 그것의 철학을 프랑스 철학자 시몽동에게서 찾아내고 있으며, 그와 동시에 발리바르가 중시하는 세 이론가, 즉 프로이트, 마르크스, 스피노자에게서도 그 중요한 철학적 함의들을 찾아낸다.

여기서는 프로이트, 마르크스, 스피노자에게서 그 내용을 간략히 살펴보자.

프로이트

먼저 프로이트를 통해 초개인성의 문제를 보자. 발리바르는 프로이트의 중요한 저작 〈집단심리학과 자아 분석〉에서 초개인성의 구도 속에서의 탈동일화/동일화의 중요한 논점을 발견한다. 이를 프로이트의 도식을 통해 간단히 설명해보자(Balibar 2010c).

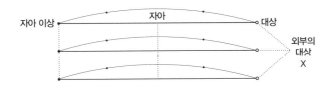

대중 심리와 동일화의 도식(프로이트 2003: 129) [18]

이 그림에서 지도자를 갖는 조직된 집단에서 어떻게 지도자를 매개로 동일화(2차적 동일화)가 발생하는지 설명한다. 세 개로 나뉜 수평의 선들은 반드시 세 개일 필요는 없는, 다수의 개인들을 의미한다. 그리고 각각의 수평선은 사실 오이디푸스 삼각형을 펼쳐놓은 것이다(자아 이상, 대상, 자아는 각각 아빠, 엄마, 나에 대응한다). 그리고 자아 이상과 자아의 위치의 작은 원은 검게 메워져 있는 반면, 대상의 원은 희게 공백으로 그려져 있음에 주의할 필요가 있다. 이는 자아가 그 대상에서 충족을 찾지 못하고 그것이 자아 이상에 의해 대체됨(화살표)을 의미한다. 프로이트는 정애적 대상이 자아 이상으로 대체되는 과정을 '동일화'라고 설명한다. 그리고 '자아'는 과정 이전에 선존재하는 주체가 아니라, 과정에서 구성되는 존재임을 주의해야 한다.

프로이트의 집단심리학은 외부의 대상이 자아의 대상이 되는 과정에서 시작하며, 그 외부 대상은 '지도자'이다(프로이트가 군대와 교회를 대표적 예로 들듯이 지도자는 반드시 인물이 아니라 이념일 수도 있다). 그러나 그것은 직접적 충족의 대상이 되지 못하며(그래서 'X'로 표시된다) 이제 외부 대상은 대상의 자리를 거쳐 자아 이상으로 변형된다. 이것이 하나의 동일화라고 한다면, 이보다 더 중요한 것은, 외부의 대상('지도자')을 동일한 자아 이상으로 공유하는 사람들 사이의 횡적인 관계(가장 좌측의 점선)가 형성되는 과정에서 자아들 사이에 자아 이상의 공유 때문에 또 다른 횡적인 동일화(가운데 자아들 사이를 연결하는 점선. 반면 대상들 사이에는 연결의 점선이 없음을 주의해 봐야 한다)가 형성된다는 점이다. 이것이 바로 집단을 매개로 해서 형성되는 동일화이고, 프로이트가 보여주는 동일화의 초개인성 구조이다. 이처럼 동일화는 나와 대상 사이의 2자 관계가 아니라 그 상위에 놓이는 공통의 구조를 전제하는 3자 관계를 통해서만 설명될 수 있는 것이다.

뒤에 다시 말하겠지만, 발리바르가 시빌리테의 정치를 이야기할 때 핵심으로 삼는 쟁점은 탈동일화/동일화이며, 발리바르가 명시적으로 프로이트에게서 시빌리테의 정치의 함의를 찾아낸다고(마르크스에게서 변혁의 정치를, 스피노자에게서 해방의 정치를 찾는 반면) 말한다는 점에 주목할 필요가 있다(Balibar 2010c). 시빌리테의 정치와 관련해 프로이트 자신은 다음과 같이 주목할 만한 발언을 한다.

집단의 윤리적 행동은 개인의 윤리보다 훨씬 낮게 떨어질 수도 있는 반면 개인의 윤리보다 더 높이 올라갈 수도 있다. (…) 자신에 대한 사랑을 가로막는 장애물은 타인에 대한 사랑, 즉 대상애뿐이다. (…) 따라서 사회적 감정은 처음에는 적대감이었던 것이 동일시의 성격을 띤 긍정적인 색조의 유대로 바뀌는 현상에 바탕을 두고 있다. (프로이트 2003: 85, 112, 135)

이처럼 프로이트의 시빌리테 정치의 함의는 '안티-오이디푸스적'이기보다 오히려 오이디푸스 세계 내에서의 해결이다.

마르크스

그런데 흥미로운 것은 초개인성의 또 다른 자원인 마르크스의 상품 물신숭배가 프로이트의 이 그림과 유사한 구조를 갖는다는 것이다. 알튀세르는《자본》의 상품 물신론이 마르크스에게 여전히 남아 있는 헤겔식 소외론의 흔적(그리고 이데올로기론에 대한 대체물)을 보여준다고 비판한 데 비해(Althusser 1971: 62; Althusser 1978: 126/135), 발리바르는 이를 '인식'의 이론으로서의 이데올로기론(루카치에게서처럼)이 아닌 주체화 양식의 이론으로 새롭게 복원해낸다(발리바르 1995a).

마르크스에게서 그것이 동일화에 대한 논의가 아님을 일단 고려하면서 프로이트의 동일화 도식에 놓아보자. 외부의 대상에 화폐를, 대상의 자리에 직접적 노동(사회적 노동)을, 자아에 노동력 상품으로서의 개인들을, 그리고 자아 이상에 상품으로서의 생산물을 놓을 수 있다. 상품화된 노동력인 개인들은 외부 대상인 화폐의 매개를 통해 상품으로서의 생산물을 실현하게 된다. 여기서 상품으로서의 생산물들 사이에, 그리고 2차적으로 이를 통해 노동력 상품으로서의 개인들 사이에는 점선이 그어지지만, 직접 생산자들의 사회적 노동 사이에는 점선이 그어지지 않는다. 그러니까 개인들 사이의 사회적 관계는 화폐를 매개로 한 상품으로서의 생산물들 사이의 관계를 통해서만 인정·실현되는(사회적 필요노동으로 인정되는 노동의 사회적 성격) '전도된' 관계이다. 이렇게 역사적으로 특수한 자본주의적 주체화 양식의 특성으로 해석되는 것이다.

스피노자

스피노자에게 오면 초개인성의 철학은 '교통'을 통해 형성되는 가상적인 것의 의미를 더하며 좀 더 뚜렷해진다. 사람들은 정서적 대상인 타자의 이미지를 통해 지극히 양가적인 함의를 갖는 동일시를 촉발하며, 오로지 여기서만 '사랑과 이성이 공포와 미신을 지배'할 수 있게 되고, 구성이자 봉기로서의 정치(또는 국가)도 가능해진다(발리바르 2005: 126/132). 앞의 프로이트와 마르크스의 도식에서 개인은 자아(나)나 상품으로 주어지는 것이 아니라 구성되는 자리였다. 스피노자의 초개인성 논리에 따르면 이는 좀 더 분명히 설명된다. '개인'은 주어진 속성이나 완전성을 갖춘 실체가 아니라 "개체화individuation와 개성화individualization라는 더 일반적이고 더 유동적인 과정의 효과 또는 계기"로 파악된다(Balibar 1997: 9).[19]

　이처럼 개인이 구성되는 동시에 특이한 주체로서 만들어지는 과정은 집합적 동일성과 개별적 동일성이 동시에 형성되는 과정이다. 그것이 가능한 이유는 고정된 '나'라는 존재는 없기 때문이다. 나라는 개인이 유지되려면 끊임없이 나 자신의 개별성이 해체되고, 동시에 다른 개인들 또한 사실상 해체되면서, 나의 '부분들'이 끊임없이 포기되고, 타자들의 '부분들'이 끊임없이 자기 것으로 전유되어야 한다. 그러면서도 어떤 '비율'(또는 본질)을 불변으로 유지하는 바로 '지속적 재생continuous regeneration' 과정이어야 한다(Balibar 1997: 18/19, 27).

　이렇기 때문에 발리바르가 해석하는 스피노자의 가상에 대한 이론은 인간 역능에 대한 이론이 아니라 무엇보다 인간 '자아self'가 구성되는 구조에 대한 이론이라는 점에서, 그의 스피노자 해석은 네그리의 해석과는 상이한 맥락에 놓인다. 발리바르가 해석하는 스피노자의 존재론은 관계론적 존재론 또는 교통의 일반 이론에 가깝다. 그리고 바로 마르크스의 포이어바흐 테제 11번의 맥락과 마찬가지로, 스피노자의 가상에 대한 이론과 초개인성이라는 개념은 "가상에서 이성으로, 낮은 행위 역능에서 더 고차적인 행위 역능으로" 전환할 가능성에 대한 논지로 간주될 수 있게 된다(Balibar 1997: 25, 7, 31).

　이렇게 초개인성의 문제를 제기하는 것은 이데올로기라는 질문을 주체화 양식이라는 문제 설정으로 심화하기 위한 것이다. 마르크스는 이데올로기의 문제를 제기했지만, 그의 중점 작업인 정치경제학 비판과 이데올로기 사이의 관계는 모호하게 남겨졌다. 발리바르는 자신의 연구 작업을, 도대-상부구조라는 문제 설정을 '두 가지 토대'라는 문제 설정으로 대체하며 정리한다.

양립할 수 없으면서 분리할 수도 없는 두 가지 설명의 '토대들' 또는 두 가지 결정들의 결합으로, 이는 **주체화 양식**과 **생산양식**(또는 더 일반적으로, 이데올로기적 양식과 일반화된 경제 양식)이다. 비록 서로 반대 의미에서지만 둘 다 물질적이다. 이러한 주체화의 물질성과 생산의 물질성이라는 상이한 의미에 이름을 붙이려면 전통적 용어인 가상적인 것과 현실이 적절할 듯하다. 어떤 역사적 정세에서도 가상적인 것의 효과는 현실적인 것을 통해 그리고 그것에 의해서만 나타날 수 있을 뿐이며, 현실적인 것의 효과는 가상적인 것을 통해 그리고 그것에 의해서만 나타날 수 있다는 점을 염두에 둔다면 이 용어들을 채택할 수 있을 것이다. 다시 말해 역사에서 인과성의 구조적 법칙은 **다른 장면을 통한 그리고 그 장면에 의한 우회**이다. 마르크스를 패러디하자면, 경제는 '그 자신의 역사'를 갖지 않으며 이데올로기 또한 마찬가지인데, 왜냐하면 각각은 **그 자체의 효과들**을 낳는 유효한 원인 상대방을 통해서만 역사를 갖기 때문이라고 말해두자. '부재하는 원인absent cause'이 아니라, '스스로를 비우는 원인the cause that absents itself' 또는 그 효과성이 그 반대물을 통해서만 작동하는 원인 말이다. (Balibar 1995: 160)[20]

이렇게 되면 이데올로기론은 단지 생산양식 이론을 보완해 사회 전체에 대한 완성된 마르크스주의 이론으로 가기 위한 빠진 퍼즐의 위상이 될 수는 없다.

그리고 이 문제 설정은 "결국 주어진 역사적 정세 속에서 착취의 모순과 이데올로기적 **반역이 해후할 때**, 그것이 혁명인 것이다(승리하든 못 하든 간에)"라는 정치적 함의를 띤다(발리바르 1993d: 187/188).[21] 그럼, 이처럼 마르크스의 모순에서 한 걸음 더 나아가 알튀세르의 모순을 분석했고, 이를 해결하기 위해 알튀세르의 이데올로기론을 전화하고 초개인성의 철학이라는 문제 설정을 도입하고 토대−상부구조론의 문제 설정을 전환함으로써, 발리바르는 마르크스의 위기를 넘어 정치의 개조로 나아갈 수 있는 기반을 충분히 마련한 것일까? 아직은 그렇지 못하다. 왜냐하면 정세라는 고리가 남아 있기 때문이다.

세계화라는 정세 조건

발리바르가 마르크스주의의 위기를 정치의 위기라고 할 때 그것은 마르크스주의의 문제가 훨씬 더 거대한 세계적 변화와 맞물려 있음을 강조한 것이다. 그는 이러한 정세를 "'전체주의'의 종언 이후, '복지'국가의 위기 개시 이후, 전쟁의 '재발' 이후"라고 부르는데(발리바르 1993c: 74/79), 이 변화를 한마디로 줄여 말하면 '세계화'라는 변화이다.

중심과 주변이라는 공간 분할, 비자본주의적 연원을 갖는 착취의 자원들을 자본주의적 착취에 동원하는 근대 세계의 역량, 계급투쟁 과정에서 국가의 전화와 국가 간 체계의 중요성 같은 것들은 본래 그의 사고에도 단초가 있었지만(발리바르 1989), 그가 이를 세계화 테제를 통해 강조하게 된 것은 특히 이매뉴얼 월러스틴을 매개로 '세계 체계 분석'의 논의와 소통하게 되면서였다(Balibar and Wallerstein 2011).

세계화라는 정세 조건이 중요해진 이유는 무엇일까. 20세기 미국 헤게모니가 위기를 겪으며 역설적으로 탈냉전이라는 조건하에서 드러나고 진행되는 특징들 때문이다. 사실 이 쟁점은 월러스틴보다 조반니 아리기에게서 더욱 분명해진다. 둘을 비교해보면, 월러스틴은 세계 체계에서 나타나는 반복적 특징들을 강조하고, 내생적 동학에 대한 체계적 설명 부족, 근대 세계에 존속하는 적대들의 단순화 테제 등을 논의하는 데 반해, 아리기는 반대 측면들의 장점을 살피고 있다(백승욱 2006; 아리기 2014; Arrighi 2002).

아리기의 분석에 따르면, 20세기 미국 헤게모니의 특이성은 19세기의 위기를 극복하면서 다시 소생한 자본주의 근대 체계의 산물이다. 그것은 무엇보다 절대적인 군사적 우위, 법인자본주의의 초민족적 체계, 식민지 독립(탈식민주의), 체제 내 노동 포섭, 그리고 이를 세계적 차원에서 가능하게 한 '두 세계주의'로서 냉전의 공고화를 들 수 있다. 19세기 영국의 시대가 외연적으로 전 지구적으로 팽창하는 체제였던 데 비해, 미국의 축적 체제는 그 자체로 지리적으로 팽창하기보다 내포적으로 새로운 시장을 스스로 만들어내는 체제였다. 미국 대륙 외부로 자본주의의 전 지구적 재생·팽창을 지탱할 논리를 내장하지 못했던 것이다. 냉전이 없었다면 전후 전 지구적 자본주의의 부흥과 팽창은 불가능했을 것이다. 그만큼 미국 헤게모니에서 국가 간 체계를 유지하는 질서의 골간으로서 냉전이 지니는 중요성은 매우 컸다(아리기 2014; 백승욱 2006: 6강).

그렇다면 '현존 사회주의 국가들'의 붕괴와 더불어 진행된 냉전의 종식은 역설적으로 체계를 팽창시키고 유지하던 완충·보호 장치를 해체하게 만든 과정이었다. 더욱이 1970년대부터 시작된 세계 경제 위기는 기존 체계의 관리를 지탱할 미국 헤게모니의 경제력을 약화시킴으로써, 탈냉전의 과정을 불가역적인 것으로 만들어냈다. 그 결과

20세기 미국 헤게모니가 '지양한 모순들'이 재출현하는데, 지리적으로 팽창하기보다는 수축하는 전 지구적 자본주의의 동학, 식민지 독립의 형해화, 체제 내에 포섭된 노동에 기초한 노동력 관리 체제의 위기, 그리고 이 문제들을 관리해온 민족국가의 위기 등이 두드러진다.[22]

자본-노동 변증법이 마치 작동하지 않는 듯한 상황

'계급투쟁이 존재해야 할 곳에 존재하지 않는 것으로 보이는 역설'은 바로 이러한 정세에 기인하며, 그 때문에 현 정세는 마르크스적이라기보다는 오히려 홉스적인 상황으로 나타난다(발리바르 1993a: 256/258). 발리바르는 이를 '민족적·사회적 국가'의 위기라고 부른다. 민족적·사회적 국가란

> 계급투쟁들을 조절하거나 또는 적어도 그것들에게 어떤 한계들과 민족적 약호로의 어떤 '재번역'을 강제할 수 있다는 의미에서 사회적이기 때문에, 민족적인 국가이다. 그러나 그것은 또한 민족적이고 따라서 항상 민족주의적 이데올로기를 강제하고, 그것에 의해, 국가의 존재 자체, 연속성이 문제시되는 위기적 정세들 속에서 공격적이거나 방어적인 '상급의' 명령들을 관철시킬 수 있기 때문에, 일정 수의 집단적 권리와 사회적 갈등들의 매개 절차들의 제도적 승인에 기초한, 사회적인(사회주의적은 아니라고 할지라도) 국가이기도 하다. (발리바르 1993f: 119/120)

발리바르가 민족적·사회적 국가의 위기라는 형태로 관찰하는 세계화의 주요한 특징들을 정리해보면 다음과 같다.

1. 앞선 자본주의의 역사가 줄곧 공간적 팽창으로 진행되어 왔음에 비해(그리고 그 때문에 자본주의적 모순이 무엇보다 지배적인 듯 보이게 만들었던 데 비해), 이제는 자본 축적의 공간 자체가 팽창하기보다 오히려 수축하는 듯한 변화가 나타난다. 그 때문에 "이 세계에 **불가역적으로** 통합되었던 지역과 인구들이 지금은 필경 이 세계로부터 다시 **배제될 수도 있다**"(발리바르 1995c: 198).

2. 심지어 '착취의 기회로부터조차' 배제된 대중의 증가로 나타나는 배제의 문제가 중요하게 등장한다(발리바르 1993a: '배제인가 투쟁인가').

3. 냉전과 현실 사회주의라는 두 모델이 결합되어 있다는 사실로부터 유래한, 세계의 양극화나 복잡성을 감축할 수 있는 단순하고 보편적인 전선이 구성되는 경향이 사라졌다(발리바르 2010: 209; 발리바르 1995c: 198/199).

4. 바로 이 이유들 때문에 국가가 모순의 감축자로 작동하지 못하며, '민족형태'의 모순이 두드러지게 된다(발리바르 2010: '국민적 인간').

5. 사회적 관계들(마르크스적 의미에서)이 사물들의 관계로 전환되어감에 따라, 사회적 관계의 변증법이 작동하지 못하고, 정치가 외양적으로 소멸하는 상황이 나타난다(발리바르 1995b; 발리바르 2007; Balibar 2009e: 13/14).

6. 국가의 위기에서 직접적으로 초래되는 새로운 현대 인종주의가 등장한다. 그것은 매스컴을 매개로 전 지구적 '현실적 보편성'이 커지면서 개인들이 '인류'와 직접 연결된다는 효과 속에서 나타난다(발리바르 2007: '보편적인 것들'; Balibar and Wallerstein 2011).[23]

7. 부르주아지가 상대적으로 해체되고, 프롤레타리아트에 대한 차별이 심화된다. 그 속에서 계급투쟁의 특정한 표상 형태 및 실현 형태

들의 위기가 나타난다(발리바르 1993a: 277, 281).

8. "축적 규모의 제한과 쓸모없는 노동력의 제거"로 나타나는 인간 존재의 객관화, 초객관화와 '생경제'(발리바르 2010: 247), 그리고 객관적 잔혹의 일상성이 나타난다(발리바르 2007: 59).

9. 국가 구조의 위기를 제도적 인종주의로 은폐하는 '전능한 자의 무기력' 현상이 출현한다(발리바르 2010: 94, 344).

현 위기는 무엇보다 민족적·사회적 국가 형태로 나타나는 '민족형태'의 위기이다. 발리바르가 이 정세를 민족형태라는 개념을 통해 설명하려는 이유는 그것이 "규정된 '공동체 효과'를 생산할 수 있는 구조 개념"이라고 보기 때문이다(발리바르 2010: 55).[24] 다시 말해 민족형태는 앞서 설명한 '두 가지 토대'라는 관점에서 '경제'의 구조가 이데올로기적 구조와 결합되는 방식을 보여주고, 거기서 발생하는 위기의 고유성을 설명해줄 수 있기 때문이다.

민족형태는 개체성이 아니라, '사회구성체'의 한 유형, 곧 경제 구조와 이데올로기 구조가 결합하는 한 가지 양식이다. 따라서 이는 또한 국가에 사회 내부에서 활동하는 집단과 세력들을 위한 중심의 역할, 또는 니클라스 루만처럼 말하자면 '복잡성의 감축Reduktion der Komplexität자'의 역할을 부여할 수 있게 해주는, 국가의 행정 기능과 상징 기능 접합의 한 가지 모델이다. (발리바르 2010: 49)[25]

민족형태의 위기는 자본-노동 간 적대의 감축자·조절자 역할을 한 근대국가의 위기이다. 민족적·사회적 국가는 무엇보다 '노동의 인간학'을 중심축으로 삼아 여러 적대를 감축해왔다. '산 노동'을 체제 내에 포섭하는 노동력의 '경제적 관리'로서 역사적으로 발전해온 '제도적 형태'이다. 그 위기 속에서 다른 인간학적 기반에 선 적대들이 분출되면서, 민족형태는 그것들을 틀 안으로 끌어들여 감축하지 못하고 오히려 그로 인해 자신의 정치의 기반마저 흔들리며 한계를 드러낸다.

이러한 상황은 매우 두드러지게 '자본-노동 변증법'이 마치 작동하지 않는 듯한 외양에서 그 일면이 드러난다. 즉 '산 노동으로서의 노동력 상품'이 아닌 '사물'로서의 '(비)노동자'가 출현하고, 이들이 노동을 맡게 될 상황이 늘어남을 말하는데, 권리를 지니지 못하는 '비인간'이 노동에 동원됨으로써 이들은 '비존재'가 되며, 이들은 그 수가 증가해도 '사회적 권력'을 형성하지 못한다. 이들 존재는 역사적으로 형성된 모든 권리들로부터 배제되지만, 그렇다고 착취의 틀 밖에 있는 것도 아니며, 자본주의의 회로는 '비자본주의적으로 수탈·배제적 착취'를 당하는 노동자들을 활용해 생산을 지속한다. 이는 '유통의 고리'만 자본주의의 회로 속으로 끌어들이는 전자본주의 또는 네덜란드식의 고리로 작동하는 듯 보일 수도 있지만(아리기 2014; 백승욱 2006), 이미 그것이 체계의 외부에 있지 않다는 점에서 체계 자체를 구성하는 배제의 동학으로 작동한다.

발리바르는 여기에 덧붙여, 심지어 인간이 하나의 통일된 노동력 보유자이자 주체가 아니라 점점 더 사물로 상정되어 거래 가능해지는 '생生경제'에 대한 우려까지 추가한다. 노동력 상품조차 되지 못하는 노동자들을 고용해 착취하려는 시도가 일반화하고, 이들은 인간이 아니기 때문에 모든 권리에서 배제되는 상황이 발생하는 것이다. 이러한 정세가 바로 (과잉결정과 대비되는) '과소결정'의 상황이다.

극단적 폭력은 바로 이 맥락에서 출현한다. 특히 현대 인종주의와 뗄 수 없는 관계 속에서 출현하는 극단적 폭력은 국가 위기의 지표이기도 한데, 왜냐하면 현대 인종주의는 "타자와의 관계로 투사되고 우회적으로 경험된, 국가와의 갈등적 관계"(발리바르 2010: 288/289)에 다름 아니기 때문이다.[26]

정치의 개조 1:
인권의 정치

이러한 여러 조건을 살펴본 후 우리는 비로소 발리바르의 정치의 개조 기획을 논의할 수 있다. 일단 이 문제가 마르크스주의를 우회할 수 없지만, 마르크스주의의 틀 안에서만 해결될 수도 없는 문제임을 강조할 필요가 있다. 그 때문에 정치의 개조 기획의 폭은 훨씬 넓어진다. 그렇지만 우리는 이 기획이 기존의 역사적 유산을 포기하고 전혀 새로운 것을 찾아내는 작업이라기보다, 유산을 새로운 방식으로 결합하고 전화하는 것임도 이해해둘 필요가 있다.

발리바르의 논지 속에서 정치의 위기란 해결해야 하는 문제가 있음에도 그것을 해결할 정치의 주체가 구성되지 않으며, 그 구성으로 나아가는 과정(고유한 변증법)도 작동하지 않는 상황을 지칭할 것이다. 바로 뒤에 소개할 발리바르의 '정치의 세 개념'을 미리 활용해, 정치의 위기가 문제 될 서로 다른 세 가지 상황을 들 수 있다.

첫째 대중이 정치의 주체가 되는 데 장애물로 작동하는 조건과 모순이 있어 사회구조를 변혁(전화)해야 한다는 쟁점이 있을 것이다. 그것은 마르크스주의의 역사에서는 상대적으로 익숙하고, 앞서 착취의 재생산이나 물신숭배, 이데올로기 국가장치 등의 논의에서 거론한 바 있다. 다만 이 구조들(또는 모순들)은 알튀세르의 말처럼 과잉결정이라는 조건 속에 있으므로 늘 구조에 대한 정세의 우위가 작동함을 기억해둘 필요가 있다.

둘째 앞의 질문으로 되돌아가보면, 그 전제가 되는 '대중 정치'는 어떻게 가능할까라는 질문이 제기된다. 초월적 존재나 외부적 힘이 아닌, 대중 스스로 과제를 제시하고 해결할 주체로 구성될 수 있는가의 문제이다. 무엇보다 다른 존재에게 과제를 맡길 수 없고, '대신될 수 없으며', 모든 개인이 스스로 정치의 주체로서 대중 속에 있어야 한다. 그런데 앞서 다룬 이데올로기론의 논지에서 보면 대중들은 늘 지배적 이데올로기하에 놓인다(구성하는 주체 이전에 구성된 주체들이다). 그렇다면 그 조건에서 어떻게 대중이 정치의 주체가 되는 상황이 출현할 수 있는가. 여기에는 대중이 무엇을 문제로 표상하고, 무엇을 문제를 해결할 주체로 표상하는가라는 문제까지 담겨 있다.

셋째 대중 스스로에 대한 대중의 관계라는 문제가 제기된다. 그것은 무엇보다 대중이라는 개념이 초개인적 관계를 전제하고 있기 때문이기도 하다. 대중은 단지 개인들의 합이 아니다. 대중이 정치의 주체로 구성되는 상황이 출현하더라도 거기에 여전히 남는, 결코 '잔여적'일 수 없는 문제, 즉 대중은 대체 어떤 동일성들을 유지하면서 집단적 정치의 주체로 등장하는가 하는 문제가 남는다. 대중 자신에 대한 대중의 관계는 고정된 실체들 사이의 '진영적' 대립과 같은 형태를 띠지 않기 때문에, 그 가변성의 경계들(공동체의 경계이든 '계급의 적'의 경계이든)이 폭력적 제거의 대상으로 전화될 위험을 방지할 조건들이 있는가가 문제가 된다(발리바르 2010: 253. 여기서 발리바르는 '희생자의 선한 본성' 같은 것은 존재하지 않는다고 단언한다). 이와 관련해 우리는 '계급투쟁'이라는 사고가 늘 상대방을 제거하는 '계급전쟁'으로 쉽게 변질됨을 확인할 수 있다.

발리바르는 이로부터 정치의 세 개념이라는 그의 주장을 제기한다. 첫째 해방은 대신될 수 없고 대중 스스로에 의해서만 가능하다는 의미에서 해방의 정치인 '정치의 자율성', 둘째 해방의 조건으로서 구조에 대한 변혁의 정치인 '정치의 타율성', 그리고 셋째 해방의 정치나 변혁의 정치가 가능하도록 하는 조건으로서 시빌리테의 정치인 '타율성의 타율성'이 그것이다(발리바르 2007: '정치의 세 개념').

차이와 특이성에 기초한 정치는 어떻게 가능할까

변혁의 정치에서 언급되는 '구조'에 대한 질문은 앞서 언급했듯이 구조의 변혁 없이 근본적 변화 없다는 주장으로, 비교적 익숙하다고 보고, 해방의 정치에서 말하는 '해방'이라는 질문에서 시작해보자. 발리바르는 '정치적 주체들로 구성된 대중'의 문제를 '인권의 정치'라는 테제를 통해 새로운 방식으로 제기한다. 이는 (마르크스를 포함해) 이미 존재해왔던 근대 정치를 (인민)주권의 틀 속에서 되돌아보는 동시에 더욱 넓은 지평으로 확대하려는 시도이다. 이는 마르크스를 상대화하는 것이 아니라 마르크스를 확장하려는 시도로 해석될 수 있다. 근대 정치란 바로 (인민)주권이라는 틀 속에서 대중이 집단적인 주체로 구성되어온 과정이며, 마르크스주의가 여기서 그 정점과 아포리아의 핵심에 놓이기 때문이다. 근대 정치에서 주권의 문제란 추상적 개인이 아닌 대중이 집단적으로 어떤 보편성히에서 정치의 주체로 구성될 수 있는가에 다름 아니다.

발리바르가 프랑스혁명의 유산을 재해석하면서 모든 자연권 이론(추상적·보편적 개인에게 부여된 천부인권의 이론)과 무관하게, 역사적으로 대중들이 창조한 인민주권이라는 쟁점을 제기하기 위해 평등자유 égaliberté 테제를 제기하는 것은 이러한 맥락에서이다. 평등자유 테제는 '초개인적 사회적 관계들' 속에서 대중을 주권체로 구성하기 위해 '평등=자유' '인간=시민'이라는 무조건적 전제에서 출발한다. 그것은 부정적이지만 절대적인 테제이다. 그것은 주어진 권리에 대한 이야기가 아니라, 권리의 구성, 더 정확히 말해, "정치적 권리들이 아니라 (…) 정치에 대한 보편적 권리를 선언하는 것"(발리바르 1993f: 126)이다.

이를 좀 더 분명히 하기 위해 그 역의 상황, 즉 '주권의 위기'를 살펴보면 그 의미가 잘 드러나는데, 발리바르는 다음과 같이 말한다.

주권의 위기의 핵심은 상징적 정당화의 심급이면서 동시에 현실적 통제의 (…) 심급이기도 한 인민의 소멸에 있다. 따라서 이는 **구성 권력**과 **구성된 권력**의 변증법의 소멸입니다. (발리바르 2010: 362/363)

주권의 위기란 개인 인간을 평등자유라는 조건하에서 시민으로서 존속하게 만드는 정치적 조건들이 위기에 처하는 것에 다름 아니다. 인권의 정치가 권리에 대한 권리로서 보편적 권리의 선언이라면 그것은 '구성과 봉기'를 의미한다. 그런 점에서 근대 정치의 시각에서는

생각하는 마르크스

위험하지 않을 수 없다.

인권의 정치라는 것은 (…) 민주주의의 한계들로 접근하고 민주주의를 그 한계들로 접근시키지만, 그러나 필연적으로 그것은 주어진 역사적 시기에 그러한 한계들에 도달하기 위해 인간의 권리들을 확장하고 결국 그것들을 시민의 권리들로서 발명해야 한다. (…) 권리들을 창조하는 또는 권리들의 역사를 계속적으로 다시 시작하는 이러한 작업은 (…) 본성상 **위험한** 작업이다. (…) 봉기라는 용어를 다시 사용하는 것을 두려워하지 않는다면, 이 작업은 봉기[가] (…) 구성의 안정성에 대립하지만 그러나 구성을 기초 지우고 준비한다는 바로 그러한 의미에서 봉기적 행위를 전제한다. 봉기에 있어서(통제된 것이든, '비폭력적'인 것이든) 쟁점이 되는 것은 인민적 **주권**이라는 것뿐만 아니라 또한 특히 다시금 인민적 **역능**이라는 것의 필연성과 위험이다. (발리바르 1993c: 103/104)

그 위험성만큼 마르크스가 이 구도에 포함되는(무엇보다 공산주의와 '노동권'이라는 방식으로) 것은 당연한데, 마르크스까지 포함한 인권의 정치는 '무엇을 대중의 권리로 표상해내는가' 그리고 '그 권리의 보편성의 외연과 내포를 어떻게 담보해내는가'라는 질문에서 늘 '구성하는/구성된'이라는 모순에 부딪힌다. '권리들의 보편성'은 외연적 배제뿐 아니라 내포적 배제도 극복해야 하며, 그 때문에 권리들의 결합에서 더 나아가 인권의 정치 자체의 내적 전화가 쟁점이 된다.

마르크스주의의 한계가 특히 문제가 되는 지점은 여기이며, 여기서 평등의 제도화로 해결할 수 없는 내포적 배제에 대한 쟁점으로 인간학적 차이라는 아포리아가 문제가 된다.[27] 해방의 정치를 인권의 정치의 틀 속에서 해결하고자 할 때, 발리바르는 무엇보다도 '평등=자유' 테제 속에서 아포리아에 부딪히는 '지적 차이'와 '성적 차이'를 문제 삼는다.[28] 이 두 가지 차이는 물론 제도의 불평등에 의해 끊임없이 재생산되고 모순이 확대되지만, 그럼에도 제도 자체로 환원되지 않는 기원을 갖는다. 따라서 보편적 권리의 수립으로 이 차이의 문제가 해결되지 못한다.

지적 차이는 권리의 외연적·내포적 확장으로는 해결될 수 없는 엘리트와 무지자 사이의 대립(개인을 개인으로 만드는 '소유적 속성'의 차이)으로 나타나며, 이는 인권의 정치가 실제로 '대중 스스로에 의한 해방'이 되지 못하는 한계가 된다. 그 때문에 이 차이의 소멸을 향한 '대중의 지식인 되기' 과정이 요구된다. 다른 한편 성적 차이는 그것이 민족 공동체이든 계급 공동체이든 공동체의 구성을 통해서는 해결되지 않는 난점을 제기한다. 평등=자유의 틀 속에 새롭게 '평등 속에서의 차이'(복합적 평등)라는 문제를 제기하며, 이 문제는 또 다른 공동체를 만드는 것이 아니라, 어떤 공동체 안에서도 '특이성의 소멸이 아닌 특이성의 추가'를 통해서만 해결될 수 있다.[29]

'평등-자유'가 분리할 수 없는 정치의 조건이 되자, 현대 정치에서는 평등 대 자유라는 대립 대신 매개항들이 등장했다. 평등-자유 속에서 한쪽으로 쏠리고 반정립이 생기면서 정치의 아포리아가 출현해 왔다. 평등으로부터 자유를 분리하는(소유적 자유주의) 경향에 맞서 소유에서는 평등한 개인성의 추구가 쟁점이 된다. 여기서 사적 소유/집단적 소유를 넘어서는 마르크스의 '개인적 소유'의 개념이 그 극한에서 등장한다. 그러나 개인성이 '해방의 주체'가 되려면 초개인적 특이성 속에서 개인들이 교통 속에서, 그리고 공통 관념의 관계 속에서 '정념에 대한 이성의 우위'에 설 수 있어야 하는데, 이는 평등한 제도에 의해 해결되는 것은 아니다.

반면 자유로부터 평등을 분리하려는 공동체의 논리에 대해서는 민족 공동체에 대립하는 계급 공동체, 인민 공동체를 통해 돌파구가 모색된다. 여기서는 그 동일성의 일반화가 주체들 사이의 '자유로운' 관계를 보장하고 특이성의 증식을 보증하는지가 문제가 된다. 특히 공동체의 실질적 '유대'의 조건에 대한 맹목이 공동체 내에서 내포적 배제의 논리를 낳게 되는, 현실에 대한 맹목이 문제이다.

발리바르가 두 인간학적 차이에서 근대 정치의 아포리아를 찾아내고 돌파구를 모색하는 이유는, 그것이 '유적 인간'에 대해 서로 다른 방향에서 문제 제기를 함으로써 차이와 특이성에 기반을 둔 정치의 개조를 가능하게 하기 때문이다. 지적 차이는 평등-자유가 '소유'를 매개해 전개될 때 아포리아가 된다. 사적 소유인가 집단적 소유인가라는 부당한 대당(소유는 '물物'에 대한 관계일 뿐 아니라 '지식'과 '자기 자신'에 대한 관계이기도 하므로)을 마르크스처럼 개인적 소유를 통해 극복하려 해도, 우리는 가능성과 아포리아에 동시에 부딪힌다.

개인적 소유로 방향을 잡더라도 대중과 엘리트를 차별적으로 재생산하는 지적 생활양식이 지속되는 한 해결할 수 없고, 여기서는 개인의 해방 가능성이 봉쇄되는 것이다. 이를 해결하려면 무지자와 지식인이라는 분할을 넘어서야 한다. 그와 동시에, 훨씬 더 중요하게는, '지식의 영유'가 지식의 소유화로는 불가능하므로 무엇보다 개인적 고유성으로 환원될 수 없는, 교통 속에서 서로의 특이성들을 배우고 가르치는 실천적 경험들을 통해, 사실상 고정된 개인의 '고유성'이 초개인성 속에서 지양되는 방향으로 진행되어야 한다. 이는 개인성이 보편적 동일화가 아닌 차이로서 나타나지만 그것은 오로지 교통을 통한 초개인성의 관계 속에서만 가능함을 뜻한다. 오로지 지식에 대한 보편적 소유로서의 교통 관계에서만 개인은 지성적인 해방의 주체로서 '특이성'을 지닌 존재로 형성된다. 개인은 사회적 지식을 독점하는 것이 아니라 공유하면서 자기 방식으로 '영유'함으로써 비로소 대체 불가능한 특이성을 형성하게 되기 때문이다. 그 때문에 '총체적 점유'나 '배타적 소유'를 넘어서는 '시효 없는 소유'가 소유의 아포리아를 해결하는 방향으로 제시된다. 이때 정치의 전망은 '**탈개별화**', 그 방향은 특이성의 '제거'에 있게 된다(발리바르 2003: 32/33). (그리고 여기서 반드시 제도의 불평등이라는 매개를 이 정치는 고려해야 한다.)

이처럼 지적 차이의 문제는 소유의 아포리아를 넘어 초개인성의 더 넓은 차원으로 확대될 수 있다. 초개인성 속에서는 "사적 소유도, 공적 또는 집단적 소유도 아니고, '주체 없는' 또는 통일된 인류라는 허구적 주체 이외에는 어떤 주체도 없는 보편적 소유"라는 문제가 제기된다(발리바르 1993c: 98). 또 이는 지적 차이뿐 아니라 생태 문제 등으로도 확장될 수 있다.

반면 성적 차이는 유적 인간이 인간학적으로 둘(이상으로)로 분할됨을 강조한다. 주체 구성이 하나의 동일성에서 출발해 그 반사적 형상으로 설정될 것이 아니라, 기원이 다른 것으로서의 차이를 인정하는 데서 출발할 것을 요구한다. 이리가레가 '성별화된 권리'에 대해 말하며 강조하듯이 "우리는 수세기 동안 우리에게 봉사해온 주체성의 모델을 다시 사고해야 한다. (…) 이는 하나의 주체가 다수(또는 다수

더하기/빼기 하나)의 주체들이 된다는 것을 의미하는 것이 아니라, 주체가 적어도 둘이라는 것, 대칭적(일대일 대응적)이지 않은 관계 속에 있는 둘, 즉 남성과 여성이라는 것을 의미한다"(이리가레 2003: 65).[30]

발리바르는 바로 이 맥락으로부터 "남성의 자유와 여성의 자유에 동일한 내용을 부여하지 못하도록 금지하고, 따라서 양자를 하나의 공통의 주체성 모델로 환원하지 못하도록 금지하는, 말하자면 **특이성의 추가**에 관심을 갖는다"는 결론으로 나간 것이다(발리바르 2003: 32). 그리고 성적 차이에서 출발하는 '특이성의 추가'는 인종적·문화적 차이 등의 문제로 확대될 수 있다. 이렇게 인간학적 차이를 인권의 정치 속에 담아내려면 단일한 유적 인간이라는 주체성의 표상에서 벗어나야 한다. 교통 속에서 형성되는 초개인적 관계들의 측면[31]과 둘 이상의 주체성으로 구성된 인류라는 새로운 표상의 측면, 이러한 서로 다른 두 방향으로부터 인류와 개인에 대한 새로운 개념화를 만들어내고, 이로부터 평등 속에서의 차이를 위한 권리들의 문제를 제기해야한다.

우리는 '현대' 정치와 그것의 내부에서 그것에 대항해 태어나고 있는 중인 정치의 접합점에서 정치의 개조라는 **문제 설정**을 갖고 있는데, 그것은 보편적 진리에서 어떻게 특이한 진리로 이행할 것인가, 즉 특이성들 속에 어떻게 평등-자유의 강령과 그 이름 자체를 각인할 것인가라는 것이다. (발리바르 2003: 36/37. 강조는 원문)

정치의 개조 2:
시빌리테의 정치

그런데 문제는 여기서 끝나지 않는다. 아포리아는 인권의 정치가 어떻게 가능한지를 포함해 더 근원적인 부분까지 닿아 있기 때문이다. 만일 대중이 정치적 주체로 스스로를 구성하는 과정에 실패한다면 그것은 단지 대중이 지배에 포섭되어 있기 때문인가, 아니면 인민·대중 스스로를 주체로 구성하는 과정에서 '위험의 증폭 또는 파괴와 소멸'이 나타날 가능성 또한 있기 때문인가? 권리에 대한 권리라는 쟁점이 외부로부터의 해결책을 구할 수 없음에도, 현재의 상황이 내부로부터의 돌파구가 보이지 않는다는 점에서 마르크스적(계급 대 계급의 투쟁)이라기보다는 홉스적(만인에 대한 만인의 투쟁)이라면(발리바르 1993a: 258/259), 그래서 대중의 정치도 불가능하고 그것이 놓인 구조에 대한 변혁도 개시할 수 없다면 어떻게 되는가? 다시 말해, 변혁의 정치도 해방의 정치도 진행되지 않으며, 사물들에 대한 행정적 통치(치안)만 작동하는 비정치의 상황이 지배적이라면 어떻게 할 것인가?

그 때문에 발리바르는 대중의 정치를 그 내부로부터 '문명화'해야
하는 또 다른 정치의 필요성을 제기한다(Balibar 1999; 발리바르 2010:
252). 이것이 시빌리테('시민 인류'으로 번역되기도 함)의 정치이다. 무엇
보다 (구조적 폭력과는 구분되는) '극단적 폭력'(그리고 극단적 폭력과 동일
성의 통일)을 제어하고자 하는 정치를 말한다(구조적 폭력은 우리가 변혁
의 정치나 인권의 정치를 통해 제어하고 지양하려는 제도적 폭력을 말하며, 자
본의 폭력이나 국가의 폭력이 여기에 해당한다. 극단적 폭력은 이러한 정치의
대상을 벗어난 폭력이다). 극단적 폭력은 인간을 제거되거나 자의적으로
도구화할 수 있는 사물의 상태로 전환하는 '초객관적' 폭력(지배관계들
의 자연화), 동시에 개인과 공동체를 주권 권력의 망상의 희생물로 삼는,
또는 다시 말해 주체를 통해 시행되지만 주체들을 넘어서는 형 집행자
의 거대한 '의지'의 얼굴로 나타나는 '초주체적'인 폭력("잔인하고 불가해
한 정신적 권위의 제국에 대한 개인들의 복종")이다(Balibar 2009e: 22; 발리바
르 2007: 59/61, 502/503; 발리바르 1995b: 196/201).

탈동일화/동일화의 운동

시빌리테의 정치는 이러한 극단적 폭력을 적어도 구조적·제도적
폭력으로 가져와 정치적 전화의 대상으로 삼으려는 시도이다. 이 극
단적 폭력이 문제인 이유는, 그것이 "아마도 평화를 파괴하거나 평화
를 불가능하게 하기 때문이 아니라, 갈등 자체를 절멸시키고 그로부
터 어떠한 역사와 불확실성도 제거해버리는 불균형성을 그 갈등에 부
과하기 때문"이다(Balibar 2009e: 28). 세력 관계가 세력의 '비관계'로
전환되고 정치의 변증법이 비변증법으로 전화해, 어떠한 정치의 가
능성도 사라져버리는 것이 바로 극단적 폭력의 영역이다. 이것은 '진

영적' 대립 어느 한쪽에 한정된 구도가 아니며, 진영 양쪽에 모두 걸쳐 있는 문제이다. 따라서 (국가를 민주화하고 문명화하는 깃일 뿐 아니라) 혁명, 반역, 봉기 또한 '문명화'해야 하는 과제로 제기된다(발리바르 2010: 252).[32] 발리바르가 세계화라 부른 현 시기의 특징은 인권의 정치나 변혁의 정치의 제도적 유산이 사라진 것은 아님에도, 이런 정치의 힘이 소멸해가면서 그 제도적 유산 내에 바로 이러한 극단적 폭력이 스며들고 있고, 그것이 특정 집단을 '비인간'으로 배제하는 힘으로 작동하고 있다는 데 있다.

20세기 역사에서 우리는 서로 연관되지만 구분되는 적어도 세 가지 극단적 폭력의 문제와 이에 대한 적절한 답변을 요구받는다. 그것은 첫째 나치(파시즘)의 등장과 홀로코스트라는 문제(발리바르 2007: '유럽적 인종주의라는 것이 존재하는가'), 둘째 스탈린주의의 극단화로서 '계급투쟁이 계급 전쟁으로 형태가 전환'되어 대비극·재난으로 종결된 역사적 경험[33], 그리고 셋째 현대 인종주의의 심화[34]라는 문제이다(Balibar 2009a: 114).

그럼, 이 문제를 어떻게 해결할 것인가? 시빌리테는 '소속들 사이의 새로운 관계'라는 문제이며, 무엇보다 '탈동일화/동일화'의 운동을 필요로 한다. 극단적 폭력은 동일성과 직접적으로 연관되어 있다. 그런데 자세히 살펴보면, 모든 동일성은 모호하고, 사실 동일성이 아니라 동일화들과 동일화의 과정들이 중요하며, 모든 동일성은 근본적으로 초개인적이기 때문에, 이로부터 동일성에 대한 정치의 가능성이 존재한다(발리바르 2007: 62/67).[35] 시빌리테의 정치는 극단적 폭력을 유발하는 동일성을 다른 이차적 동일성으로 제어하려는 정치이다. 이는 일차적 동일성을 포기하는 것이 아니라, 그 위에 덧씌운 이차적 동일성의 탈동일화/동일화의 가능성·중요성을 제기하는 것이며, 앞서 스피노자나 특히 프로이트의 초개인성 논의에서 살펴본 동일화의 동학이 정확히 함축하는 바이다.

시빌리테의 정치는 "모든 폭력을 제거하는 정치는 아니지만, 정치(해방, 변혁)를 위한 (공적, 사적) **공간을 제공하고** 폭력 그 자체의 역사화를 허용하는 방식으로 동일화의 극단성들 사이를 벌려 놓는" 정치이다(발리바르 2010: 65).

발리바르가 이처럼 정치의 세 개념을 구분하는 이유는 그것을 통해 '정치적인 것'의 새로운 표상을 수립하려는 것이 아니다. 그보다는 오히려 "어떤 정치의 개념도 완전하지 않다"는 것을 보이고, 따라서 "역사적 시간에서 그리고 '생'의 공간 속에서 각각의 것들은 다른 것들을 전제한다. 변혁 없는 해방도 시민 인류[시빌리테]도 없으며, 해방 없는 시민 인류도 변혁도 없다, 등등"임을 보이기 위한 것이다(발리바르 2010: 71). 변혁과 해방은 마르크스를 예로 들면 '자유의 필연적 생성'이라는 문제 설정 속에서 결합되지만(발리바르 2010: 50) 오직 아포리아로서만 그러하다(가장 두드러지게는 프롤레타리아트라는 표상처럼). 해방과 시빌리테는 인권의 정치 속에서 결합될 수 있고 결합되지만(발리바르 2010: '폭력과 세계화'), 열린 가능성 속에서만 그러하다.[36]

해방과 시빌리테가 절합되는 하나의 쟁점으로 발리바르는 판 휜스테렌H. R. Van Gunsteren의 (던져진) '운명 공동체community of fate'라는 개념을 빌려온다. 이는 시민권은 '미완의' 시민권으로만 존재할 수 있으며, 시민권의 영토에는 '최초의 점유자' 같은 것은 없고, 모든 사람이 시민적 동일성·정체성을 현재 시점에서 재구성해야 한다는 요구이다(발리바르 2010: 254/255, 260/264).[37] 시민권은 과거의 어떤 '계약'이나 성과의 현재적 수혜가 아니다. 그 때문에 다시, 시빌리테는 그저 부차적 보완물일 수는 없다. 다음과 같은 지적을 보자.

> 정치적 질서는 본질적으로 취약합니다. 시빌리테 속에서 영속적으로 재창조되지 않는다면, 정치적 질서는 국가들 사이에서, 그리고 국가들 내부에서, 다시 말해 경계들을 가로질러 항상 '전쟁 상태'로 전환될 위험을 겪게 됩니다. (발리바르 2010: 235/236)

획득된 제도들은 '민주'의 외양을 띨 수 있지만, 그것은 늘 '수세적' 맥락에서 대중들에 활용될 수 있으며, 이는 늘 배제의 논리를 정당화할 수 있다. 그리고 하나 더 덧붙이자면, "역설적이게도 극단적 상황 또는 예외 상황이 '예외적'이지 않고 '평범한' 것"이라면 더더욱 그렇다(발리바르 2010: 235/236).[38]

정치의 개조에 대한 발리바르의 이러한 입장은 최종적으로 다시 '민주주의의 민주화' 테제로 정리된다(Balibar 2009b; Balibar 2009c; 발리바르 2010). 민주주의는 제도도 절차도 아니며, 발리바르는 랑시에르의 표현을 빌려 '몫이 없는 자들의 몫part des sans parts'의 문제에 다름 아니라고 말한다(발리바르 2010: 152/161). 그는 유럽적인 정세하에서 그것을 무엇보다 유럽 통합이라는 조건하에서 '국경의 민주화'로 제기하지만,[39] 물론 그 민주화가 노마드적 시민권을 의미하지는 않

생각하는 마르크스

는다. 그 이유는 총체적이고 일의적인 동일성도 위험하지만 자유롭게 부동하는 동일성 또한 위험하며(발리바르 2007: 64), 국경의 민주화가 요구하는 시민권에는 '벗어날 권리'뿐 아니라 '익명성의 권리' 또한 담겨야 하기 때문이다. 그래서 발리바르는 이를 '디아스포라적(이산적) 시민권'이라 부르기를 선호한다. 또 '전 지구적 시민권'이나 '세계의 시민권'이라 부르는 대신 '세계 속의 시민권'이라 부르기를 원한다(Balibar 2009c: 533/534; Balibar 2008b).[40]

'민주주의의 민주화'는 마치 끝없이 되풀이되는 과정, 또는 '영원회귀'처럼 보일 수도 있다. 그러나 그 함의는 바디우적 의미의 '공산주의 상수'나 '역사적 사건'과는 다르다.[41] '민주주의의 민주화' 테제는 발리바르가 동시에 제기하는 '포스트-공산주의적 공산주의'라는 테제와 연결 지어 이해되어야 하기 때문이다.

우선 발리바르가 바디우의 '공산주의 상수론'과 대비되는 공산주의 '변수들'을 강조한다는 점, 즉 공산주의를 역사화(역사적 공산주의들)하고 있다는 점이 주목된다. 발리바르는 기존의 공산주의를 빈곤의 공동체(코뮌)에 기초한 청빈공산주의, 평등한 권리의 공동체(평등-자유 테제)에 기초한 부르주아적 공산주의(권리들의 공산주의), 그리고 프롤레타리아트의 역사적 등장에 조응한 사회주의적 공산주의로 구분한다. 이것들과 달리 그의 초개인성 논의의 귀결점으로 등장하는 공산주의는 개인성과 공동체 사이의 대립 지양이라는 공산주의의 정의에 기초하되, '공동체' 없는 또는 공동체의 조건이 되는 공산주의라는 점에서 '포스트-공산주의적 공산주의'라 할 수 있다. 그래서 그의 공산주의는 늘 '정세' 속에서 작동하고, 그것을 뚫고 나가고자 한다.

앞서 인권의 정치나 그것과 결합되어야 할 탈동일화/동일화로서 시빌리테의 정치의 함의에서 살펴보았듯이, 그것은 다른 공산주의들을 위한 조건으로서의 국제주의(반폭력으로서 탈동일화/동일화의 정치가 여기서 무엇보다 중요해진다)와 공동체 없는 공산주의로서 인간학적 차이(대표적으로 페미니즘)에 기초한 공산주의이다(발리바르 2002). 이때 지적 차이가 던지는 쟁점은 초개인적 관계로 확장된 교통 속에서 공동의 산물로 형성된 지적인 것을 개인적으로 영유해 개체성이 형성됨을 강조하고 고착된 특이성을 제거하는 것이다. 성적 차이는 이와 다른 방향에서 하나의 유적 특징으로 동일화될 수 없는 둘 이상으로 구성된 인류의 구성이라는, 특이성 추가의 문제를 제기한다.

이렇게 해서 이 두 인간학적 차이는 서로 다른 두 방향에서 '집단적 허구로서 인류의 구성'을 공유하고, 초개인성 속에서 개인성과 공동체 사이의 대립을 새로운 방식으로 지양함을 모색한다는 점에서 또 다른 공산주의적 전망을 제기하는 것으로 이해된다. 그럼으로써 인권의 정치에 인간학적 차이가 도입되어 특이성 속에서 평등-자유 명제가 사고되고, 또한 인권의 정치와 시빌리테의 정치의 결합이 요청됨에 따라 변혁의 정치의 '객관적'이고 '주체적'인 조건 또한 마련될 수 있다. 이것이 발리바르가 포스트-공산주의적 공산주의를 제기하는 이유이다.

* * *

지금까지 정치의 개조를 향한 발리바르 사상의 발전 과정을 마르크스에 대한 질문이라는 맥락에서 살펴보았다. 그런데 발리바르 자신의 사상 발전은 처음부터 끝까지 통일된 것이었다기보다는, 그 자신

생각하는 마르크스

이 아포리아라고 부른 것의 계속적 발견과 해결 과정이었고, 계속되는 자기비판 과정이었다고 할 수 있다. 그리고 그 아포리아의 전개에서 마르크스의 모순 그리고 알튀세르의 모순이 중요한 역할을 했다고 할 수 있다.

어떤 이들이 보기에 발리바르는 고전적 틀에서 충분히 마르크스적이지 않기 때문에, 다른 이들이 보기에는 반대로 그가 충분히 탈마르크스적이지 않기 때문에 불편할지도 모른다. 그러나 그가 마르크스를 넘어설 수 없는 불귀점이라고 선언한 이유를 포착하는 동시에 왜 그의 이야기가 마르크스 내부에서 멈출 수 없는지를 포착하지 않는다면 어떤 이론적 발전이나 실천적 돌파구도 발견하기 어려울 것이다. 그는 마르크스가 이야기하지 않았고 할 수 없었던 지평에서 정치의 개조를 논의한다는 점에서 '포스트' 마르크스적이지만, 마르크스를 불귀의 출발점으로 삼아 현실성을 확장한다는 점에서 포스트 '마르크스적'이다.

유럽이나 미국을 무대로 전개하는 그의 활동을 보면, 마르크스주의자를 설득하기보다 비마르크스주의자에게 마르크스가 피해갈 수 없는 출발점임을 설득시키는 것이 더 효과적이라고 판단한 것이 아닌지 비치기도 한다. 또 그의 주된 관심사가 유럽의 현 정세에 맞추어져 있음으로 해서 때로는 불가피하게 유럽 중심적 특성이 발견되는 것도 사실이다(Balibar 2010e).[42] 그의 경고나 경계와 반대로 그의 주장과 분석을 '철학화'함으로써 쉽게 문제를 풀려는 유혹에 빠질 수도 있을 것이다.

그렇지만 무엇보다 그가 제기한 정치의 개조라는 문제 설정을 우회해서는 근대 정치의 아포리아를 해결할 수 없고, 그렇게 해서는 대중의 정치의 소생을 위한 자기비판의 출발점도 찾아낼 수 없을 것이다. 알튀세르가 '마르크스를 위하여'를 구호로 내건 반세기 이후, 여전히 발리바르의 작업이 '다시, 마르크스를 위하여'일 수 있는, 그리고 그래야 하는 이유를 여기서 찾을 수 있다.

1 알튀세르에 대한 발리바르의 평가로는 발리바르 1991; 발리바르 1993e; 발리바르 1993d; Balibar 1996.

2 이를테면 알튀세르와의 집단적 연구의 산물인《자본을 읽자》에서 시작해 그 후《역사유물론 연구》등까지의 저작이 그렇다.

3 장진범(2010)과 진태원(발리바르 2010: '옮긴이 해제') 등이 발리바르 내부에서의 단절을 더 부각한다면, 서관모(2011: 45/46)는 발리바르 자신 내부에서의 단절보다는 알튀세르와의 사이에서의 단절을 강조한다.

4 발리바르의 작업에 대한 소개는 윤소영 1995(3장); 윤소영 1996(3장); 윤소영 2006(4장); 서관모 2005; 서관모 1999; 발리바르 자신이 국가박사학위 제출을 위해 작성한 짧은 개요인 Balibar 1995; Balibar 2010b; Hewlett 2007: 116/141도 참고하라.

5《자본을 읽자》의 공동 작업에서 알튀세르가 파리고등사범학교 학생들의 제안을 수용하는 방식 등 어떻게 진행되었는지에 대해서는 Balibar 2010b: 19.

6 대중 정치의 가능성과 위험의 양면성, 그리고 마침내 폭발한 당 형태 모순의 사례인 문화대혁명은 스탈린주의에 대한 비판적 사유의 계기(그러나 실패한 결과)로서, 때로는 이상화된 투사물로서 그의 사고의 전개에 적지 않은 영향을 주었다. 읽어볼 곳은 발리바르 1992b; 발리바르 1993a('조우커 맑스'); 발리바르 1992a; 발리바르 1993c: 74/77; Balibar 1999.

7 '초개인성'이라는 문제 설정은 주체에 대해 개인주의인 것도, 상호주체적 intersubjectivity인 것도, 구조에 의한 결정도 아닌 방식의 접근법이다. '관계론적' 접근법을 설명해내려는 발리바르의 핵심 관심사라 할 수 있다. 번역으로는 '초超개인성'과 '관貫개체성'(관개인성) 두 가지가 사용되고 있는데, 사실 두 의미를 결합해야 본의가 전달될 수 있어 보인다. 중국어에서는 '跨'(쿠아)라는 단어를 사용하는데('transnational'을 '跨國'으로 번역한다) 이것이 좀 더 의미가 명확하다.

8 마르크스의 정치경제학 비판의 함의에 대한 발리바르의 분석은 발리바르 1989; 발리바르 1993b; 발리바르 1993a('계급투쟁에서 계급 없는 투쟁으로?'); 발리바르 2007('붙잡을 수 없는 프롤레타리아트').

9 발리바르는 정치와 경제의 '단락'이라는 개념을 통해 경제와 정치의 분리라는 지배적 이데올로기를 비판한다(발리바르 2007: '붙잡을 수 없는 프롤레타

리아트'). 단락이라는 표현은 정치 심급과 경제 심급의 절합이라는 심급론을 넘어서는 것이라는 점에 주의할 필요가 있다. 사실 이는 알튀세르의 '과잉 결정'에 대한 해석과도 관련되는 문제이다. 다시 읽어보면《마르크스를 위하여》에서 알튀세르는 결코 과잉결정을 '최종심급에서의 결정'의 맥락에서 주장하지 않고 있다. 그에 비해 발리바르는《자본을 읽자》에서 오히려 심급들의 '중첩'처럼 과잉결정을 해석하고 있다. 이후 자기비판의 과정을 거쳐 발리바르는 알튀세르의 최초의 과잉결정의 해석으로 복귀하는 것으로 이해된다.

10 참조할 곳은 발리바르 1993a의 '국가, 당, 이데올로기'와 '조우커 맑스.'

11 무엇보다 이데올로기론의 공백은 첫째 자기 역사를 분석할 수 없고, 둘째 그 원인과 해결로서 '대중의 정치'를 사유할 수 없으며, 셋째 '부재하는 원인'(과잉결정)을 사유할 수 없다는 문제를 낳는다.

12 마르크스와 엥겔스 자신에서 시작해 마르크스주의 역사 속에서 '이데올로기론의 동요'에 대해 참조할 곳은 발리바르 2007(209/339). 마르크스주의 운동의 역사에서, 또는 사회운동의 역사에서 이 문제가 당 형태의 위기로 집약됨도 같은 맥락에서 이해될 수 있다.

13 참조할 곳은 알튀세르 1991; 알튀세르 1997a; 알튀세르 2007.

14 이 주장은 그의 '이데올로기와 이데올로기적 국가장치'에서도 "이데올로기는 그들의 실재 존재 조건에 대한 개인들의 상상적 관계의 '표상'"이라는 것으로 되풀이된다(알튀세르 1991: 107).

15 이에 대한 알튀세르 자신의 반박은 알튀세르 1991: 127/130; 알튀세르 1993('이데올로기적 국가장치들에 대한 노트').

16 니체의 이데올로기론은 종교를, 피지배자의 반역의 요소들로 구성된 연원을 갖지만 통치자들이 위험한 피치자들을 통치할 수 있는 수단으로 전환하는 기제라고 주장한다. 이에 대해서는 니체 1984; 니체 1982: 61; 백승욱 1995: 81/87.

17 그렇지만 죽은 노동이 산 노동을 포섭하는 관계와 지배적 이데올로기 내의 관계의 유비에서 양자의 외연이 동일한 것이 아님에 주의할 필요가 있다. 그 때문에 '과잉결정'과 '과소결정'이라는 쟁점이 제기된다. 그리고 그 때문에 과잉결정이라는 사고와 '지배 내 구조'(지배심을 갖는 구조)라는 사고 사이에 모순이 발생할 수 있다.

18 여기서 '자아'는 사실 'ego'가 아니라 'Ich'라 혼동의 여지가 있다. 그 때문에 재클린 로즈가 서문을 쓰고 J. A. 언더우드가 옮긴 펭귄판 새 영역본 (2004)에서는 제목을 Mass Psychology and Analysis of 'I'로 했다. 다음 본문에서도 '자아'는 'I'를 뜻한다.

19 개체화는 개인이 다른 개인들로 구성된 환경으로부터 분리된다는 의미이고, 개성화는 모든 개인이 특이하며, '분간될 수 없는' 개인은 존재하지 않는다는 뜻이다.

20 발리바르 2010(51/52)에서도 같은 주장을 확인할 수 있다.

21 이 주장은 '해후'만큼이나 '해후의 불가능성'을 함축하고 있다. 그래서 다시 '과소결정'이 문제가 된다.

22 유사한 특징들이 앞선 19세기 말 위기 때에 등장하지 않았던 것은 아니나, 20세기 들어 두 차례의 세계대전을 거치면서 국가가 적대를 감축하고 이분법적 구도를 형성하는 기제로 작동하는 동안 이 모순이 사실 지속적으로 억제되어왔다.

23 "세계적 통신망들이 각 개인에게 다른 모든 개인들에 대한 왜곡된 이미지와 고정관념을 제공해주는 상황, 다른 모든 개인들을 자기와 '유사한' 개인들과 '다른' 개인들, 심지어 '다른 종에 속하는' 개인들의 이분법으로 투영시키는 상황"(발리바르 2007: 520).

24 진태원은 'nation/nations'를 '국민/국민들'로 옮기고 있는데, 타당성이 있기는 하지만 무엇보다 'nation'은 단수임에 비해 '국민'은 복수인 까닭에 여러 혼동이 생길 여지가 있다. 여기서는 'nation'을 모두 '민족'으로 옮겼다.

25 민족형태에 대해서는 발리바르 1993f와 발리바르 1993g.

26 이러한 정세 변화는 중심과 주변부 사이에 차이가 있다. 특히 유럽 통합이라는 역사적 정세 속에서 전개되는 유럽의 변화는 다른 지역에 비해 상이한 특징들을 보여준다는 점을 경시해서는 안 된다.

27 앞서 지적한 바대로, 마르크스는 자본-노동의 적대를 사유할 때 그것을 하나의 동일성에 비추어 본 전도된 거울상, 즉 A와 ~A의 관계로 보지 않았다. 죽은 노동이 산 노동을 포섭함으로써 자본관계 속에 들어와 있는 구체적 노동이라는 모순으로 파악했다. 그 때문에 자본-노동은 '기원의 불균등성을 보여주는 과잉결정'의 틀 속에서 사유되고, 자본의 추상성은 노동의 구체화를 보여주는 분석 속에서 동시에 논의될 수 있다. 그렇지만 '노동의

인간학'은 오직 하나의 구체성, 즉 노동의 구체화를 제시할 뿐이다. 인권의 정치의 아포리아에서 문제가 되는 것은 적어도 (서로 다른 기원을 갖는) 둘 이상의 구체화의 궤적이 제기되고 제기되어야 하는 상황이다. 이 복수의 구체성·특이성은 '죽은 노동–산 노동'의 변증법으로 분석될 수 없다는 난점을 지닌다.

28 제도적 방식으로 해결될 수 없는 인권의 정치에서 인간학적 차이의 아포리아에 대해서는 발리바르 2003. "이런 고찰로부터 나는 평등자유 토픽 속에 '인간학적 차이들'을 각인하기 위한 가설을 도출하고자 한다. 즉 지적 차이가 소유의 제도화와 맺는 관계 속에서 정치에 대한 모든 비판적 의미 작용을 갖는 반면, 성적 차이는 공동체의 제도화와 특권적 관계를 맺는다는 가설 말이다"(34).

29 평등 속의 차이에 대해서는 윤소영 2006: 314; 윤소영 2004: 199/200.

30 이 맥락에서 발리바르의 다음 말도 이해될 수 있다. "**고대적** 시기에 시민 개념은 인간학적 차이들, 즉 자유인과 노예, 주권자와 예속자, '성년'과 '미성년'이라는 불평등한 신분들에 종속되어 있다. **현대적** 시기에 인간 개념과 시민 개념은 잠재적으로 동일하므로 정치에 대한 권리가 모든 인간에게 개방된다. 마지막으로 **탈현대적** 시기에 일반화된 시민성을 토대로 하는 추상적 또는 유적 인간 개념의 지양이라는 질문이 제기된다"(발리바르 2003: 37).

31 앞서 언급한 스피노자의 관계론적 존재론을 참고할 것.

32 이 영역에서 마르크스주의는 취약했음을 인정해야 한다. 마르크스주의의 역사에서 폭력이라는 문제의 난점에 대해 발리바르는 "폭력에 대해 마르크스주의의 역설은, 마르크스주의가 '역사에서 폭력의 역할'에 대한 이해에 기여했고 (…) 그 때문에 근대 정치의 조건들과 관건을 규정하는 데 기여했지만, 그럼에도 근본적으로 정치가 그 자체 극도로 '폭력적인' 대립물의 통일 속에서 내부로부터 폭력에 묶이게 된다는 비극적 연관성을 사유할(맞설) 수 없었다"는 데서 찾는다(Balibar 2009a: 99).

33 여기에는 '스탈린주의의 내재적 비판'으로서 마오쩌둥과 중국 문화대혁명의 경우도 포함된다. 참조할 곳은 발리바르 1992b; 백승욱 2010; 백승욱 2007; 백승욱 2012.

34 참조할 곳은 Balibar and Wallerstein 2011; Balibar 2008a; 발리바르

2007: '인종주의: 여전히 보편주의인가?'

35 이 점에서 동일화-탈동일화로서 시빌리테의 정치는 발리바르가 말하는 이상적 보편성의 우위하의 허구적 보편성의 구성이라는 쟁점과도 연결된다(발리바르 2007: '보편적인 것들'). 중국의 학자 쑨거는 일본의 루쉰 연구자 다케우치 요시미의 말을 빌려, 공고화한 자기 동일성의 벽을 깨고 비판적인 주체가 되기 위해서 "타자에 내재하면서 타자를 부정하는 과정이며, 동시에 자기 속으로 타자가 진입하여 자기를 부정하는 과정"이 필요함을 주장한다. 이 또한 같은 맥락으로 독해될 수 있다(쑨거 2007: 133).

36 사실 인간학적 차이를 고려한 인권의 정치의 쇄신은 탈동일화/동일화의 정치 없이는 불가능한 것이다.

37 이처럼 상이한 정치들의 결합 방식에서 발리바르가 이야기하는 세 가지 서로 다른 보편성이라는 쟁점도 이해될 수 있다. 세계화가 어느 때보다 더 '현실적 보편성'을 창출하는 시대에, 정치는 무엇보다 역사적이고 사회적인 헤게모니들의 구성이라는 점에서 '허구적 보편성'이 중요하다. 하지만 '평등자유'라는 봉기적 보편성의 요소 없이는 그것이 특수주의로 퇴행하는 것을 막을 수는 없다. 이 점에서 '평등자유'는 '이상적 보편성'이 된다(발리바르 2007: 546/549).

38 이는 발리바르가 칼 슈미트를 주요하게 다시 참조하게 되는 맥락이다. 참조할 곳은 발리바르 2010: '주권 개념에 대한 서론'; Balibar 2010a: 323/381.

39 발리바르 2010: '세계의 국경들, 정치의 경계들'; Balibar 2004; Balibar 2010d; Balibar 2006; Balibar 2009d; Balibar 2003.

40 그것은 지구상의 모든 개인이 시민의 권리를 누릴 수 있는 장소가 적어도 하나는 존재해야 한다는 주장에 의해 뒷받침된다(발리바르 2010: 255).

41 바디우의 견해에 대해서는 바디우 2009; Badiou 2005; Bosteels 2005; 바디우 2008. 바디우의 입장을 수용하는 지젝의 경우도 유사한 입장이라 할 수 있다(지젝 2009). 바디우에 관한 발리바르의 견해에 대해서는 Balibar 2002; Balibar 2007. 발리바르와 바디우의 상이한 문화대혁명관에 대해서는 백승욱 2011. 한편 랑시에르에 관한 발리바르의 비판은 Balibar 2009c. 바디우, 네그리 등의 공산주의론과 발리바르의 차이에 대해서는 서관모 2008.

42 현재 진행되고 있는 세계경제 위기에 대해서도 발리바르의 분석과 대응은 아무래도 다소 유럽 중심적이다.

자본-역사

1913년 뉴욕의 장외증권시장

1923년 독일 바이마르 공화국의 인플레이션 당시 필기 노트로 쓰이던 100만 마르크 지폐

1931년 대공황 당시 무료로 제공하는 수프 키친 앞의 실업자 행렬

1940년 프랑스국립도서관을 다니던
벤야민의 열람증

1963년 뉴욕증권거래소

1963년 일자리와 자유를 외치며 링컨기념관까지 25만 명이 행진한 워싱턴 행진

1968년 서베를린의 학생 시위

68혁명 당시 프랑스 리용 대학의 한 교실

문화대혁명 당시 상하이 노동자 조반파의 거리 행진

문화대혁명 당시 마오쩌둥

2012년 홍콩에서 정부의 도덕국민교육 교과과정 시행에 반대하는 시위

2013년 카이로의 알아즈하르 대학 시위

2014년 대만에서 대학생들과 시민사회가 국회인 입법원을 23일 동안 점거한 해바라기 운동

2014년 우크라이나 키에프에서 시위 도중 그리스정교 사제가 고해성사를 하는 모습. 사진 Jim Forest

2014년 홍콩의 우산 혁명. 사진 Pasu Au Yeung

2014년 홍콩의 우산 혁명 당시 시위 학생. 사진 Pasu Au Yeung

루쉰 생가(샤오싱)의 담벼락과 조각

뉴욕현대미술관의 벽면에 전시 중인 '자본주의'라는 작품. 사진 Ricoeurian

런던 세인트 폴 대성당의 계단에서 자본주의 비판 퍼포먼스. 사진 Hernan Pinera

눈 덮인 마르크스 묘지. 사진 vic15

아우슈비츠 수용소로 가는 길

.

마르크스의 난점과 공백을
어떻게 넘어서는가

: 과잉결정과 이데올로기

마르크스 이후 마르크스의 저작을 논쟁적이면서 학술적 논의의 대상으로 만드는 데 가장 공헌한 사람은 철학자 루이 알튀세르이다. 그가 쓰거나 편찬한 두 권의 책《마르크스를 위하여》와《자본을 읽자》그 제목을 연결하면 하나의 구호가 될 것이다. 이 작업을 통해 알튀세르는 마르크스가 정말 말하고자 한 것을 드러내는 동시에 말하지 못한 것까지 드러내 보여주었다. 이로써 우리는 마르크스를 거치며 어떻게 새로운 지식의 세계가 열리는지를 경험하는 동시에, 마르크스를 다시 더 발전시키기 위한 우리 앞에 놓인 과제가 무엇인지 또한 알게 되었다.

　　알튀세르가 마르크스의 고유한 특성으로 강조한 것이 헤겔과 구분되는 마르크스만의 변증법인 과잉결정이었다면, 마르크스에게 부재한 공백으로 여겨 발전시키고자 한 것은 이데올로기라는 문제 설정이었다. 마르크스를 이해할 때, 특히 알튀세르를 통해 마르크스의 쟁점을 이해할 때 이 둘은 늘 논란이 되었고, 적지 않은 오해를 불러일으켰다. 여기서는 마르크스를 이해하는 독서에 도움이 되도록 두 문제를 중심으로 몇 가지 쟁점에 대해 해석을 제시해볼 것이다.

모순과 과잉결정

Ⅰ. 왜 과잉결정 개념이 제기되었는가

모순은 《자본》에서 마르크스가 강조하는 '자본관계'를 이해하기 위한 필수 개념이다. 모순과 관련해 두 가지 쟁점이 제기될 수 있다.

첫째 모순이라는 개념 자체를 문제 삼으면서 이를 폐기하려는 반론이 나올 수 있다. 차이, 등가, 갈등, 불화 등 여러 대안이 등장할 수 있다. 그러나 모순 개념을 폐기하면 마르크스 사유의 고유성까지 폐기하지 않을 수 없다. 자본-노동의 관계를 '자본관계'라는 변증법적 틀로 설명하거나, 더 나아가 지배-피지배의 관계를 '지배 이데올로기적 관계'로 사유할 수 있는 것은 모순 개념이 있기에 가능하다.

둘째 모순 개념을 받아들였을 때 생기는 문제로, 모순에 대한 환원주의적 사고라 할 수 있다. 자본주의 생산양식의 모순에 절대적인 중심성을 부여하는 주장이 그 전형적 사고이다. 현대 자본주의 사회에서 노동 문제 이외의 모든 문제, 예컨대 국가 간 대립, 성차, 생태, 도시 문제 등이 모두 사실상 자본주의적 모순이라는 본질의 여러 발현 형태일 뿐이라는 생각이 그것이다.

이 두 극단의 주장의 문제짐은 마르크스 이후에 지속적으로 논란이 되었다. 알튀세르가 '모순의 과잉결정surdétermination'이라는 사고를 도입한 것은 이러한 잘못된 해석으로부터 마르크스와 마르크스주의를 소생시키고 강점을 부각하기 위한 것이다. 그렇지만 과잉결정이라는 사고는 또 다른 논란을 불러일으키는 출발점이기도 했다. 한편에서 여전히 모순의 환원론적 사고를 유지한다면서 수용을 거부하는 비판자들이 등장하는가 하면, 다른 한편에서는 '모순(또는 적대)의 등가성'을 주장하는 라클라우Ernesto Laclau와 무페Chantal Mouffe류의 포스트-마르크스주의로 넘어가는 계기가 되기도 했다.

알튀세르의 과잉결정 논의는 인과율에 대한 비판에서 시작한다. 알튀세르는 지금까지 철학에서 논의된 인과율(인과성)을 크게 둘로 보고 비판한다. 첫 번째는 기계적(역학적) 인과성causalité mécanique이고, 두 번째는 표출적 인과성causalité expressive이다.

기계적 인과성은 한 사건이 다른 사건을 일으키는 원인이 된다는 사고에서 나타나듯, 역학에서 힘과 반응의 기계적 고리를 전제로 한 인과성이다. 이렇게 될 경우 인과성은 하나의 물체와 다른 물체 사이의 단선적인 충격으로 해석되므로 역사적 상황을 분석하면서 마르크스가 강조하는 '구조의 우위'라는 사고는 전개되기 힘들다. 분석의 대상인 하나의 힘 이외의 요인은 모두 부차적이거나 우연적인 것이 될 뿐이기 때문이다. 시간의 지속과 관련해서도 문제가 된다. 기계적 인과성은 짧은 시간들의 연이은 관계만 고려할 수 있을 뿐이며, 길게 지속되는 시간을 다룰 수 없다.

더 문제가 되는 것은 두 번째의 표출적 인과성이다. 이는 생물학의 유기체적 설명에서 등장한 것이며 헤겔 철학에도 수용되었다. 유기체 내에서 암세포 같은 병리학적 요인이 신체 전체를 어떻게 손상하는지를 보면, 이 설명이 기계적 인과성과 어떻게 다른지 이해할 것이다. 하나의 원인이 서로 다른 영역으로 확산되는 구도를 말한다. 이것이 사회와 역사에 적용되면 '이성의 간지die List der Vernunft' 논의에서 확인되듯이, 역사는 어떤 본질이 전개되는 과정으로 설명된다. 역사과학의 과제 또한 이 핵심적 본질을 발견하고 그것이 상이한 조건마다 어떻게 전개되는지 살피는 것이 된다. 그리고 이 사고에서는 본질이 핵심이 되고, 나머지는 우연적·부차적 조건으로 이해되거나 또는 시간의 지연으로 이해된다. 시기별·지역별로 드러나는 차이성 또한 중요한 문제가 되지 않는다.

마르크스가 '환원론'으로 비판받는 경우 마르크스의 인과성으로 간주되는 것은 바로 이 표출적 인과성이다. 여기서 자본주의 사회란 자본–노동 간의 본질적 모순이 모든 영역에서 그 본질을 발현하는 것으로 이해된다. 그리고 그 본질을 발견해 이해하려면 우연성을 하나씩 제거해가는 '양파 껍질 벗기기'의 작업이 필요할 것이다. 이 모순의 구도는 핵심 원인이 점점 넓게 그 영향력을 확장해가는 동심원 모델로 잘 표현된다. 여기서 시간은 길게 이어지는 지속을 보여주지만, 그 시간은 본질의 발현이라는 점에서 목적론적 시간이라는 특징을 띠기 쉽다.

이에 비해 알튀세르는 마르크스가 설명하는 인과성이 과잉결정에 기반한 '구조적 인과성causalité structurale'이라고 주장했다. 구조적 인과성은 단순히 결정의 요인이 다수적임을 의미하는 것이 아니다. 하나의 원인 내부에 들어와 있는 다른 원인들을 규명함으로써 그 인과성에 작용하는 복합적 요인의 구조적 지속성을 설명해야 하는 것을 의미한다. 특정한 결과를 낳게 만드는 원인이 어떻게 구조적 효과를 지속하도록 구성되어 있는지를 묻고자 하는 것이다. 알튀세르에게 구조적 인과성의 논의가 '지배소를 가진 구조une structure á dominante'(또는 '지배 내 구조'로 번역됨)와 '최종 심급에서의 결정'과 함께 가는 것은 그런 이유 때문이다.

그런 점 때문에 마르크스의 과학적 작업은 자연과학과 달라지는 동시에 비과학과도 달라진다. 마르크스는 자본주의의 법칙적 설명을 강조하지만, 이는 물리학이나 생물학이 다루는 법칙과는 다르다. 그가 스스로 '경향적 법칙'이라 부른 것은 그 때문이었다. 자본주의의 법칙은 역사적 과정 속에서 과잉 결정되지 않을 수 없기 때문이다. 여기서 시간에 대한 고려는 상이한 시간대가 겹치는 중첩성, 복합성으로 사고된다.

이제 왜 과잉결정이라는 개념이 제기되었는지를 현실 분석과 관련해 간단히 살펴보기로 하자.

마르크스의 말을 따라, 핵심적인 자본주의의 모순이 자본 – 노동의 자본관계를 통해 표출된다고 이해해보자. 그런데 현실은 단순하지 않고 매우 복잡하다. 우선 자본 – 노동의 관계 자체가 시기에 따라, 지역에 따라, 부문에 따라 매우 상이하게 나타난다. 또 인종, 성차, 정규직과 비정규직의 분할, 여러 사상과 관습의 영향 등에서 자유롭지 않다. 그리고 현실에서는 자본 – 노동의 모순만 두드러지게 드러나는 것이 아니다. 전쟁, 생태, 성차, 지적 차이 등 여러 문제가 병존한다. 우리가 자본주의 시대에 살고 있다 하더라도 어떤 시기에는 자본 - 노동의 문제가 두드러지다가, 다른 시기에는 자본 - 노동관계와 다소 거리가 있는 문제가 핵심적인 것으로 부상하기도 한다.

이는 단지 시간 지체의 문제가 아니다. 다시 말해 덜 발전했거나 과거 낙후된 유산이 존재하기 때문에 발생하는 일시적 시간 지체가 있고, 시간이 흘러가면 점점 더 자본 - 노동의 모순이 부상할 것이라고 예상할 수는 없다. 또 자본 - 노동의 모순이 부각되는 시기라 해도, 현재 신자유주의 시대처럼 자본주의는 갈수록 끝없는 이윤 축적이라는 자기 특성을 드러내는 반면 노동자계급 내의 통일과 저항은 계속 약화되는 경우, 그럼, 이 상황에서 마르크스의 분석을 어떻게 이해해야 하는가도 문제가 된다.

예전의 해법 또한 문제를 근본적으로 해결하는 것은 아니다. 예를 들면, 생산양식과 사회구성체라는 개념을 나눈 다음, 생산양식을 자본주의의 고유한 구조적·법칙적 설명으로, 사회구성체는 이것이 현실에서 등장해 작동하는 역사적 - 국가적 조건의 틀로 이해하려 했다. 이는 문제의 복잡성으로 가는 한 걸음이기는 하지만 그래도 쟁점은 여전히 남는다. 특정 모순의 중심성이나 시간의 지체라는 오해가 불식되는 것은 아니다. 그렇다고 여러 모순이나 문제를 단순히 병렬하는 것이 해법이 될 수도 없다. 현실에서 상이한 모순과 조건들은 서로 얽혀서 특정한 효과를 낳는 방식으로 작동하며, 그 구조는 일정 기간 지속되기 때문이다.

각각의 모순은 독특성을 지니지만 다른 모순 또는 그 모순을 작동시키는 특정한 역사적 조건과 무관히 작동하지 않는다. 이 두 측면, 즉 각각의 모순을 구분 짓는 독특성과 다른 한편에서 각 모순이 그것을 둘러싼 특정한 상황과 연관되어서만 존재한다는 것을 어떻게 함께 사고할 것인가가 관건이다. 사실 이는 마르크스 자신이 〈포이이바흐 데제〉 6번에서 연구 대상을 '사회적 관계들의 앙상블'이라고 규정했을 때 이미 제기되었던 질문이기도 하다. 모순의 과잉결정이라는 사고는 이 문제를 해결하기 위해 등장한 것이다.

II. '모순의 존재 조건이 모순의 내부에 반영된다'

번역을 둘러싼 오해는 이 개념의 출현사와도 무관하지 않다. 우선 번역과 관련해, 알튀세르가 과잉결정을 '과소결정sousdétermination'이라는 개념과 함께 사용하고 있음을 지적해두자(알튀세르 1991: 156; 진태원 2002: 367/376). 두 개념을 한 쌍으로 생각하면 전자를 '과잉결정' 아닌 '중첩결정'으로 번역할 경우 후자는 번역이 불가능해진다.

알튀세르는 과잉결정이라는 개념을 설명하면서 이 용어를 다른 학문으로부터 빌려왔기 때문에 '특별히 집착하지 않는다'고 말했다(알튀세르 1997a: 117). 빌려온 학문이란 언어학과 정신분석학, 수학 등이 될 것이다. 그중 중요한 연원인 정신분석학에서 이 용어가 사용되는 용어법을 잠시 검토해보자.

프로이트는 《꿈의 해석》에서 '꿈-작업Traumarbeit'과 '꿈-사고 Traumgedanken'의 차이를 설명하면서 두 번에 걸쳐 이 용어를 사용한다(프로이트 2004: 6장). 꿈-작업에는 서로 다른 계열들의 작업이 동시적으로 작용하고 있으며, 이 서로 다른 계열의 꿈-작업의 요소들이 결합하여 꿈-사고를 형성하지만, 어떤 계열의 꿈-작업도 단순히 꿈-사고로 환원되지 않는다. 꿈-사고를 형성하는 주된 꿈-작업의 계열은 항상 다른 계열의 개입에 의해 그 의미가 복잡화 - 다원화한다. 그리고 우리는 왜 그렇게 여러 계열이 등장하는지 알 수 없다. 그렇게 꿈-사고는 항상 여러 계열들의 동시적 얽힘에 의해 '과잉결정' 된다.

그런데 프로이트를 읽은 다음 알튀세르를 읽어보면, 프로이트가 사용하는 이 용어와 알튀세르가 설명하는 과잉결정 사이에 중요한 차이점이 있음을 알게 된다. 프로이트의 용어법은 과잉결정보다는 차라리 '중첩결정'이나 '중층결정' 또는 '다원결정'에 더 가까워 보인다. 꿈-사고의 '결정'에는 꿈-작업의 여러 계열이 함께 동시적으로 작용하며, 그중 어느 한 계열만을 원인으로 보면 안 된다는 것이 핵심이다.

많은 경우 알튀세르가 말하는 과잉결정을 여러 모순들이 동시적으로 작용해서 다수의 원인을 만들어낸다는 방식으로 이해한다. 그런 점에서 '다원결정'의 의미로 해석하기 쉽다. 그렇게 보면 과잉결정을 '중첩결정'이나 '중층결정'으로 번역해도 문제가 없을 것처럼 보인다.

사실 이러한 오해는 알튀세르의 저작 자체에 기인하기도 한다. 알튀세르가 과잉결정에 대해 집중적으로 논하고 있는 곳은 《마르크스를 위하여》이고, 그 안에서도 '모순과 과잉결정(연구를 위한 노트)'과 '유물변증법에 대하여(기원들의 불균등성에 관하여)' 두 편의 글이다. 그런데 자세히 읽어보면 두 글에서 과잉결정에 대해 접근하는 방식이 다소 다름을 알 수 있다. 특히 두 번째 글에서 우리는 여러 모순이 켜켜이 쌓인 이미지를 알튀세르 자신이 제공하고 있음을 발견하게 된다. 그는 복합성 자체의 통일체를 언급하면서 "이 특유한 구조가, 마오가[마오쩌둥이] 핵심적인 것으로 묘사한 모순들 사이와 모순들의 측면들 사이에 존재하는 지배 관계를 궁극적으로 토대 짓는 것"이라고 말한다(알튀세르 1997a: 243).

그러나 이처럼 모순들이 여러 켜로 쌓여 다원적인 원인을 형성한다는 '중층결정'의 이미지로 과잉결정을 사고하게 되면, 그 일반론에서 벗어나 구체적인 '결정'을 분석하는 것이 곤란해짐을 알게 된다. 서로 켜처럼 쌓여 있는 각각의 모순을 분석해 그 속성을 이해하기 전에는 켜로 얽힌 전체 상을 분석하는 것이 거의 불가능하기 때문이다. 그리고 이렇게 '중층' 구조로 사고하게 되면, 켜로 쌓여 있는 각각의 모순은 각자 본질을 유지한 상태로 순수하게 존재하는 것으로 이해되며, 모순들 간의 관계는 오로지 외적으로 파악된다. 역사는 모순들의 서로 다른 조합 방식을 의미할 뿐이기에 역사가 모순들 외부에 머물러 있게 되고, 모순 내부로 들어갈 수는 없게 된다.

이 때문에 알튀세르의 논의를 '중층결정'이 아니라 '과잉결정'으로 번역하는 것이 그의 사고를 좀 더 분명하게 드러내는 방식이 된다.

첫째 《마르크스를 위하여》에서 과잉결정을 다루는 장의 제목을 보면 '모순과 과잉결정'이지 '모순들과 과잉결정'이 아니다. 즉 과잉결정을 이야기할 때 복수의 모순이 아니라 단수의 모순에서 출발하며, 단수의 모순이 과잉결정 됨을 강조하고 있음에 주의해야 한다. 과잉결정은 여러 모순이 겹겹이 중첩되는 이미지는 아니다.

둘째 이를 좀 더 분명히 하면서 알튀세르는 과잉결정을 **"모순의 존재 조건의 모순 내 반영"**으로 설명한다. 이렇게 되면 어떤 모순도 '순수하게' 존재하지 않는다. 어떤 모순이 모순으로서 성립하려면 그것을 현실 속에서 작동시키는 조건들이 모순 내에 반영되어야 하기 때문이다. 모든 모순은 구체적·역사적 상황하에서만 모순으로서 작동한다. 그랬을 때 모순들의 관계는 서로에 대해 외부적이지 않고, 모순들은 중첩되는 것이 아니라 다른 모순들도 특정 모순의 존재 조건으로 모순 내로 들어옴으로써 과잉결정을 작동시킨다.

셋째 알튀세르가 여기서 강조하는 모순은 논리적 모순이 아니라 역사적 모순임에 주의할 필요가 있다. 논리적 모순은 A와 ~A 사이의 관계, 즉 논리적으로 부정적인 관계이며, 하나는 다른 하나의 거울상이다. A를 알면 정의상 ~A에 대해서도 알 수 있다. 그것은 정의상 모순이므로 시공간적 조건 속에서 모순으로 형성되는 것이 아니다. 따라서 여기서는 역사가 문제 되지 않는다. 반면 마르크스가 말하는 모순은 이러한 논리적 모순이 아니라 역사적 모순이다. 역사적 모순은 어떤 조건들하에서 두 항이 모순적으로 마주치는 것, 모순적 관계가 설정되는 것을 말한다. 자본‒노동은 논리적 모순이 아니며, 초역사적 모순도 아니다. 자본주의하에서 이 모순의 두 항은 죽은 노동과 산 노동의 변증법에 따라 비로소 '모순'으로 성립한다. 그리고 모순의 두 항이 결합해야 사회적 관계의 구조로서 자본주의가 작동하지만, 그 결과 필연적으로 적대가 생산된다. 따라서 이 두 항이 만나서 모순적 관계하에 작동하게 하는 조건들이 시공간적으로, 항상적으로 주어져 있어야 모순이 형성된다. 조건에 맞는 노동력이 공급되고, 특정한 임금이 지급되고, 시장에서 생필품을 살 수 있어야 하고, 국가가 제도를 규율하고 있고, 노동자들이 조직을 만들 수 있거나 없을 것이며, 노동자들이 불만을 표출할 특정한 방식이 있거나 없을 것이다.

바로 그 이유 때문에 과잉결정은 모순이 현실 속에서 작동한다는 것과 동의어가 되지 않을 수 없다. 모순의 조건들이 없으면 모순이 모순일 수 없으며, 모순은 그 조건들 없이 재생산될 수 없다. 이처럼 **특정한 조건하에서만 모순의 두 항이 모순적인 관계 속에 놓인다**면,

1) 어떤 조건이 주어져야 하는가(노동력의 상품화, 노동자와 자본가, 그리고 자본의 일정한 축적 등) 2) 모순 두 항의 기원의 이질성(자본이 형성되는 역사와 노동자가 형성되는 역사의 상이성) 3) 재생산 자체가 자명하지 않음(국가, 이데올로기, 생산 등의 구체적 조건하에서만 비로소 가능해짐) 등이 곧 문제가 될 것이다.

넷째 모순의 과잉결정과 관련해 중요하지만 잊기 쉬운 중요한 전거를 검토할 필요가 있다. 그것은 바로 마오쩌둥이 1937년에 집필한 〈모순론〉이다. 마오쩌둥은 이 글에서 "사물 발전의 근본 원인은 사물의 외부에 있는 것이 아니라 사물의 내부에 있으며 사물에 내재하는 모순성에 있다. (…) 외적 원인은 변화의 조건이고 내적 원인은 변화의 근거이며, 또 외적 원인은 내적 원인을 통해 작용하는 것이라고 보고 있다"고 주장한다(모택동 2001: 362/363). 〈모순론〉과 과잉결정에 관한 알튀세르의 두 편의 글 사이의 관계는 생각 이상으로 밀접하다.

'모순과 과잉결정'과 '유물변증법에 대하여' 두 글에서 알튀세르는 직접 마오쩌둥을 전거로 삼는데 이는 정치적이라기보다는 이론적 이유 때문이다. 알튀세르의 작업이 마르크스를 형해화한 스탈린주의적 소비에트 마르크스주의를 비판 대상으로 삼아 출발한 것이며, 가장 심각한 문제를 지닌 타깃으로 삼은 것이 바로 변증법적 유물론(디아마트)이었음은 잘 알려져 있다(엘리어트 2012; 알튀세르 2008). 디아마트 Diamat는 철학의 철학으로서 보편적 위상을 지닌 존재론의 지위를 차지했다. 유명한 모순의 3대 법칙(대립물의 통일, 양질 전화, 부정의 부정)은 보편 법칙이며, 철학은 무엇보다 이것의 보편성을 증명하는 것으로 이해되었다. 역사유물론 같은 다른 학문은 이 보편 법칙이 각 영역

384

에서 어떻게 관철되는지를 적용하고 구체적으로 서술하는 하위 영역으로 한정되었다.

그런데 마오쩌둥의 〈모순론〉을 읽어보면 디아마트의 서술 체계와 매우 어긋남을 발견하게 된다. 이 작은 소책자는 대체 어떤 책인가? 이는 모순의 일반 이론도 아니고, 모순의 보편성의 증명도 아니다. 〈모순론〉 서술의 대부분은 '모순의 특수성'에 맞추어지고 있다. 그 이유는 모든 모순은 특수하며 그 특수성 속에서 모순의 보편성이 드러난다고 보기 때문이다. 마오쩌둥은 여기서 한 걸음 더 나아가 모순의 특수성을 분석하기 위해 주요모순과 부차적 모순을 나눈 다음 주요모순의 주요한 측면과 부차적 측면을 다시 나누고 있음은 주지의 사실이다.

이렇게 본다면 〈모순론〉이라는 저작은 제목이 주는 이미지와는 달리 모순에 대한 교과서나 일반론이 아니고, 모순이라는 관점에서 현실의 구체적 분석에 들어가는 데 도움을 주고자 하는 '지침서'라 할 수 있다. 모든 모순은 특수하기 때문에 모순에 대한 일반론은 의미가 없으며, 모순의 구체적 분석만이 중요하게 된다. 그 점에서 마오쩌둥은 디아마트와는 대극점에 서 있다.

이렇게 읽어보면 〈모순론〉은 알튀세르의 모순의 과잉결정을 이해하기 위한 가장 훌륭한 해설서가 되며, 또 《마르크스를 위하여》의 두 편의 논문은 〈모순론〉을 이해하는 좋은 길잡이가 된다. 〈모순론〉의 위상과 마찬가지로 과잉결정에 대한 알튀세르의 글 또한 과잉결정의 일반 이론이 아니라, 과잉결정이라는 관점에서 구체적 모순을 분석하는 데 지침서가 될 따름이다. 이렇게 〈모순론〉을 먼저 보고 나면 알튀세르의 과잉결정 사고의 두 주장, 즉 단수의 모순의 과잉결정이라는 이야기와 '모순의 존재 조건의 모순 내 반영'에 대해 좀 더 손쉽게 다가

갈 수 있다.

III. 마르크스가 말하는 모순은 역사적 모순이다

다시 말하지만 여기서 우리가 다루는 모순은 역사적 모순임에 주의해야 한다. 자본 – 노동의 모순이 우리의 주된 관심사인데, 여기서 모순의 두 항은 하나가 다른 하나의 조건이 되어 서로를 재생산하지만, 그 결과 양자는 적대적 관계로 재생산된다는 점에서 모순이다. 그런데 여기에 두 가지 점이 즉각 부가된다.

첫째 모순의 한 항은 다른 항의 부정이 아니다. 역사적 모순 관계에 놓인다는 것은 그런 의미이다. 다시 말해 노동(자)은 '~자본', 즉 자본의 부정으로 규정되지 않는다. 자본을 이해하면 그 부정으로 노동이 이해되거나, 노동을 이해하면 그 부정으로 자본이 이해되는 것이 아니다.

둘째 이 모순은 결코 순수한 자본 대 노동의 대립으로 나타나지 않는다. 역사적 모순은 그 모순의 두 항이 모순적 관계 속에 놓이기 위한 역사적 다른 조건들을 이미 전제로 하고 있다. 모순은 그것이 현실 속에서 등장하기 위해 이미 정세 또는 특정한 마주침을 전제한다. 자본과 노동은 추상적, 일반적 범주로 마주치는 것이 아니라, 구체적인 역사적 조건을 담은 특정한 자본과 노동의 관계로서 만나는 것이다. 다시 살펴보겠지만, 마오쩌둥은 이를 설명하기 위해 기본모순(또는 근본모순)과 주요모순을 나누었다. 그러므로 '본질의 정해진 발현' 같은 정해진 역사적 방향이 미리 설정될 수는 없다.

이 문제를 조금 더 구체적으로 살펴보자. 노동자계급과 자본가계급이 형성된 역사를 보면, 자본가와 노동자는 단지 시장에서 생산수단 소유 여부의 긍정항과 부정항으로 단순하게 구분되지 않는다. 노동자는 국민인 동시에 인종이고 성별을 지니며, 학력과 연령, 출신 지역과 숙련이 다르며, 정규직과 비정규직이 나뉘는 등 특정한 방식으로만 존재한다. 항상 이 범주들의 차이는 노동자들 사이의 경쟁, 즉 노동의 분할을 정당화하고 노동자의 보수나 기타 대우의 차등을 정당화하는 기준으로 작용한다. 하지만 이러한 차이는 자본가들의 경우에는 중요하지 않고, 자본가들 사이의 자본 수익률을 결정짓는 기준으로 작용하지 않는다. 자본 수익은 그 자본을 운용하는 자본가의 '얼굴'이 추상화되어 추상적 자본만 등장하는 반면, 노동에 대한 '보상'의 경우에는 항상 특정 노동자의 '얼굴'이 등장해 구체적 차별이 존재한다.

이 점에서 자본과 노동은 단순한 거울상이 아니다. 여기서 노동자계급은 늘 '구체적'으로 존재하며, 분열이 상시적이고 통일이 예외적으로 나타난다. 반면 자본가계급의 내적 대립은 항상 '국가'를 매개로 해 지배계급의 통일이라는 위계적 구조 속에서 상이한 자본들의 공존이라는 형태로 나타난다. 자본의 지배는 자본을 자본으로서 경향적으로 하나의 통일적 목소리로 묶어낸다. 자본의 통일은 늘 노동자의 내적 분할을 전제한다. 그런 점에서 이 모순의 두 항은 상이한 역사적 기원과 배경을 가지고 형성되며 비대칭적이다. 또 힘의 불균등을 전제로 해서만 모순의 구도 속에 등장하고 재생산된다. 앞서 나온, 《자본》에서 마르크스가 행한 분석을 가지고 설명하면 자본의 '축적'(확대재생산)은 노동자의 궁핍화(축소재생산)이다. 그런데 이 궁핍화는 단지 '자본 없는 상태'는 아니며, 그렇기 때문에 많은 경우 '노동자의 적이 자본이 아니라 노동자'인 것처럼 나타나는 경우가 많다. 따라서 순수하게 자본과 노동의 대립이 나타나리라고 보는 것은 환상에 불과하다.

자본과 노동은 둘 사이를 관계로 묶어내는 '마주침'이 있어야 자본관계로 형성된다. 그러려면 모순의 두 항인 자본과 노동 자체가 이미 다른 역사적 조건들 속에서 구체적 특성을 갖고 마주쳐야 한다. 이 조건하에서만 비로소 자본 대 노동이라는 모순이 모순으로서 '결정'된다. 즉 작동하게 된다. 이렇게 '모순의 존재 조건'이 '모순 내부에 반영'된다. 그리고 그 점에서 자본 - 노동의 모순은 언제나 모순의 특수성으로만 발현되지만 그 모순의 특수성 속에서 모순의 일반성이 확인된다.

서로 다른 사회들을 비교해보면 어떤 경우에도 자본 - 노동의 모순이 동일한 형태로 발현되는 것을 기대할 수는 없다. 과잉결정의 효과가 상이할 것이기 때문이다. 나라, 지역, 역사적 시기마다 자본과 노동의 구체적 관계가 상이하게 나타나는 이유도 이 때문이다. 이를 설명할 때 과잉결정이라는 관점이 아니라 자본 - 노동의 모순의 부차화로 설명하게 되면 오해는 커진다. 그리고 여기서도 다시, 어떤 입장이 역사적 시간대의 겹쳐짐을 더 잘 보여주는지가 중요해진다.

이해하기 쉽게, 앞서의 '중층결정'(왼쪽)과 여기서 모순 양항이 '과잉결정'(오른쪽) 되는 것의 차이를 그림을 통해 비교해보면 대체로 다음과 같다. 왼쪽 그림은 모순들이 '중첩'된 구도이다. 반면 오른쪽 그림은 모순의 존재 조건이 모순 내에 반영된 과잉결정의 구도이다. '자본'과 '노동' 양 항 각각에는 이미 다른 모순들이 그 존재 조건을 구성하면서 들어와 있다. 그리고 그 존재 조건을 구성하는 특정 모순(예를 들어 모순 A)을 다시 보면, 다른 모순들이 이미 그 존재 조건을 구성하고 있다.

이렇게 설명하면 마오쩌둥이 말한 기본모순과 주요모순의 관계도

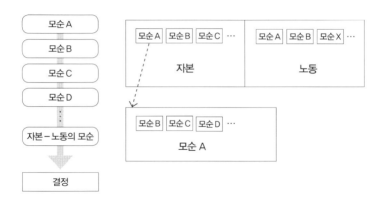

어렵지 않게 이해된다. 마오쩌둥식으로 이해하면 자본주의의 자본－노동의 모순은 늘 특수한 형태로 나타나며 그 특수한 형태 속에서만 기본모순의 일반적 특성이 확인된다. 기본모순과 주요모순의 관계를 보면, 기본모순은 '기저'에 있는 장기의 시간대를 표명하며 이는 그 자체로 표면에서 발현되는 것은 아니다. 주요모순의 층위는 기본모순의 층위와 다른데, 기본모순이 기저의 층위를 보여준다면 주요모순의 작동은 다수의 모순들 사이의 복합적 관계가 설정되는 '정세'의 층위에서 형성된다.

이를 브로델F. Braudel이 말하듯이 '장기 지속ongue durée'과 콩종튀르conjoncture의 서로 겹쳐지는 시간 지속의 차이로 설명할 수도 있을 것이다(백승욱 2006: 1강). 어떤 모순이 특정 정세에서 기본모순의 특징들을 담아내는 한 요소가 되고 이것이 주요모순이 될 수 있다. 그렇지만 이는 기본모순의 단순한 발현이나 반영이 아니며, 기본모순의 '본질'이 특수한 주요모순의 형태를 빌려 발현된다고 보아서도 안 된다. 이런 식으로 보는 것은 모순의 특수성을 보는 것이 아니라, 결국 모순의 일반성에만 주목하는 것이다. 모순의 일반성인 '본질적 모순'

이 발현될 것이라고 기대하는 것이기 때문이다. 기본모순은 장기 지속의 시간대에 상응하는 개념이기 때문이다.

모순의 과잉결정이 '지배소를 가진 구조'와 함께 등장하는 것도 그렇다. 때로 어떤 정세에서는 기본모순 자체가 주요모순으로 등장하는 것처럼 보일 수도 있지만, 본질로서의 기본모순이 표면으로 직접 발현되는 것으로 이해해서는 안 된다. 여기서 자본－노동의 적대가 집중적으로 부각되지만 기본모순의 일반성이 그 자체로 발현되는 것이 아니라, 다른 주요모순의 발현 방식과 마찬가지로 과잉결정의 특별한 조건들이 주요모순의 한 방식으로, 더욱 기본모순과 유사한 방식이 부각되도록 만드는 것이다. 정세와 조건이 바뀌면 여기서도 주요모순의 형태는 달라질 것이다.

알튀세르는 이러한 정세의 차별성을 설명하기 위해 모순의 '응축condensation'과 '전위displacement'를 이야기한다. 이 개념들 또한 《꿈의 해석》에서 과잉결정과 더불어 꿈-작업의 특성을 설명하기 위해 프로이트가 사용한 것임에 주목할 필요가 있다(프로이트 2004). 물론 그 함의는 마찬가지로 달라진다. 노동－자본의 모순이 제국주의 대 민중의 모순으로 전위되는 경우가 있고, 인종주의적 대립선으로 전위되는 경우(프로이트를 생각해볼 것)도 있을 것이다.

마르크스주의자로서 기본모순이라는 문제 설정을 지닌다는 것은, 자본주의의 기본모순이 존재하는 한 사회적 관계에서 자본－노동의 적대가 소멸하지 않으며, 그로 인한 구조적 문제 또한 지속됨을 주장하는 것이다. 그렇다고 해서 이 기본모순이 늘 같은 방식으로 중심적 모순으로 표출됨을 주장하는 것은 아니며, 또한 그 기본모순을 해결해가는 과제가 모순에 직접 개입함으로서 즉각적으로, 직접적으로 가능하다고 수장하는 것도 아니다. 모순은 그것을 존재하게 하는 조건들의 작동 속에서만 작동하기 때문이다. 이는 프랑스혁명 이후 러시아혁명을 거쳐 중국혁명까지 모든 혁명이 민중혁명이자 민주혁명이라는 특성을 띠었던 이유와도 관련된다. 혁명적 상황의 궁극적 원인은 그 기저에 깔린 구조적 모순이지만, 그것이 촉발되고 지속되는 과정에서 부각되는 것은 '주요한' 모순이며, 그 속에서 대중들의 독특한 이데올로기적 대응이다. 단순한 두 단계의 구분이 불가능하다는 것이다.

이상과 같은 과잉결정에 대한 사고에서 출발하면 역사적 자본주의의 구체적 동학에 대한 분석을 진행할 수 있을 뿐 아니라, 기본모순의 자리에 마르크스와 알튀세르가 상정한 것과 다른 종류의 모순(또는 그에 상응하는 어떤 관계의 지속성)을 둘 수도 있다. 가부장제 또는 성차라는 질문을 그 자리에 놓아보면 이해될 수 있다. 비슷한 방식으로 기본모순과 주요모순의 상이한 층위가 상정될 수 있다. 그렇더라도 역시 과잉결정의 사고는 같은 틀을 지탱하는데, 이 점에서 과잉결정이 제시하는 정치의 방향은 라클라우와 무페가 강조하는 적대의 등가성이라는 포스트-마르크스주의적 길과는 다르다.

적대의 등가성이라는 사고는 사실 과잉결정이라는 사유를 폐기하기 때문이다. 과잉결정의 길을 걷는다면 어떤 모순도 다른 모순들의 '본질'이나 환원되는 '중심'이 될 수 없기 때문에, 또 어떤 정치에서 출발할지 '선택'해야 하는 문제이지만 각각은 과잉결정이라는 사고를 버릴 수 없기 때문에 '연대'의 길에서 만나야 한다.

마지막으로 알튀세르가 과잉결정을 이야기한 다음 '지나가면서' 과소결정에 대해서도 언급했음을 상기해둘 필요가 있다. 부르주아지 중심의 세계 형성과 그 속에서 부르주아지와 프롤레타리아트의 계급적 대립을 설명할 때, 이는 마치 〈공산주의당 선언〉의 마르크스가 "혹은 투쟁하는 계급들이 함께 몰락하는 것으로 끝난"이라고 부른 부정적 상황을 '지나가면서' 언급한 것을 상기시킨다(마르크스 1997b: 400). 이는 자본 – 노동의 적대의 '변증법적' 작동이 중단된 상황을 지칭한다.

과잉결정은 어쨌든 '결정'에 초점을 맞추는데, 자본 – 노동이 변증법적 관계 속에서 자본관계를 형성하는 복합적인 역사적 구조가 작동하며, 거기서 자본과 노동의 변증법은 독특한 정치를 탄생시킨다는 것이다. 그러나 "그것을 넘어서지 못하면 혁명이 유산되고 혁명적 운동이 지체되거나 사라지며, 제국주의가 부패 속에서 발전하게 되는, 결정의 문턱이라는 사고"(알튀세르 1991: 156), 즉 다른 모순들의 효과가 특정 모순의 두 항의 만남과 작동을 억지 또는 저지하는 경우가 발생할 수 있다.

그렇게 되면 우리는 역설적인 상황에 직면한다. 간단히 생각해보면, 1968년 이전까지의 세계는 세계적 차원에서 보자면 세계경제로서의 자본주의가 지닌 모순이 한 지역과 한 시기에는 통제되고 억제되더라도 체계 전체에 걸쳐서는 제어될 수 없었다. 항상 한 곳에서 모순의 '전위'와 다른 곳에서 모순의 '응축'이 동시적으로 관찰되었다. 사회주의혁명의 시기가 곧 파시즘과 뉴딜의 시기이기도 했다는 것이 그것을 잘 보여준다. 그런 만큼 여기서 모순의 두 항은 변증법적 관계로 그려진다. 그러나 1968년 이후 세계는 달라진다.

우리가 살고 있는 신자유주의 시대란 '자본과 노동의 변증법'이나 '지배와 피지배의 변증법'이 마치 멈추어 서서 사물들 사이의 관계처럼 바뀌었거나 또는 그 모순의 작동이 매우 지연되는 것처럼 보이는 세계이다. 자본주의 시대가 여전히 강도 높게 진행되고 있음에도 세계적으로 '노동자계급의 해체'라고 부를 만한 상황조차 관찰된다. 이것이 알튀세르가 과잉결정과 구분해 과소결정이라고 부르는 상황이다. 여기서는 자본의 위기가 노동의 '승리'로 귀결되기보다는 적대하는 두 계급의 공멸로 갈 수도 있다.

지금까지 과잉결정에 대해 논의한 것을 간단히 정리해보도록 하자.

1. 사회적 모순은 논리적 모순이 아니다. 모순의 두 항이 모순으로 만나는 것은 역사적으로 규정된다.

2. 따라서 모순의 각 항은 이미 그 자체가 등장하는 역사적 조건들을 담고 있다.

3. 어떤 역사적 모순도 그 자체로 역사적 시간 외부에서 순수하게 존재하면서 그 본질 자체로 표출될 수 없다. 모순의 존재 조건이 모순 내에 반영되기 때문이다.

4. 모순의 과잉결정은 재생산이라는 사고를 필요로 한다.

5. 모순(들)은 이미 그 존재 조건들에 의해 '과잉'결정 되어 있다.

6. 모순의 두 항이 현실 속에서 작동하는 것은 구체적 역사 속에서 여러 조건의 영향 속에서만 가능하다. 모순에 대한 이해는 그 구체적 조건과 상황에 대한 정세적·역사적 분석을 필요로 한다. 거기에 '계보학'적 접근이라는 이름을 붙일 수도 있다.

7. 이는 자본-노동의 모순에만 한정되지 않고 다른 모든 모순에도 해당한다.

8. '모든' 모순을 다 이론적으로 정리하지 않더라도 과잉결정에 대

한 사유는 가능하다.

9. 모순들은 전위되고 응축될 수도 있다. 다른 모순이 더 부각될 수 있고(주요모순), 특정한 정세에서는 또 다른 모순이 더욱 폭발적이 될 수 있다.

10. 어떤 조건에서는 모순이 해소되지 않고 작동함에도, 모순의 양 항이 변증법적 관계로 작동하지 않는 듯하거나 양 항이 마치 만나지 않는 것처럼 보일 수도 있다(과소결정). 경제 위기가 진행됨에도 자본 – 노동의 대립 축은 부각되지 않는 상황(또는 인종주의적 돌파구를 찾는 방식)이 그렇다.

이데올로기

과잉결정이라는 사고는 이미 이데올로기라는 사고를 전제하고 있다. 자본과 노동이라는 모순적 관계의 두 항을 하나의 관계 속에 계속 묶어 지속시킨다는 것은 단지 그 두 항뿐 아니라 두 항의 마주침을 가능하게 하는 역사적 조건의 전반적 지속, 즉 재생산의 문제를 제기하는 것이기 때문이다. 마르크스가 '자본'을 '운동'이라고 강조하는 것 또한 바로 이 측면에서 다시 바라볼 필요가 있다. 이 운동은 단지 역학적인 힘과 관성의 세계가 아니고, 역사적 조건들을 지속적으로 작용시키는 복합적 구조의 재생산 운동이다.

마르크스는 재생산을 화폐자본-생산자본-상품자본 같은 자본 순환의 지속과 재생산으로 우선적으로 보여주지만, 그 자신이 재생산을 '자본관계의 재생산'이라고 말했던 데서 이미 확인되듯이, 알튀세르가 '생산관계의 재생산'이라 부른 영역의 문제까지를 이미 제기하고 있다고 봐야 한다. 마르크스 자신이 재생산의 문제를 본격적으로 제시하는 《자본 Ⅰ》 23장 '단순재생산'에서 재생산의 의미를 복합적으로 사용하고 있다는 점은 앞서도 지적한 바 있다.

첫째 자본의 축적이라는 의미, 둘째 계급관계로서 임금노동자를 계속 임금노동자로 만들어내는 것, 셋째 소비 과정을 통해 노동자를 재생산하는 것, 넷째 노동자계급의 세대 재생산. 이 모두를 재생산이라는 말에 동시에 담았다. 그리고 이를 포괄해 자본관계의 재생산이라 지칭한다.

이 점에서 재생산은 생산력의 재생산일 뿐 아니라 생산관계의 재생산이기도 해야 하는데, 이는 이데올로기와 국가 없이는 불가능하다. 알튀세르가 대표적으로 '이데올로기와 이데올로기적 국가장치'라는 글 (그리고 이 글의 초고를 포함한 기획인 《재생산에 대하여》라는 책)에서 제기한 질문이 바로 이것이다(알튀세르 2007).

과잉결정이라는 개념을 통해 알튀세르는 마르크스가 전개한 철학의 핵심과 단절의 위상을 분명히 드러내려 했다면, 이데올로기라는 문제 설정을 통해서는 마르크스의 한계점을 보여주려 했다. 마르크스에게 부재한 문제 설정을 발전시킴으로서 이후 마르크스주의를 본격적으로 고민해보려는 질문을 제기한 것이다. 이 작업을 위해 알튀세르는 프로이트의 무의식 개념을 적극적으로 받아들였고, 라캉이라는 매개가 여기서 중요한 역할을 하게 된다. 이로부터 알튀세르의 이데올로기 문제를 둘러싸고 지속되는 몇 가지 중요한 쟁점들이 제기된다.

여러 쟁점이 있지만 논란과 오해가 많았던 것은 다음 네 가지이다.
1. 이데올로기의 '긍정성': 이데올로기는 허위의식인가, 아니면 실천인가?
2. '주체'라는 질문: 이데올로기는 단순한 집합표상인가? 왜 이데올

로기를 통해 주체가 생산된다고 하는가?

3. 주체의 호명: 호명은 기능주의인가?

4. 이데올로기의 외부, 즉 이데올로기의 바깥은 없는가: 이데올로기는 숙명론인가?

Ⅰ. 실천으로서 이데올로기의 긍정성

알튀세르는 이데올로기를 부정성으로, 즉 허위의식으로 규정한 《독일 이데올로기》에서의 마르크스의 이데올로기론을 넘어서고자 한다. 그 출발점은 이데올로기를 실천으로 규정하고, '이데올로기는 물질적 존재를 갖는다'고 주장한 것이다. 이 주장은 두 가지 내용을 담고 있다.

첫째 이데올로기적 사회적 관계는 물질적 힘을 지니고 지속적 영향력을 준다는 것이다. 둘째 이데올로기가 물질적 존재를 가질 수 있는 이유는 이를 가능케 하는 물질적 장치에 의해 이데올로기적 실천이 진행되기 때문이다.

첫째 내용과 관련한 '이데올로기의 물질성'은 무의식에 대한 프로이트의 명제들을 이어받은 것이다. 이데올로기의 물질성에 대해서는 알튀세르에 앞서 빌헬름 라이히가 프로이트와 마르크스를 결합시키려는 최초의 시도를 하면서 《파시즘의 대중 심리》에서 주장한 바 있다(라이히 2006). 이데올로기의 물질성은 이데올로기를 '집합표상représentation collective'으로 규정하는 에밀 뒤르켐의 사회학이나, 또는 감정의 집단적 '전염'으로 규정한 부동의 집단심리학 같은 선행 연구를 상기시킬 수도 있다.

그렇지만 알튀세르 주장의 중요성은 다른 데 있다. 이데올로기를 집합적으로 공유되는 관념으로 단순히 해석하는 것이 아니라 '실천'이라는 관점에서 새롭게 정의 내린다. 그의 유명한 '일반성 I, II, III'이라는 틀에서 제기되는 이 논점에서 핵심은 이데올로기는 '개인을 주체로 생산'한다는 데 있다. 이렇게 해서 이데올로기는 멈춰 있는 단순한 '표상'이 아니라 '과정'과 '생산'이라는 방향으로 이동하게 된다. 다른 한편에서는 더욱 중요하게, 우리는 이데올로기라는 문제 설정을 곧바로 '주체'라는 질문과 연결 짓게 된다.

이렇게 '주체들 생산'의 실천이라는 물질성의 틀을 세운 다음 다시 장치의 물질성으로 나아간다. 이데올로기에 의한 재생산은 주체들의 재생산이며, 이는 한 주체의 사고들의 물질성이다. 알튀세르에 따르면 "그[주체]의 사고들이, 이 사고들이 유래하는 물질적인 이데올로기 장치에 의해 그 자신 규정되는 물질적 관습들에 의해 제한되는 물질적 실천들 속에 삽입된 물질적 행동이라는 점에서" 규정된다(알튀세르 1991: 113/114).

이로부터 두 가지 결론이 제시된다. 첫째 이데올로기에 의하지 않고, 이데올로기 아래 있지 않은 실천이란 없다. 둘째 주체에 의하지 않고, 주체들을 위하지 않는 이데올로기란 없다. 이 두 논점을 승인하면, 그다음에는 이데올로기 혁명은 이데올로기의 물질성의 전화이며, 물질적 장치의 변혁 없이 이데올로기 혁명은 불가능하다는 결론을 얻게 된다.

II. '이데올로기는 개인을 주체로 생산한다'

이 말을 이해하려면 주체라는 개념을 살펴봐야 한다. 여기서 주체 개념을 이해하려면 이번에는 마르크스를 프로이트와 연결 짓는 노력이 필요하다. 주체는 한편에서는 사회라는 세계 속에서의 주체인 동시에 무의식적 장치 속에서 구성되는 '나'의 자리로서 무의식적 주체이기 때문이다. 마르크스의 이론 속에서 개인들은 구조의 '담지자'로 제시될 수는 있지만, 개인들을 주체로 만드는 개체화/개성화의 기제를 설명하기는 어렵다. 그런 까닭에 마르크스 이후의 마르크스주의의 역사는 주체에 대한 무지와 무의식 이론을 통한 주체론의 보완 사이에서 동요를 보였다.

그런데 반면에 무의식을 탐구하는 프로이트의 세계 속에서 개인들은 사회를 이미 전제하고 있다. 오이디푸스 삼각형의 가족 이데올로기가 이미 역사적인 특정한 사회와 무관하지 않다는 데서도 확인되듯이, 프로이트의 틀은 주체의 무의식적 측면을 설명해주지만 이번엔 주체의 '사회적' 측면을 설명하기는 어렵다. 마르크스는 프로이트의 무의식을 향해 나아가고, 반대로 프로이트는 마르크스의 사회적 관계의 세계로 나아가면서 그 중간에서 제기되는 질문이 바로 이데올로기와 주체라는 질문이었다.

알튀세르는 이 비어 있는 공백인 주체라는 질문을 마르크스에게 돌려주기 위해 우회로이자 '비판'의 길을 걷는다. 이 과정에서 알튀세르는 라캉을 비판의 대상으로 택한다. 곧바로 프로이트를 택하지 않고 라캉을 택한 것은 프로이트에게서 아직 모호한 범주인 '주체'가 라캉을 통해 체계화되기 때문이다. 그렇지만 알튀세르는 라캉을 단순히 '수용'할 수는 없었다. 라캉에게는 마르크스가 했던 모든 작업이 빈자리로 나타나며, 그것은 결국 라캉에게 사회와 역사가 '맹목점'이 되는 결과를 낳았기 때문이다. 마르크스의 작업이 늘 비판 개념을 거치며 진행되었던 것처럼, 알튀세르가 이데올로기 이론을 정립하는 과정 또한 이 비판 개념과 뗄 수 없는 것이었다.

이데올로기가 '개인을 주체로 생산'한다는 것은 이데올로기에 의해 비로소 개인은 주체가 되며, 또한 개인은 이미 이데올로기 속에서 주체가 되어 있음을 말하는 것이다. 다시 말해 개인과 주체가 따로 있는 것은 아니라는 말이고, 주체에 대해 발생론적 순서로 설명을 해서는 안 된다는 말이다. 자아로서의 개인이 이데올로기를 대면함으로써 주체의 자리를 성찰적으로 찾아가는 모델은 성립될 수 없다. 그래서 이 과정은 무의식이 관계 속에서 설명된다. 그 점에서 이데올로기와 주체에 대한 논의를 일반적인 사회학의 사회화 이론과 혼동해서는 안 된다.

이를 잘 보여주는 알튀세르의 언명이 이데올로기란 "실재적 존재 조건에 대한 실재적 관계와 상상적 관계의 과잉결정 된 통일체"(알튀세르 1997a) 또는 "그들의 실재 조건에 대한 개인들의 상상적 관계의 '표상'이다"(알튀세르 1991)라는 정의이다. 세계 속의 나, 그리고 나와 세계라는 이 관계는 이데올로기와 이데올로기적 주체라는 구도를 통해 설명된다.

알튀세르가 이데올로기를 허위의식의 부정성으로 정의하는 것에 반대하고 거기에 긍정성을 부여한 것은 이처럼 이데올로기적 주체가 되지 않으면 우리는 세계 속에서 세계를 살아갈 수 없음을 강조한 것이다. 세계를 살아갈 수 없다면 세계를 바꾸는 것은 처음부터 불가능하다.

이 이데올로기 이론을 따라갈 때 중요한 것은 이데올로기가 단지 뒤르켐류의 집합표상은 아니라는 점을 이해하는 것이다. 이데올로기는 물론 표상으로서 존재하며 집합성을 지닌다. 그렇지만 단지 집합적으로 공유되는 표상인 것만은 아니다. 우리가 그것을 내면화하고 사회화함으로써 이데올로기의 수동적 행위자가 되는 것을 의미하지 않는다. 그런 수동적 행위자라면 이데올로기를 사회 규범의 내면화로 해석하는 것과 크게 다르지 않게 된다. 이는 이데올로기적 주체를 이데올로기의 지령을 받는 꼭두각시라는 수동적 존재로 이해하는 것으로 귀결될 수도 있다. 앞서 우리는 과잉결정을 다룰 때 과잉결정이 모순을 항상 특수성 속에서 설명하면서도 모순의 일반성을 확인하려는 시도라고 했다. 여기서 이데올로기도 그것이 항상 개인 주체라는 특수성 속에서 작동하는 것이면서도 공통의 이데올로기의 공유성을 지니고 있음을 강조하는 것이 중요하다.

Ⅲ. 라캉의 상징계와 알튀세르의 이데올로기

이 맥락에서 알튀세르의 이데올로기론의 구성에서 왜 라캉이 중요하게 등장했는지를 짚고 넘어가는 것이 도움이 된다. 알튀세르는 '프로이트와 라캉'이라는 글에서 라캉의 중요성을 적극적으로 소개했을 뿐 아니라, 생트안 병원에서 시작되었다가 중단된 라캉의 '세미나'를 파리고등사범으로 초청, 유치해 지속될 수 있게 해주었다. 당대 최고의 청년 철학자들을 라캉 세미나의 수강생들로 붙여준 이가 알튀세르였음은 잘 알려진 사실이다(루디네스코 2000). '마르크스로 돌아가자'는 알튀세르의 구호는 '프로이트로 돌아가자'는 라캉의 구호와 잘 어울렸다. 알튀세르는 라캉을 통해 마르크스에게 비어 있는 공백을 프로이트와 연결하는 고리를 찾아낼 수 있었다. 그 고리가 바로 '주체 이론'이라 할 수 있다.

프로이트가 이번에는 우리에게 다음과 같은 사실을 발견해주었다.

자신의 독특한 본질을 가진 개인인 실제적인 주체는 '자아' '의식' 혹은 '실존'—그것이 대자이든 자신의 육체이든 '행위'이든—에 집중된 어떤 에고의 형상을 가지고 있지 않다는 것, 그리고 인간 주체가 하나의 구조, 그 또한 '자아'에 대한 상상적 무지 속에서, 다시 말해 그들이 그 속에서 자신을 알아보는 이데올로기의 형성 속에서만 '중심'을 가지는 구조에 의해 중심을 벗어나고 구축된다는 사실이다. (알튀세르 1991:43)

칸트적인 이성적 주체가 아니라 무의식 세계에서의 주체(그리고 주체의 죽음)에 대한 논의는 20세기 철학이 재개하는 중요한 논점이다. 그 중에서도 주체 이론을 가장 체계적으로 제시한 이는 라캉이라 할 수 있다. 달리 말해 라캉 이론의 핵심을 찾자면 주체 이론이라 할 것이다. 잘 알려진 상징계(상징적 것), 상상계(상상적인 것), 실재계(실재적인 것)의 구분은 주체의 작동을 설명하는 틀이 된다. 이 구도를 통해 라캉은 주체가 사회 속에 있으면서 동시에 개인의 무의식적 영역을 통해 형성되는 존재이기도 함을 보여준다.

알튀세르는 이를 수용해 이데올로기적 주체는, 첫째 반드시 대중 속에서 대중의 일원으로 존재하지만, 둘째 개체화/개성화되는 주체로서 작동해야 함을 설명하고자 했다. 이데올로기는 집합표상 그 자체로 존재하는 것이 아니라 반드시 주체들 속에서 주체에 의해 작동하게 된다. 또 반드시 수용해야 하는 규범 같은 구조가 아니며, 모든 사람에게 동일하게 작동하는 것도 아니다. 이는 우리가 세계를 주체의 관점에서 '해석'하는 틀로서의 출발점이다. 라캉의 개념과 구도를 빌려 말하면, 상징계가 우위에 있지만 여기서 욕망의 설정은 늘 개별화하는 상상계적 메커니즘 속에서만 가능하다.

라캉의 주체는 무의식적으로 상상계의 2자 관계 속에서 자아('나')로 활동하지만, 그것은 항상 상징계의 3자 관계의 틀 속에서 주체로 등장해 그 틀로 귀결되지 않을 수 없다. 여기서 주체가 형성된다는 것은 주체가 상징계의 규범에 복종한다는 의미가 아니라, 상징계가 부여한 형식적 구도 속에 놓이며, 상상계에 의해 거기에 생명이 부여됨을 의미하는 것이다. 여기서 대문자 팔루스는 내가 고유한 소문자 팔루스를 찾게 되는 구조적 근거가 되지만, 이것이 내가 대문자 팔루스의 '규범'에 복종함을 의미하는 것은 아니다. 주체가 복종하는 것은 그 구조이자 형식적 구도이다. 이데올로기적 주체도 항상 자신과 세계의 2자 관계 속에서 세계를 해석하고 행동하지만, 그것은 늘 이데올로기를 포함한 3자 관계의 구도로 회귀한다.

이 두 시기는 유일한 법칙인 상징 세계의 법칙에 의해 지배되고 통제받으며, 그것에 의해 드러난다. 상상적 세계 자체의 시기는 그것의 변증법 내에서 상징적 질서, 다시 말해 인간의 질서, 인간의 규범의 변증법 자체에 의해 기표의 질서의 형태로, 즉 언어의 질서와 형식적으로 동일한 질서의 형태로 드러나고 구조화된다. (알튀세르 1991: 45)

라캉은 상징계(언어) 없이 주체는 구성되지 않는다고 말한다. 알튀세르는 이데올로기 없이 주체는 구성되지 않는다고 말한다. 이데올로기 이론에서는 라캉의 상징계와 상상계의 구분이 그대로 적용되지 않는다. 특히 알튀세르는 상상계에 대한 상징계의 우위와, 상징계가 상상계 구성에도 이미 작동하고 있음을 강조한다(알튀세르 1991). 이는 자연 상태의 유토피아는 없다는 의미로, '거울 단계'를 발생론적으로 해석하는 것을 경계하는 것이며, 그 대신 거울 단계 아닌 거울 구도로 수용해야 함을 말한다. 라캉에게서 모든 욕망은 '상상적'인 것 속에서만 구성되지만, 알튀세르의 이데올로기는 실제를 상상 속에서의 '의미 해석'이라는 관계에서만 담아낸다.

여기서 미리 지적해두면 라캉의 '실재'와 알튀세르의 '실재'는 다르다. 라캉에게 실재적인 것은 불가능성에 대한 지칭이라면, 알튀세르에게 실재는 불가능한 실재 아니라 분석되어야 하는 것, 그러면서도 그 실재에 대한 개입에서 계속해서 미끄러짐이 발생하는 것이다. 그래서 라캉에게 회귀의 중심점은 '공空, void'이지만, 알튀세르에게 회귀의 중심점은 '실재'이다. 라캉에게 세계에 대한 분석은 욕망의 분석이고, 그것은 늘 비어 있는 회귀점으로서 '실재적인 것'으로 회귀하는 것이자 거기에 근거를 둔 것이다. 이에 비해 마르크스주의자인 알튀세르에게는 적어도 두 가지 서로 다른 구조에 대한 분석이 병렬되어 있다. '가상적인 것'의 세계로서 이데올로기적 실재가 있다면, 다른 한편에서 마르크스의 (정치)경제학 비판이 대상으로 삼은 생산관계와 생산양식의 실재가 있다. 그런 점에서 이데올로기가 미끄러지는 중심점으로서의 '실재'는 라캉의 경우처럼 void가 될 수는 없고, 그 실재는 분석 불가능한 세계로 남는 것도 아니다.

알튀세르는 라캉을 일정 부분 차용해 이데올로기론을 구성하지만 둘 사이에는 긴장이 존재한다. 알튀세르의 후기에 가면 이 긴장은 양자의 대립으로까지 이어진다. 그의 이데올로기론은 분명 라캉에서 시작하나('프로이트와 라캉' 1964년), 후기에 가면 라캉의 '철학화'를 문제 삼으며 라캉을 '가련한 어릿광대'로 지칭하고, 프로이트와 마르크스의 통합 불가능성을 이야기한다('프로이트 박사의 발견', '마르크스와 프로이트’ 등).

둘 사이에서 벌어진 몇 가지 쟁점을 지적해두자.

1. 라캉의 무의식은 ‘개인’의 문제이고, 알튀세르의 이데올로기는 ‘대중’의 문제이기 때문에 논리는 점차 달라진다.

2. 이데올로기 일반과 지배 이데올로기를 구분하는 문제가 라캉에게는 없다.

3. 이데올로기적 국가장치를 다루는 문제의 독특성이 알튀세르에게 있다.

4. 실재를 바라보는 데 차이점이 있다. 라캉에게 중심점은 ‘공/무無’이지만, 알튀세르에게는 ‘실재’이다. 알튀세르에게는 불가능한 실재가 아니라, 실재에 대해 계속 미끄러지는 개입이 된다. (그렇게 해서 실재에 실제적인 효과를 부여하고, 실재는 바뀌어간다. 일종의 피드백이 작용하는 것이다. 그리고 여기서, 그래서 과학의 장소가 중요해진다. 라캉의 욕망의 반복에는 굳이 과학이 필요해지는 장소는 없다.)

5. 생산관계의 구조와 이데올로기의 구조가 동시에 존재한다는 문제가 마르크스주의자인 알튀세르에게 있다.

6. 따라서 생산관계의 구조에 의한 이데올로기의 과잉결정 또는 상호 침투가 중요해진다.

이 유보를 미리 전제한 다음, 알튀세르에게 라캉이 어떻게 중요한지 이해하기 위해 라캉의 대표적인 ‘L 도식L schema’을 살펴보도록 하자. 라캉은 여기서 이중적 동일시, 즉 상징적 동일시와 상상적 동일시가 동시에 이루어지는 구도에서 주체와 자아의 동시적 등장을 설명한다.

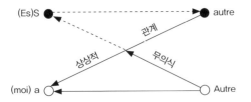

이 구도를 몇 개의 선으로 나누어 살펴보도록 하자.

1. 대문자 타자(Autre)에서 주체(S/Es)로 가는 선: 상징 세계에 의해 주체가 구성되는(세계의 '승인') 과정. 라캉의 '잃어버린 편지'의 위치성처럼, 누가 그 자리에 들어서는지와 무관하게 이미 구조 속에서 지정된 자리가 형성된다. 어떤 사회적 관계들의 자리이며, '추상명사'의 자리들이다.

2. 작은 대상 a(objet petit a)로 가는 무의식의 선: '세계'를 자신을 위해 존재하는 것으로 '오인'하는 것을 말한다. 자기에게만 존재하는 구체적 '세계'가 '구성'되는 오인의 과정. 내 주위에 나와 친숙한 사람들의 '고유명사들'이 만들어지는 과정이다.

3. 상상적 관계 속에서 자아의 구성: 거울에 비추어 본 상으로, 그 욕망의 대상으로서 구성된 세계가 원하는 자리에 자신을 두는(욕망의 대상의 자리 등) 과정. 매우 구체적으로 개별화한 자리가 형성된다. 그 구체적 세계 속에 있음으로 해서 자신이 그 속에서 지니는 의미와 상호작용의 자리를 인지하게 되고, 그에 맞추어 자기 동일성을 갖게 된다. 그럼으로써 나는 어떤 '행동'이나 '개입'을 자신의 '의지'로 할 수 있게 된다.

4. 최종적으로 상징적 동일시에 의한 자아의 확인: 그러나 그것은 대문자 타자가 원하는 자리에 대한 승인/오인의 복합체이다. 그리고 추

생각하는 마르크스

상적 자리와 구체적 개인성의 복합으로서 주체가 형성되는 자리이다.

5. 결핍: 이데올로기가 구성하는 주체는 그 자리로 고정될 수 없는 상징계와 상상계 사이의 결핍에 놓이게 된다.

라캉의 설명 틀을 좀 더 풀어보면 다음과 같다.

첫째 주체는 대문자 타자가 지정한 자리에 가 있음으로 해서 구성된다(상징계). 그러나 이는 구체적 '규범'이 아니라 주체가 놓이는 형식적 자리이다. 다시 말해 '어떤 것을 욕망할 수 있다'는 형식의 틀이 구성되지만, 여기에 아직 '무엇what/che'의 자리는 채워지지 않았다. 그 자리는 '나'가 아니어도, '나' 이전에도 그렇게 구성되는 추상적·형식적이고 구조적인 자리이다. 그것을 '오이디푸스'나 '아버지의 이름/금지nom/non du père'라고 보아도 좋다.

둘째 그렇지만 이 주체가 현실성을 부여받는 것은 구체적인 '나'의 상상계가 작동하기 때문이다. 나는 이제 이 형식 속에서 구체적으로 '어떤 것/무엇'을 욕망하게 된다. 그런데 중요한 것은 나는 나의 욕망을 알지 못하고 거울에 비추어 볼 수밖에 없기 때문에 타자의 욕망의 대상이 되기를 욕망한다(즉 엄마의 소문자 '팔루스'가 되기를 욕망한다). 그래서 '주체'인 S가 욕망하는 것은 소문자 타자의 자리가 아니라 그것이 욕망하는 팔루스의 자리에 가 있는 것(작은 대상 a)의 자리가 된다. 이것이 상상적 동일시이다. 그런데 상상적 동일시의 관계는 상징계가 부여한 주체의 자리 그 자체에 의해 구성될 수는 없다. 나와 '엄마'라는 이름으로 지칭되는 상상계의 2자 관계 세계를 통해 그 현실성이 만들어진다.

셋째 이렇게 되면 내게서 상상적 동일시는 무의식으로 잠기고, 결과적으로 나는 대문자 타자가 원하는 자리에 가 있는 것으로 '자아'를 표상하는 것처럼 보인다. 이렇게 해서 표면에는 상징적 동일시가 등장한다.

이것은 하나의 원처럼 구성된다. 나는 상징계 없이는 무엇을 욕망할 수 없지만, 내가 나의 욕망의 대상을 구성하는 것은 다른 어떤 사람과도 같지 않고, 나는 나의 상상계의 2자 관계 속에서 내게 고유한 욕망의 대상을 갖게 된다. 그럼에도 그 결과로 내가 욕망한 것은 상징계가 지정한 자리(오히려 추상적 구도)를 벗어나지 않는다.

이를 예를 들어 좀 더 쉽게 다시 한 번 설명해보자.

1. 대문자 타자에서 '주체'(Es)로 가는 선은 상징계에 의해 'o는 o를 원한다'라는 형식적 진술을 제시하는 틀로 이해될 수 있다.

2. 이제 주체(Es)는 이것을 'I'는 o를 원한다'라는 '자기 중심적 방식'으로 접수한다. 이 때문에 주체가 된다.

3. 그러나 주체는 여기서 그치면 그 '특이성'을 형성하지 않으며, 그 다음에는 상상계의 영역으로 진행되면서(두 측으로 가는 화살표) 이제 진술은 'I'는 'X'를 원한다'처럼 구체적 대상에 대한 진술로 바뀐다. 각각의 주체의 자리에 있는 I들은 각자 원하는 대상이 'X' 'Y' 'Z'… 등으로 서로 달라진다.

4. 그러나 라캉이 강조하듯이, 내가 '팔루스'를 원한다는 것은 사실 '그 팔루스가 원하는 대상이 되고자 욕망'하는 것이다. 따라서 최종적으로 진술은 'I'는 'X'가 원하는 대상의 자리에 가 있기를 원한다'는 것으로 바뀐다.

5. 이렇게 해서 나는 최초 대문자 타자로서의 상징계가 부여한 '원하는' 형식 속에서 나의 구체적 대상에 대한 욕망을 획득한 것으로 나

생각하는 마르크스

타난다.

앞서 이야기했듯이 이데올로기는 허구가 아니며, '실재적 존재 조건에 대한 실재적 관계와 상상적 관계의 과잉결정 된 통일체'이다. 그렇기 때문에 여기서 승인과 동시에 오인이 발생한다. 이데올로기를 통해서만 우리는 '실재적 존재 조건'에 대해 이해하고 관여할 수 있게 된다. 그렇지만 그것은 '상상적 관계'로만 파악되는 영원한 오인이다. 이데올로기적 주체로서 우리는 그 오인을 '진리'의 세계로 끌어올 수 없다.

이데올로기에 의해 구성되는 주체는, 첫째 추상적인 동시에, 둘째 구체적이다. 그것은 상징계와 상상계의 결합이기 때문이다. 모든 주체는 개별화한다(가족 이데올로기 속에서 모든 자아의 자리는 특정한 이름과 조건을 갖는 특정한 부모의 자녀일 따름이다. 하지만 매우 공통되는 자녀의 자리임에 주의해야 한다).

그래서 이데올로기는, 첫째 구조이고(그래서 'lived relations'이고), 둘째 구체화·개별화이고(그래서 주체가 형성되고), 셋째 승인이면서 오인이다(실재적 관계와 상상적 관계의 과잉결정 된 통일체). 가족이나 친구 그리고 무엇보다 애인과의 관계를 잘 생각해보면 될 것이다. 이데올로기는 오인인 동시에 승인이다(이로써 세계를 자기 것으로 만든다). 연애하는 두 사람이 서로를 어떻게 인식하는지 상상해보라. 상대방을 '있는 그대로' 받아들인다는 말이 얼마나 황당한지 곰곰이 따져보라. 상대방을 있는 그대로? 특정한 이중나선의 DNA 구조를 띠고 있는 복합 생물체로?

그렇게 이데올로기와 나의 2자 관계(수용/내면화 또는 거부)가 아니라, 이중의 동일시 속에서 형성되는 주체라는 삼자 관계 또는 이중의 거울 구조라는 무의식적 구조를 이룬다. 그럼으로써 첫째 승인/오인, 둘째 추상성(구조)/구체성(개별화/개성화), 셋째 주체화/종속을 이해할 수 있다.

이데올로기 속에서 실재적 관계는 불가피하게 상상적 관계 속으로 침투되고 그렇게 됨으로써 '주체인 나'와의 '관계'로만 표현된다. 그러므로 그것은 '상상적'인 것인데, 상상적 관계란 현실을 과학적으로 설명하기보다는 현실 세계에 대한 하나의 의지, 게다가 하나의 희망 또는 향수를 표현(보수적, 개혁적, 혁명적)하는 형식이다. 쉽게 말하면 나는 세계에 대해 좋다/나쁘다, 옳다/그르다, 기쁘다/슬프다, 덥다/춥다, 바뀔 수 없다/바뀔 수 있다 등의 의지나 의사를 표명하는데, 그것이 가능한 이유는 세계가 모두 '나'에 대해 어떤 관계 속에 편제되어 있기 때문이다. 그리고 나는 항상 그 '세계'의 중심에 있다.

이데올로기는 실재적 존재 조건에 대한 자신의 관계를 표현하는 것이 아니라, 자기 존재 조건에 대한 자신의 관계를 자신이 상상하고 체험하는 방식으로 표현한다. 즉 세계에 대해 주체들이 주체로서 맺을 수 있는 개별적 관계의 표현이다. 라캉의 상상계에서 어머니 자체를 있는 그대로 인식하는 것이 아니라, '욕망의 대상'으로서 어머니가 자기에 대해 갖는 의미를 승인/오인하는 것처럼(어머니가 존재한다는 것은 어머니가 나의 욕망에 대한 어떤 관계 속에서 존재하는 것이며, 그것이 바로 어머니는 나와의 '상상적' 관계 속에 존재한다는 말이다).

주체의 자리가 왜 '가상적'(상상적)이라는 수식어를 통해 설명되어야 하는지 좀 더 살펴보기로 하자. 앞서 알튀세르가 이데올로기를 '실재적 존재 조건에 대한 실재적 관계와 상상적 관계의 과잉결정 된 통일체' 또는 '그들의 실재 조건에 대한 개인들의 상상적 관계의 '표상''이라고 정의했음을 지적했다. 알튀세르는 이론적 실천과 이데올로기적 실천은 기능 방식이 다르다고 말했고, 이론적 실천에는 주체가 없다고도 했다. 여기서 중요한 점은 우리가 세계를 주체로서 인식하는 방식이 '상상적' 관계라는 점이다. 그리고 '실재'라는 개념은 라캉의 것과 달라진다는 것은 앞서 지적했는데, 그 차이는 알튀세르는 실재에 개입하고 변형할 수 있다고 생각한 데서 생긴다. 다만 그 관계는 여전히 '상상적'이다.

왜 이것이 '상상적'인가 하면, 우리에게 외부의 모든 세계는 나와의 거리, 관계로 구성되기 때문이다. 쉽게 말하면 세계의 모든 사물에는 '나의my'라는 접두어가 붙을 수 있는 관계가 구성된다. 내 집, 내 친구, 내 어머니, 내 나라, 내 학교, 나의 적, 나의 동지, 내 지구 등. 그 때문에 어떤 타인이 자신의 것과 동일한 '상상적 관계'로서의 세계를 보유하는 경우는 없다. 어떤 것이 '나의 무엇'이 되면, 자신의 옆 사람에게 그것은 '나의 친구의 무엇'이 된다. 주체로서 우리는 어쩔 수 없는 나를 세계의 중심에 두는 '천동설주의자'이다. 그리고 그 때문에 나는 늘 '나의 세계'에 의미를 부여하고 개입할 수 있다. 그런 '나의 세계'는 내가 눈을 감는 순간(잠시 잠이 들거나 또는 아예 눈을 뜨지 못하거나) 더이상 존재하지 않는다. 나라는 주체도 마찬가지로 존재하지 않게 되고. 그럼에도 나를 주체로 생산한 이데올로기는 여전히 구조로서 존재한다.

이데올로기를 이처럼 규정하는 것이 중요한 이유는 뭘까. 정치는 바로 이데올로기 속에서 이데올로기를 통한 정치로서만 가능하기 때문이다. 그리고 그것은 이데올로기 속에서 새로운 방식으로 주체가 구성되는 과정이고, 그 주체가 할 수 있는 것과 그 할 수 있음을 달성하는 방식을 '발견'해가는 과정이기도 하다. 우리는 세계를 '나'와의 관계 속에서 가상적으로 인식함으로써 세계에 개입할 수 있고, 세계에 개입했을 때 나타날 변화를 '나'와의 관계 속에서 가늠할 수 있게 된다. 따라서 그런 개입을 위한 행동은 '나의 결단'을 항상 요구하고, 그렇게 구성되는 자리는 항상 이데올로기적 주체의 자리가 된다.

우리는 이데올로기적 주체라는 자리를 통해서만 세상에 대한 굴종도, 전복도 상상하고 또 실천에 옮길 수 있다. 또 중요하게도, 새로운 지식은 늘 새로운 이데올로기적 주체의 자리를 준비하는 데 도움을 줄 수 있다.

Ⅳ. 호명은 기능주의인가? 이데올로기의 바깥은 없는가?

라캉과의 관계는 '호명'이라는 주장을 통해 좀 더 분명해진다. 여기서 주체의 의미 또한 명확해진다. 그렇지만 오해도 더욱 커진다. 알튀세르는 호명의 사례로 신에 의한 호명과 경찰관에 의한 호명을 든다. 그리고 이 사례로 인해 기능주의라는 비판을 받았고 많은 오해가 생겨났다. 마치 라캉의 상징계 논의를 비판하면서 상징계가 곧 기존 질서의 규범이고 상징계에 들어선다는 것은 규범을 수용하는 것, 즉 가부장적 질서를 수용하는 것으로 오해하는 것처럼, 알튀세르도 오해를 샀다. 그의 이데올로기 논의는 곧 지배 이데올로기의 질서를 수용하는 것으로, 경찰관에게 호명된다는 것은 경찰관으로 상징되는 법질서를 수용하는 수동적 개인이 된다는 것으로 오해되었다(알튀세르 자신의 반론은 알튀세르 1993: 127/147).

알튀세르에 따르면 이데올로기는 '개인들을 주체로 호명interpellation한다.' 이는 승인인 동시에 오인이며, 이데올로기는 라캉식으로 대문자 주체에 규정된 소문자 주체를 종속시키는 과정을 통해 주체를 형성한다. 이는 내게 주어진 자명성이다. 따라서 이 과정은 '의식'이 아닌 주체의 수동적 구성이다. 그런데 여기서 중요한 점은, 호명되지 않는 주체는 세계에 대한 '의미'를 구성할 수 없다는 것이다. 이는 라캉에게서 상징계가 없으면 상상계에서 욕망의 대상이 구성될 수조차 없다는 것과 마찬가지이다. 그렇다고 해서 상상계의 욕망의 대상이 모든 사람에게 다 동일한 것은 아니다.

호명의 함의를 다시 정리해보면 다음과 같다.

1. 이데올로기에 의해 개인들이 주체들로 호명된다.

2. 동일화 과정을 통해 구성되는 구체적 주체들이 형성된다(주체적 개인으로 호명된다. 엄밀히 말하면 구체적이지 않고 추상적인 상태로서 구체성의 외양을 지닌 주체들이다).

3. 이 과정은 이데올로기에 대한 개인들의 종속과 동시에 발생한다.

4. 자기 결정이라는 외양을 띠는 구도를 보여준다. 이는 정신분석의 주체이며, 완벽한 동일화를 전제로 한다. 여기서 호명되지 못함은 이데올로기적 주체가 되지 못함을 의미한다. 라캉의 설명대로, 마치 상징계로 진입하지 못하고 상상계에 머물게 됨으로써 발생하는 정신병의 증상들처럼.

문제는 호명 자체가 아니라 호명된 주체가 어떻게 저항이 가능한가라는 질문이었다. 그런데 이 질문으로 나아가기 전에 확실히 해둘 것이 있는데, 호명 테제는 '이데올로기 일반'의 수준에서 제기되는 것이니 지배 이데올로기나 계급적 적대가 일어나기 전의 명제이다. 즉 현실에서 지배 이데올로기를 포함한 다수의 이데올로기들의 역사가 논의되기 전에 제기되는 것임에 주의할 필요가 있다.

호명된다는 것은 개인을 주체로 호명하는 이데올로기의 질서의 명령에 따라 그 규범을 내면화해 수동적이고 순치된 존재가 된다는 것이 아니다. 그것은 라캉의 상징계를 설명할 때 이야기한 것처럼, '나'가 아니어도 '나' 이전에도 작용했을 구조의 추상적 자리에 내가 배정되는 추상적 구조에 관한 것이다.

그런데 그 '나'가 구체적으로 욕망하는 대상을 찾는 것은 상징계 자체가 아니라 상징계의 구조하에 있는 상상계 속에서 진행되는 작용이듯이, 이데올로기에 의해 호명된 주체인 내가 구체적으로 어떻게 행동할지는 이데올로기에 의해 모두 동일하게 규정되는 것은 아니다. 이데올로기는 내가 할 수 있는 것과 할 수 없는 것을 구분하게 해주고, 할 수 있는 것을 함의 의미를 내게 '체험된 관계'로 제공해준다. 물론 현실에서는 여기에 지배 이데올로기의 과잉결정이 작용한다.

알튀세르가 사용한 경찰관에 의한 호명의 예를 생각해보자. 길을 가다가 경찰이 '어이, 거기!'라고 부르면, 호명된 이가 자신을 부르는 줄을 깨닫고 뒤를 돌아본다는 것이 호명의 사례로 제시된다. 그런데 그 목소리로 호명되는 순간 모든 사람이 자신이 죄인임을 인정하는 굴종적 자세를 수용하는 것은 아니다. 간혹 어떤 이는 '너, 어디 소속이야! 너희 서장, 이름이 뭐야! 너, 내가 누구인 줄 알아!'라고 대응한다. 이는 그럼, 호명을 거부하는 것일까. 그렇지 않다. 이 또한 법 이데올로기에 의해 호명됨으로써 주체의 자리를 얻게 되고 그 이데올로기 속에서 호명의 의미를 이해하게 되면서 나타나는 또 다른 반응인 것이다.

또 하나의 예로 가족 이데올로기를 들어보자. 가족 이데올로기의 주체로 호명된다는 것은 가부장적인 주체가 되고 가부장주의에 굴종한다는 의미가 아니다. 여기에도 두 가지 서로 다른 대응이 나타날 수 있다. 부모의 말을 잘 듣고, 심지어 억압적인 가족 질서에도 순응하는 사람이 있을 수 있다. 반대로 가족이라면 진저리를 치면서 부모와 상종하지 않고 결혼을 거부하는 등 다른 공동체를 지향하며 사는 사람도 있다. 후자는 호명되지 않은 것일까. 그렇지 않다.

가족제도를 거부하려면 먼저 가족이라는 이데올로기의 주체로 호명되어야 한다. 국가를 거부하려면 먼저 국민이라는 이데올로기의 호명된 주체로 존재해야 한다. 혁명적 주체 또한 혁명 이데올로기에 의한 호명이 있은 다음에 가능해진다. 헤게모니에 대항하기 위해 대항 헤게모니의 가능성을 제기했던 그람시를 비판하면서 이데올로기에는 외부가 없음을 주장한 것은 알튀세르였다.

그 점에서 호명은 내가 '주체'가 되는 것이고, 이는 그 자체로 전체로서의 사회의 일부가 되는 동시에 '나' 안에 세계와 사회가 들어와서 나는 그 세계의 일부로서 세계를 살아가게 되는 것을 말한다. 내가 가지고 있는 이데올로기적 주체들의 자리만큼 나는 이 현실 세계 속에서 살아가며, 그 세계를 재생산하고 공고하게 만들 수도, 또는 거역하면서 부정하거나 무너뜨릴 수도 있다. 그러나 그 세계 속에 들어와 있지 않다면 그곳을 인식할 수도, 바꿀 수도 없다.

앞서 우리가 살펴본 발리바르의 정치론을 잠시 다시 상기하면, '정치의 자율성'은 새로운 정치적 동일성의 구성으로서 이데올로기의 정치일 것이다. 또 '타율성의 타율성'으로서 시빌리테의 정치도 동일성을 제약하는 더 큰 동일성을 구성하는 정치로서 마찬가지로 이데올로기의 정치가 된다. 이데올로기는 상상적(가상적)인 동시에 이상적일 수 있으며, 그것이 우리가 해석하는 세계에 대한 개입의 통로들을 항상 열어주는 동시에 닫는다.

이데올로기라는 질문은 마르크스에게 부재한 '무의식'이라는 문제 설정을 도입해 '주체'의 자리를 설명하고자 한 것이다. 알튀세르는 몇 가지 테제를 통해 이데올로기적 문제 설정이 어떻게 마르크스의 사유를 확장하는 데 기여하는지 보여주었다. 그렇지만 새로운 질문의 출발은 새로운 문제를 발견해 가는 과정이기도 하다. 거기서 제기되는 몇 가지 중요한 질문들에 대해서는 앞에서 반박의 논리를 확인해보았다. 그렇지만 알튀세르의 질문에서 출발해 그가 봉착한 한계를 돌파함으로써 다시 마르크스의 사유를 계속 확장하려는 노력은 지속적으로 필요하다. 그 한 방향을 우리는 앞서 발리바르의 사유 속에서 확인해본 바 있다.

인문, 마르크스에게 말걸기

이 글은 중앙대 학생들이 기획하고 운영하는 학생 자치 교육 활동 '자유인문캠프'에서 2010년 11월 4일 했던 '인문, 마르크스에게 말 걸기' 강연을 거의 그대로 옮긴 것이다. 당시 학생들은 자유인문캠프를 개시하면서 '자유' '인문' '캠프'라는 세 화두를 나누어 여는 시리즈 기획 강연을 준비했는데, '자유'는 서동진 교수가, '인문'은 내가, '캠프'는 김누리 교수가 강연을 맡았다.

이 강연에서 나는 '인문'을 마르크스의 비판적 사유를 자기것화하는 방식으로 해석해보려 했다. 또한 마르크스가 제기하는 '해방'의 지평을 좀 더 윤리 비판이라는 지평으로 확장해보기 위해 마르크스에게는 부재한 논의들을 다른 데서 빌려오기도 했다.

인문

마르크스에게 말 걸기라는 말은 마르크스와 대화하기도 되고, 마르크스의 이야기를 들어보기도 됩니다. 우리가 가진 관심을 마르크스를 통해 되물어보기도 되고요. 그런데 왜 굳이 마르크스일까요? '인문'에 대해 우리는 여러 길로 접근할 수 있는데, 무엇보다 인문이라고 하면 질문 던지기 그리고 새로운 질문 방식 찾기라고 해볼 수 있습니다. 우리가 질문을 던지려면 질문을 받을 수 있는 사람 그리고 우리에게 질문을 되돌려줄 수 있는 사람이 있어야 합니다. 이러한 사람을 '대화자interlocutor'라고 하는데 마르크스보다 더 나은 대화 상대가 있을까요. 우리가 질문하고 대화할 수 있는 이, 우리가 말을 걸면 그 말을 되받아줄 사람으로서, 비판적 지성으로서 마르크스만 한 사람은 없을 겁니다. 그런 의미에서 인문으로 들어가는 길을 마르크스와 더불어 시작해볼 수 있겠습니다.

제 이야기는 인문, 마르크스, 윤리의 순서로 진행됩니다.

Ⅰ. 내가 타인의 해방을 위한 조건

인문이라… 인문이란 무엇일까요? 저도 이번 '자유인문캠프'(2010년)에서 '자유' '인문' '캠프'라는 세 화두 중 '인문'이라는 화두에 대한 강연을 해달라는 요청을 받고서 이 질문을 좀 더 깊이 생각해보게 되었습니다.

대학의 인문계에는 인문, 즉 인문과학이 있고, 또 사회과학도 있죠. 인문과학계와 사회과학계를 하나의 단과대학으로 사이좋게 묶은 대학이 있는가 하면, 둘을 분리해 따로 다루는 대학도 있습니다. 그럼, 인문과학은 인문을, 사회과학은 사회를 추구해야 할 텐데 학문의 대상이 그렇게 딱 구분될까요. 사회라고 하면 지칭하는 대상이 있는 것 같죠. 그런데 인문이란 무엇일까요. 인문이라는 대상이 따로 있을까요. 사회를 연구하는 학문이 사회과학이라면 인문을 연구하는 과학이 인문과학이어야 하는데, 인문과학은 뭘 연구할까요. '인간'이다. 보통 그렇게 말합니다. 그러면 사회에서 인간을 빼면 무엇이 남을까요? 사회에서 인간을 다 제거하고 남은 것을 사회과학이 연구해야 할 것 아닌가요. 인문과학이 인간을 연구하니까 사회과학은 인간 없는 사회를 연구해야 하는데, 그런 건 없어요. 인간은 사회 속에 존재하기 때문에 사실 인간 연구가 곧 사회 연구일수밖에 없는데, 우리는 인문을 말할 때 둘을 분리해서 사고하는 경향이 있습니다.

인문은 자유로운 영혼에 대한 이야기이고, 사회과학은 구조의 제약을 받는 인간에 대한 학문이라고 나눠볼 수도 있습니다. 사회라는 것은 어떻게든 구조에 결정되는 바가 크지만, 사회구조에 영향을 받지 않는 인간이 있을 수 있을까요? 그러한 자유로운 영혼에 대한 추구가 인문일까요. 인문과 사회과학의 구분은 그렇게 당연한 것은 아

420

닌 것 같습니다.

인문을 말할 때 우리는 문사철文史哲을 언급하기도 합니다. 문학, 역사, 철학. 그런데 그중 문학은 사회에 관한 천착이 아닐까요. 철학은 좀 사회와 거리가 있다고 쳐도 역사는 뭔가요, 역사는 인간 사회가 시간 속에서 어떻게 전개되어왔는가에 대한 이야기지요. 사회에 대한 이야기인데 시간이 좀 더 고려된다는 것일 테죠. 그럼, 왜 인문과 사회를 굳이 나눠야 하고, 우리는 왜 인문에 대해 이야기해야 할까요?

다시 생각해보면 인문학이 죽었다, 인문학의 위기라고 할 때 우리는 비판적 사유의 위기, 생각하지 않는 인간의 도래를 지적하는 것 같습니다. 그렇다면 이렇게도 말해볼 수 있죠. 인문은 '어떻게'라는 질문과, 사회과학은 '무엇'이라는 질문과 밀접하다. 사회 속에 있지 않은 인간은 없다고 마무리해버려도 될 테지만, 굳이 둘을 구분해보면 사회과학이 '무엇'이라는 그 대상, 우리가 사회라고 부르는 것은 대체 무엇인지를 연구하는 학문이라면, 인문은 사회와 인간을 '어떻게' 볼지, '어떻게' 접근할지를 묻는 질문이라고 할 수 있어요.

인문과 사회과학을 연구 대상의 차이 대신 질문 방식의 차이로 이해하면 둘이 떨어져 있지 않음을 금방 간파할 수 있습니다. 어떻게 질문을 던질까와 무관한 사유는 있을 수 없죠. 그럼에도 보면 사회과학은 어떻게 질문을 던질까에 대해 고민하지 않는 것 같아 보입니다. 마치 사회과학은 문학 없이, 철학적 사고의 도움 없이, 그리고 역사의 공백 속에 존재하는 것처럼 말합니다. 한편 인문은 자기가 질문을 던지는 것에 대한 비판적 정신의 사유를 통해 존재해왔음에도 불구하고 사회과학과 무관한 어떤 대상이 있는 것처럼 말합니다.

하지만 서로에 대해 무지하면서 서로 배척하면 결국 함께 위기에 빠지기 마련입니다. 인문과 사회과학의 관계는 칸트의 명제, '직관 없는 개념은 공허하고 개념 없는 직관은 맹목이다'라는 말을 떠올리게 합니다. 인문적 사유가 없는 사회과학은 비판적 사유의 힘을 잃게 되고, 사회과학 없는 인문은 대상 없는 학문이 되어버리고 맙니다.

우리가 살고 있는 시대의 가장 심각한 문제는 반지성주의의 팽창 또는 확대라고 봅니다. 어디로 가는지도 모르는 상황에서 갈수록 일종의 수렁, 구렁텅이로 이끄는 시대입니다. 그만큼 인문을 통해 사유와 비판의 힘을 회복하는 일이 시급해졌습니다. 인터넷에서 많은 것을 쉽게 습득할 수 있게 되었지만 정보와 지식은 엄연히 다릅니다. 지식과 지성은 또 다릅니다. 인터넷에서 우리가 접하는 건 정보예요. 많은 정보를 축적하면 그것이 곧바로 지식이 되는 줄 아는 건 큰 착각입니다. 많은 정보를 가졌다는 이유만으로 지성인이 될 수는 없죠. 비판이란 무엇일까요?

트집을 잡아 남의 허물을 끄집어내는 것, 사이버 수사대가 되는 것이 바로 비판이 되는 경향이 있습니다. 인터넷이 만들어낸 존재는 결국 지식인인 체하는 사람, 사이비 지식인pseudointellectual, 유사 지식인이에요. 인터넷에서 이틀 밤만 새우면 누구나 지식인이 된 것 같은 환상, 정보의 홍수와 누적이 우리에게 드리운 그림자입니다.

누적된 정보는 하나하나의 정보가 아무런 연관 고리 없이 쌓여 있는 것일 뿐이죠. 물화된, 물신적인 정보의 홍수 앞에서 연관을 고민하지 않습니다. 어떤 고리를 이룰 수 없는 것. 사물들의 연관성을 발견하지 못한 채 이미 알고 있는 세계 속에서만 살면서 불가능한 어떤 세계, 불가능한 가능성을 사유하지 않는다면 무슨 일이 일어날까요. 극한에 이른 사유, 즉 우리의 봉쇄된 한계를 넘어서려는 사유가 등장하지 않습니다. 그럼에도 누구나 많은 것을 알고 누리는 것 같은 세계. 이것이 우리가 살고 있는 반지성주의의 시대가 아닌가 싶습니다. 20세기 미국이 주도한 실증주의 사상의 흐름이 만들어냈던 세기말적 현상, 비극적인 현실이라고 생각합니다.

우리가 비판적 사유를 통해 추구하는 상은 무엇일까요? 새로운 질문 방식 찾기라는 인문에서 그 대답을 찾아보려 합니다. 공부하는 사람은 평소 다음과 같은 고민을 떨치지 못합니다.

"나는 왜 공부를 하는가? 무엇이 잘못되었다고 생각하는가? 나는 무엇을 꿈꾸는가? 어떤 사회를 만들려고 하는가?"

이에 대해 저는 이렇게 대답해보고 싶습니다.

나의 존재가 타인의 해방을 위한 조건이 되며, 타인의 존재가 나의 해방을 위한 조건이 되는 관계.

이러한 삶이 만들어져야 하지 않을까요. 나로 인해 다른 사람과 내가 동시에 바뀌는 거죠. 내가 해방되기 위해서라도 남이 해방되어야 하고 남이 해방되기 위해서는 내가 해방되어야 한다. 서로 물려 있는 어떤 고리에 대한 이야기입니다. 해방이란 어떤 억압으로부터 벗어나려는 노력이나 시도, 이런 것들을 다 포괄할 수 있어요. 억압이라고 하면 폭력도 있고 착취, 무지, 고통, 슬픔도 있어요. 그 많은 것들이 우리를 억죄고 있는 제도이기도 하고 정념이기도 합니다. 그렇다고 억압을 벗어나 해탈을 이루자는 말은 아니에요. 영원히 벗어날 수 있는 것은 아니니까요.

끊임없이 거기서 벗어나려고 하는 어떤 시도가 나의 삶을 유의미하게 만듭니다. 삶은 나 혼자 득도를 해 수신제가 치국 평천하修身齊家治國平天下 해서 될 문제가 아닙니다. 나와 남의 관계를 통해 해결될 수 있는 문제죠. 어쨌든 출발점은 내가 타인의 해방을 위한 조건이 되는 상황에서만 가능하다는 겁니다.

그렇다면 인문이란 결국 '내가 타인의 해방을 위한 조건이 되려면 어떻게 노력해야 할까'라는 질문에서 출발합니다.

II. 나 자신, 타인, 구조

그런데 보통 이것이 왜 어렵고 불가능하기까지 할까요. 옛날 2500년 전 공자 말씀 때부터 이 목표는 줄곧 반복되어왔지만, 언제나 '나는 왜 그런 사람이 못 될까'라는 질문을 멈출 수 없습니다. 내가 못났기에 안 된다는 것이 예로부터 통용되어온 인식이지만 과연 그럴까요. 내가 모자란 인간이어서 그런 것일까요. 지금까지 우리가 가져온 질문을 살펴보면, 여기에는 '타인'이라는 질문이 빠져 있음을 알 수 있습니다.

나라는 존재가 타인의 해방을 위한 조건이 되지 못하는 이유는 무엇일까요? 타인의 존재가 나의 해방을 위한 조건이 못 되기 때문이기도 하겠죠. 여기서 우리는 관계라는 것을 사유할 수 있어요. 앞서 말했듯이 실증주의적 사고는 관계에 대해 사유할 수 없기 때문에 비극적이라고 했는데, 관계란 무엇인지 한번 생각해보자는 거죠. 해방의 조건이 되는 관계가 만들어질 수 없는 것. 그 원인을 찾아내야 하는 거죠. 왜 나는 타인의 해방을 위한 조건이 못 되는가? 왜 타인은 나의 해방을 위한 조건이 못 되는가? 이유는 몇 가지 있을 수 있어요. 생각을 해보면 어떤 이유가 있을까요? 상식적으로 적어도 세 가지 관계가 나올 수 있어요.

우선 나 자신으로부터 미루어 생각해보면 첫 번째가 나와 나 자신과의 관계를 들 수 있습니다. 나와 나 자신. 내가 누구인지 알고 있는가 하는 문제. 나는 누구입니까? 자세한 설명은 나중에 하기로 하죠. 두 번째는 나와 구조라는 것과의 관계. 나의 외부에 있는 것, 그것은 국가나 자본주의 또는 사회과학의 대상이 되는 어떤 것이라고 할 수 있죠. 그것이 나를 억죄고 있으면 나는 제도의 피해자라고 이야기합니다. 세 번째는 나와 타인과의 관계. 나와 타자. 이 셋 말고 또 다른 관계가 있을까요? 뭐, 자연과의 관계도 있겠죠. 어쨌든 우리가 인문과 사회과학을 통해 설명하는 대부분의 틀은 이 세 가지 안에서 찾을 수 있습니다.

첫 번째 관계에서 내가 나 자신으로부터 자유롭지 못하다는 문제가 발생합니다. 내가 자유로운 주체가 아니라는 말은 프로이트의 사유를 떠올려보면 돼요. 프로이트는 인류에게 세 가지 사상의 전환이 있었다고 말합니다. 코페르니쿠스적 전환이 있었고, 다윈적 전환 그리고 프로이트 자기가 가져온 전환이 있었다는 거죠. 지구가 더 이상 우주의 중심이 아니라는 생각을 하게 된 것이 코페르니쿠스적 전환이고, 인간이 더 이상 우월한 천상의 종이 아니라는 생각을 하게 된 것이 다윈적 전환이라면, 프로이트적 전환은 자아가 나의 중심이 아니라는 이야기죠. 나는 무의식에 얽매여 있는 존재예요. 나 자신의 주인은 나라고 생각했는데 그렇지 않고 나는 무엇인가에 지배받는 자예요. 그로부터 수많은 고통과 억압이 기인합니다.

수많은 이데올로기와 정념의 자리에 놓여 있는 것이 나일 수 있습니다. 내가 나 자신으로부터 자유롭지 않은데 어떻게 내가 타인의 해방을 위한 조건이 될 수 있는가 하는 근원적인 질문이 나옵니다. 그런데 '나'를 '나'이게 하는 관계를 생각해보면, 구조와 타인의 문제를 배제할 수 없겠죠.

두 번째에서는 구조가 주는 문제, '나'와 구조의 관계가 문제가 됩니다. 구조란 나 자신의 바깥에 있으면서(좀 더 엄밀히 말해 내가 그 안에 놓이면서) 그럼에도 내게 제약을 가하는 힘이라고 할 수 있어요. 그 힘을 풀지 못하면 안 되는 일이 너무 많아요. 부모와 자식 간의 관계, 학교와 학생의 관계, 국가와 국민의 관계, 직장과 노동자의 관계가 그렇죠. 구조는 내가 자유로울 수 없는 어떤 타율성을 만들어냅니다. 그래서 이 현실을 사고하지 않는 상태에서 문제는 해결되지 않습니다.

세 번째는 나와 타인의 관계가 있습니다. 타인은 무엇일까요? 내가 아닌 다른 것. 나의 '적'이라고 말할 수도 있습니다. 그렇지 않다고 말은 하지만 무의식적으로는 적으로 간주합니다. 왜 그런가 하면 낯설기 때문이죠. 그들이 내게 뭘 원하는지 알 수가 없어요. 나는 언제나 미루어 짐작하지만 엇나가기 마련이고, 엇나가면 불편하거나 밉고, 그들은 시기의 대상이었다가 기대의 대상이었다가 합니다. 스피노자는 이렇게 타인이 불러일으키는 감정을 '정념affect'이라 했습니다. 그리고 정념 때문에 개체들에 발생하는 변화를 '변용affection'이라고 합니다. 정념과 변용은 타자와 연결되어 있는 세계라는 특성 때문에 발생하는 것이죠.

정념은 내가 타인과 맺고 있는 관계로 인해 내 신체에 발생하는 어떤 감정이에요. 그건 타자 없이는 발생하지 않는데 그 이유를 내가 알지 못하기 때문에 고통스럽죠. 고통은 다른 정념으로 바뀌죠. 고통으로 나타났다가 나중에는 슬프기도 하고 두렵기도 합니다. 그 원인을 알 수 없는 어떤 것 때문에 나는 늘 고통받아요. 그래서 미워해요. 누군가를 미워하죠. 유대인을 미워하고, 외국인을 미워하고, 여성을 미워하고. 이유를 알 수 없는 미움이죠. 그런데 그 감정이 혼자 집에서 도를 닦는다고 해서 해결될 문제는 아닙니다.

이렇게 보면 내가 맺고 있는 세 관계는 서로 떨어져 있지 않고 밀접한 관련이 있음을 알 수 있습니다. 그 셋이 내가 나 자신으로부터 출발했을 때 나를 제약하는 관계들입니다. 나와 나 자신, 나와 구조, 나와 타인과의 관계. 그로부터 해방될 수가 없기에 나의 존재는 타인의 해방을 위한 조건이 되기 힘듭니다. 그럼 결국 인문은 무엇일까요? 그와 같은 제약이 있다고 해서 나는 원래 수동태, 꼭두각시에 불과하고, 나는 무의식의 꼭두각시, 구조의 꼭두각시이고, 나는 타인과 영원히 손잡을 수 없는 자라고 말할 수는 없습니다. 인간은 구조의 결정물이라 아무리 노력해도 해방될 수 없다는 식으로 말한다고 끝나지는 않습니다.

인문이란 어떤 경계와 한계를 인정하는 한편 완전한 해방이나 완전한 공백 상태가 있지 않음을 알고, 무엇이 나를 해방의 조건으로 나아가지 못하도록 가로막고 있는지 질문을 던지고, 그 속에서 끊임없이 해결책을 찾아 나가는 시도입니다.

Ⅲ. '자기 스스로'라는 지점

이제 세 관계가 어떻게 연결되어 있는지 한번 살펴보기로 하겠습니다. 마르크스의 말을 따라가보죠. 왜 마르크스인가 하면, 그를 통해 가장 깊고 멀리 가볼 수 있고, 난점 또한 분명히 성찰해볼 수 있기 때문입니다. 마르크스야말로 '사유하는 사람'의 대표 격이라 할 수 있죠. 다음 인용은 우리가 앞선 말한 세 관계에 대해 어떤 방식의 정리를 보여주고 있습니다. 1864년 제1인터내셔널을 창립하면서 협회의 임시 규약에서 마르크스가 한 유명한 말이에요. 국제노동자협회를 보통 제1인터내셔널이라고 부르죠.

> 노동자계급의 해방은 노동자계급 스스로에 의해 전취되어야 한다. (…) 그리고 우리는, 자기 자신을 위해서뿐 아니라 자신의 의무를 다하는 모든 인간을 위해서도, 인간과 시민으로서의 권리를 요구하는 것이 인간의 의무라고 주장한다. (마르크스 1997c: 14/15)

여기에서 '노동자계급'을 '민중'(인민)으로 바꿔놓아도 되겠습니다. 하지만 마르크스에게 노동자라는 단어가 특별했던 건 사실입니다. 해방은 자기 스스로를 위한 것이고, 자기가 해방되기 위해서는 자기 자신의 권리가 아니라 모든 인간과 시민으로서의 권리를 요구하는 것이 조건이라는 말입니다. 지금까지 한 이야기와 크게 다르지 않지만 자세히 들여다보면 '자기 스스로'라는 지점이 강조되어 있습니다.

나로부터 출발한 문제를 살펴보면 '나'는 세 관계에 제약을 받는데 그것에서 벗어나는 유일한 방법은 첫 번째 문장에서 나오듯이 '스스로에 의해' 얻어질 수밖에 없다는 것. 나 아닌 다른 사람이 대신할 수 없다는 겁니다. 구조 때문이든, 무의식이나 타자에 대한 낯설음 때문이든 문제를 설명하는 선에서 해결되지 않죠. 그럼에도 바꾸기 위해서는 이 관계들을 이해하는 것이 필수적이겠죠. 그와 더불어 자기 자신이 놓여 있는 관계들에서 변화가 생겨야 하는 거죠. 그러려면 자기가 지성적 존재로 바뀌어야 해요. 사로잡혀 있는 구조의 제약과 정념으로부터 벗어날 수는 없지만 그 구조와 정념의 뿌리를 앎으로써 해결 가능성을 찾아내는 겁니다.

프로이트의 말과 다르지 않습니다. 프로이트는 신경증 환자와 히스테리를 다룰 때 약을 처방하거나 주사나 침을 놓는다고 되는 게 아니라 분석 요법으로 해결한다고 합니다. 결국에는 환자 자신의 입으로 말하게 만드는 거죠. 자기 입으로 원인을 이야기함으로써 증상이 사라지고 치료가 됩니다. 정신분석의 치료는 정신분석가가 해주는 것이 아니라 환자 스스로 할 수밖에 없다는 것, 자기 스스로에게 가는 길로 인도할 뿐이죠.

그와 마찬가지로 인문은 문제의 원인이 구조가 됐든, 자기 자신, 타인과의 관계가 됐든 결국 자기 자신이 비판적 사유의 주체로 서는 과정에 대한 질문입니다. 나는 어떻게 비판적 사유를 할 수 있는가에 대한 질문입니다.

그러면 어떻게 해결할 수 있을까요? 하나의 종교를 새로 믿는다거나, 새로운 철학을 익혀서 안다거나, 아니면 어떤 새로운 원리를 발견해 추구한다고 문제가 해결되는 것은 아닙니다. 어떤 사람도 그런 서로 다른 영역의 사유를 모두 습득하는 것은 불가능합니다. 그 모두를 습득한다 해서 우리가 이야기하는 문제들이 해결되는 것도 아닙니다. 사람들은 상이한 영역이 중첩된 지점에 서 있으면서 영향을 받는 관계라고 볼 수 있어요. 그렇다면 문제 해결 방식이 인문적 사고라고 하더라도 서로 다른 흐름을 자기 스스로 끊임없이 탐색해가지 않으면 하나를 해결했다는 착각에 빠져 다른 문제를 같은 것으로 되씌우면서 다시 굴레

속으로 돌아갈 가능성이 있습니다.

그래서 인문이 '어떻게'를 질문하는 것이라고 한다면, 그 의미는 끊임없이 질문하고 그 질문에 대한 해답의 선들을 찾는 일을 반복한다는 뜻이 됩니다. 지난번에 찾은 선이 그다음 번에는 무효가 될 수 있어요. '나'를 둘러싼 관계들이 계속해서 바뀌기 때문입니다. 어떤 '진리'를 찾으면 모든 것이 해결될 것이라는 착각은 나를 관계들 속에서 이해하지 않으려는 고집일 따름입니다.

이제 앞에서 사회과학과 인문의 차이를 말하면서 '무엇'과 '어떻게'를 구분한 것으로 다시 돌아가보죠. 사회과학은 '무엇'에 대한 질문이고, 인문학은 '어떻게'에 대한 질문이라고 볼 수 있지만 이 구분은 이해를 쉽게 하고자 다소 의도적으로 나눈 것이라, 사실 둘은 그렇게 잘 구분되지 않습니다. '무엇'은 '어떻게'와 구분되지 않아요. '무엇'에 대해 물어보는 것은 '어떻게'에 대해 물어보는 것과 떨어져 있지 않습니다. 방법과 대상은 구분되지 않고, 내용과 형식은 구분되지 않는다는 것은 너무나 분명하죠. 어떤 질문을 던지는가에 따라 무엇을 알 수 있는가의 차원이 다시 규정됩니다.

질문을 잘못 던지면 두세 가지 문제를 하나로 혼동할 수도 있고, 아니면 그런 문제 자체가 없다고 볼 수도 있어요. 또 질문을 잘 던져서 어떤 대상에 대해 우리가 무엇을 알게 된다 하더라도 그것이 일회성 지식으로 나왔을 뿐인데 영원한 진리로 가는 것으로 착각하는 일이 생길 수도 있습니다. 한 번 얻은 것 같은 진리와 지식은 곧 사라져요. 왜냐하면 우리는 여러 관계 속에 있고 그 상황이 달라지기 때문이죠.

우리는 다시 미망에 빠질 수가 있어요. 무엇을 알았다는 것, 비판적 사유라는 것은 중단될 수 없는 끊임없는 과정입니다. 사고가 멈추는 순간 실증주의의 늪에 빠지고 맙니다. 실증주의는, 더 넓게 말하면 경험주의인데, 진리는 우리가 벗겨주기를 기다리는 어떤 알맹이라는 사유이기 때문에, 우리가 알맹이를 찾아 보배를 얻는 순간 더 이상 비판을 하거나 사유할 필요가 없어집니다. 이미 진리를 획득한 이후니까요. 그런데 인문이라는 비판적 사유는 진리가 그렇게 우리를 기다리고 있는 알맹이가 아니다라는 생각입니다.

우리가 그것을 발견해냈다고 생각하는 순간 정확히 우리는 동시에 무엇을 못 보고 있는지를 질문하지 않으면 우리가 발견한 게 진리가 아닌 것으로 금방 날아가버린다는 것, 그리고 그것을 둘러싼 관계와 맥락이 바뀌면 그 의미도 변한다는 것을 아는 것, 그것이 경험주의·실증주의의 덫에서 벗어나는 길입니다. 사실 말처럼 쉽지 않습니다.

Ⅳ. 스승과 부끄러움

인문의 과정은 극단적으로 말하면 스승이 없는 과정이라고 말할 수 있어요. 스승이 없는 과정이거나 스승을 제거해나가는 과정, 또는 아버지를 죽이는 살부殺父의 과정이라고까지 할 수 있겠죠. 스승의 권위나 지식에 싸여 거기 머물려는 순간 우리는 껍질이 벗겨지기를 기다리는 양파의 이미지로 떨어지고 맙니다. 어떤 스승에 매이는 순간 우리는 무엇인가를 보지 못하게 됩니다. 그런데 스승 없이는 우리는 그 어떤 것도 볼 수 없어요. 딜레마겠죠. 그러니 스승을 쉽게 팽개치라는 말이 아니라 사유의 한계가 어디까지인지 생각해볼 필요가 있다는 겁니다.

스승을 군이 늘 만나야 할 필요는 없어요. 사숙私淑이라는 말이 있죠. 예전에 많이 쓰던 말이고 저도 좋아하는 표현인데, 누구를 사숙했다고 하면 개인적으로 익혔다는 것을 말합니다. 선생을 만나지 않은 채 그를 자신의 선생으로 모셨다는 거예요. 책과 글을 통해 스승으로 삼을 수 있어요. 텍스트를 통해 어떤 깨우침을 얻고 그 깨우침을 자기 것으로 만든 다음에는 그 텍스트를 떠날 수도 있겠죠. 그 과정을 일종의 입문, 비판의 과정, 비판적 사유라고 할 수 있습니다. 스승을 만나고 헤어지는 과정이 왜 중요할까요?

스승 없이 혼자 머리를 굴리는 것은 경험주의적 사고예요. 자기 스스로 세상을 관조하겠다고 해봐도 아무것도 안 보입니다. 또 스승의 잣대로만 세상을 보면 그 잣대에 있는 것만 보이죠. 그건 교조주의나 '수구守舊'가 될 수 있죠. 이 두 한계 속에서 자신의 길을 찾아내는 것이 관건입니다.

양으로 치면 앞서간 자, 앞서간 스승보다 더 많은 지식을 알 수는 없어요. 당연히 넘어설 수 없어요. 앞선 사람이 다 말했기 때문에 뒤에 온 자는 영원히 앞설 수 없죠. 넘어서는 유일한 방법은 질문하는 길을 찾는 것입니다. 질문 방식을 바꿈으로써 앞선 사람이 볼 수 없었던 것을 앞선 사람이 해낸 것 속에서 찾아내는 것. 그게 결국 비판의 과정이에요. 맨 땅에서 찾아내는 것이 아니라 누군가 이루어낸 바탕 위에서 찾아내는 것인데 아주 힘들겠죠. 누군가 이루어놓은 것 위에서 비판한다는 것은 입장만 바꾼다고 해결되는 문제가 아니에요. 정치적 입장이 바뀌면 딱 보이는 문제가 아니라는 거예요. 정치적 입장과 무관하지는 않지만 정치적 입장만 바뀐다고 해결되지 않는 영역의 문제이고. 정치적 입장만 바꾸면 다 해결될 수 있다고 하면 스탈린주의 같은 오류에 빠질 수 있습니다.

제가 좋아하는 루쉰의 이야기를 해보겠습니다. 다음 인용은 루쉰이 자신이 얼마나 잘났는지를 거꾸로 보여주는 말로도 읽을 수 있습니다. '청년들아, 나를 딛고 오르거라'라는 제목의 그의 유명한 편지입니다.

> 나를 사다리라고 한 말은 지극히 당연합니다. 여기에 대해 나도 심사숙고해보았습니다. 만일 젊은 후진들이 정말 사닥다리를 밟고 더 높이 오를 수만 있다면 우리들이야 밟힌들 원한이 있겠습니까. (…) 그리하여 소인은 어쩔 수 없이 젊은이들을 위해 사닥다리가 될 각오를 했으나 그들이 사닥다리를 밟고 오를 것 같지 않습니다. 슬픈 일입니다! (루쉰 1991: 78)

루쉰은 청년의 발밑에 자신을 깔아줄 테니 밟고 가라고 말하는데 아무리 찾아봐도 자기를 밟고 갈 녀석이 안 보여서 통탄스럽다고 합니다. 제가 보기에 루쉰은 20세기 지식인 중 가장 전투력이 강한 사람입니다. 누구한테도 지지 않고 죽는 날까지 굽혀본 적이 없는, 싸움이라고 하면 자다가도 일어나 달려 나가는 최고의 싸움꾼. 그가 구사한 싸움의 전법도 다양했습니다.

마오쩌둥은 루쉰이 남긴 중요한 말을 인용한 적이 있습니다.

'과녁이 없는 글은 쓰지 마라.'

마오가 연안 시절에 '당 팔고문'을 비판하면서 한 말인데요. 팔고문이란 청나라 과거시험에 합격하기 위해 쓰던 문체인데, 당시 당의 문건들이 왜 글을 쓰는지에 대한 문제의식 없이 모두 형식주의적으로만 작성된다는 것을 비판했던 것입니다. 정해진 형식에 내용만 살짝 바꾸면 되는 이른바 정부 보고서 문체죠. 무릇 글이란 공격할 타깃이 분명하고 어떤 효과를 기대할 수 있어야 한다는 말입니다. 하지만 대부분의 글은 쓰레기통에 처넣어도 될 정도로 그것을 읽어서 아픈 사람도, 변화된 사람도 없다는 것입니다. 그러한 글을 뭐 하러 쓰느냐는 거예요. 잉크 낭비다. 타깃이 정확히 있어서 그 사람을 굴복시키거나 치명상을 입히거나 동지로 바꿀 수 있는 글. 그렇게 자기 생각을 전파하는 글이 아니면 쓰면 안 된다는 말입니다. 루쉰은 그런 후학이 나타날 때 자기가 기꺼이 사다리가 되어줄 수 있다는 거죠.

《인간 루쉰》이라는 상당히 두꺼운 루쉰 전기가 있는데 루쉰의 인격을 가늠해볼 수 있는 좋은 책입니다. 루쉰은 50대의 나이에 상당히 일찍 죽었어요. 골초였습니다. 죽는 날까지 담배를 물고 살았는데 의사의 말이 지구상에, 20세기 초반이었겠죠, 이 폐를 가지고 생존할 수 있는 사람은 루쉰밖에 없다는 것이었습니다. 흡연 때문에 폐를 거의 도려내다시피 했는데 그러고도 담배를 십몇 년 더 달고 살았던 사람이에요. 책을 보면 루쉰에게 붙은 별명은 '모로 선 병사'였습니다.

모로 섰다는 말은 마주 오는 적과 맞서 싸우기만 한 게 아니라 항상 옆으로 모로 서서 싸워온 이력을 말합니다. 화살이 앞에서만 날아오는 게 아니라 뒤에서도 날아왔으니 정면만 보고 싸울 수 없었고, 더구나 등에 칼을 너무 많이 맞았다는 것입니다. 예측하기 어려운 공격들을 해오는 모두에 맞서 싸워나가는 방편을 이르는 역설적 표현입니다. 특히 자기가 믿었던 사람들한테 늘 칼을 맞았습니다. 살아남으려면, 전투력을 확보하려면 이렇게 모로 서서 양쪽의 공격에 동시에 대처하면서 싸워야 한다. 평생 모로 서서 마지막 날까지 싸웁니다. 루쉰은 죽는 순간까지 동료들 사이에서 엄청난 비판을 받으며 살았습니다. 물론 그들이 후한 장례를 치러주었지만요. 사실 비판적 정신을 유지하면서 산다는 건 쉽지 않은 일입니다. 고립된다고 느끼거든요. 과연 고립감 속에서 전투력을 키우고 같은 곳에 계속 화살을 날릴 수 있는 이는 드뭅니다.[1]

루쉰에게서 또 하나 중요한 측면은 '절망'을 대하는 그의 태도입니다. 절망을 대하는 그의 태도는 그의 첫 소설집 《외침》의 서문에서 친구와의 대화 형태로 말하는 다음과 같은 구절에서 잘 나타납니다.

> 가령 말일세. 쇠로 만든 방이 하나 있다고 하세. 창문이라곤 없고 절대 부술 수도 없어. 그 안엔 수많은 사람이 깊은 잠에 빠져 있어. 머지않아 숨이 막혀 죽겠지. 허나 혼수상태에서 죽는 것이니 죽음의 비애 같은 건 느끼지 못할 거야. 그런데 지금 자네가 고래고래 소리를 질러 의식이 붙어 있는 몇몇이라도 깨운다고 하세. 그러면 이 불행한 몇몇에게 가망 없는 임종의 고통을 주는 게 되는데, 자넨 그들에게 미안하지 않겠나? (루쉰 2010: 26)

루쉰은 대중을 깨워 절망의 상태에 있다는 것을 알리는 것을 자신의 임무로 삼았습니다. 그래서 대중에게 섣부른 '희망'을 심어주려 하지 않고, 더 절망하게 만들려 했습니다. 절망의 바닥까지 나아가야 비로소 제대로 된 절망의 극복이 가능하다고 생각한 것이죠. 저는 루쉰의 이러한 태도를 '절망에 대한 절망'이라고 부르고자 합니다. 이러한 태도는 '절망에 대한 반항'과는 구분됩니다. 후자는 어느 정도 절망을 느꼈다 생각하고 뭔가 이 절망을 돌파해 넘어서려는 희망을 찾는 데 힘을 쏟으려는 태도입니다. 그렇지만 절망의 바닥까지 세밀히 분석하고 성찰하지 않은 채 손쉽게 돌파구나 희망을 찾으려는 태도는 스스로 함정을 파는 일이 되기 쉽습니다. 절망을 대히는 이러한 두 가지 태도는 지금 당대 중국의 지식인들을 가르는 중요한 논쟁점이 되고 있기도 한데, 저는 이러한 구분이 중국에서만 벌어지는 것이 아니라 우리 사회에도 시사점을 준다고 생각합니다.[2] 우리에게 시급한 것은 우리를 절망에 빠뜨리는 그 심연의 여러 근원들을 깊이 있게 분석하고 성찰하는 일이지, 그 절망을 잊을 수 있는 여러 희망의 대안들을 손쉽게 나열하는 일은 아니라고 생각합니다.

루쉰은 정말 존경할 만한, 20세기가 낳은 몇 안 되는 사람이라고 할 수 있습니다. 루쉰의 본업은 무엇이었을까요? 우리는 그를 작가로 알고 있지만 사실 소설은 얼마 안 썼습니다. 후반기에 가면 바빠서 소설을 잘 안 썼습니다. 주로 잡문을 썼죠. 잡문은 앞에서 말한 대로, 타깃을 정확히 공격해서 굴복시키기 위한 글이에요. 아주 집요해요. 끝까지 더럽고 치사해서 당신과 논쟁을 안 한다고 할 때까지 물고 늘어지는데…. 그렇지만 루쉰이 가장 많이 남긴 글은 소설도, 잡문도 아니라 번역입니다.

루쉰은 일본에서 7년 사는 동안 의대를 1년 7개월 다니다가 그만둔 뒤 독문과에 적만 걸어놓고 일본을 통해 들어오는 서양 문학작품을 번역하기 시작합니다. 서양의 사유 체계 전반과 제삼세계 문학을 엄청 많이 번역해서 중국에 공급해요. 20세기 초반인데 라틴아메리카 문학, 아프리카 문학 등을 체계적으로 공급합니다. 중국인에게 필요한 것은 세계에 대한 이해인데 자신이 소설을 쓰는 것보다는 훌륭한 작품을 소개하는 것이 더 시급하다는 생각이었죠. 러시아혁명 문학도 다수 번역해

생각하는 마르크스

소개했고, 동생 저우쮜런周作人도 번역에 참가시킵니다. 그러니까 루쉰은 자신의 비판적 사유, 자기가 하려는 일을 위해 다양한 선택지를 갖고 계획한 사람이라고 할 수 있습니다.

앞서 인용한 루쉰의 글을 읽으면서 저는 스승 중에 김진균 선생을 떠올리게 됩니다. 사회운동을 활발히 한 존경받는 사회학자였는데 예순일곱 살이라는 이른 나이에 돌아가셨어요. 그 글은 선생이 돌아가셨을 때 제가 추도사를 쓰면서 글의 서두에 놓은 헌사였습니다(백승욱 2005). 선생도 어찌 보면 '나를 밟고 가라'는 식으로 후학을 가르쳤는데 우리는 과연 밟고 일어서고 있는가라는 질문을 던져보려 한 것입니다. 최근 그 글을 찾으려다 추도사를 다시 한 번 읽게 되었는데 부끄럽더라고요. 내심에는 항상 선생을 가볍게 보는 면이 있어서, 그분이 열심히 노력을 했더라두 옆에서 우리가 도와주지 않았으면 성과가 없지 않았을까라는 오만한 마음이 있었던 거죠. 선생의 생전 족적을 되짚은 추도사를 읽어 내려가는데 자연히 지금 내 모습과 비교되면서 나는 지금 누구에게 무슨 말을 남기고 있는지 따져보게 되었습니다. 우리 선생보다 훨씬 못한 일을 하고 있구나, 그런 생각이 들더군요. 상당히 부끄러웠습니다. 그런데 제가 생각하기에는 부끄러움은 상당히 중요한 출발점으로 보입니다. 그 부끄러움에서 자기를 비판하는 출발점이 나타나니까요.

어떤 글을 읽으면서 부끄러움을 느꼈던 적이 한 차례 더 있습니다. 전태일 열사가 자기 몸에 불을 붙여 죽은 게 1970년 11월이니까 40년이 훌쩍 넘었습니다.《전태일 평전》은 좀 읽어봤나요? 저는 대학교 1학년 때 그 책을 읽었는데 그때는 작자 미상이었어요. 당시엔 불온서적이라서 작자를 밝히면 바로 잡혀가기 때문이었죠. 누가 썼는지 몰랐는데 그로부터 10년이 지나 조영래 변호사가 죽은 뒤에야 저자가 그렸다는 것을 알게 되었습니다. 저는 우연히 발견한 옛날 일기를 뒤적거리다가 그 책을 처음 읽던 무렵의 일기를 보게 되었습니다. 1980년대 5월 어느 날 비가 무지하게 내리던 날인데 《전태일 평전》을 읽다가 펑펑 울었다고 기록이 남아 있었어요. 왜 울었는지 살펴봤더니 절반은 부끄러움 때문에 울었더라고요. 제게 아주 많은 것을 남긴 책이었습니다.

이 개인적 경험으로부터 저는 이후 두 가지 주장을 하게 되었습니다. 첫 번째 부끄러움은 '부채 의식'과는 다르다는 것입니다. 사람들은 전태일에 대해 '부채 의식' 이야기를 많이 합니다. 그러나 저는 이 생각에는 많은 문제가 있다고 생각합니다. 부채 의식은 결국 상대를 빚쟁이로 보는 것일 뿐입니다. '그만하면 충분히 빚 갚았으니, 더 이상 찾아오지 마라!' 그게 부채 의식의 심연 아닐까요. 그에 비해 부끄러움은 다릅니다. 사람들은 좋아하는 사람 앞에서 부끄러워합니다. 인정을 받고 싶어 하지요. 부끄러움은 스스로를 성장시키는 힘이 될 수 있습니다. 전태일이 제게 돈을 꾸어준 적은 없죠. 그래서 저는 전태일에게 부채 의식은 없고 다만 부끄러울 뿐입니다.

두 번째는 '분노'에 대한 이야기입니다. 분노는 출발점으로서 의미가 있습니다. 문제를 느끼고, 세상을 다시 보고, 세상을 바로잡으려 하는 출발점이 될 수 있기 때문입니다. 그렇지만 분노가 제어되지 않는 어느 시점을 넘어서면, 자기 자신을 삼켜버릴 수 있습니다. 미야자키 하야오가 만든 만화영화에서는 항상 분노가 자기 전부를 삼켜버리는 동물이나 괴물들이 나옵니다. 그 전환점은 눈동자가 빨갛게 바뀌는 것이고, 그다음에는 어떤 이야기도 들리지 않고 앞으로 돌진만 하지요.

그런 점에서 전태일은 매우 특이한데, 저는 그런 전태일의 분노를 '차가운 불꽃'이라고 부르고 싶습니다. 불은 온도가 올라갈수록 붉은빛에서 푸른빛, 흰빛으로 바뀝니다. 더 뜨거운 불꽃은 더 차갑게 보이지요. 이 차가운 불꽃은 자신과 친구들은 놔두고 태워 없애야 할 것들만 정교하게 불태울 수 있습니다. 《전태일 평전》 속에 그려진 분신 직전의 전태일은 정말 온화하고 평정의 상태를 유지합니다. 분노의 불꽃이 자기를 미치게 만들어 태워버리는 것이 아니라, 이 차가운 불꽃은 세상을 태우는 불꽃이 된 것이죠. 분노로 저항한 사람이 많지만 유독 전태일을 특별히 기억하는 것은 이 이유 때문이 아닐까요.

제가 이 이야기를 하는 이유는 한 사람이 서 있는 존재의 기반을 살펴보려 한 것입니다. 루쉰을 통해 본 비판의 모습, 부끄러움이라는 감정이 가르쳐주는 비판의 시작점 등은 우리가 얼마나 많은 연결 고리 속에 존재하고 있는지 다시 되돌아보게 합니다. 자기 자신을 지금과 동일한 방식으로 그냥 두고서 비판은 출발하지 않아요. 자기 자신에 대한 충격이 필요한 것입니다. 충격은 때로는 부끄러움으로, 슬픔으로, 분노로 시작될 수 있고 그것이 비판으로 이어질 수도 있습니다. 그럼, 어떻게 비판으로 이어질 수 있을까요? 이제 그 이야기를 해보려 합니다.

마르크스

Ⅰ. 마르크스, 불귀의 점

비판으로 나아가려면 우리는 일단 누군가의 배에 타야겠죠. 비판의 길도 학습과 훈련이 필요하니까요. 강을 건너려면 배가 필요합니다. 강을 건넌 다음 배를 버리는 한이 있더라도 우선 필요해요. 우리는 마르크스라는 배를 타고 강을 건너보려 합니다. 왜 마르크스인가 하면, 지금까지 제가 이야기했던 여러 조건에 가장 민감하게 반응하고 스스로를 계속해 넘어서려고 한 사람으로 그만 한 사람을 찾기 어렵다고 생각하기 때문입니다. 마르크스는 하나의 철학만을 알거나 하나의 이론이 다른 한 이론을 대체하는 것만으로는 문제가 해결되지 않고, 복잡한 여러 관계 속에서 열려 있는 다수의 가능성을 계속해서 추구해야 한다고 말합니다. 그러면서 평생 자신의 작업에 '비판'이라는 이름을 붙여서 사고했습니다. 정치 비판, 철학 비판, 이데올로기 비판, 정치경제학 비판 등으로 말이죠.

마르크스가 등장한 이후에는 비판적 사유의 세계에서 이른바 불귀

생각하는 마르크스

의 점이라는, 돌아갈 수 없는 점이 형성된다고까지 말할 수 있습니다. 이미 150여 년 전의 상황인데 마르크스에 대해서는 아직도 논의해볼 여지가 많습니다. 그동안 마르크스를 너무 쉽게 재단했기 때문일 수 있습니다. 마르크스가 '비판'을 강조했다면 그에 대한 비판도 가능할 텐데, 그 비판은 대략 두 가지 모습으로 나뉩니다.

마르크스를 제대로 비판하면서 넘어서려 한 것과, 아니면 단지 부정을 위한 부정이 있습니다. 99퍼센트 정도는 후자입니다. 경제환원론자, 계급환원론자라는 데서 시작해 폭력과 적대 관계를 조장하고 인류의 평화에 어긋나는 적그리스도라는 비판까지… 차라리 비난에 가까운 것이죠. 품성만 보자면 욕을 먹을 만한 부분도 없지 않을 것입니다. 좋은 친구 엥겔스를 만나서 그나마 감화가 많이 되었죠. 그러나 우리가 지금 마르크스를 무대 위에 올린 것은 그의 품성 때문이 아니라 그가 사유하는 방법을 보려고 하는 것이죠.

문제는 비판 대부분이 논쟁을 마르크스 이전으로 되돌리고 있다는 점입니다. 그들의 논점이나 주장을 보면 마르크스가 남긴 유산을 딛고 앞으로 나아가기보다는 모든 것을 원점으로 되돌려 마르크스 이전의 담론으로 돌아가 있습니다. 왜 그럴까요? 어쩌면 마르크스가 어떤 질문을 했는지조차 아직 제대로 파악하지 못했기 때문이라고 볼 수 있습니다.

세계 체계 분석을 하는 월러스틴도 비슷한 이야기를 한 적이 있습니다. 자기에 대한 비판의 글을 쭉 읽어봤는데 한 가지 깨달은 바는 그들이 자기 글을 읽지 않고 비판하고 있다는 겁니다. 읽고 나서는 도저히 나올 수 없는 이야기다. 자기도 한번 비판을 진지하게 검토해보려고 했는데 자기 글을 읽지 않고 한 비판을 어떻게 수용할 수 있느냐는 것입니다. 마르크스에 대한 비판도 대부분 원전은 읽지 않은 채 수많은 비판서를 읽고 나서 한 경우가 아닐까요.

II. 마르크스의 질문들

그러면 마르크스가 어떤 질문을 던졌는지 한번 살펴보겠습니다. 가장 명쾌히 알 수 있는 길은 〈포이어바흐 테제〉를 읽는 것입니다. 1845년 마르크스는 스물일곱 살의 나이에 그 글을 씀으로써 과거의 의식을 청산했다고 합니다. 예전의 사유 방식과는 다른 것이라고 하면서 그 글에 테제라는 이름을 붙입니다. 어떤 논증이 아니라 앞으로 그렇게 생각하겠다는 일종의 선언서라 할 수 있습니다. 증명을 마치고 작업을 끝낸 결과물이 아니라, 앞으로의 연구 방향은 이전과는 다를 것이라는 주장, 철학적인 인생 선언서입니다. 누군가와 논쟁하겠다는 것이 아니라 자신은 그와 같은 생각에 따라 세상을 분석하고 세상에 대응하며 살겠다는 취지의 글. 그런데 그 테제들은 우리가 말한 '관계'에 대해 많은 함의를 던집니다. 가장 유명한 11번 테제부터 보겠습니다.

철학자들은 세계를 단지 다양하게 해석해왔을 뿐이다. 그러나 중요한 것은 세계를 변화시키는 것이다.

또는 변혁하는 것이라 하겠죠. 실천의 철학자 마르크스. 그전의 철학자들은 모두 세계의 변호자이고, 자신의 철학은 드디어 변혁하는 철학으로 등장한다는 말입니다. 그런데 곰곰이 읽어보면 많은 난점에 부딪힙니다. 우리의 비판적 사고를 한번 가동해보죠. 마르크스의 기준에 따르면 해석하는 철학과 세계를 변화시키는 무엇, 이렇게 나눠지겠죠. 기존의 것은 해석하는 철학이고, 지금의 것은 세계를 변화시키는 그 무엇. 그런데 그것이 철학일까요? "중요한 것은 세계를 변화시키는 것"이라고 했지 '세계를 변화시키는 철학'이라고 하지는 않았습니다. 앞 문장의 주어는 '철학자들'이지만, 뒤 문장에서 '변화시키는 것'의 주어는 나타나지 않습니다. 두 문장이 정확히 대응하지는 않죠. '세계를 변화시키는 그 무엇'처럼 주어는 괄호로 남겨져 있습니다.

그렇다면 마르크스는 철학을 폐기하는 것일까요? 철학은 다 사기이고, 모든 철학자는 사기꾼이고, 이제 나는 철학을 버리고 변혁의 길로 뛰어들겠다. 그런 말일까요? 그러고 나서 마르크스는 책을 썼습니다. 〈공산주의당 선언〉과 《독일 이데올로기》를 쓰고 나중에는 《자본》을 씁니다. 마르크스가 남긴 건 글뿐이라고 할 수도 있습니다. 세계를 변화시키겠다는데 왜 책을 썼을까, 변혁 운동에 뛰어들어야지. 이것이 난점이에요. 모든 철학은 세계를 해석해왔을 뿐이라고 말하면서 자기도 마찬가지로 세계를 해석하는 책을 썼어요. 《자본》도 세계에 대한 해석이기는 마찬가지입니다. 《자본》이라는 두꺼운 책을 폭탄으로 개조해서 던지는 건 아니잖아요. 《자본》을 읽고 나서 세계를 변혁해보라는 말일까요. 《자본》을 읽으면 세계를 변화시키는 사람이 된다는 말일까요. 이전 철학자들이 쓴 책은 세계를 변화시키지 못할 사람을 만들었다는 말일까요. 사실은 명쾌한 답이 주어진 듯하면서도 한편으로 우리를 고민에 빠뜨리는 문장입니다.

어쩌면 마르크스는 철학의 의미나 기능이 바뀌어야 한다고 말하는 게 아닐까요? 지금까지의 철학은 세계를 변호하고 해석하고 사람들을 그 세계 속에 살도록 남겨두었던 것이라면, 이제 철학은 세계를 바꾸도록 뭔가를 도와주어야 하는 것. 그렇게 해석해볼 수도 있죠. 철학이 사라지는 것이 아니라 철학의 역할이 바뀌는 것이다. 그런데 철학은 어떻게 세계를 바꿀 수 있을까요? 지금까지 그냥 살아왔던 철학인데….

앞서 말한 인문과 사회과학의 구분, '무엇'과 '어떻게'에 대한 질문으로 돌아가보죠. 세계를 바꾼다는 것은 세계의 무엇을 바꾼다는 것일까요? 세계라는 건 도대체 무엇일까요? 대상을 알아야 바꿀 것 아니에요. 바꿀 대상이 무엇인지 안다는 것은 바꿀 대상을 어떻게 알 수 있을까라는 질문까지 포함합니다. 즉 대상을 어떻게 알 수 있는지의 문제는 대상을 어떻게 바꿀지의 문제와 연결되어 있습니다. 그렇게 보면 출발점이 명쾌한 듯 보이지만 그렇지 않음을 깨닫게 됩니다.

철학자들이 세계를 해석해왔을 뿐이라는 말은 그런 방식으로 세계가 짜여 있다고 말할 수 없다는 거예요. 마르크스의 말에 따르면 철학이란 그런 일을 하는 게 아니라는 겁니다. 그렇다고 철학을 버리고 갈수 없어요. 어쨌든 우리로서는 세계를 해석해야 할 것 아니에요, 바꾸기 위해서라도. 마르크스를 위한 철학이라는 게 필요해지는데 그건 제일철학, 세계 만물의 원리는 무엇인지 찾아나서는 그런 철학이 아닙니다. 마르크스는 서로 다른 관계를 말하면서 하나의 철학이 모든 걸 해결해줄 수 없다고 보는 사람입니다.

그러고 나서 맨 처음의 테제, 1번 테제를 살펴보겠습니다. 읽어볼수록 흥미로운 테제인데요. 마르크스를 보통 유물론자라고 부르죠. 유물론이란 객관적으로 있는 사물에 우위를 두는 철학입니다. 망치는 망치이고, 세계는 세계이고, 교실은 교실이고, 물질이 우위에 있고, 인간의 사유는 쓸데없다는 생각. 과거 소련에서 유물론이라는 것은 그렇게 해석되어왔어요. 그런데 청년 마르크스는 뭐라고 하는지 한번 들어보죠.

> 지금까지의 모든 유물론(포이어바흐의 유물론을 포함해)의 주요한 결함은 대상, 현실, 감성이 오직 객체의 혹은 관조의 형식 아래에서만 파악되고 있다는 것, 그리고 감성적 인간 활동으로서, 실천으로서 파악되지 않고, 주체적으로 파악되지 않는다는 것이다. 따라서 능동적 측면은 유물론에 대립해서 관념론에 의해―물론 관념론은 현실적·감성적 행위 자체를 알지 못한다―추상적으로 발전된다.

'객체 또는 관조의 형식 아래에서 파악된다'는 말은 대상을 각기 떨어져 있는 모습으로 파악한다는 것입니다. 물은 물이고, 별은 별이고, 사람은 사람이고, 그냥 존재한다는 것. 있는 건 있는 것일 뿐이라는 것. 그게 유물론이고, 기계적 유물론이에요. 마르크스는 그런 것은 감성적 인간의 활동, 실천으로 파악되지 않는다고 합니다. '실천으로 파악되지 않는다는 것'은 대상이 인간들의 실천적 관계 속에서 파악되지 않는다는 뜻입니다. 그래서 주체적으로 파악되지 않아요. 사물은 인간 활동의 매개로 파악되지 않고 그냥 우리와 무관히 존재한다는 것입니다. 사회도 마찬가지라는 거예요.

따라서 능동적 측면, 여기서 마르크스가 강조하듯이 우리가 봐야 하는 그 측면은 유물론이 아니라 관념론에 의해, 물론 관념론은 한계가 있지만, 관념론에 의해 추상적으로 발전된다는 생각입니다.

1번 테제의 요지를 보자면, '유물론'에 한계가 많으니 차라리 관념론을 공부하라는 이야기에 가깝습니다. 이 글을 쓴 1845년은 알튀세르도 말했듯이 청년 마르크스가 인식론적 단절을 하는 시점입니다. 헤겔과 일정하게 선을 긋고 포이어바흐의 방식을 버리자는 취지에서 테제를 쓴 거예요. 그런데 테제의 결론은 헤겔을 열심히 읽자는 것처럼 보입니다. 유물론자를 읽기보다 헤겔을 읽어라. 유물론의 사유 속에서는 관계에 대한 사유를 발견할 수 없고, 그 사유는 관념론자들이 했다는 이유 때문입니다. 그렇다고 해서 관념론에서 답을 발견하는 것은 아니어서, 관념론자는 사물의 세계라고 하는 것을 오해하고 있으며 감성적 인간 활동, 유물론적인 행위를 파악하지 못한다고 합니다.

그러면 재미있어집니다. 마르크스는 경험주의적 유물론, 속류 유물론, 요즘 시대로 말하면 실증주의라고 할 만한 것을 비판하면서 시작하지, 그런 경험론을 옹호하면서 시작하지 않습니다. 우리의 출발점은 오히려 경험주의에 대립한 입장에서 관념론을 동원해 출발하되 그 관념론을 버리자는 것입니다. 차라리 유물론보다는 관념론의 배를 타고 가다가 그 배를 버리는 것이 현명하다는 것. 반대로 기계적 유물론의 배를 타고 출발하면 우리는 유물론의 덫, 실증주의적 사고의 함정에 빠진다는 것입니다. 그야말로 지금 시대와 맞아떨어지는 동시대적인 생각입니다. 마치 요즘 세상의 반지성주의를 예견이라도 한 것처럼 말이죠. 이제 관념론이 연관 관계, 관계에 대한 사유를 어떻게 볼 수 있었는지를 살펴보겠습니다.

헤겔이 1807년에 쓴 《정신현상학》은 폭발적 힘이 느껴지는 글입니다. 글의 흐름이 살아서 숨 쉬는 듯합니다. 보통 헤겔을 말할 때 절대정신의 자기운동에 따라 인식의 단계를 구분한 관념론이라고 하지만, 개념의 자기운동을 이해해보고 우리가 개념을 통해 어떻게 세계를 인지할 수 있을까 하는 측면에서 보면 중요한 통찰을 얻을 수 있습니다.

> 진리는 오직 개념 속에서만 스스로 존재의 터전을 마련한다. (헤겔 2005: 39)

> 학문이 엄존할 수 있는 토대는 개념의 자기운동에 있다. (헤겔 2005: 109)

> 개념이란 대상 자체의 자기로서, 이 대상의 생성 과정이 표현되는 것이기 때문에 자기가 정지된 부동의 주체로서 속성을 담지하는 것이 아니라 스스로 운동하는 가운데 갖가지 성질을 자체 내로 되돌려오는 개념이 주체가 된다. (…) 이제 주체는 내용에 대립하여 이 한쪽 편에 있는 것이 아니라 오히려 내용의 갖가지 성질이나 운동을 구성하기에 이르는 것이다. (헤겔 2005: 99)

진리는 오직 개념 속에서만 파악된다는 것. 학문이 엄존할 수 있는 토대는 개념의 자기운동에 있다는 것. '개념'이 중요하게 다가옵니다. 그런데 개념이 운동한다는 것은 무슨 뜻일까요? 여기가 좀 어려운데 개념과 개념의 자기운동이 있습니다. 헤겔에게 세계는 개념으로 파악되는데 개념은 단어가 아니에요. 한번 이렇게 개념을 설명해보죠. 강의실에 지금 무슨 일이 벌어지고 있는지 파악하기 위해 수강자의 이름을 하나하나 다 적는다고 생각해봐요. 그렇지만 그것이 지금 여기서 벌어지고 있는 일에 대해 어떤 지식도 만들어주지 않아요. 그건 개념적 이해가 아닙니다.

개념적 이해를 하기 위해서는 개념이 운동을 해야 합니다. 수강하러 온 이의 목적과 수강생들 사이의 관계 등 구체적인 컨텍스트가 담겨야 해요. 개념의 자기운동이라 하면 그 개념이 무엇을 더 포괄할 수 있다는 가능성을 띱니다. 강의하는 이와 수강하는 이는 어떤 사람인가. 수강자는 어떤 반응을 하고 자기끼리는 서로 알고 있는가 등. 여기서 알아나가야 할 것은 무한히 많은데, 출발점의 개념으로는 우리는 얼마나 알 수 있을지 모릅니다. 그런데 마지막 지점에 도달해 개념이 모든 걸 포괄한다고 했을 때 우리는 일종의 가능성으로서 모든 걸 알 수 있어요. 여기 속해 있는 모든 이들이 어떤 사람이고, 왜 왔고, 여기서 무엇을 얻어가는지, 서로 어떤 관계 속에 있고, 개개인은 어떤 소속들의 관계하에 있는지 우리는 사유 속에 담아낼 수 있습니다. 수강생 집단을 하나의 작은 단위로 보고, 그에 대해 종합적으로 접근하게 된 것이죠. 언어로서. 앞서 말했듯이 실증주의적, 경험주의적 언어는 개체화하여 떨어져 있는 고립된 나열을 볼 뿐이라면, 개념적 사유는 모든 것을 관계 속에 담아내는 것을 뜻합니다.

왜 개념이 중요할까요? 왜 마르크스는 개념을 중시했을까요? 왜 정치경제 비판에 들어서서 경제학자들이 사용하는 경제라는 말을 사용하지 않고 생산양식이라는 개념을 만들어내야 했을까요? 또 생산관계와 생산력이라는 개념으로 생산양식을 설명해야 했고, 잉여가치와 노동력가치라는 개념을 만들어내야 했습니다. 개념의 연관을 통해 무엇인가를 이해할 수 있게 된다는 이야기예요. 그래도 여전히 잉여가치는 실존하는지, 생산력은 실존하는지 물으면서 현실과 바로 조응시켜 보여달라고 하면 헤겔이 말한 '개념'에 대한 이해가 부족한 것입니다.

그러니까 개념은 현실과 무관히 자기운동을 합니다. 좀 더 정확히 말하면, 현실을 염두에 두고서, 그러나 현실이 구성되는 방식과 상이하게 자기운동을 해야 합니다. 개념의 운동을 통해 우리는 무엇을 알아갈 수 있다는 바로 그 사유가 오늘 우리가 이야기하는 인문적 사유입니다. 관계 속에서의 인식 형성, 마르크스가 말하려는 바는 바로 그것입니다.

본격적인 사유는 6번 테제에 나타납니다. 마르크스의 이후 작업은 6번 테제에 중요한 함의점을 줍니다. 11번 테제에서 세계를 변화시키자, 변화시키기 위해서는 철학의 새로운 개입, 새로운 기능, 새로운 역할이 필요하다고 했고, 1번 테제에서는 그러기 위해서는 기계적 유물론이 아니라 차라리 관념론을 통해 관계라는 사고를 받아들여야 한다고 했습니다. 관계라는 사고가 6번 테제에서 다시 나옵니다. 사회적 관계. 관계란 무엇인가, 그건 사회적 관계예요.

포이어바흐는 종교적 본질을 인간의 본질로 용해시킨다. 그러나 인간의 본질은 각각의 개체 속에 내재하는 추상물이 아니다. 인간의 본질은 그 현실에 있어서 사회적 관계들의 앙상블이다.

포이어바흐는 종교의 본질을 인간의 본질로 용해시켰다는 것. 인간의 본질을 사회적 관계로 보지 않고, 인간의 유적 본질 그리고 인간의 완성, 어떤 절대적인 것을 신에게 투사한 것인 종교로 보았다는 뜻입니다. 하지만 인간의 본질은 각각의 개체 속에 내재하는 추상물이 아니에요. 마르크스는 만약 인간의 본질이 있다고 한다면 그건 오로지 "현실에 있어서 사회적 관계들의 앙상블"이라고 말합니다.

그건 본질이 아니죠. 본질이라기보다는 인간의 기본 출발점에 가깝고, 앞서 말한 개념의 출발점이기도 하면서 개념을 통해 우리가 알아가야 하는 것이기도 해요. 관계는 변하잖아요. 관계는 끊임없이 변하는 것인데 그건 본질이 아니에요. 그래서 자기부정적인 말이에요. 본질이라고 말할 수 없는 말을 만들었고 그다음에 그것을 앙상블이라고 썼습니다.

많은 이들이 지적하듯이 마르크스는 독일어가 아니라 영어로 ensemble이라고 썼다는 것입니다. 독일어에는 아무리 찾아봐도 영어 ensemble에 해당하는 단어가 없다고 합니다. 앙상블이라는 건 관계들의 집합체예요. 관계들이 얽혀 있다는 표현입니다. 앙상블을 이루고 있으니 그야말로 그냥 앙상블로 썼다는 것입니다. 그렇다면 사회적 관계들이 앙상블을 이루고 있는 그것. 그것은 무엇일까요? 10번 테제를 보죠.

낡은 유물론의 입지점은 시민사회이며, 새로운 유물론의 입지점은 인간적 사회 혹은 사회적 인류이다.

여기서 약간의 힌트가 제시되고 있습니다. '낡은 유물론의 입지점은 시민사회인데 새로운 유물론의 입지점은 인간적 사회 또는 사회적 인류이다.' 시민사회는 헤겔적 의미에서 국가와 구별되는 추상적 의미의 시민사회를 말합니다. 이에 비해 인간적 사회, 사회적 인류는 인간들로 이루어져 있는 사회, 또는 사회 속에 존재하는 인류를 말합니

생각하는 마르크스

다. 똑같이 사회적 관계가 부각된 표현이에요. 결국 사회적 관계 속의 인간, 사회적 관계의 앙상블이 사회이지 사회적 관계와 무관한 사회가 따로 있는 것이 아닙니다.

'사회적 관계들의 앙상블'은 세 가지 차원에서 살펴볼 수 있습니다. 첫 번째는 구조. 우리에게 외재한다는 의미에서의 객관적인 구조가 있지요. 두 번째는 복합체. 구조들이 복합체로 이어져 있어야 앙상블이 되죠. 그러니까 사회적 관계가 우리 외부에서 제약을 주는 힘이 있고 이것이 복합체를 이루고 있습니다. 세 번째는 그 안에 있는 개인들. 구조가 있고, 구조들의 복합체가 있고, 그 구조 속에 존재하는 개인들. 이 셋을 살펴봐야 사회적 관계들의 앙상블이라는 질문의 본 모습이 보입니다. 여기서부터 마르크스의 작업이 시작되죠.

마르크스가 진행한 과정을 죽 따라가보면 그는 사회적 관계들의 앙상블을 파악하기 위해 두 구조 또는 구조의 개념을 사유합니다. 첫 번째는 정치경제 비판을 통해 제시하는 구조인데 그 작업은 《자본》에서 이뤄집니다. 이를 '생산관계들의 구조'라고 할 수도 있죠. 두 번째는 이데올로기 비판을 통해 분석하는 구조. 이를 '가상적 관계들의 구조'라고 할 수도 있죠. 이 두 작업을 통해 사회적 관계들의 앙상블은 무엇인가라는 그림이 등장합니다. 그 이야기를 한번 따라가보기로 하죠.

Ⅲ. 정치경제 비판과 이데올로기 비판

정치경제(학) 비판. 말 자체가 어려운데 어쨌든 경제학자들이 말하는 경제와는 다른 대상으로서 사회에 대한 그림이라고 생각해보죠. 일단 이것은 우리의 외부에 존재하는 구조입니다. 그러니까 아주 일반적인 차원에서 바라본 것입니다. 《자본》의 구체적인 사유에 도달하기 전 〈포이어바흐 테제〉에서 나와서 《자본》으로 가는 과정에서 나올 법한 일반론을 말합니다. 우리한테 외재하거나 객관적인 것이면서 힘을 미치는 구조가 있다는 것입니다.

그런데 잘 보면 그것은 우리에게 외재하지 않습니다. 사회적 관계의 구조이기 때문에 우리는 그 속에 들어가 있어요. 우리는 그것의 영향을 받으면서 그 속에서 어떤 관계를 맺고 계속 활동하는 존재로서 살고 있습니다. 그래서 그것은 벽도 아니고 천체도 아니고 그야말로 사회입니다. 우리가 속해 있는 사회의 관계들의 구조입니다. 설명하기 어려운 말이지만, 그것은 구조이면서 그럼에도 불구하고 관계입니다.

그래서 구조는 우리가 인식하든 인식하지 않든 일단 존재해요. 그 안에 있는 우리는 그것에 대해 인식하고 어떤 상상을 하지 않고는 존재할 수 없어요. 우리의 일상생활을 보면 자본주의 관계 속에 살면서 내가 왜 직장에 출근해 일해야 하는지, 나는 임금을 얼마 받는 노동자인지 매일 이러한 것에 의미를 부여하면서 살아요. 우리가 그것을 상상하고 그것에 의미를 부여하는 것과 무관히 존재하는 구조라고 할 수는 없습니다. 그렇지만 뒤에서 살펴볼 이데올로기와 달리, 이 구조는 우리 개개인이 의미를 부여하지 않아도 존재해요. 이데올로기라는 것과 이 이야기는 좀 다르기는 한데, 논리적으로는 이데올로기가 없어도 존재할 수 있지만, 현실적으로는 이데올로기가 작동하지 않으면 존재할 수 없는 구조라는 것이 있어요.

이것이 첫 번째 구조입니다. 넓은 의미의 경제라고도 할 수 있어요. 이 경제는 우리가 살고 있는 망, 네트워크이고 생산관계이지만 그것이 작동하려면, 우리가 매일 그것을 작동시켜야 해요. 매일매일 자본주의의 노동자로서, 신자유주의의 주체로서, 자기 계발하는 주체가 되어 살아주어야 돌아가요. 그래서 그 구조는 재생산이라는 관점하에서만 이해될 수 있어요. 구조가 구조 자체로 있는 것이 아니라 관계들이 매일매일 가능하도록 만들어줘야 하니까. 그 일을 국가가 하든 이데올로기가 하든 끊임없이 돌아가야 하는 구조로서 남겨져 있어야 한다는 이야기입니다. 이데올로기 없이 돌아가는 것은 아니지만, 이데올로기 자체와는 구분되는 구조라는 영역을 이렇게 생각해볼 수 있죠.

우리는 구조에 이름을, 구조의 요소들에 이름을 부여할 수 있고 또 부여할 필요가 있습니다. 헤겔의 자기운동 하는 '개념', 개념이 출발과 끝이 있다는 것은 이를 뜻합니다. 헤겔은 개념은 주체라고 이야기했습니다. 마르크스가 그 구조에 생산양식이라는 이름을 붙였을 때 이 개념은 아무것도 모르는 개념이 아니라 이미 자기 안에 모든 걸 담고 있는 개념입니다. 무슨 내용을 담게 될지 전제되어 있는 개념이에요. 개념이 주체라는 말은 그런 뜻입니다.

생산양식이라는 개념은 자기가 담을 내용을 설명해나갈 수 있는 개념이지만, 경제라는 개념은 그게 되지 않습니다. 마르크스의 관점에서 볼 때 '경제'는 자신의 구성 요소, 즉 사회적 관계에 대한 고려가 없기 때문입니다. 그런 식으로 마르크스는 구조의 이름을 생산양식이라 붙이고, 구조의 요소들, 즉 사회적 관계들의 이름을 생산관계와 생산력으로 붙였습니다. 그것을 통해 '잉여가치의 생산'이라는 자본주의적 구조의 특성을 설명하려 한 것이죠. 사회적 관계들의 앙상블이란 무엇인지 살펴보는 작업은 이렇게 시작되었습니다.

이것이 정치경제학 비판이라는 작업입니다. 《자본》에서는 기존의 고전파경제학자들이 기계적·유물론적인 사고, 객체화된 사고에 머물러 있으면서 관계 속에서 사고하지 못한 것을 비판하고, 자본주의라는 대상을 사회적 관계들의 앙상블로서 설명하려는 시도가 전개됩니다. 그래서 《자본》 1편 1장 '상품'이 그렇게 이해하기 어렵습니다. 상품을 관계 속에서 이해하는 과정, 교환가치와 가치, 가치형태와 일반화한 등가물, 화폐형태 등 복잡한 설명과 개념이 등장하는 이유입니다. 그래야 자본주의가 사물이 아니라 관계로서 이해되기 때문입니다. 인간들의 관계, 생산관계, 노동자를 노동자로 끊임없이 만들어내고, 노동자를 상품에 의해 표상화되는 관계로 만들어내야 재생산이 가능하다는 걸 설명할 수 있게 됩니다. 이것이 정치경제 비판의 작업입니다.

〈포이어바흐 테제〉를 쓰던 무렵 마르크스에겐 구조의 개념이 하나 더 있었습니다. 우리가 경제라고 부르는 구조와는 다른 이데올로기라는 사고예요. 《독일 이데올로기》에서 이를 분석하는 작업을 합니다. 우리는 통상 마르크스가 이데올로기는 허위의식이라고 했다는 정도로만 알고 있는데 자세히 뜯어보면 그렇게 간단한 문제가 아닙니다. 《독일 이데올로기》는 일정한 한계를 가진, 완성되지 않은 이데올로기론을 가지고 있지만 잠깐 살펴보죠.

경제라는 구조와는 다른, 그것으로 설명될 수 없는 어떤 다른 연원을 가진 구조, 이데올로기가 있습니다. 포이어바흐가 말했듯이 종교가 있어요. 허상이라고 보든 그렇지 않다고 보든 종교는 사람들에게 실제로 영향을 미치는데, 그 방식은 경제가 영향을 미치는 방식과는 다릅니다. 그런데 그것은 내가 머릿속에서 만들어낸 것이 아니라 이미 나에 대한 규정력을 가지고 있는 어떤 것입니다. 구조라는, 자립해 있는 어떤 관계들입니다.

마르크스는 이 구조는 자기 안에 원인이 있는 구조가 아니라는 것을 중요하게 지적합니다. 이데올로기의 원인은 이데올로기 속에 있지 않고 그 토대에 있다고 말합니다. 토대와의 관계는 아주 복잡하지만, 자기 속에 원인이 없는 이데올로기. 그렇다고 경제는 자기 속에 원인이 있는가 하고 물어보면 문제는 더 복잡해지는데 그 논의까지 나아갈 필요는 없을 것 같고…. 자기 속에 원인이 없는 그래서 토대가 아닌 구조인데 그렇다고 토대의 반영은 아닙니다. 그래서 특수합니다. 모든 소외된 종교가 동일한 형태를 갖지는 않습니다. 종교마다 자신들만의 고유한 특징을 가지고 있죠. 그런데 왜 하필 그런 형태로 나타나서 지배적인 관념체가 되었는지 우리는 토대로 환원해 설명할 수 없습니다. 그에 대한 설명은 이데올로기 자체를 분석할 때만 가능해집니다.

이데올로기라는 구조에 대한 분석이 별도로 필요하다는 이야기입니다. 토대를 알면 이데올로기를 알 수 있다는 게 아니라, 이데올로기의 원인은 자기 속에 없지만 이데올로기를 알려면 이데올로기를 분석해야 한다는 것. 그것이 마르크스가 《독일 이데올로기》에서 지적한 핵심입니다. 독일 이데올로기를 만들어낸 많은 저작과 인물, 포이어바흐와 성 막스(슈티르너)까지 읽고 비판적으로 가공을 했던 이유가 여기에 있습니다. 그리고 이데올로기가 있기 때문에 그것을 통해 지배계급이 형성되고 지배가 가능해진다고 말합니다.

그렇게 마르크스는 두 구조의 개념, 정치경제 비판이라는 작업을 드러낸 구조와 이데올로기를 통해 이해한 구조를 제시했습니다. 하지만 두 구조의 관계를 설명하지 못한 한계가 있습니다. 그럼에도 마르크스 이후에 마르크스를 넘어서기는 힘듭니다. 왜 그럴까요?

앞에서 마르크스를 부정하려는 시도 대부분이 마르크스 이전으로 돌아가고 만다고 제가 언급했었죠. 그 이야기를 다시 해보려 합니다. 어떤 문제이든 우리는 구조를 버린 채 설명하기 어렵습니다. 구조에 대한 가장 중요한 사고는 사회적 관계들의 앙상블이라는 것, 다시 말해 구조는 우리로부터 떨어져 따로 존재하는 것이 아니라 우리를 묶어내는 관계로서만 존재하는 것. 이것이 마르크스만의 독특한 사유인데, 구조에 대한 이러한 설명 없이 현실에 대한 설명이 가능하지 않습니다.

또 마르크스가 제시한 두 구조, 토대로서의 구조와 가상적인 것으로서의 구조, 그것들에 대한 사유 말고 다른 구조를 생각해낼 수 있을까 하는 것입니다. 다른 모델이 있을 수 있느냐는 거죠. 사람들은 경제나 정치 체제 같은 일정한 제도의 집합을 구조라고 말하는 경향이 있습니다. 그런데 항상 문제는 그걸 사회적 관계의 구조로 설명하지 못하는 한계가 있어요. 마르크스만큼 나아가지 못합니다. 다른 한편에선 가치 체계나 관념체를 또 구조라고 부르는 경향이 있는데 그때에도 사회적 관계들의 앙상블로 설명해내지 못합니다. 그냥 독립해 존재하는 것이지요. 결국 모든 논쟁이 마르크스가 말한 두 구조의 어떤 경계 안에서 이루어지고 있다고 말할 수 있습니다.

이제 한 걸음 더 나아가 마르크스는 그 틀을 가지고 자본주의를 설명하려 합니다. 자본주의는 구조들의 복합체예요. 관계들의 복합체로서 설명이 됩니다. 자, 그러면 이와 무관히 역사에 대해 설명할 수 있는가 하는 것입니다. 자본주의의 구조라고 제시한 토대 또는 '경제'로서의 구조와 이데올로기로서의 구조, 이와 관계 없는 구조라는 것이 있을까요. 우리가 페미니즘이나 정신분석을 다룰 때 그 내용이 마르크스가 제시한 구조의 형식과 무관할 수는 없습니다. 머나먼 우주의 일이 아닌 이상 말입니다. 마르크스의 최초의 출발점은 사회적 관계의 앙상블이라고 할 수 있는데, 그것도 자본주의에 한정된 지적이 아니라, 모든 구조에 대한 생각은 사회적 관계들의 앙상블을 담아야 한다고 말한 것입니다. 마르크스는 그중 자본주의 시대의 두 구조에 대해 말한 것이지요.

그러면 마르크스의 경우에도 루쉰의 말, '내가 사다리가 될 테니 나를 밟고 가라'를 적용해볼 수 있습니다. 사다리를 밟고 넘어가려면 마르크스가 한 사유를 넘어서야 한다는 것이에요. 제대로 사다리를 딛고 넘어서기 위해 노력하지 않고 그냥 바닥에 깔려 있는 신문지처럼 간주해 계속 밟고 지나간다고 마르크스를 넘어설 수 있는 것은 아닙니다. 마르크스는 두 구조를 생각하기 때문에 그 사이에는 비어 있는 개방성의 공간이 아주 많습니다. 하나의 구조만을 상대해서는 그것으로 다 설명되지 않는 무엇인가가 늘 남게 마련입니다. 마르크스에게 중요한 것은 폐쇄적 모델이 될 수 없는 사회 체계였습니다. 그 자체로 아주 모순적인 사회 체계 관념이라고 할 수 있습니다. 그 열린 가능성이 마르크스 자신의 자기비판에도 중요한 기여를 했다고 할 수 있겠죠.

그러면 우리의 인문에 비판적 사유, 개념적 사유가 왜 필요한지 다시 설명해보겠습니다. 구조에 대해 말했는데, 이 사유를 규제하는 관념이 필요할 것입니다. 다시 말해 스스로에 대해 비판적 사유가 필요한데, 우리는 그런 점에서 '사회적 관계들의 앙상블'이라는 구절에 주목해볼 수 있습니다. 모든 구조에 대한 사유는 사회적 관계들의 앙상블이어야 하니까요. 자기가 그렇게 선언한 이상 자기도 그것을 지켜야 하겠죠. 그렇지 않으면 구조가 물화되는 것입니다. 그 지점에서 일종의 출발점이 나옵니다. 헤겔은 개념에 대해 말하면서 자기 분열 하지 않는 개념은 개념이 아니라고 했습니다. 개념의 자기 분열이란 그 개념을 가지고 있을 때 그 개념으로부터 어떤 한계성의 문제가 생기는 것을 뜻합니다. 문제를 돌파할 길을 끊임없이 사고해낼 수 있어야 한다는 것입니다.

그래서 구조를 제시한 뒤에도 구조는 계속 질문을 낳습니다. 그 구조는 이데올로기 없이 가능한가, 이데올로기라는 것은 다른 구조인가, 그럼, 재생산은 무엇인가, 사회적 관계인가 등 질문들이 계속 나옵니다. 그리고 그것에 대한 대답을 얻어낼 수 있어야 합니다.

IV. 텍스트를 어떻게 읽을 것인가

정치경제 비판을 좀 더 살펴보겠습니다. 마르크스는 《자본》의 부제를 '정치경제학 비판'이라고 달았습니다. 정치경제학 또는 경제학의 대상과 자신의 연구 대상은 다르다는 것을 출발점으로 삼았습니다.

경제학자들의 대상은 경제예요. 경제학에서 말하는 경제는 교환하는 이들 간의 일정한 행위 방식의 반복적 틀 또는 관행이라고 말할 수 있죠. 그것은 교환을 통해 매개되는 사물들의 관계입니다. 그런데 이렇게 설정된 사물들의 관계는 실상은 관계를 생각할 수 없는, 비관계적 개념입니다. 마르크스가 보기에는 사물들의 관계가 아니라 사물을 매개로 한 인간들의 관계를 담아낼 수 있는 다른 개념이 필요했습니다. 기존의 경제라는 개념으로는 파악할 수 없는, 담아낼 수 없는 사회적 관계들의 이야기가 있었습니다.

그래서 마르크스는 사회적 관계들로 짜여 있는 경제, 즉 생산양식이라는 문제 설정을 제시합니다. 여기서 사회적 관계는 생산력과 생산 관계를 말합니다. 그다음 사회적 관계는 이미 계급관계임을 지적합니다. 사회적 관계는 계급관계에 의해 만들어져서 이데올로기의 지배를 받고 국가의 개입으로 그 관계가 재생산될 때만 작동하니까요. 경제를 가능하게 하는 사회적 관계라는 건 이미 단순한 경제적 관계가 아니라 훨씬 더 폭넓고 복잡한 사회적 관계이고, 그 핵심은 계급적 관계이죠. 다시 말해 계급사회인 자본주의 사회의 경제적 관계예요. 경제는 이미 계급적인 메커니즘이 작동하는 경제밖에 없다고 말할 수 있습니다.

이렇게 계급관계로서 경제라는 관계를 파악한 다음 마르크스는 죽은 노동과 산 노동, 자본과 노동이라는 자본주의의 모순을 말합니다. 이때 계급이라는 구도를 자본가와 노동자가 각자 편을 달리해 줄다리기를 하거나 전쟁을 하는 그림으로 이해해서는 곤란합니다. 절대로 그렇지 않고 둘의 관계는 비대칭적이에요. 이 사회적 구조는 아주 독특한데 극단적으로 말하면 자본만 존재해요. 노동은 없고. 자본이 테두리를 치고 있다면 그 안에서 활동하고 있는 것만을 노동이라 부르기 때문입니다.

마르크스는 자본을 '죽은 노동'이라고 부르는데, 죽은 노동이 산 노동을 굴릴 때만 자본이 돌아간다고 합니다. 노동력을 사서 생산적 노동으로 만들 때만 자본주의가 돌아가요. 유일하게 자본이 있고 그 안에 노동하는 다수의 노농자늘이 있는 모습입니다. 다수의 노동자들이 자본에 의해 상품으로 구매되어 작업장 안에서 일할 수 있는 조건이 만들어지고 반복되는 것. 그것이 마르크스의 경제 분석입니다. 그것은 수요와 공급이 왔다 갔다 하는 그런 경제가 아니므로 경제라고 불러서는 안 되며 다른 이름으로 불러야 한다고 합니다. 마르크스는 생산양식이라고 부릅니다. 그리고 자기가 연구하는 건 경제가 아니라 생산양식이라 합니다.

노동자는 임금을 받고 노동력을 제공하는 존재가 되고, 모든 상품은 화폐에 의해 매개되는 이 그림을 자본이 주재한다는 것입니다. 노동자는 자본 밖에서는 통일된 노동자가 아니라 분화된 노동자로 존재해요. 서로 다른 조건에서 차별되는 임금을 받는, 통일될 수 없는 존재로서 끊임없이 분할됩니다. 반면 자본은 보이지 않는 통일된 존재로서만 나타나요.

아주 특이한 사회적 관계의 망이 만들어지는 것입니다. 자본주의의 고유한 사회적 관계란 잉여가치를 창출하는 메커니즘을 말합니다. 그래서 정치경제 비판이라고 합니다. (정치)경제학자들이 경제에 대해 말하려 했으나 할 수 없었던 이유, 그것은 사회적 관계가 중립적, 기계적 관계가 아니라 계급관계이며 그렇게 재생산되기 때문이라는 것입니다. 이것이 개념적 사유, 비판적 사유지요. 마르크스에게는 순수한 경제가 결정을 다 하고, 그 위에 국가가 따로 있고, 이데올로기가 있는 그런 그림은 없어요. 그런 그림을 그릴 수 없다는 것입니다. 이미 '경제' 속에 계급관계를 포함해 그런 것들이 전제되어 있을 수밖에 없는 것이죠.

그렇다고 마르크스가 자본과 노동의 모순, 그에 대한 모든 답을 주었는가 하면 그렇지도 않습니다. 마르크스가 제시한 프로그램을 추적했을 때 그가 말하려고 했던 다른 시야가 보인다는 것입니다. 우리는 텍스트를 그렇게 읽어야 할 것입니다. 지금 우리가 인문이라는 주제로 말하는 비판적 사유란 마르크스의 텍스트에 대해서도 그렇게 비판적으로 읽음으로써 무엇인가 한 단계 더 나아갈 계기를 찾아내려는 노력이라 할 수 있습니다.

비판은 비난이나 부정과는 다릅니다. 어떤 문제의 본질이나 핵심을 찾아내서 그걸 뒤집는 것을 말합니다. 대상의 형태와 속성을 바꾸어내는 작업이에요. 정치경제 비판이라는 작업을 하면서 정치경제는 다 사기라고 말하지는 않습니다. 마르크스는 19세기 말에 나오는 밀 이후의 경제학은 속류경제학, 그 이전의 경제학은 정치경제학이라고 불러요. 정치경제학은 단순한 허구나 사기가 아니에요. 자본가들은 그걸로 돈을 벌고 있죠. 서양 의학을 사기라고 말하지는 않잖아요. 치료를 진행할 수 있는 의학이지만 푸코는 그 의학 담론에 대해 비판 작업을 합니다. 정치경제 비판이란 정치경제학을 비판함으로써 그것을 마르크스적인 다른 지식으로 전화하는 것이에요. 또 이데올로기 비판이라 하더라도 이데올로기는 사기라고 하는 게 아니라 기존의 이데올로기에 개입함으로써 전혀 다른 이데올로기적 효과를 내도록 만드는 것이에요. 사람은 이데올로기 없이 살 수 없기 때문에 이데올로기가 사라지지 않아요. 다만 이데올로기를 다른 형태로 전화하는 작업을 통해 우리가 어떤 세계를 변화시킬 수 있는지 그 단서를 찾아내는 것. 그것을 이데올로기 비판이라 할 수 있습니다.

마르크스 이후에 우리는 두 구조에 대한 사유를 버리고는 세계를 이해할 수 없게 되었습니다. 그 말은 또 두 구조에 대한 사유 자체가 끊임없이 비판의 대상이 되지 않고는 우리의 인식은 항상 가로막히게 되어 있음을 뜻합니다. 두 구조에 대한 사유는 늘 새로운 가능성을 만들어내요. 우리가 모르는 다른 구조가 있을 수 있지 않을까? 왜 두 구조만 있어야 할까? 제삼의 구조가 있다면 두 구조와 어떻게 관계를 맺는지 설명할 수 있어야 합니다.

그리고 두 구조의 관계도 좀 더 정밀히 해명되어야 하죠. 하나를 토대, 다른 하나를 이데올로기라고 하면, 단순히 토대 위에 이데올로기가 증축되는지, 그렇지 않고 하나는 이미 다른 하나 속에 들어와 있는 것은 아닌지, 아니면 여러 층위에서 혼성되는지 등 다양한 그림을 그려볼 수 있죠.

어쨌든 오늘 이야기의 취지는 답을 제시하는 게 아니라 질문을 찾아내고 지속하는 데 있습니다. 질문을 열어주는 데에 마르크스의 강점이 있어요. 구조와 사회적 관계들의 앙상블, 이 개념만 가지고도 많은 논의를 전개할 수 있습니다. 이 테마가 던져주는 가능성을 더 멀리, 극한까지 밀고 나가려면 알튀세르가 남긴 과잉결정이라는 사유를 따라가보는 것이 중요합니다. 물론 이 자리는 그 사유를 설명할 상황은 아닙니다. 그의 책《마르크스를 위하여》에는 증층결정이 아니라 과잉결정이라고 해석해야 하는 독특한 맥락이 나옵니다.

'경제가 최종 심급에서 결정한다.' 통상 알튀세르가 그렇게 주장했다고 합니다. 그 테제는 경제가 늘 (다른 심급들을) 결정하는 것이 아니라 최종 심급에서 결정한다는 뜻으로 상대적 자율성을 강조한 것이라고 합니다. 그러면서 알튀세르는 심급과 결정 관계 등을 기계적으로 분리했다고 비판하고 있습니다. 그런데 책을 다시 읽어보면서 발견한 것인데, 흥미롭게도 '모순과 과잉결정' '유물변증법' 두 장에서 과잉결정을 언급하면서 알튀세르는 '경제가 최종 심급에서 결정한다'라는 표현을 쓴 적이 없어요. 물론 그 문장은 등장해요. 하지만 그것은 엥겔스의 문장이에요. 엥겔스가 그렇게 말했다고 등장해요. 그 문장 이후 알튀세르는 엥겔스를 길게 비판하면서 자기의 테제는 제시하지 않아요. 그래서 묻어간다고 볼 수도 있고, 엥겔스와 다르다고 볼 수도 있는데 지금 읽어보면 엥겔스와 분명 달라요.

그렇게 모든 텍스트는 항상 개방성과 가능성에 열려 있습니다. 다시 읽어보면 내가 그전까지 알던 것과 전혀 다른 것을 똑같은 텍스트에서 발견할 수 있어요. 텍스트는 살아서 움직입니다. 그러니까 헤겔식의 자기운동을 하는 개념을 모든 텍스트에 적용해볼 수 있어요. 그 개념을 분열시키고 흔들면 텍스트가 갑자기 살아서 움직임을 느낄 수 있어요. **텍스트의 폭발적 힘이 자신의 사유의 희열, 사유의 기쁨과 만나면 그때 지식이 탄생한다고 말할 수 있습니다.**

어떻게 텍스트를 비판적으로 읽어낼 것인가? 그 질문이 자기가 비판적인 지성으로 살아나가고, 앞서 말한 세 관계(나 자신, 구조, 타인)에서 자기 자리를 독자적으로 만들어나가고, 그때 자신의 존재가 타인의 해방을 위한 조건이 될 수 있는 출발점인 셈입니다. 텍스트라는 것은 글만을 말하는 게 아니에요. 우리가 살고 있는 사회 자체가 텍스트잖아요. 그 텍스트는 늘 폭발적 힘을 갖고 있는데 그것을 찾아내려면 자기 자신이 텍스트에서 사유의 희열을 맛보아야 해요. 사유의 희열이란 무엇인가가 발견되면서 자신의 사유가 한 단계 진척되는 경험을 말하겠죠. 그때 지식이 탄생하고, 우리는 실증주의에서 조금씩 벗어나게 됩니다.

지금까지 우리는 마르크스를 통해 어떻게 비판적 사유가 가능한지 살펴봤습니다. 인문은 이미 마르크스 속에 깊숙이 들어와 있고, 마르크스의 삶이기도 했고, 마르크스의 강력한 언어이기도 했어요. 그런데 마르크스의 인문은 그가 알아보려고 한 대상, 사회적 대상, 사회과학, 역사과학과 무관하지 않았습니다. 무엇을 보려고 하는 것이 어떻게 보려고 하는 것과 무관하지 않았습니다. 결국 비판적 사유를 어떻게 살려나갈지의 문제는 개념적 사유를 통해 무엇을 말할 수 있을지의 문제와 무관하지 않았습니다.

그런데 여기에서 다 끝나지 않습니다. 문제를 사회적 관계 속에서 파악했다고 해서 그것만으로 해결되지는 않습니다. 비판은 어떤 행위나 위반으로 이루어질 수 있는 것은 아니에요. 자신의 해방을 가로막는 걸림돌이나 억압의 실체를 완전히 떨쳐버리지 못하면 그다음 단계로 나갈 수 없는데, 그 지점에서 무엇인가 이루었다고 착각하면 다음 날 다시 똑같은 상황에 직면하게 됩니다. 그것은 축제이지 해방은 아닙니다.

윤리

Ⅰ. 타인과의 관계

이제 윤리의 문제로 넘어가겠습니다. 사실 개념적 사유에서 윤리로 가기 전에 '정치'에 대해서도 심도 있게 다루어야 하지만, 이에 대해서는 어느 정도 논의되었다고 전제하고 덜 이야기된 윤리라는 문제를 다루어보려 합니다. 오늘 주제가 '인문'이니까요.[3]

'윤리'는 사람이 나이를 먹으면 고리타분하고 보수적이 되면서 드디어 들고 나오는 주제라고 생각하기 쉬운데, 과연 그런지 모르겠습니다. 마르크스는 직접 윤리 문제를 다루지는 않았어요. 하지만 이왕 '마르크스에게 말 걸기'라는 기치를 걸었으니 마르크스에게 이에 대해 물어볼 수 있는 거죠.

마르크스의 강점은 역사적이지만 윤리학은 아니라는 데에 있습니다. 그전까지는 다 윤리학이었어요. 고대 철학부터 이어진 오랜 전통이었고, 심지어 《국부론》의 애덤 스미스 시기에 와서조차 영국에서 경제학 교수는 동시에 윤리학 교수였을 만큼 윤리학은 모든 논의의 출발점이었습니다. 《국부론》은 《도덕감정론》이라는 윤리적 기초 위에 놓인 작업이기도 했습니다. 마르크스가 '철학자들은 세계를 단지 다양하게 해석해왔을 뿐이다'라고 말했듯이 모든 철학은 기본적으로 윤리학에서 출발했습니다. 어떻게 살 것인가, 어떤 사회를 만들 것인가 하고 '당위'를 묻지 그 사회는 어떻게 이루어져 있는가 하고 묻지 않는다는 거예요.

바람직한 삶은 무엇이고, 바람직한 세계는 무엇인가라는 질문이 우리는 어떤 세계에서 살고 있는가라는 분석을 덮고 있었다고 할 수 있죠. 마르크스는 이를 뒤집었어요. 그 사회는 어떤 사회인가 하는 구체적인 것을 물어보았지 어떻게 살아야 하는가가 질문의 출발점은 아니었습니다.

비슷한 질문들이 이단적이라고 평가받는 철학자들에게서도 발견됩니다. 대표적인 사례가 니체죠. '선善이란 무엇인가?'라고 묻지 않고, '누가 왜 선에 대해서 묻는가'로 질문을 전환한 것. 그리고 그에 앞서 스피노자는 보통 《국가론》이라고 번역되기도 하는 《정치론》에서 지금까지의 정치에 대한 논의는 바람직한 국가에 대한 논의였지, 현실의 국가를 분석한 것이 아니었다고 하면서 자신은 현실에서 국가는 어떻게 지속될 수 있는지를 탐구한다고 선언하고, 그런 질문의 선구자로 마키아벨리를 듭니다(스피노자 2009: 98/100).

마르크스가 윤리와 도덕의 세계로부터 정치경제학 비판의 작업을 거쳐 역사과학의 세계를 열었다는 점은 이러한 맥락에서 중요한 단절이라 할 수 있습니다. 그 의미는 거듭 강조해도 부족함이 없을 것입니다. 그렇지만 이 강점은 다른 측면에서 보면 약점이 될 수도 있습니다.

우리는 인간이 인간의 적이 되는 세계를 알게 되었다 하더라도 그 속에서 살아가는 일은 너무 힘들다는 문제에 다시 부딪힙니다.

역사과학의 지식을 얻었다는 것이 우리와 타자의 관계에 주는 지침은 무엇일까요? 물론 제대로 논의하려면 또 정치를 살펴봐야 하지만, 이를 좀 더 개인적 지평으로 끌고와보죠. 마르크스가 정치경제 비판이라는 작업을 한 것처럼 윤리 비판은 없을까요?

우리는 종교에 대해 '과학적'인 분석을 할 수 있습니다. 마르크스가 포이어바흐의 '유물론'이라는 것을 발견했던 것 같은 방식으로요. 그리고 왜 종교는 계속해서 힘을 미치는지는 니체의 '도덕의 계보학'이라는 이데올로기적 분석을 통해 이해할 수 있습니다. 그러나 이데올로기를 이해한다고 해서 이데올로기가 사라지는 것은 아닙니다. 다만 이데올로기에 개입할 입구를 찾을 수 있는 것이죠.

우리는 종교 또는 신학이 주는 인간관계에 대한 어떤 지침들의 완전한 공백에서 살 수는 없음을 발견하게 됩니다. 여기서 우리가 인문과 관련해 생각해보아야 할 중요한 영역을 발견하게 됩니다. 여기서도 인문적 사유는 사회과학적 사유와 분리되지 않습니다.

그렇다면 윤리는 이데올로기일까요? 그렇게 볼 수도 있지만, 여기서는 윤리라는 문제를 이데올로기와는 조금 떼어서 생각하는 것이 낫겠다고 이야기해두겠습니다. 윤리가 문제가 되는 것은, 앞서 우리가 관계들의 세계를 이야기하면서, 나와 타자의 관계가 중요하다고 했던 것과 관련이 있습니다. 나와 연계를 맺는 수많은 낯선 자들인 타자와 나의 관계를 어떻게 이해하고 어떻게 설정할 것인가. 저는 이것이 기본적으로 윤리의 문제라고 생각합니다. 그렇게 보면 이데올로기의 한 부분일 수 있지만, 그럼에도 이 특수한 영역은 조금 분리해 생각해볼 필요가 있습니다. 윤리는 타인과의 관계에 대한 분석에서 출발해 당위적 규범으로 나아가니까요.

우리가 이데올로기의 공백 속에서는 살 수 없듯이, 윤리 없이도 살수 없습니다. 윤리란 인간과 인간의 관계 또는 그 관계의 체제regime에 대한 규칙과 규범을 말한다고 생각해봅시다. 윤리 비판이 왜 문제일까요. 저는 점점 더 그런 생각이 많이 드는데, 여러분은 태어나서 한 번이라도 지금까지 자신들이 지켜온 윤리에 대해 비판적으로 생각해본 적이 있나요?

우리는 자본주의나 지금 살고 있는 세계에 대한 정치경제 비판에 대해 여러 방식으로 접해서 알고 있습니다. 신자유주의 세계에 살고 있고, 신자유주의에서 금융화가 비롯되었으며, 금융화는 1970년대 레이거노믹스와 대처리즘의 등장과 함께 가동한 자본주의 위기 극복 메커니즘이라는 것. 이쯤은 알고 있잖아요. 정치경제 비판의 혜택을 입고 있습니다. 이데올로기에 대해서도 제법 익숙한 편입니다. 민족주의는 이데올로기인데 그럼에도 우리는 민족주의에 사로잡혀 있고, 성차별주의, 인종주의 이데올로기 등에 대해 많이 이야기를 하고, 그것을 넘어서기 위한 노력과 개입도 많이 합니다. 이처럼 정치경제 비판과 이데올로기 비판이라는 두 영역은 마르크스나 다른 학자들의 기여 덕에 제법 중요하게 생각되고 있지요. 그럼, 윤리에 대해서는 어떻게 접근하고 있는가 하는 것입니다.

II. 분노를 넘어서는 윤리

한번 곰곰이 생각해보죠. 윤리는 타인이 자신한테 어떤 존재로 인식되는가에 대한 근본적인 문제예요. 저 사람은 누구인가, 같이 앉아 있는 이 사람은 내게 무엇인가, 내가 제거해야 할 적인가, 더불어 살아야 하는 사람인가? 이러한 근본적 질문에서 출발합니다. 이것을 어디서 배웠을까요? 집에서 엄마아빠에게, 학교에서 선생님에게 또는 텔레비전 등을 보고 배웠겠죠. 착하게 살아야 한다, 남을 해하면 안 된다 등 윤리의 단편을 배웠을 겁니다. 그런데 그렇게 단편으로 배운 윤리가 우리 안에 아주 체계적으로 습득되어 있는 걸 보면서 깜짝 놀랍니다. 아무도 가르쳐준 적이 없고 체계적으로 윤리학 공부를 해본 적이 없음에도 불구하고 우리는 윤리적 주체예요.

그럼에도 윤리적 주체라는 우리는 늘 누군가를 미워하면서 살고 있어요. 누군가를 미워하는 이유는 잘 모르지만 어떠한 이유를 대면서 살고 있어요. 그런 점에서 윤리의 질문은 이데올로기에 대한 비판적 성찰과 떨어져 있지 않다는 점이 다시 확인되기도 하죠. 그러면 우리는 자기 자신과의 관계, 타인과의 관계에서 어떤 해방될 수 없는 것 때문에 괴로워하면서도 그것을 애초에 만든 윤리에 대해 한 번이라도 되돌아봤는가 하는 근본적 질문을 던지게 됩니다.

내 옆에 있는 사람을 배려하고 사랑하라는 가르침은 지키기 어렵지만 내 옆에 있는 이를 살인하지 말라는 지침은 대부분의 사람이 잘 지킵니다. 두 경우처럼 차이 나는 이유는 단지 처벌이 무서워서일까요. 윤리는 그럼, 무서워서 지키는 명령일까요, 아니면 스스로 성찰을 통해 이해하고 납득해서 자기 삶의 지침으로 받아들인 것일까요. 이 문제들에 대한 질문을 우리는 깊이 그리고 계속 생각해보고 있을까요. 그러지는 않는 것 같습니다. 그러면서 우리는 늘 타자들로 인해 괴로움을 겪고, 특히 가까운 타자들과의 관계 때문에 번민하고, 증오하고, 스스로를 갉아먹게 됩니다. 때로는 복수의 마음까지 품으면서 말이죠.

여기서도 '비판'은 중요합니다. 우리가 살고 있는 자본주의 세계의 구조, 우리를 주체로 만들어 내는 이데올로기의 구조를 바꾸기 위해서는 먼저 그것을 잘 분석해 이해해야 합니다. 마찬가지의 방식이 윤리에도 적용되어야 할 것입니다. '윤리 비판'은 왜 우리가 우리 곁의 타자로 인해 괴로움을 얻게 되는가, 그럼에도 우리는 그 타자들을 '제거'함으로써 해결을 얻을 수 없는 이유는 무엇인가에 대한 이해와 성찰에서 출발할 것입니다. 당연한 이야기이지만, 문제가 되는 관계를 다르게 전화하지 않는 이상 아무것도 달라지지 않습니다.

이때 계몽주의적 사고는 한계에 부딪히죠. 마르크스를 계몽주의적 방식으로 읽으면 자본주의는 나쁜 것이라고 아는 수준에서 끝나게 됩니다. 어떤 현실적 계기를 만나면 다시 돈을 열심히 벌어야겠다는 생각에 골몰하게 됩니다. 그렇게 되는 거예요. 지젝은 그와 같은 상황을 외설이라고 불렀습니다. 포르노가 나쁜 것이라고 말하면서 집에서는 다들 포르노를 본다는 말이죠. 지젝은 인종주의에 빗대어 말했는데, 설문 조사에서는 모두 인종주의는 나쁘다고 말하면서도 다들 인종주의자로 살아가고 있다 합니다. 그것이 나쁜지 알면서도 그것을 한다. 왜 그럴까요? 이 질문에는 분명 윤리적 지평이 있습니다. 어느 지점에서 자기가 더 이상 자기가 아닌 경우가 되잖아요.

윤리적 주체임에도 자기는 그것에 따라 살기 싫고, 어떤 사람을 적대하는 방향으로 간다는 것입니다. 계몽주의적 지식이 그것은 나쁜 것이라고 백번을 가르쳐도 안 바꾼다는 거예요. 사람은 계몽주의적 지식에 감동하지 않아요. 하지만 사람은 예술 작품 하나를 감상함으로써 바뀔 수가 있어요. 앞에서 말했듯이 《전태일 평전》을 읽고 나서 감동을 받은 사람들에게 윤리적 전환의 계기는 열립니다. 그런 점에서 윤리는 단지 지식이 아니라 '감동'이 중요한 곳이고, 그런 점에서 윤리는 예술과도 연결되는 고리가 있을 것입니다. 이성에서 감동까지 가는 길은 상당히 멀고 회로가 복잡해요. 그 사이에 윤리의 검열이 있기 때문입니다.

윤리는 분노의 정념과, 분노는 공포와, 그리고 공포는 무지의 문제와 연결되어 있습니다. 분노는 많은 경우 공포심 때문에 생기는데 그건 무의식적인 이야기예요. 인종주의가 작동하는 방식을 보면 다른 인종이 사회에 편입되어 일자리를 차지할 경우 기존 구성원들은 그 상황에 분노를 느끼는데 그 배경에는 공포가 있어요. 그것은 이해관계에 기초한 배척과는 다릅니다. 그들이 자기의 것을 빼앗아간다는 좁은 의미만 담겨 있는 것은 아닙니다.

많은 경우, 분노의 바탕은 무지인데, 무지는 원인을 찾기 어렵다는 이유에 뿌리를 내리고 있습니다. 니체가 말한, 이데올로기에 대한 가장 중요한 테제 중 하나는 원인이 없는 것보다는 어떤 원인이라도 있는 것이 낫다는 것입니다. 사람은 공백을 견디지 못해요. 원인을 찾아내야 해요. 그 일이 유대인이 한 짓이냐 아니냐는 전혀 중요하지 않고, 우리가 드디어 유대인을 찾아냈고, 유대인을 발견한 것이 중요해요. 그들을 통해 원인을 발견했고 그 원인을 극복할 길을 찾았다는 것이죠. 우리의 분노를 표출할 수 있다는 사실.

분노라는 정념은 분명 타인과의 관계에서 발생합니다. 하지만 우리는 그 원인을 포착하기는 어렵습니다. 분노에 휘말리는 순간 우리는 그것의 노예가 되죠. 여기에서 윤리의 지평이 생깁니다. 그러니까 분노의 노예가 되는 자기 자신을 어떻게 그것으로부터 떼어낼 수 있을까 하는 질문입니다. 분노에 휩감기는 순간 자기는 타인의 해방을 위한 조건이 아니라 타인을 몰락시키는 조건으로 바뀌어요. 윤리라는 질문은 이러한 자신과 타인의 동반 몰락이라는 문제에 대해 해결까지는 아니더라도 제동을 걸 필요가 있다는 데서 나옵니다.

일본의 애니메이션 감독 미야자키 하야오의 영화에서 분노의 윤리 지평은 지속적으로 나오는 테마입니다. 미야자키의 걸작 중 하나인 〈바람계곡의 나우시카〉(1984)를 보면 일종의 디스토피아 세계가 나옵니다. 핵전쟁 이후의 세계, 완전히 유독가스에 오염되어 황폐해진 지구가 배경이며 변형된 괴물들이 등장해요. 바람계곡 사람들은 바닷바람 덕분에 안전하게 살고 있는데 멀리서 눈이 여럿 달린 오무王蟲라는 괴물이 쳐들어오는 이야기예요. 나우시카는 바람계곡의 공주입니다. 지구상에 새로운 문명을 건설하려는 국가들 사이에 전쟁이 벌어지는데 그 와중에 누군가 오무를 유인할 목적으로 미끼로 어린 오무 하나를 반쯤 죽여 창에다 꽂은 채 질질 끌면서 계곡으로 들어옵니다. 그걸 본 오무 무리는 분노에 눈이 뒤집혀서 앞뒤 돌아보지 않고 직진해 쳐들어옵니다.

분노는 점점 붉은색으로 변해가며 모든 것을 휩쓸어버릴 기세로 쳐들어오는 엄청난 오무 대군의 이미지로 형상화되어 있습니다. 분노가 그들의 눈을 멀게 만들었고, 무리는 아무것도 보이지 않습니다. 그때 앞에 나선 나우시카가 자신을 희생해 오무의 분노를 가라앉힙니다. 〈원령 공주〉(모노노케 히메, 1997)에서는 총에 맞은 흉측한 멧돼지 신이 분노의 불길에 휩싸여 평화로운 마을을 향해 무서운 기세로 돌진하는 모습으로 등장합니다.

두 작품에 나오는 분노의 형상화를 보면 프로이트가 에로스와 함께 언급한 '타나토스'가 연상돼요. 타나토스는 죽음에 대한 역동을 말합니다. 프로이트는 끊임없이 죽음을 향해 치닫는 어떤 역동이 우리 안에 내재해 있는데 그것이 문화를 통해 드러난다고 분석했어요. 니체는 그와 같은 감정을 '르상티망ressentiment'이라고 불렀습니다. 원한 감정. 지배계급을 향한 억눌린 자의 원한, 울분의 감정인데 밖으로 향하는 것이 금지되자 자기 안으로 돌아오는 것, 자기 파멸적 분노로 되돌아오는 것을 말합니다. 분노는 좋은 행동의 계기가 될 수도 있지만 자기 통제를 잃어버렸을 때는 자기 파괴적으로, 환상적으로 나타나요. 파시즘도 그렇죠.

그렇다면 어떻게 분노를 다스리고 상대할 것인가. 모든 감정에 일정한 거리를 두면서 마음 수양을 하거나 템플 스테이를 할 수도 있어요. 불교와 도가의 가르침을 따라 모든 인연의 끈을 놓을 수도 있죠. 그것도 하나의 방법이에요. 모든 것이 인연의 끈에서 비롯하므로 출가를 해서 해탈의 길로 나아갈 수도 있죠. 세상에서 벗어나 무소유를 실천하는 것. 그런데 결국 그것은 세상에 대해 눈을 가리는 것과 차이가 없겠죠.

그렇게 문제에서 떨어져 나오려는 게 아니라 전화하는 작업을 선택하는 길도 있습니다. 불가능의 가능성을 찾는 거죠. 마르크스가 제일 좋아했던 표현, '여기가 로도스 섬이다. 여기서 뛰어보라Hic Rhodus, hic salta'는 말처럼요. 《자본 Ⅰ》 2편에, 그리고 헤겔의 《법철학》 서문에도 나오는 말입니다. 《이솝 우화》에 나오는 허풍쟁이 이야기를 빌려온 거죠. 로도스 섬이라면 잘 뛸 수 있었으리라고 허풍쟁이가 말하자 듣고 있던 이가 그런 사람이라면 왜 지금 못 뛰겠는가 하며 던진 말입니다. 왕년에 어떠했다가 아니라 여기가 문제이니까 여기서 해결을 해보라는 이야기예요. 벗어나서 해결될 수 있는 게 아니다. 해방적 주체가 되려면 자기가 바뀌어야 하는데 그럴 가능성이 안 보인다고 벗어나지 말고 바꾸려고 해보라는 것. 그래서 정치철학에서도 두 가지 다른 형태로 나타나요. 벗어나느냐 아니면 변환하느냐. 이 질문은 지금도 계속되는 물음입니다. 마르크스는 전화하자는 후자 쪽으로 간 경우예요.

Ⅲ. 억압받는 자의 위엄

The dignity of the oppressed.

억압받는 자의 위엄. 의미를 좀 더 분명히 하려고 영어까지 써보았습니다. 분노에 휘말려 무너지지 않기 위한 지점을 어떻게 설정할지와 관련해 이를 생각할 필요가 있습니다. 억압받는 자가 어떻게 자기를 지켜내고 어떻게 우월한 위치에 설 수 있느냐 하는 것입니다. 그러니까 억압은 일종의 분노를 낳죠. 분노의 대답은 자기를 억압한 자를 제거하고 싶다는 것입니다. 하지만 제거한다고 문제가 해결되지는 않아요. 이번에는 자신이 억압하는 자의 자리로 옮겨갈 뿐이죠. 억압하는 자가 되어 있거나, 아니면 여전히 보이지 않는 분노에 사로잡혀 있어요. 유일한 방법은 관계를 전화하는 거예요. 그럼으로써 억압하는 자가 더 이상 구조적으로 존재하지 않도록 만드는 게 유일한 해결책이에요. 말이 쉽지 어렵잖아요. 그래서 우리는 그 일에 연대, 통일이라는 말을 붙여요.

자본주의 사회에서 자본과 노동의 관계도 그렇습니다. 마르크스의 관점에서 볼 때 노동자가 자본주의를 벗어나는 길은 자본가를 제거하는 길이 아니에요. 그건 분노의 길이에요. 자본가가 없어지면 자본이 없어지느냐? 아니라는 거예요. 왜냐하면 노동자들은 산 노동의 주도 속에 분할되어 존재하기 때문에. 유일하게 극복하는 길은 노동자들이 통일하는 것이다. 통일하면 자본이 재생산될 수 없다고 합니다. 하지만 추상적인 이야기로 들릴 만큼 쉬운 일이 아니죠.

그런 의미에서 네그리의 말처럼 '자기가치화self-valorization', 자기의 가치와 의미를 증대하는 방향을 살펴봐야 합니다. 마르크스의 말에 의하면 자본주의의 물신숭배는 개인이 가진 가치가 화폐에 의해서만 인정되는 것을 뜻해요. 개인이 지닌 모든 의미는 사장돼요. 모두 추상화돼요. 유일하게 남는 것은 양적으로 어떻게 비교 대상이 되느냐는 거예요. 자본주의는 자본과 노동의 비대칭성 속에서 모든 개인을 교환 가능한 상품으로만 인정하죠. 그것이 자본이 노동을 분할하는 방식입니다.

노동자는 실제 노동하는 자이기 때문에 마르크스적 표현대로 사용 가치로만 유용해야 의미가 있는데 현실적으로 사회는 그렇게 인정하지 않고 늘 대체 가능하다고 합니다. 이에 맞서 노동이 통일이 되려면 노동자는 자기가치화를 이룬 주체가 되어야 해요. 자기는 대체 가능한 노동자가 아니라는 것입니다. 더 이상 자기와 타인이 화폐에 의해 서로 대체될 수 없도록 바뀌어야 해요. 노동자가 스스로를 대체 가능하지만 좀 더 비싼 노동자로 만들어내자는 것이 아니라, 자기 자신이 대체 불가능한 존재가 되어가는 것. 그것이 존재의 위상을 전화하는 것입니다. 그래야 자기 자신이 타인의 해방을 위한 조건이 됩니다.

대체 불가능한 존재라는 말은 자기가 스스로를 바꿔갈 수 있는 비판적 사유의 주체가 되는 것을 뜻합니다. 그건 모두가 가능하죠. 모두가 바뀌지 않으면 전체는 안 바뀌기 때문에 모두가 다 고유한 방식으로 자기의 주체가 되어야 해요.

이상적인 결론인데 이 일이 가능할까요? 가능해야 한다는 것입니다. 가능하려면 우선 출발점에서 비대칭성을 인정해야 합니다. 지금의 교육 체계는 학생을 대체 가능한 존재로 만들고 있는 게 현실입니다. 얼굴 없는 개인으로 만들어내고 있죠. 사실 대체 불가능한 인간을 만들어내는 게 교육의 주된 목적이어야 할 것입니다. 철학적 표현으로 하면 '싱귤러한singular' 주체예요. '싱귤러하다', 즉 대체할 수 없는, 각각의, 고유하게 다른 존재이다. 그런 관계라는 말이죠. 그게 이루어지려면 억압받는 자로서의 위엄을 지킬 필요가 있습니다.

싸움에선 힘이 약한 쪽이 늘 지게 마련이에요. 근대 사회에서 '진다' '패배한다'는 것은 무슨 뜻일까요? 한 기업에서 부당 해고된 비정규직 노동자들이 정규직 전환과 복직을 위해 5년간 싸워 마침내 안정적인 일자리를 얻었다고 해보죠. 일자리 자체가 중요한 게 아닙니다. 일자리가 목표였다면 그들은 비정규직에서 정규직이 되었으니 '특권층'이 된 것에 불과한데 그게 아니죠. 근대 사회 지배 권력의 비대칭적 세계에서는 무엇을 끝내 요구하느냐 하면, 자존심을 굴복시키는 것이 모든 싸움의 끝에 있어요.

노동운동이 위기에 빠지는 이유는 운동 내부나 시대적 조건에 있을 수도 있지만 무엇보다 싸움의 성격을 제대로 파악하지 못한 데에 있을 수 있습니다. 사용자 측은 너희가 원하는 것이 임금을 더 받으려고 하는 것 아니냐 하면서 노동자들을 계속 설득해요. 돈이 목적이니 50만 원 받을 것 70만 원 받게 해주었으니까 너희는 우리에게 고마워해야 하지 않느냐, 이렇게 나온다는 이야기예요.

그런데 굴복이란, 한번 굴복하는 인간은 끝없이 그렇게 가는 것입니다. 루쉰이 살면서 한 번도 절대로 굴복하지 않았다는 말은 그런 뜻입니다. 굴복은 끝없이 진행됩니다. 자기 연민이 생기고, 한 번 접었는데 두 번은 못 접으랴 하는 생각이 들고, 그들이 무서워지기 시작해요. 그들은 나를 굴복시킨 인간이야. 나는 왜 굴복했는가 하면 가진 게 없으니까. 그리고 나는 평생 가도 그들만큼 가질 수가 없어. 그렇다면 이 싸움에서는 패배한 사람이 상대방을 불쌍히 볼 수 있느냐가 중요해집니다.

어떻게 자기를 억압하는 상대가 불쌍해 보일 수 있죠? 가장 적절한 인용을 찾자면 예수가 남긴 '긍휼矜恤'이라는 성경적인 표현을 들 수 있습니다. 긍휼히 여길 수 있느냐는 거예요. 왜 긍휼히 여겨야 하느냐 하면 '주여, 저들은 저들이 무엇을 하는지 모르나이다. 그들을 긍휼히 여기소서'라는 맥락에서 그렇다는 것입니다. 그들이 나를 짓밟지만 내가 나로서 존재하는 것을 짓밟을 수는 없고, 그들의 권력이 나를 짓밟을 뿐이에요. 억압받는 자의 위엄이란 그런 것입니다. 그래서 그들을 불쌍히 여길 수 있게 됨으로써 자기는 무엇을 얻을까요? 자존감을 얻고, 사람들을 얻겠죠. 그리고 내가 바뀌는 거예요. 자기가 전태일이 되는 거예요.

그래서 권력과 재산을 가진 자들은 억압받는 자들, 착취당하는 자들이 싸움을 벌여올 때 궁극적으로 그들의 존엄성을 꺾고자 하고 굴종시키려 합니다. 억압받는 자의 위엄 따위는 없다고, 너희는 종에 불과하다고 인정하도록 만들려는 것이죠. 억압받는 자들이 위엄을 지키는 유일한 길이 옆의 사람과 연대하고 힘을 합치는 것이라는 것은 여기에서 윤리적 전환의 계기가 있다는 이야기로도 해석할 수 있습니다. 그래서 저는 모든 싸움에서 억압받는 자의 위엄을 지키려는 사람들을 지지하거나 지켜내지 않고 오히려 무릎 꿇리고 돈 몇 푼 더 받아주는 것으로 일을 마감하려는 '중간 브로커'들을 정말 싫어합니다. 그건 싸움의 유연성과는 차원이 다른 문제죠.

윤리 비판

Ⅰ. 비움이 쓸모가 된다

윤리 이야기를 어디서부터 시작해볼지, 참 어렵습니다. 우리나라에 기독교인은 많지만 그렇다고 기독교가 뿌리를 내린 사회는 아니기 때문에 기독교 이야기에서부터 시작하기는 어려울 것 같습니다. 그래서 보통 동양적이라 말하는 영역에서 시작해볼까 합니다. '윤리 비판'이라는 질문으로 들어가는 하나의 예시 정도로 보아주면 좋겠습니다.

그리고 이 이야기를 해볼 수 있는 것은 신영복 선생의 많은 강의가 있어서 한결 수월하기도 합니다. 잘 아시다시피 신영복 선생은 통혁당 사건에 연루되어 20년간 감옥 생활을 했습니다. 감옥 안에서 인간관계의 정말 다양한 측면을 겪었고, 그로부터 윤리라는 질문을 다시 생각해보게 되었죠. 물론 본인이 중요하게 뿌리 내려 둔 마르크스적 사유라는 바탕 위에서요. 그래서 저는 이번 강의 부탁을 받고, 강의자가 적절하지 않다고 생각해 강의를 신영복 선생에게 부탁하려 했어요. 선생은 이제 대학교 강연은 안 다닌다고 사양하는 바람에 어쩔 수

없이 제가 나서게 된 셈입니다.[4]

그러니 선생을 흉내 내, 잘 알지는 못하지만 '동양 사상'의 몇 구절을 읊조리며 윤리라는 문제, 윤리 비판이라는 문제를 생각해보려고 합니다. 관심이 생기는 분은 신영복 선생의 《강의》라는 책을 읽어보면 흥미로운 통찰력을 많이 발견할 것입니다. 보통 동양 고전은 '공자님 말씀'이라는 표현처럼, 구닥다리 같은 당연한 이야기의 나열로 들립니다. 이렇게 살아라, 저렇게 살아라 하는. 신영복 선생이 지닌 사유의 장점은 이 문제를 우리가 겪는 인간관계론의 세계로 끌고 와서, 왜, 어떤 문제들 때문에 우리는 고민하는지, 그리고 옛사람들은 왜 그런 방식의 돌파구를 제시하려 했는지를 질문합니다. 당연한 말이 당연한 말로 읽히는 것이 아니라, 그런 말을 하게 된 맥락을 비로소 볼 수 있게 되는 것입니다. 그게 제가 '윤리 비판'이라는 말을 통해 하고 싶은 것이기도 합니다.

제가 개인적으로 신영복 선생을 잘 아는 것은 아니고, 다른 분들과 함께 만날 기회가 생겨서 그때 선생의 글 한 편을 받은 적이 있습니다. 아시다시피 선생은 재주가 많은데 한글 서예가 특출하고, 서예에 그림을 보통 함께 넣지요. 제가 받은 글씨는 《노자》에 나오는 구절 하나를 쓴 것입니다.[5]

當無有用(당무유용)

생각하는 마르크스

埏埴以爲器 當基無 有器之用.

진흙으로 그릇을 만들지만, 그릇은 그 속이 비어 있음으로 해서 그릇으로서의 쓰임이 생긴다.

'빔'은 비움을 뜻합니다. 당무유용이라는 말은 비움이 쓸모가 된다, 비워야 쓸 수 있다는 뜻입니다. 예전 수레바퀴를 보면 가운데에 바퀴살이 모이는 통이 있고, 그 통에 바퀴 축을 끼웁니다. 그런데 그 통이 비어 있어야 축을 꽂을 수 있잖아요. 당연한 이야기입니다. 통이 채워져 있으면 수레바퀴로 쓸 수 없고, 통이 의미가 있는 건 그것이 비어 있기 때문이라고 합니다. 자기를 비울 수 있느냐 하는 것이 문제입니다. 분노로 가득한 자기를 비워내고, 비움으로써 그다음으로 나아갈 수 있는가. 그것이 이른바 동양 사상으로 들어가보는 입구일 수 있습니다. 생각의 방향을 전환함으로써 자기가 서 있는 자리를 다시 되돌아보는 것이죠.

II. '안 되는 줄 알면서도 행하려는 사람'

지금부터는 공자, 예수의 말씀을 오가면서 함께 살펴볼 텐데 두서없어 보일 수도 있겠습니다. 윤리 비판의 차원에서 지금으로부터 2000~2500년 전 살았던 이들은 고민의 깊이가 달랐습니다. 인간관계를 살펴보면 분노가 발생하는 곳은 먼 거리에 있는 사람들이 아니에요. 분노는 가까운 사람들 때문에 생겨요. 그들이 배신하고 시기하는 바람에 그들에 대한 미움으로부터 정념이 끊임없이 생겨나요. 믿었던 사람에게 배신당함으로써 슬펐다가 기뻤다가 하는 끝없는 감정의 굴레에 빠져듭니다. 그곳에서 분노가 싹트는데 분노는 그들을 제거하고 싶은 욕망으로, 무의식적으로 나타나요. 자기가 당한 만큼 똑같이 그들에게 되갚아주겠다는 생각으로 갑니다. 그것이 인간이 괴물이 되어가는 길이죠. 타나토스라고 불리기도 하는 파멸의 길과 똑같은 길입니다.

많이 그러듯이 윤리 문제를 칸트 철학에서 시작해볼 수도 있겠죠. 칸트의 윤리학은 이성적 주체인 내가 자신의 내면으로부터 어떤 윤리적 가능성을 찾아내는가에서 출발해요. 그리고 윤리적 가능성이 동등하기 때문에 주체들끼리 수평적으로 연결이 될 수 있다고 합니다. 저는 그렇게 형이상학적인 근대적 윤리를 이야기하려는 건 아니에요. 여기선 인간관계로서의 윤리를 주로 《논어》와 예수의 복음서를 통해 살펴보려 합니다. 그게 '관계'의 측면을 더 잘 보여준다고 생각해서입니다.

신영복 선생이 20년 동안 감옥에 살면서 쓴 글이 《감옥으로부터의 사색》이라는 책으로 묶여 나왔죠. 글의 문체를 보면 알 수 있듯이 유신 시대 검열을 통과해 감옥 밖으로 나갈 수 있는 글을 모은 것입니다. 검열의, 이성의 언어로 쓰인 글. 선생이 나중에 하는 말씀을 들어보면 편지를 내보내려고 다양한 전략을 취한 모양이에요. 모든 교도관의 성향을 파악한 다음 어느 교도관이 비교적 무른지 딱 찍어서 그 사람이 당직을 하는 날 편지를 발송했다 합니다. 그럼에도 편지가 배달되지 않은 경우가 많았다고 해요. 그런데 선생이 다시 사회로 돌아와 강의하고 책을 쓰는 것을 보면 대부분 동양 고전에 관한 내용이에요. 검열이 사라진 뒤 정작 선생이 하고 싶었던 말이 무엇인가 보면 동양 고전 독법, 왜 동양 고전을 읽어야 하는가입니다.

선생은 《강의》라는 책에서 《논어》를 다루는 장에 '**인간관계론의 보고**'라는 제목을 붙였어요. 주체 철학으로서의 칸트적 윤리학이 아니라 인간관계로서의 윤리학이 신영복 선생의 접근법이라 할 수 있죠. 문제가 인간관계에서 틀어지지 사람의 존재적 측면에서부터 추상해 설명할 수 있는 건 아니라는 점에서 접근 방식이 다릅니다. 우리가 마르크스를 읽으면서 발견한 관계론이라는 사고가 여기서 또 다른 방식으로 발견되고 있습니다.

동양 사상 중 왜 하필 유교를 다루는가 하면 그 단서도 인간관계에 대한 천착의 유무에서 찾아볼 수 있습니다. 도교는 앞서 말했듯이 인간관계로부터 이탈하고, 불교는 인간관계를 규명하지만 이탈하기 위해 규명하며, 유교만이 인간관계를 전화하는 방법을 고민합니다. 《논어》의 헌문편에는 유가를 비판하는 도가의 흥미로운 입장이 나옵니다.[6]

> 子路宿於石門. 晨門曰: 奚自? 子路曰: 自孔氏. 曰: 是其知不可而爲之者與?
> 자로가 석문에서 하룻밤을 묵었다. 신문이 자로에게 물었다. "어디서 오시오?" "공선생님 문하입니다." "아, 그 안 되는 줄 알면서도 행하려는 사람 말이군요." (헌문편, 14-41)

이 구절이 유가와 공자의 특징을 가장 잘 보여주는 표현이라 할 수 있습니다. '안 되는 줄 알면서도 행하려는 사람'이죠. 도가는 안 되는 것은 안 되는 대로 두라는 입장입니다(無爲). 반면 공자는 안 되는 줄 알면서 계속하려 합니다. 앞서 제가 이를 이솝의 로도스 섬 비유를 들어 말하기도 했는데요. 공자는 이렇게 바로 여기서 인간관계 때문에 발생하는 고통의 영역에서 그곳을 비집고 들어가 불가능해 보이는 일을 계속 하려 합니다. 그런 점에서 마르크스와도 일맥상통하는 점이 있다고 하면 견강부회일까요.

《논어》에서 말하는 인간관계론은 제자백가가 등장하던 춘추시대를 배경으로 한 것이에요. 춘추시대에서 전국시대로 넘어가는 시절, 홉스가 《리바이어던》에서 말한 '만인에 대한 만인의 투쟁the war of all against all' 상태가 등장해요. 인간 세계가 무너지는 아노미로 가는 국면이라 아무도 믿을 수 없고 모든 상대가 자신의 적인 시대. 지금보다 훨씬 심각한 상황임에도 인간에 대한 신뢰를 회복할 수 있는가 하는 질문을 던지고 있습니다. 인간에 대한 신뢰가 무너질 때 어떻게 할 것인가? 그런 질문을 던집니다.

그 무렵 제자백가의 분기가 일어나는데 묵가와 법가 등은 유가와는 또 다릅니다. 묵자는 유가의 지식을 아주 증오합니다. 유가가 제사 예법을 번거롭게 하는 이유는 땅 파고 농사짓지 않는 지식인 놈들이 제삿집을 전전하며 돼지고기 얻어먹으려고 하는 작태라고 써요. 묵가는 생산자들의 공동체에 토대한 아주 급진적인 사상이에요. 극단적 평화주의자라서 절대 평화라는 것을 추구해요. 그래서 전쟁을 일으키는 자를 적으로 간주해요. 누군가 전쟁을 일으키면 그 상대방의 편이 되어 절대로 이길 수 없게 모든 지원을 다합니다. 유덕화가 주연을 맡은 영화 〈묵공〉은 그 같은 사정을 다룹니다. 모두 내공이 탁월한 고수라서 정말로 전법에 능해요. 그리고 전법이라는 게 우리 편을 이기게 하는 게 아니라 전쟁을 일으킨 상대편을 지게 하는 거예요.

그런데 흥미롭게도 《묵자》를 보면 앞쪽에 묵가가 이상으로 삼는 인간형이 나오는데 그게 '군자'예요. 《한비자》도 마찬가지예요. 법가가 말하는 이상상도 군자로 나옵니다.《논어》에서 말하는 군자랑 하나도 다르지 않습니다. 그 이야기는 제자백가 내에서 법가와 묵가는 유가와 한 뿌리에서 시작해 자기 수행의 완성에 군자라는 공통의 상을 상정했다가, 그것을 사회적 윤리로 확대하는 과정에서 대립각이 벌어져 분화했음을 알 수 있습니다. 셋 다 '안 되는 줄 알면서도 행하는 사람' 무리에 속했기 때문이죠. 그래서《논어》를 보면서 예법과 의례보다는 인간관계에 대한 에피소드에 초점을 맞추는 게 중요해요. 기독교도 초기 '원시기독교'와 로마의 국교가 된 이후의 기독교가 다르듯이 유가도 '원시유가'와 한나라 이후 국가 종교가 된 유가는 다릅니다.

III. 인간관계의 윤리

유가와 기독교 모두 처음엔 사도들의 집합체로 시작했다고 볼 수 있습니다. 공자의 사도가 있고 예수의 사도가 있습니다.《논어》는 공자의 사도들이 공자 사후에 그가 남긴 말을 묶은 가르침의 집합체예요. 공자가 사실 현직 벼슬을 그렇게 하고 싶어 했으나 시켜주는 곳이 별로 없어서 미관말직만 전전하다가 주로 가르침에 전념하면서 제자를 많이 모았고, 그중에 핵심 제자들이 있어요.《논어》는 공자가 그들과 나눈 대화의 어록이죠. 공자가 직접 쓴 것이 아니라 제자들이 선생의 말을 집대성한 거예요. 예수도 초기에 그를 따르고 가르침을 세상에 전한 열두 제자가 있었고 그 외에도 더 있었어요. 사도라는 이름을 받는 이들은 열두 제자와 바울 정도로 국한되고, 나머지는 그냥 제자로 불려요. 바울을 제외하고는 예수에게 직접 가르침을 받은 제자들만 사도라는 칭호를 얻지요.

공자의 제자들은 다 지식인이었어요. 글을 다 잘 써서 선생의 말씀을 한 줄도 놓치지 않고 그대로 다 전할 수 있었어요. 그렇다고 기록 과정이 중립적이었는가. 그렇지 않아요. 《논어》를 잘 읽어보면 공자를 가장 따르던 제자는 선생이 죽자 묘 앞에 움막을 짓고 3년을 버틴 자공임을 알 수 있습니다. 자공은 공자 사단 중 가장 직설적으로 질문을 해요. 상인이던 그는 선생의 말씀이 과연 현실성 있는지 따지면서 말이 되지 않는다고 종종 시비를 걸기도 했습니다. 그래도 공자는 자공의 자금 덕에 살림살이를 꾸려나가는 형편이라 타박을 못 했어요. '그래, 네가 언제 인간이 되는지 한번 지켜보겠다'라는 식으로 대응합니다. 《논어》에는 자공의 말이 많이 남아 있어요. 알고 보면 공자가 죽은 뒤 편찬 사업을 벌여야 할 텐데, 자공이 돈줄이니까 집대성하면서 그의 말이 많이 들어가고 훌륭한 분으로 남을 수밖에 없게 된 사정이 있습니다. 그리고 또 한 사람 들자면, 자로의 후학들이 공자를 계승해 공자 학파를 이어가고 기록을 남기는 일에 기여를 많이 했던 것으로 보여, 《논어》에는 자공과 더불어 자로에 대한 언급이 많고 평가도 좋지요. 어쨌든 제자들이 지식인 집단이라 대부분의 중요한 가르침이 언어로 남겨졌습니다.

그런데 성경의 복음서를 보면 예수의 제자들은 민중이에요. 제자 중 인텔리는 마태 정도이고 나머지 대부분은 교육 수준이 높지 않은 기층 민중입니다. 세금 징수원이라 마태가 가장 똑똑했는데 마태복음은 마태가 쓴 게 아니에요. 마가복음이 맨 먼저 나오고, 마태복음과 누가복음이 그다음에 나오고, 요한복음이 마지막에 나오는데, 4대 복음서 중 예수의 제자가 남긴 복음서는 요한복음밖에 없어요. 요한이 기원후 90년 거의 백 살쯤 되었을 때 쓴 거예요. 다시 말해 요한복음은 예수 말씀의 기록이 아니라 요한의 신학서예요. 그래서 다른 복음서들과 문체가 상당히 달라요. 또 그 요한이 요한계시록의 요한인가 하는 문제도 논란이 많고, 니체는 절대로 아니라고 주장하지만….

복음서는 예수가 사망한 직후 또는 부활한 직후 바로 제자들이 모여 쓴 게 아니라 제자들이 수십 년 선교를 하다가 복음을 남겨야 할 필요에서 모여서 만든 것이에요. 세 복음서를 공관복음으로 결정하는 건 나중에 로마 때의 일이고. 따라서 수십 년 이후에 기록하느라 기억이 정확하지 않았겠죠. 테리 이글턴의 말에 의하면 당시 큐복음서라는, 예수의 언행록이라고 돌던 책자가 있었는데 그 책자를 마가복음이 옮기고, 마가복음의 내용을 다시 마태복음과 누가복음이 옮기는 식으로 서로서로 보고 옮겼다고 합니다(이글턴 2010). 그래서 누가복음의 언어와 마태복음의 언어는 유사하고, 마태복음은 그보다 좀 더 정교해요.

복음서의 특이한 점은 예수의 설교가 차지하는 비중이 너무 적다는 것입니다. 예수가 주옥같은 말씀을 많이 했을 텐데 남아 있는 설교의 양이 너무 적어요. 큰 교회의 목사들도 나이가 들면 십여 권이 넘는 설교집을 남기는데, 정작 예수께서 남긴 설교집의 분량은 너무 빈약하지요. 성경에서 제대로 완결된 설교는 거의 찾을 수도 없고요. 그 이유는 여러 가지가 있을 텐데, 한 가지 추측은 다름 아니라 지식인이 아닌 제자들로서는 예수가 무슨 말씀을 하는지 도대체 이해가 되지 않았던 것입니다.

"선생님, 왜 그러세요, 맨날. 저희가 모시는 건 그런 이유에서가 아니고요. 저한테 나중에 꼭 한 자리 부탁드려요." 베드로가 그랬죠. 야고보와 누가의 어머니도 찾아와서 그렇게 말합니다. "나중에 우리 아들은 빼먹으면 안 돼요, 꼭 한자리 주셔야 해요." 하늘나라에서 한자리 달라고 하는 게 아니잖아요. 당시엔 예수는 유대의 왕이라고 생각했으니까 나중에 집권하면 한자리씩 챙겨달라는 기죠.

그처럼 예수를 곧 왕이 될 분으로 모시고 다니던 제자들의 입장에선 정작 예수의 설교는 도통 이해가 되지 않았던 것이죠. 그런 제자들에게 나중에 예수의 죽음은 정말로 끔찍한 역설이죠. 니체가 분석했듯이. 그래서 복음서에서 예수의 설교가 집중된 곳은 산상수훈밖에 없어요. 다른 곳에선 단편적인 비유 정도로만 나와요. 산상수훈은 예수가 제자들을 만나던 초기에 남긴 말이에요. 성경에서 예수가 제자들을 이끌고 다니던 시기의 그 밖의 부분은 주로 예수의 행적을 기록한 것이죠. 어디에 가서 누구를 만나고, 무슨 모임을 했고, 무슨 병을 고치는 등 행적을 포도밭의 비유 같은 다양한 표현을 통해 기록한 것입니다.

그런데 유일하게 온전히 남은 설교라 할 산상수훈이 나오는 마태복음 5~7장을 보면 하늘나라에 대한 언급은 하나도 없고 너와 네 이웃에 대한 이야기가 대부분이에요. 인간관계에 대한 이야기. 왼뺨을 맞으면 오른쪽도 내주고, 소송을 당하면 가진 걸 다 주고, 소금 같은 존재가 되라는 등. 사실 산상수훈과 복음서의 다른 부분을 비교해보면, 지나치게 비대칭적이어서 많은 의문을 낳습니다. 산상수훈을 핵심적 가르침으로 보게 되면, 인간관계의 윤리라는 측면에서 공자의 말씀과 예수의 말씀은 겹치는 부분이 많다는 인상을 받게 됩니다. 그 이야기는 공자 이야기 사이에 잠깐 다시하기로 하죠.

Ⅳ. '기여자起予者'

자, 그럼, '안 되는 줄 알면서도 행하려는' 공자의 세계로 조금 들어가보죠. 우리는 무엇 때문에 고통을 받을까 그리고 그 일에 어떻게 대처하는가? 우리가 어떻게 하면 억압받는 자로서의 존엄을 유지하면서 이 세계를 살아갈 수 있을까에 대한 이야기를 제가 하고 있었죠.

몇 해 전 총장을 비판했다는 이유로 폐간될 위기에 처한 중앙대의 교지를 후원금을 모아 다시 출간한다고 했을 때 약간의 돈을 보내며 몇 마디 말을 적어준 적이 있습니다. 《논어》에 나오는 한 줄을 적어 보냈어요.

子曰, 知者不惑, 仁者不憂, 勇者不懼.
아는 사람은 미혹에 빠지지 않고, 어진 자는 근심이 없으며, 용감한 자는 두려움이 없다. (자공편, 9-28)

사태를 잘 파악하면 길을 잃지 않고, 용감한 자는 두려움이 없어요. 이 대목은 우리가 쉽게 이해할 수 있죠. 공자는 용감하기만 하고 머리가 없는 이는 아주 위험하다고 했는데 어쨌든 용감한 건 좋은 거예요. 그런데 두 번째 부분이 사실 이야기해볼 만합니다. 어진 자가 되면 근심이 없다. 세상일이 다 근심이지 어떻게 근심이 없을 수가 있어요. 저런 역설이 우리에게 생각할 거리를 주는데. 왜 어질면 근심이 없을까요? 대답을 주거나 다른 해석이 있지도 않은데…. 어질면 사람을 얻게 돼요. 비대칭성 속에 놓이게 된다고 할까요, 상대방이 어떤 자인지 알게 되면서 자기 자신도 파악하게 된다는 이야기인데. 이 구절은 제가 좋아하는 다음 구절과도 일맥상통합니다.

子曰, 由! 誨女知之乎! 知之爲知之, 不知爲不知, 是知也.

유(자로)야! 네게 앎이란 무엇인지 가르쳐주겠다. 아는 것을 안다고 하고, 모르는 것은 모른다고 하는 것, 그것이 아는 것이다. (위정편, 2-17)

어느 날 공자는 자로에게 앎이란 무엇인지 아느냐고 말합니다. "앎이란 말이야, 아는 건 안다고 하고 모른 것은 모른다고 하는 것, 그게 아는 것이다." 사람들은 대부분 자기가 뭘 알고 있는지, 뭘 모르는지 몰라요. 그러니 뭘 배워야 할지, 뭘 고민해야 할지도 모르죠. 어떤 때는 다 안다고 하면서 더 이상 공부할 필요가 없다고 하고. 다 모른다고 생각해도 뭘 어떻게 해볼 수가 없죠. 무엇을 알고 어디서 비판해야 하는지, 즉 출발하는 것이 아주 중요해요. 공자 사단은 앎에 대한 갈구를 삶의 목표로 내건 이들이었어요. 도대체 무엇을 할 수 있을까? 공자는 평생 배우고 또 배우고, 아침에 도를 얻으면 저녁에 죽어도 좋다는 말을 읊고 다니던 사람이에요. 우리의 앎에 대해 한번 이야기해본 것입니다.

그럼, 이젠 삶의 지침에 대한 이야기를 들어볼까요.

子貢問曰, 有一言而可以終身行之者乎? 子曰, 其恕乎! 己所不欲, 勿施於人.

자공이 "한 말씀으로써 평생토록 행할 만한 것이 있습니까" 하고 묻자, 공자가 말했다. "그것은 서恕일 것이다. 자기가 하고자 하지 않는 것을 남에게 베풀려 하지 않는 것이다." (위령공편, 15-23)

여기에선 앞서 말한 자공이 나오죠. 자공이 공자에게 시비를 걸듯 말합니다. 한마디의 말, 평생 가지고 행할 만한 말이 뭐가 있습니까? 공자는 행동이 빠른 이 친구에게 한마디 말을 줍니다. 그것은 '서恕'다. 용서할 서 자. 너그러움, 배려, 용서라는 뜻이죠. 용서란 무엇인가요. 거기서 타인과의 관계에 대한 이야기가 제기됩니다. '자기가 하고자 하지 않는 것은 남에게도 시키지 않는 것.' 이 말은 마태복음에 나오는 예수의 가르침과 다르지 않습니다.

> 너희는 무엇이든지, 남에게 대접을 받고자 하는 대로, 너희도 남을 대접하여라. (마태복음 7장 12절)
>
> (다른 번역: '너희는 남에게서 바라는 대로 남에게 해주어라.')

자기가 싫은 건 남도 싫고, 자기가 좋은 건 남도 좋다. 그러니 남에게도 자기가 좋은 것만 하라. 첫 번째는 개신교의 새번역, 괄호 안의 두 번째는 천주교가 쓰는 공동번역입니다. 공자는 자기가 원하지 않는 것은 남에게도 하지 말라고 했어요. 사실 평범하지만 실행하기는 어려운 말입니다. 졸병일 때 자기는 고참 되면 절대 그러지 말아야지 하다가 고참 되면 똑같이 해요. 직장에선 상사한테 닦이다가 상사 되면 그러지 말아야지 그러면서 나중에 꼭 그대로 해요. 얼마나 지키기 어려운 것입니까. 자기가 하기 싫어하는 것은 남도 하기 싫어하는 것이다. 자기가 하기 싫으면 남에게 시키면 안 되는 것이다. 공자는 그 일이 정말 어렵기에 자공한테 평생 가지고 가라고 한 거예요. 늘 벌어지는 일이에요. 자기의 가장 가까운 곳에서 늘 벌어지는 일입니다. 이를 벽에 붙여놓고 그대로만 살아도 한 절반은 성공한 것이죠.

다음은 예수의 말씀이 자공의 질문에도 부합된다고 보아 예수와 자공 사이의 대화로 한번 만들어 보았습니다. 그렇게 보면 공자와 예수 말씀이 아주 유사하죠.

(자공이 다시 물었다. 그 뜻이 무엇입니까?)

(예수께서 말하기를) "너희가 심판을 받지 않으려거든, 남을 심판하지 말라. 너희가 남을 심판하려는 그 심판으로 하나님께서 너희를 심판하실 것이요, 너희가 되질하여 주는 그 되로 너희에게 되어서 주실 것이다."(마태복음 7장 1~2절)

(남을 판단하지 마라. 그러면 너희도 판단받지 않을 것이다. 남을 판단하는 대로 너희도 하느님의 심판을 받을 것이고 남을 저울질하는 대로 너희도 저울질을 당할 것이다.)

너희가 남을 저울질하는 대로 너희도 저울질을 당할 것이다. 이 번역이 더 낫죠. 이때 '심판'에 상응하는 영어 단어는 'judge'예요. '심판'보다 '재단'이라는 표현이 좀 더 적절해 보입니다. 남을 재단하지 마라, 자기가 재단당하지 않으려면. 남을 재단한다는 것은 타인을 한정한다는 뜻이에요. 당신은 이런 사람이다. 재단이라는 말에는 앞서 말한 공포와 무지의 메커니즘이 엿보입니다. 유대인은 이렇다, 여자는 이러한 존재이다 하고 규정짓는 순간 더 이상 관계는 전화될 수 없어요. 바뀌려면 어떤 가능성을 늘 열어놔야 하는데 그러려면 재단해서는, 판결을 내려버려서는 안 돼요. 판결을 내리지 말라는 것이 비판하지 말라는 뜻은 아니죠. 비판이란 전화될 가능성을 열어두는 것인데 판결은 그런 게 아니죠. 자기가 누군가를 재단하면 상대방도 자기를 재단하게 되어 있어요. 자기는 어떤 인간이라는 틀에 박히는 거예요. 자신의 존재가 타인의 해방을 위한 조건이 되지 못하는 것입니다.

이와 같이 공자의 '己所不欲, 勿施於人'이라는 말씀을 통해 두 사

생각하는 마르크스

고가 긴밀히 연결되어 있음을 보여줄 수 있습니다. 몇 가지 더 살펴볼 게요.

> 子曰, 君子和而不同, 小人同而不和.
> 군자는 화하되 동하지 않으며, 소인은 동하되 화하지 않는다. (자로편, 13-23)

신영복 선생도 좋아하는 문구인데, 군자와 소인은 이렇게 늘 대립하는 존재로 나옵니다. 소인은 아직 미망에서 깨어나지 못한 채 자기 자신을 비판적으로 사유하지 못하는 이라면, 군자는 자기 자신을 비판적으로 성찰하려는 사람일 것입니다. '동同'은 다 똑같아지는 것이라면, '화化'는 차이를 인정하는 것이죠. 앞에서 말한 '억압받는 자의 위엄' '자기가치화', '대체 불가능성'과 비슷한 맥락입니다.

군자는 사람들과 어울릴 때 그 차이 속에서 사람을 대하는데, 대부분의 사람들은 남도 자기와 마찬가지이기를 바라며 차이를 배척합니다. 완전한 동일화를 요구해요. 어떤 차이도 용납하지 않는다는 이야기입니다. 마르크스가 했던 분석을 상기해보면, 상품에 의해 매개되는 관계에서는 상품이 인간을 그렇게 만들지만, 인간이 이데올로기의 주체가 되고 나면 한 인간은 다른 인간을 상품적 관계로만 만나요. 모든 것을 '동'으로 만들어냅니다. 신영복 선생은 '화'와 '동'의 관계를 동아시아 존재론으로 확장하면서 이를 인간관계의 새로운 지평으로 삼아야 한다고 말하는데 사실 중요한 지적입니다. '동' 하지 않고 '화' 할 수 있는 윤리의 기반이 무엇일까. 분노를 넘어서는 윤리. 어렵습니다.

그렇다면 군자는 두루두루 좋은 사람일까요. 모든 이와 친밀히 지내면서 포용하는 존재? 절대 그렇지 않습니다. 공자도 당대의 싸움꾼인데 그럴 리가 없죠. 공자는 이렇게 말합니다.

> 子曰, 衆惡之, 必察焉, 衆好之, 必察焉.
> 여러 사람이 그를 미워하더라도 반드시 살펴보고, 여러 사람이 그를 좋아하더라도 반드시 살펴봐야 한다. (위령공편, 15-27)

사람들이 다 싫어해도 잘 들여다봐야 하고, 사람들이 다 좋아해도 잘 들여다봐야 한다. 다들 나쁘다고 말하니까 그 사람이 나쁜 게 아니라 어떤 문제가 있을 수 있어요. 사람들이 재단을 했을 수도 있죠. 정말 그러한가. 그 사람이 나쁘기 때문에 나쁜가, 아니면 그를 나쁘다고 규정하는 사람들이 나쁜가. 사람들이 다 좋다고 하니까 그 사람이 좋은 게 아니라 좋다고 규정하는 사람들이 미망에 빠져 좋다고도 할 수 있죠. 아니면 뇌물을 먹어서 좋다고 할 수도 있고. 자기가 보기에 그 사람이 존중할 만해서 좋은 사람인지 끊임없이 되돌아봐야 해요. 다음 문구는 이와 비슷하지만 좀 더 복잡한 맥락을 보여줍니다.

> 子貢問曰, 鄕人皆好之, 何如? 子曰, 未可也. 鄕人皆惡之, 何如? 子曰, 未可也, 不如鄕人之善者好之, 其不善者惡之.
> 자공이 "마을 사람들이 모두 좋아하면 어떻습니까" 하고 묻자, 공자는 "가하지 못하다"고 했다. "마을 사람들이 모두 미워하면 어떻습니까" 하고 묻자, 공자는 말했다. "가하지 못하다. 마을 사람 중에 선한 자가 좋아하고, 선하지 않은 자가 미워하는 것만 못하다." (자로편, 13-24)

또 자공이 묻습니다. 자공은 결정적으로 중요한 질문을 잘해요. 핵심적인 질문을 합니다. 향인이란 동네 사람을 뜻해요. 동네 사람이 어떤 사람을 다 좋아하면 그 사람은 어떨까요? 너도 나도 다 좋아하는 사람이니까 좋은 사람이겠죠. 하지만 공자는 글쎄 하고 말합니다. 그러니까 열 받은 자공이 다시 질문합니다. 그럼, 동네 사람이 다 싫어하면 어때요? 공자는 또 글쎄라고 답합니다. 다 좋아해도 글쎄, 다 싫어해도 글쎄라면 도대체 어떻게 하라는 말이냐. 공자는 말을 비트는 방식을 쓰고 있습니다. 동네 사람 중에 착한 사람은 좋아하고 나쁜 사람은 미워하는 그런 사람만큼은 못하다고 합니다.

어떤 곳에서도 모든 사람이 다 좋아하는 사람은 문제가 있는 자다, 누구에게도 도움이 되지 않는 자라는 말입니다. 자기 자신을 성찰하는 사람은 좋아하는데 '동同'의 길로 가려는 사람한테는 미움을 받는 그런 자가 돼라. 예수의 말씀으로 하면 소금 같은 자가 되는 거죠. 동네의 나쁜 자들이 자기를 미워하면 그래도 자기가 가능성 있다는 걸 보여주는 것이니 영광이라고 할 수 있습니다. 착하다는 건 규정하기 나름이지만 착한 사람이란 자기가 벗으로 삼을 만한 사람이라고 해보죠. 벗으로 삼을 만한 사람은 좋아하는데 나쁜 사람이 미워하는 자라면 그는 훌륭한 일을 하고 있다는 거예요. 그러니 나쁜 사람들이 미워하는 사람이 되세요.

그렇다면 착한 사람이란 어떤 사람인가, 누구를 벗으로 삼을지가 문제가 되잖아요. 공자는 또 무지하게 까다로운 사람이라 아무나 사귀지 않아요.

子曰, 主忠信, 毋友不如己者, 過則勿憚改.

충신을 주장하고, 자기보다 못한 사람을 벗으로 삼지 말며, 잘못이
있으면 고치기를 꺼리지 말아야 한다. (자한편, 9-24)

성실하고 믿음을 중요시하고, 자기보다 못한 사람과는 사귀지 말
고, 허물이 있으면 고쳐라. 사람을 사귄다는 건 결국 자기의 존재가 타
인의 해방을 위한 조건이 되어야 하니, 자기도 해방이 되고 그 사람도
해방이 되려면 배울 게 있는 관계가 되어야 해요. 만나면 뭔가 배울 게
있어야 해요. 배울 게 있다는 건 그 사람한테 존경스러운 점이 있다는
말이죠. 끊임없이 자신을 성찰하고 비판해서 넘어서려는 사람을 보면
서 감동을 받잖아요. 자기 자신이 부끄러워지잖아요. 그런 사람을 친구
로 두어야 한다는 이야기입니다. 친구란 자신을 부끄럽게 만드는 친구
가 좋은 친구라는 이야기도 되죠. 세상사에서 타인과의 관계란 자기 주
변의 모든 타인을 무조건 인정하는 관계는 아니겠죠. 오히려 평생 자기
보다 나은 벗을 찾아서 사귀고자 하는 여정일 것입니다.

이번에도 자공이 친구를 사귀는 데 어떤 기준이 있는지 물어봅니
다.

子貢問友. 子曰, 忠告而善道之, 不可則止, 毋自辱焉.
자공이 벗을 사귐에 대해 묻자 공자는 이렇게 말했다. "충심으로
말해주고 잘 인도하되 불가능하면 그만두어서 스스로를 욕되게 하지
말아야 한다." (안연편, 12-23)

자공이 어떻게 벗을 사귀어야 하는지 물어봤어요. 저는 이 대목이
지금과 같은 시대에 아주 중요하다고 생각합니다. 충심으로 그에게 일

생각하는 마르크스

러 좋은 길로 갈 수 있도록 도와줘야 하는데 안 되면 그만두라. 그만두지 않으면 스스로를 욕보이는 일이 생기니까요. 어떤 일이 안 되면 분노가 생길 수 있죠. 자기는 좋은 말을 하는데 상대가 듣지 않으면 분노가 생기고, 그 분노가 자기 자신도 '동'의 방향으로 끌고 가서 파멸시킬 수 있어요. 다른 기회를 보는 것은 좋지만 그를 무작정 끌어들이거나 똑같은 방식으로 하면 안 된다. 좋은 말로 이끌었는데 그래도 안 되면 접어야 해요. 중단해야 하는 지점을 아는 게 중요합니다. 모든 싸움에서는 중단할 지점을 알고 거기서 그만둠으로써 억압받는 자로서의 존엄을 지켜야 한다는 이야기입니다. 자신을 욕되게 하면 안 돼요. 그래야 자기가 다시 존재할 수 있는 것이죠.

그래서 타이밍이 문제가 됩니다. 늘 자신을 성찰하지 않으면 타이밍을 못 잡아요. 이에 대한 공자의 말씀을 들어보겠습니다.

> 邦有道則仕, 邦無道則可卷而懷之.
> 나라에 도리가 있으면 벼슬하고, 나라에 도리가 없으면 거두어 속에 감춘다. (위령공편, 15-6)

처음 들을 때는 쉽게 이해될 것 같습니다. 그렇지만 대체 어떤 수준이 나라에 도리가 없는 것인지 판단하기는 쉽지 않습니다. 게다가 도리가 잘 잡혀 있다면 굳이 나가서 바로잡을 일이 또 있을까요. 지금 우리가 사는 세계는 '나라에 도리가 있는' 세상일까요? 이 구절을 이해하기 위해서는 두 기준이 있는 것 아닌가 싶습니다. 첫째 더불어 벗할 사람이 있는가, 즉 자기보다 나은 사람이 있는 세상이어서 계속 벗하고 배울 수 있는가. 둘째 자기 이야기에 귀 기울여주는 사람이 있는가. 앞서 언급한 대목을 이용하면 '스스로를 욕되게 하지 않는' 상황인가. 이렇게 두 기준이 중요하다는 생각입니다.

이렇게 생각해보면 다음의 경고 또한 이해될 수 있습니다.

子曰, 可與言而不與言, 失人, 不可與言而與之言, 失言. 知者不失人, 亦不失言.

더불어 말할 만한데 더불어 말하지 않으면 사람을 잃고, 더불어 말할 만하지 않은데 더불어 말하면 말을 잃는다. 지혜로운 자는 사람을 잃지 않고 또 말도 잃지 않는다. (위령공편, 15-7)

할 말을 나눌 수 있는 사람인데 말을 안 하면 사람을 잃어요. 그런데 말을 섞을 만한 사람이 아닌데 말을 섞으면 말을 잃어요. 군자는 사람도 잃지 않고 말도 잃지 않는다. 그거 어렵잖아요. 그에게 뭔가 정말 배울 게 있을 때 배워야 한다는 것. 그런 계기를 끊임없이 찾아 나가면서 배워야 한다. 그런데 배울 게 없는 사람에게 뭔가 배우면 자기도 망가진다는 이야기죠. 쉽지 않은 이야기입니다. 이게 신영복 선생도 좋아하고 저도 좋아하는 말입니다.

다음 구절은 공자가 인간관계의 핵심을 잡아내는 정말 빼어난 관찰이죠.

子曰, 君子成人之美, 不成人之惡. 小人反是.

군자는 남의 아름다움을 이루어주고, 남의 악을 이루어주지 않는다. 소인은 이와 반대다. (안연편, 12-16)

생각하는 마르크스

여기에 공자가 추구하는 군자의 상이 잘 나타나 있습니다. 군자는 남이 속에 가지고 있는 아름다움을 일으켜서 완성해주려고 하지, 그 사람이 가지고 있는 사악함을 완성해주려고 하지 않는데, 소인들은 그 반대다. 소인들은 사람이 가지고 있는 아름다움을 짓밟고 악함을 키우려고 한다. 그러니까 서로 적이 될 수밖에 없어요. 이것도 말은 쉬운데 행하기는 어려워요. 우리 주변엔 늘 우리를 분노하게 만드는, 밟힌 만큼 밟아주고 싶은 사람이 있어요. 우리는 그를 〈바람계곡의 나우시카〉에 나오는 괴물로 만들고 싶어 하는데 그 사람이 괴물이 되면 어떻게 될까요. 우리도 결국 언젠가는 그 괴물에게 밟히게 돼요. 그래서 그 지점에서는 앞서 말한 대로 그만두어야 해요. 좋은 길로 이끌려 했는데 안 되면 그만두고 다시 사람들의 좋은 점을 키우기 위해 노력해야 해요.

공자는 제자들한테도 많이 배웁니다. '아, 오늘 하나 배웠다'고 합니다.

子曰, 繪事後素. 曰, 禮後乎? 子曰, 起予者商也! 始可與言詩已矣.

공자가 말했다. "그림 그리는 일은 흰 비단을 마련한 뒤에 하는 것이다."(자하가) "예가 (충신)보다 뒤이겠군요" 하고 물으니 공자가 말했다. "나의 뜻을 일으켜 세우는 자는 상(자하)이다! 비로소 함께 시를 말할 만하다."(팔일편, 3-8)

제자 자하를 '기여자起予者', 나를 일으켜 세워주는 사람이라고 부릅니다. 기여자라는 표현이 벗을 사귀는 기준이죠. 배움의 기준이기도 하고요, 앞서 제가 자신의 해방이 타인의 해방의 조건이고, 타인의 해방이 자신의 해방의 조건이 될 수 있는 것도 이 '기여자'의 관계 아닐까요.

공자가 가장 아끼는 제자는 안회였어요. 나중에 유가에서는 안자라고 해서 성인으로 추앙됩니다. '하나를 들으면 열을 아는聞一以知十' 제자였죠. 노나라의 실권자가 찾아와서 제자 중 누가 최고인가 하고 묻자 공자는 '안회만이 내 뜻을 알았지만 지금은 죽고 없다'며 대성통곡을 했다 합니다. 서른두 살에 요절했어요. 공자는 당시 안회가 제자였을 때 나이 쉰이었어요. 공자가 그 나이에 매일 안회한테 배운다고 했습니다. 아무리 제자라도 그 사람이 자기의 비판 정신, 비판적 사유, 자기가 무엇이 될 수 있는지를 끌어내주면 선생이라고 했습니다. 선생은 꼭 나이가 많다고, 공부를 많이 했다고 되는 것이 아니죠. 제자가 나한테 배우지만 내 기여자가 될 수 있다. 그래서 '남의 아름다움을 이뤄줄 때' 세상이 바뀐다는 이야기입니다.

우리는 다시 배움이란 무엇인가의 문제로 돌아가보죠. 공자의 모든 말씀은 배움에 대한 이야기입니다.

子曰, 學而不思則罔, 思而不學則殆.
공자가 말했다. 배우기만 하고 생각하지 않으면 얻음이 없고, 생각하기만 하고 배우지 않으면 위태롭다. (위정편, 2-15)

공자는 '아는 것은 안다고 하고, 모르는 건 모른다고 하는 것'이 앎이라고 했습니다. 여기에서는 배움의 태도에 대해 말합니다. 배우기만 하고 사유를 하지 않으면 꽉 막혀요. 매일 외우기만 하고 자기 머리로 생각하지 않으니까 도대체 어떻게 써야 하는지 몰라요. 그래도 그게 낫습니다. 머리만 굴리고 공부를 안 하면 위험해요. 사고 친다는 이야기예요. 그러니까 텍스트의 폭발적 힘이 사유의 희열을 만나야 배움의 의미가 생기고 사람이 바뀔 수 있다는 것입니다.

　　子曰, 學而時習之, 不亦說乎? 有朋自遠方來, 不亦樂乎? 人不知而不
慍, 不亦君子乎?
　　공자가 말했다. 배우고 그것을 때로 익히면(때에 맞추어 익히면) 기쁘
지 아니한가. 벗이 있어서 먼 곳에서 찾아오면 즐겁지 아니한가. 사람
들이 알아주지 않더라도 화내지 않으면 군자가 아니겠는가. (학이편,
1-1)

　　사람들이 늘 이야기하는 《논어》의 첫 구절이에요. 빤한 문구이
지만 새기면 새길수록 독특한 의미가 있어요. 앞서 말했듯이 자기보다
못한 사람과 사귀지 말라고 했죠. 자기만 못한 사람이 아니라 자기에게
가르침을 줄 수 있는 벗이 찾아왔으니, 드디어 자기가 무엇인가를 배워
바뀔 수 있는 기회가 왔으니 정말 즐겁지 않겠느냐는 이야기예요. 친구
가 술 한잔 하자고 찾아온 게 아니죠. 벗이란 기여자, 자기를 일으켜줄
수 있는 사람이니 불원천리도 마다하지 않고 찾아가야 하는 존재이죠.
　　배우고 때로 익힌다는 말을 보겠습니다. 틈날 때마다 때때로 공부
한다는 뜻이라기보다 때라는 것, 때에 맞춰 익힌다는 것입니다. 이를
'중용'과 연관 지어 해석하기도 합니다. 중용이란 아무 때나 가운데 줄
을 서라는 것이 아니라, 그 정세의 가장 적절한 곳에 서 있으라는 가
르침이죠(時中). 학습 또한 바로 자신이 살고 있는 시간의 흐름 속에서
자신과 세계를 연결하는 시공간의 인식을 얻어내는 것을 말하지요.
그래서 '때에 맞추어, 때에 맞게'라고 해석할 수 있을 것입니다. 배움
이란 어떤 텍스트를 읽었을 때 지금 이 시점, 지금 이 순간 어떤 의미

인지 깨닫는 데 있습니다. 그것이 지금 이 시기에 어떤 의미를 갖는지 체득하게 될 때 그때 자기가 기쁨을 느끼죠. 테스트의 폭발적 힘이 사유의 희열과 만나는 순간, 그때를 정확히 아는 순간이 자기가 그 공부를 왜 하고 있는지, 그 텍스트를 읽어 무엇을 얻으려 하는지 알게 되는 시점입니다.

생각하는 마르크스

바리케이드 위에 서기

역사의 천사

이제 이야기를 마무리해보려 합니다. 공자와 유가를 윤리 비판의 한 예시로 들었는데요. 윤리는 나와 타인의 관계 설정에 대한 이야기일 텐데, 그것은 개인과 개인의 이야기만은 아니고 그럴 수도 없습니다. 어떤 집단적 대응 속에서 자신의 자리를 늘 성찰하는 것이 더 큰 문제가 되죠.

파울 클레, 〈새로운 천사〉(1920, 이스라엘 박물관, 예루살렘).

파울 클레의 〈새로운 천사Angelus Novus〉라는 유명한 그림이 있습니다. 그 그림을 설명하려면 발터 벤야민의 생애를 빼놓을 수 없습니다. 마르크스주의 문예 비평가였는데 절망의 색채로 가득한 글을 쓴 인물이에요. 나치가 득세를 하자 유대계 독일인인 그는 프랑스로 망명합니다. 그런데 그곳까지 나치에 점령되고 비시정부가 등장하면서 다시 벗어나야 했어요. 스페인으로 망명하려고 피레네 산맥을 넘는 와중에 비자가 없다는 이유로 입국을 거절당해요. 뒤에선 나치가 쫓아오는 막다른 상황에서 절망에 빠진 그는 스스로 목숨을 끊어요. 1940년이었습니다.

벤야민이 마지막에 남긴 글이 '역사철학 테제'('역사의 개념에 대하여')입니다. 그 글에서 새로운 천사라는 이미지로 클레의 이 그림을 언급해요. 누구나 보면 느끼다시피 전혀 천사답지 않은 허접한 모습이에요. 천사라면 보통 하늘을 바라보거나 앞쪽에 시선을 두고 멋진 자세로 날아가는 게 천사인데 그러지 못하고 계속 우리를 보면서 뭔가를 이야기하고 있어요. 그게 중요합니다. 과거로부터 온 천사예요. 벤야민이 과거를 돌이켜보기에는 어떻게 보면 역사는 승리의 방향으로 가지 않고 있어요. 프롤레타리아의 승리나 자유주의의 승리 같은 건 없고, 역사는 늘 비극의 방향으로만 치닫고 있어요. 그렇다면 인간은 뭘 해야 할까 고민에 빠지다가 인간은 바리케이드 위에 서야 한다고 말합니다. 끊임없이 역사를 더 나은 방향으로 되돌리려는 개입을 위한 바리케이드.

이 그림의 천사는 마치 자기가 응시하고 있는 어떤 것으로부터 금방이라도 멀어지려고 하는 것처럼 묘사되어 있다. 그 천사는 눈을 크게 뜨고 있고, 입은 벌어져 있으며 또 날개는 펼쳐져 있다. 역사의 천사도 바로 이렇게 보일 것임이 틀림없다. **우리들** 앞에서 일련의 사건들이 전개되고 있는 바로 그곳에서 그는, 잔해 위에 또 잔해를 쉼 없이 쌓이게 하고 또 이 잔해를 우리들 발 앞에 내팽개치는 단 하나의 파국만을 본다. 천사는 머물고 싶어 하고 죽은 자들을 불러일으키고 또 산산이 부서진 것을 모아서 다시 결합하고 싶어 한다. 그러나 천국에서 폭풍이 불어오고 있고 이 폭풍은 그의 날개를 꼼짝달싹 못 하게 할 정도로 세차게 불어오기 때문에 천사는 날개를 접을 수도 없다. 이 폭풍은, 그가 등을 돌리고 있는 미래 쪽을 향하여 간단없이 그를 떠밀고 있으며, 반면 그의 앞에 쌓이는 잔해의 더미는 하늘까지 치솟고 있다. 우리가 진보라고 일컫는 것은 바로 **이러한** 폭풍을 두고 하는 말이다. (벤야민 2008: 339, 강조는 원문)

과거가 왜 중요하느냐 하면 모든 과거는 억압받고 패배한 자들로 가득 차 있기 때문이에요. 앞서 말했듯이 세력에서 밀린 우리는 패배자이기 쉽고, 억압받는 자로서의 위엄을 지킬 필요가 있어요. 모든 과거는 다 그런 과거입니다. 이름도 기억되지 않고 어디서 죽었는지도 모르는 수많은 패배자와 피억압자로 가득 차 있는 것이 과거예요. 그런데 대개 그런 이들을 다 잊어버리고 찬란한 측면만 쓰는 것이 역사라고 이야기하죠.

우리에게 필요한 역사는 그런 역사가 아니라 과거가 되살아나는 역사예요. 그 과거는 어떻게 되살아나느냐. 저 천사를 통해 되살아난다. 약간 신학적 이미지가 엿보이죠. 천사가 구원을 가지고 오는데 메시아는 없어요. 메시아는 오지 않죠. 메시아는 오지 않고 메시아가 오지 않는 세계에서 우리에게 구원의 길이란 과거로 통하는 것이다. 과거에 억압받고 밟히고 죽어간 자들이 어떻게 위엄을 잃지 않고 지금까지 살아서 부활하는가. 그들을 되살려내려는 고민 안에서만 우리에게 미래가 있다는 이야기입니다. 이해가 될 듯 말 듯하지만 지금까지의 맥락으로 보면 이해가 되죠. 그것을 '바리케이드에 서기'라고 할 수 있습니다.

제가 영국에 머물며 연구 활동을 하는 동안 그곳에서 가장 유명한 뮤지컬 〈레미제라블〉을 본 적이 있어요. 프랑스 작가의 원작에 분위기도 기존의 영국 뮤지컬과 판이하게 다른데 30년 되도록 공연하고 있었어요. 당시 저는 영국에 가서 엉뚱하게도 중국의 문화대혁명에 대한 책을 한창 쓰고 있었어요. 문혁의 마지막 시기엔 정말 끔찍한 일이 벌어지거든요. 이상주의적인 조반파들이 군대에게 살육을 당해요. 살육도 엄청 끔찍한 중국식 살육을 당하는데⋯. 머리가 복잡한 그런 상태에서 뮤지컬을 보러 갔다가 느낀 바가 많았어요. 〈레미제라블〉은 1830년 7월 혁명에 대한 이야기예요.

왕권을 강화하려는 앙시앵레짐 세력에 맞서 공화파들이 무력 봉기를 일으키는데 파리 곳곳에 바리케이드가 설치됩니다. 뮤지컬은 혁명군이 싸우다가 바리케이드 위에서 죽는 내용을 다루고 있어요. 내일 국왕군이 쳐들어올 줄 알면서도 바리케이드를 떠날 수 없는 거죠. 떠나면 아무것도 남지 않기 때문에. 뮤지컬을 본 날이 5월 20일 무렵이었는데 보고 나오며 생각해보니 광주항쟁 30주년이었음을 깨달았어요. 광주항쟁에서도 똑같이 진압군이 내일 도청에 들어오는데 떠나지 못하는 시민군의 상황이 벌어졌어요.

바리케이드에 남는 것은 현실주의적인 선택이 아니죠. 현실주의적 선택이란 자기가 살아 있을 때 천년왕국이 도래해야 하는 것을 말해요. 바리케이드 위에서 죽으면 안 돼요. 뭔가 다른 길을 모색해 현실적인 해결책을 찾아내는 것, 그게 현실주의자의 선택인데… 이 바리케이드, 1830년에 죽은 〈레미제라블〉의 바리케이드, 광주 시민들의 바리케이드, 문화대혁명의 바리케이드를 보면 사람들은 자기가 죽을 줄 알면서도 바리케이드에 남아요. 개죽음이 아닐까요. 그런데 그들이 바리케이드에 남아 있었기 때문에 벤야민의 천사가 그들을 과거로부터 다시 불러내 후대에 누군가가 그것으로 다시 싸울 수 있지 않았을까. 한국의 역사에서 전태일이 중요한 것은 바리케이드 위에서 죽었기 때문 아닐까요.

그런 의미에서 전태일은 아직도 살아 있어요. 똑같은 죽음, 여러 죽음 중에서도 그 죽음의 의미는 다르다고 볼 수 있어요. 이 역시 '안 될 줄 알면서도 행하는 자들' 아닐까요. 그런 점에서 윤리는 지식에 대한 우리의 태도에 대해서도 계속 질문을 던집니다.

지식의 목적은 무엇일까요. 그것을 도구로 삼아 좀 더 높은 자리에 올라서는 것일까요. 앞에서 저는 지식이 자신과 타인이 서로 해방의 조건이 되는 매개여야 하지 않을까라고 이야기한 바 있습니다. 지식에 대한 윤리적 요청은 우리가 계속해서 아래로, 아래로, '낮은 곳에 임하도록' 하는 것 아닐까 합니다.

벼랑에 서기가 아닌, 벼랑이 되기

이제 영국 풍경을 하나 보여드리려 합니다. 도버에서 멀지 않은 해안에 있는 석회암 벼랑 지대입니다. 서섹스 지역의 '세븐 시스터즈' 절벽입니다.

　영국은 마르크스의 나라이기도 해요. 마르크스가 독일 사람이지만 1848년 혁명이 실패한 뒤 유럽을 전전하다가 1851년 런던으로 망명합니다. 그 이후론 독일로 돌아가지 못했어요. 1883년 죽을 때까지 런던에 살았어요. 엥겔스는 그보다 먼저 아버지의 가업 때문에 맨체스터 공장을 운영하느라 영국으로 와서 그 이후 죽 살았어요. 마르크스도 엥겔스도 사실 영국에서 산 시간이 독일에서 산 시간보다 길어요. 어떤 의미에서는 영국이 주 무대였다고 할 수 있습니다. 마르크스가 묻혀 있는 런던 외곽의 하이게이트 묘지는 유명하잖아요. 동유럽 사회주의가 한창일 때 당시의 건축 방식으로 지어서 볼품은 없지만. 묘지 안에서 마르크스가 바로 앞에서 마주하고 있는 자가 허버트 스펜서라는 사회진화론을 주창한 인물이니 커다란 역설입니다. 사회진화론자를 마르크스는 대면하고 있고, 사회진화론은 아직도 마르크스를 진화론적인 방식으로 변환시키고 있어요. 대단한 우연이죠.

　그런데 그곳에 왜 엥겔스의 묘지는 없을까요? 엥겔스의 묘지를 다녀왔다는 사람은 별로 없어요. 엥겔스는 영국에서 안 죽었나요. 아니에

생각하는 마르크스

요. 마르크스의 유고를 정리하는 작업을 하다가 영국에서 죽었어요. 엥겔스는 품성이 좋았어요. 여러 측면에서 그랬습니다. 공장을 그렇게 오래 운영할 생각이 없었는데 그만두겠다고 마르크스에게 편지를 썼다가 만류하는 바람에 그 후로 거의 10년 동안 더 운영해요. 마르크스를 먹여 살리려고. 마르크스로서도 생계 지원이 끊길까 봐 그랬던 거죠. 그리고 마르크스가 낳은 사생아를 자신의 호적에 올리는 등 그의 가족을 다 돌봐줬어요. 엥겔스는 자기 공장의 노동자인 메리와 함께 살았어요. 그런데 마르크스 자신은 귀족 딸과 결혼한 처지에서 메리를 교양이 떨어진다며 되게 우습게 봤어요. 메리가 죽은 후에 엥겔스는 그녀의 여동생과 함께 살면서 돌봅니다. 사실 주변의 모든 여성을 돌보았다고 할 수 있을지 모르겠는데, 카우츠키에게 버림받은 그의 부인을 비서로 고용하고, 마르크스의 사생아를 낳은 예니의 가정부까지 끝까지 지켜줍니다.

마르크스는《자본》집필 과정에서 엄청난 양의 유고를 남겼어요. 문제는 그의 글씨를 알아볼 수 있는 이가 부인 예니와 엥겔스밖에 없었다는 것이에요. 너무 흘려 쓴 나머지 아무도 읽을 수 없는 난해한 글씨였어요. 엥겔스가 그 작업을 맡습니다. 자신이 원래 이데올로기에 대한 관심에서 원시기독교와 자연변증법 등을 공부할 계획이었다가 전폐하고《자본》편집 작업에 들어갑니다. 알아보기 힘든 글씨와 노안 때문에 애를 먹다가《자본 Ⅲ》을 낼 때에는 신체 마비가 오는 바람에 구술을 통한 필사 작업을 해요. 아무래도 작업 속도가 지연되자 독일 사민당 당원 중 필사자를 모집해요. 마르크스 유고의 독해자로서 당시 사민당에서 가장 뛰어난 두 사람이 발탁되는데 베른슈타인과 카우츠키였습니다. 카우츠키가 좀 더 열심히 했어요. 도중에 카우츠기가 작업한 일부 원고를 몰래 빼내 엥겔스의 허가 없이 사후에《잉여가치학설사》라는 제목으로 출간합니다. 원래는《자본 IV》로 구상되었던 것인데 카우츠키가 자의적으로 편집을 해 독립된 형태로 나온 거죠. 어쨌든 엥겔스는 마르크스의 가장 중요한 협조자였고 노년 마지막 시기에 최후까지《자본》완성을 위해 헌신한 것이죠.

풍경에 나오는 해안이 엥겔스의 묘지예요. 엥겔스는 자기가 죽으면 이스트본 앞바다에 뼛가루를 뿌려달라는 유언을 남겨요. 영국 동남쪽의 해안이 돌출한 곳, 비치헤드의 바다에 뿌려집니다. 제가 당시 체류하던 도시에서 차로 30분 걸리는 거리라서 가끔 가봤는데 독특한 느낌이 드는 곳입니다. 바리케이드에 서기라는 것이 그런 게 아닐까 하는…. 비치헤드라는 이름대로 바다를 향해 툭 튀어나온 해안에서 땅이 끝나면서 절벽이 시작하는 곳이에요. 이곳은 은유가 많지요.

석회암 절벽이라 파도가 계속 치면 절벽이 부식되죠. 그래서 해안은 석회가 섞인 회색빛 물이 자욱합니다. 벼랑 끝에 서면 망명자로서 엥겔스는 더 이상 갈 곳이 없어요. 더 갈 수 없는 끝이라는 막막함이 몰려옵니다. 영국이라는 섬나라에서 그 끝은 더 이상 나아갈 수 없는 곳, 영향을 미칠 수 없는 곳. 끝이죠. 거기서 벗어날 수 있는 길은 자기를 던지는 길밖에 없어요. 〈바람계곡의 나우시카〉에서 나우시카는 자신을 던져 오무를 중단시키잖아요. 자기 생명을 던짐으로써 그 관계, 분노를 끝내죠. 엥겔스도 자기를 재로 바다에 뿌림으로써 그 상황에서 벗어납니다. 이게 어떤 이미지인가 하면 회색 뼛가루가 흰색 절벽에 와 부딪치며 끊임없이 깎아 내려서 바다를 회색으로 물들이고 있어요, 지금도. 그래서 이곳은 땅 끝이 아니라 역설적으로 땅이 다시 부식되어가는 출발점이 됩니다. 절벽은 절벽이지만 더 이상 절벽이 아닌 곳, 벼랑이 끝나면서 더 이상 벼랑이 아닌 곳으로 전화됩니다. 제가 이 대목에서 어울리는 표현을 떠올린 건 김정환 시인의 글이에요. 시는 아니고 책에 붙인 발문의 마지막 구절입니다(윤소영 1995: 407).

> 누구나, 자기가 사는 시대를 낭떠러지라고 생각하면 안 된다.
> 누구나, 자기가 벼랑에 서 있다고 생각하면 안 된다.
> 오히려, 세상을 변혁하려 한다면 더욱, 스스로 벼랑이 되어야 한다.
>
> (김정환, '신화와 어떤, 절벽에 대하여')

알 듯 말 듯한 그 절박함. 더 이상 갈 수 없는 곳에서 벗어날 수 있는 유일한 방식은 자기 스스로 벼랑이 되는 것입니다.

1 한국에서 루쉰적 글쓰기를 실천한 모범으로 리영희 선생을 들 수 있다. 나는 이 강연 이후 선생을 재평가하는 두 편의 글을 썼다(백승욱 2013; 백승욱 2014).

2 절망에 대한 이러한 루쉰의 태도는 쑨거가 루쉰의 '쩡자'를 다룰 때 핵심적 논점이다. 참조할 곳은 쑨거 2007.

3 그다음 해 자유인문캠프에서는 '정치'를 주제로 또 다른 강연을 했다.

4 신영복 선생은 암으로 2016년 1월 사망했다.

5 三十輻共一轂 當其無 有車之用 埏埴以爲器 當其無 有器之用 鑿戶牖以爲室 當其無 有室之用 故有之以爲利 無之以爲用(《노자》11장).
"서른 개의 바퀴살이 모이는 바퀴통은 그 속이 '비어 있음'(無)으로 해서 수레로서의 쓰임이 생긴다. 진흙을 이겨서 그릇을 만드는데 그 '비어 있음'(無)으로 해서 그릇으로서의 쓰임이 생긴다. 문과 창문을 내어 방을 만드는데 그 '비어 있음'(無)으로 해서 방으로서의 쓰임이 생긴다. 따라서 유有가 이로운 것은 무無가 용用이 되기 때문이다"(신영복 2004: 292).

6 《논어》 번역은 성백효의 《논어집주》(전통문화연구원, 2002)를 참조했다.

512   생각하는 마르크스

참고 문헌

김종엽. 1998.《연대와 열광: 에밀 뒤르켐의 현대성 비판 연구》, 창작과비평사

김찬호. 2013.《모멸감: 굴욕과 존엄의 감정사회학》, 문학과지성사

김홍중. 2013. '사회로 변신한 신과 행위자의 가면을 쓴 메시아의 전투'〈한국사회학〉, 47(5)

네그리, 안토니오Antonio Negri. 2012.《맑스를 넘어선 맑스》, 윤수종 옮김, 중원문화

니체, 프리드리히Friedrich Nietzsche. 1982.《선악을 넘어서》, 김훈 옮김, 청하

_____. 1984.《반그리스도》, 송무 옮김, 청하

동즐로, 자크Jaques Donzelot. 2005.《사회보장의 발명》, 주형일 옮김, 동문선

뒤르켐, 에밀Emile Durkheim. 2012.《사회분업론》, 민문홍 옮김, 아케넷

뒤메닐, 제라르Gérard Duménil, 도미니크 레비Dominique Lévy. 2014.《신자유주의의 위기》, 김덕민 옮김, 후마니타스

_____. 2006.《자본의 반격: 신자유주의 혁명의 기원》, 이강국·장시복 옮김, 필맥

라이히, 빌헬름Wilhelm Reich. 2006(1933).《파시즘의 대중 심리》, 황선길 옮김, 그린비

로스돌스키, 로만Roman Rosdolsky. 2003.《마르크스의 자본론의 형성》, 양희석·징성진 옮김, 백의

루디네스코, 엘리자베트Elisabeth Roudinesco. 2000(1993).《자크 라캉》 1, 2, 양녕자 옮김, 새물결

루비니, 누리엘Nouriel Roubini, 스티븐 미흠Stephen Mihm. 2010.《위기 경제학》, 허익준 옮김, 청림출판

루쉰. 1991(1930).《청년들아, 나를 딛고 오르거라: 노신 서한집》, 유세종 편역, 창

_____, 2010.《루쉰 전집 2: 외침·방황》, 루쉰전집번역위원회 옮김, 그린비

르쿠르, 도미니크Dominique Lecourt. 2012.《맑스주의와 프랑스 인식론》, 박기순 옮김, 중원문화

린 시엔즈. 2007(2004).《인간 루쉰》, 김진공 옮김, 사회평론

마르크스, 칼Karl Marx. 1988(1843).《헤겔 법철학 비판》, 홍영두 옮김, 아침

_____. 1989(1910).《잉여가치학설사 I》, 편집부 옮김, 아침

_____. 1997a(1845).〈포이에르바하에 관한 테제들〉《칼 맑스 프리드리히 엥겔스 저작 선집 1》, 편집부 엮음, 박종철출판사

_____. 1997b(1848).〈공산주의당 선언〉《칼 마르크스 프리드리히 엥겔스 저작 선집 1》, 편집부 엮음, 박종철출판사

_____. 1997c(1864). '국제노동자협회 임시 규약'《칼 마르크스 프리드리히 엥겔스 저작 선집 3》, 편집부 엮음, 박종철출판사

_____. 2006(1844).《경제학 – 철학 수고》, 강유원 옮김, 이론과실천

_____. 2007(1857/1858).《정치경제학 비판 요강》 I, II, III, 김호균 옮김, 그린비

_____. 2008(1890).《자본 I》, 강신준 옮김, 길

_____. 2010(1885).《자본 II》, 강신준 옮김, 길

_____. 2010(1894).《자본 III》, 강신준 옮김, 길

마르크스, 칼, 프리드리히 엥겔스Friedrich Engels. 2015(1845).《독일 이데올로기》, 김대웅 옮김, 두레

마토바 아키히로的場昭弘, 우치다 히로시內田弘, 이시즈카 마사히데石塚正英, 시바타 다카유키柴田隆行 엮음. 2011.《맑스 사전》, 오석철·이신철 옮김, 도서출판 b

모택동(마오쩌둥). 2001.〈모순론〉《모택동 선집 1》, 김승일 옮김, 범우사

바디우, 알랭Alain Badiou. 2008.《사도 바울: '제국'에 맞서는 보편주의 윤리를 찾아서》, 현성환 옮김, 새물결

_____. 2009. '사르코지라는 이름이 뜻하는 것-공산주의적 가설'〈뉴레프트리뷰〉, 2009/1, 길

바우만, 지그문트Zygmund Bauman. 2013.《방황하는 개인들의 사회》, 홍지수 옮김, 봄아필

발리바르, 에티엔Étienne Balibar. 1989. '잉여가치와 사회계급(정치경제학 비판 서설)'《역사유물론 연구》, 이해민 옮김, 푸른미디어

_____. 1991. '알튀세르여, 계속 침묵하십시오!'《루이 알튀세르, 1918~1990》, 윤소영 엮음. 민맥

_____. 1992a(1987/1990). ''이행'의 아포리들과 맑스의 모순《맑스주의의 역사》, 윤

소영 옮김, 민맥

_____. 1992b. '마오: 스탈린주의의 내재적 비판?'《맑스주의의 역사》, 윤소영 옮김, 민맥

_____. 1993a.《역사유물론의 전화》, 서관모 옮김, 민맥

_____. 1993b. ''정치경제학 비판': '비판의 비판'을 위하여'《알튀세르와 마르크스주의의 전화》, 윤소영 옮김, 이론

_____. 1993c. '소유에 대하여'《알튀세르와 마르크스주의의 전화》, 윤소영 옮김, 이론

_____. 1993d(1988). '비동시대성: 정치와 이데올로기'《알튀세르와 마르크스주의의 전화》, 윤소영 옮김, 이론

_____. 1993e. '(철학의) 대상: '절단'과 '토픽''《알튀세르와 마르크스주의의 전화》, 윤소영 옮김, 이론

_____. 1993f. '민족형태에 대하여'《알튀세르와 마르크스주의의 전화》, 윤소영 옮김, 이론

_____. 1993g. '민족형태: 그 역사와 이데올로기'〈이론〉 6호

_____. 1995a. '마르크스의 철학'《마르크스의 철학, 마르크스의 정치》, 윤소영 옮김, 문화과학사

_____. 1995b. '반폭력과 '인권의 정치''《마르크스의 철학, 마르크스의 정치》, 윤소영 편역, 문화과학사

_____. 1995c. ''세계'는 변화하였는가?'〈이론〉 11호

_____. 2002. '공산주의 이후에 어떤 공산주의가 오는가?'《마르크스의 '경제학 비판'과 소련 사회주의》, 윤소영 옮김, 공감

_____. 2003. ''인간의 권리'와 '시민의 권리': 평등과 자유의 현대적 변증법'《'인권의 정치'와 성적 차이》, 윤소영 옮김, 공감

_____. 2005.《스피노자와 정치》, 진태원 옮김, 이제이북스

_____. 2007.《대중들의 공포》, 최원 · 서관모 옮김, 도서출판 b

_____. 2010.《우리, 유럽의 시민들?: 세계화와 민주주의의 재발명》, 진태원 옮김, 후마니타스

백승욱. 1995. '니체: 망치를 들고 철학하는 법'《탈현대 사회사상의 궤적》, 한국산업사회연구회 편, 새길

_____. 2005. '선생님의 빈자리'《벗으로 스승으로: 김진균 선생을 기리며》, 김진균기념사업회 엮음, 문화과학사

_____. 2006.《자본주의 역사강의: 세계체계 분석으로 본 자본주의의 기원과 미래》,

그린비

_____, 2007.《문화대혁명: 중국 현대사의 트라우마》, 살림

_____, 2010. '천보다를 통해 본 중앙문혁소조의 문화대혁명' 〈현대중국연구〉 12집 1호

_____, 2011. '중국 문화대혁명을 다시 사고한다' 〈문화과학〉 2011년 가을호

_____, 2012.《중국의 문화대혁명과 정치의 아포리아: 중앙문혁소조장 천보다와 '조반의 시대'》, 그린비

_____, 2013. '한국 1960~1970년대 사유의 돌파구로서 중국 문화대혁명 이해: 리영희를 중심으로' 〈사이間SAI〉 제14호

_____, 2014. "'해석의 싸움'의 공간으로서 리영희의 베트남전쟁: 〈조선일보〉 활동시기(1965~1967)를 중심으로' 〈역사문제연구〉 제32호

_____, 2015. '자본주의의 위기 이후, 무엇이 오는가' 〈창작과비평〉 통권 167호

베버, 막스Max Weber. 2011(1918/1920). '사회학 기초 개념'《막스 베버 사회과학방법론 선집》, 전성우 옮김, 나남

벡, 울리히Ulich Beck. 2006.《위험사회: 새로운 근대(성)을 향하여》, 홍성태 옮김, 새물결

벤야민, 발터Walter Benjamin. 2008(1940). '역사의 개념에 대하여'《발터 벤야민 선집 5》, 최성만 옮김, 길

브뤼노프, 수잔 드Suzanne de Brunhoff. 1992.《국가와 자본》, 신현준 옮김, 새길

비고츠키, 비탈리Witali Wygodski. 2016.《마르크스의 '자본' 탄생의 역사》, 강신준 옮김, 길

비데, 자크Jaques Bidet. 1995.《'자본'의 경제학 · 철학 · 이데올로기》, 박창렬 · 김석진 옮김, 새날

비데, 자크, 제라르 뒤메닐. 2014.《대안마르크스주의》, 김덕민 옮김, 그린비

서관모. 1999. '이데올로기의 문제 설정: 알튀세르와 발리바르' 〈진보평론〉 2호

_____, 2005. '계급과 대중의 변증법과 발리바르의 마르크스주의 개조 작업' 〈마르크스주의 연구〉 4호

_____, 2008. '반폭력의 문제 설정과 인간학적 차이들: 에티엔 발리바르의 포스트마르크스적 공산주의' 〈마르크스주의 연구〉 5권 2호

_____, 2011. '알튀세르에게서 발리바르로: 이데올로기의 문제 설정을 중심으로'《알튀세르 효과》 발리바르 외 지음, 그린비

서동진. 2012. '사회 없는 피로사회: 한병철의《피로사회》를 읽고 든 몇 가지 생각' 〈안과밖〉 33

솔로몬, 메이너드Maynard Solomon. 2006(1998).《루트비히 판 베토벤 1, 2》, 김병화 옮김, 한길아트

스티글리츠, 조지프Joseph Stiglitz. 2013.《불평등의 대가》, 이순희 옮김, 열린책들

스피노자, 베네딕트 데Baruch de Spinoza. 2009(1677).《정치론》, 김호경 옮김, 갈무리

신영복. 1998.《감옥으로부터의 사색》, 돌베개

_____. 2004.《강의: 나의 동양고전 독법》, 돌베개

쑨거. 2007.《다케우치 요시미라는 물음》, 윤여일 옮김, 그린비

아렌트, 한나Hanna Arendt. 1996.《인간의 조건》, 이진우·태정호 옮김, 한길사

아리기, 조반니Giovanni Arrighi. 2014.《장기 20세기: 화폐, 권력, 그리고 우리 시대의 기원》, 백승욱 옮김, 그린비

안정옥. 2013a. '폴라니의《대전환》에서 사회적인 것의 개념적 제약―이론과 역사 분석의 쟁점' 〈사회와역사〉 제100집

_____. 2013b. '장기 20세기로의 전환과 사회적인 것의 부상: 형태와 조건 그리고 그 역사적 순환의 종료' 〈아세아연구〉 56(3)

알튀세르, 루이Louis Althusser. 1991.《아미엥에서의 주장》, 김동수 옮김, 솔

_____. 1993.《역사적 맑스주의》, 서관모 옮김, 새길

_____. 1996.《철학과 맑스주의》, 백승욱·서관모 옮김, 새길아카데미

_____. 1997a(1965).《맑스를 위하여》, 이종영 옮김, 백의(새 번역:《마르크스를 위하여》 서관모 옮김, 후마니타스, 2017)

_____. 1997b(1968). '자본론 제1권에 부치는 서문'《레닌과 철학》, 이진수 옮김, 백의

_____. 1997c(1976).《철학에 대하여》, 백승욱·서관모 옮김, 동문선

_____. 2007(1970).《재생산에 대하여》, 김웅권 옮김, 동문선

_____. 2008(1992).《미래는 오래 지속된다》, 권은미 옮김. 이매진

엄기호. 2014.《단속사회》, 창비

엘리어트, 그레고리Gregory Elliott. 2012(2009).《알튀세르: 이론의 우회》, 이경숙 옮김, 새길아카데미

워즈워스, 윌리엄. 2009(1850).《서곡》, 김숭희 옮김, 문학과지성사

윤소영. 1995.《마르크스주의의 전화와 '인권의 정치': 알튀세르를 위하여》, 문화과학사

_____. 1996.《알튀세르를 위한 강의: '마르크스주의의 일반화'를 위하여》, 공감

_____. 2004.《역사적 마르크스주의: 이념과 운동》, 공감

_____. 2006.《일반화된 마르크스주의 개론》, 공감

_____. 2009.《마르크스의 '자본'》, 공감

이글턴, 테리Terry Eagleton. 2010.《신을 옹호하다》, 강주헌 옮김, 모멘토.

이리가레, 뤼스Luce Irigaray. 2003. '성적 차이의 윤리'《'인권의 정치'와 성적 차이》, 윤소영 옮김, 공감

임운택. 2009. '비판적 사회학의 과제: 사회성 개념의 회복'〈사회와이론〉 14

_____. 2010. '사회자본 개념의 도구화와 사회성의 경제화'〈사회와이론〉 17

장진범. 2010. '에티엔 발리바르: 도래할 시민(권)을 위한 철학적 투쟁'《현대 정치철학의 모험》, 홍태영 외 지음, 난장

장하준. 2014.《그들이 말하지 않은 23가지》, 김희정·안세민 옮김, 부키

정문길. 2008.《니벨룽의 보물》, 문학과지성사

지젝, 슬라보예Slavoj Žižek. 2009.《잃어버린 대의를 옹호하며》, 박정수 옮김, 그린비

진태원. 2002. '라깡과 알뛰쎄르'《라깡의 재탄생》, 김상환·홍준기 엮음, 창비

최태섭. 2013.《잉여사회》, 웅진지식하우스

테르본(투르비언), 요란Göran Therborn. 1989.《사회학과 사적유물론》, 윤수종 옮김, 푸른산

파슈카니스, 오이겐Eugen Paschukanis. 2008.《법의 일반이론과 맑스주의: 법률적 기초개념에 대한 비판의 시도》, 박대원 옮김, 신서원

폴라니, 칼Karl Polanyi. 2009(1944).《거대한 전환》, 홍기빈 옮김, 길

폴리, 던컨Duncan K. Foley. 2015.《'자본'의 이해: 마르크스의 경제 이론》, 강경덕 옮김, 유비온

푸코, 미셸Michel Foucault. 2011.《안전, 영토, 인구》, 오트르망 옮김, 난장

프로이트, 지그문트Sigmund Freud. 2003(1921),〈집단심리학과 자아 분석〉《문명 속의 불만》, 김석희 옮김, 열린책들

_____. 2004(1899).《꿈의 해석》, 김인순 옮김, 열린책들

피케티, 토마Thomas Piketty. 2014.《21세기 자본》, 장경덕 옮김, 글항아리

핀카드, 테리Terry Pinkard. 2006(2000).《헤겔, 영원한 철학의 거장》, 전대호·태경섭 옮김, 이제이북스

한병철. 2012.《피로사회》, 김태환 옮김, 문학과지성사

헤겔, 게오르그 빌헬름 프리드리히Georg Wilhelm Friedrich Hegel. 2005(1807).《정신현상학》, 임석진 옮김, 한길사

富塚良三(도미츠카 료조), 服部文男(핫토리 후미오), 本間要一郎(혼마 요우이치로) 編.

1985. 《資本論体系 3: 剩餘價値·資本蓄積》, 有斐閣

Althusser, Louis. 1971. "Preface to *Capital* Volume One," *Lenin and Philosophy and other Essays*, Monthly Review Press

_____. 2003. "The Humanist Controversy," *The Humanist Controversy and Other Writings*, edited by Francos Matheron, trans. by G. M. Goshgarian, Verso

_____. 2006(1978). "Marx in his Limits," *Philosophy of the Encounter: Later Writings, 1978~1987*, trans. by G.M. Goshgarian, Verso

Althusser, Louis and Etienne Balibar. 1970(1968). *Reading Capital*, trans. by Ben Brewster, New Left Books

Arrighi, Giovanni. 2002. "Lineages of Empire," *Historical Materialism*, 10(3)

Badiou, Alain. 2005. "The Cultural Revolution: The Last Revolution," *Positions* 13(3)

Balibar, Étienne. 1995. "Infinite Contradiction," *Yale French Studies* 88

_____. 1996. "Structural Causality, Overdetermination, and Antagonism," Antonio Callari and David F. Ruccio eds., *Postmodern Materialism and the Future of Marxist Theory*, Wesleyan University Press

_____. 1997. "Spinoza: From Individuality to Transindividuality," *Mededelingen vanwege het Spinozahuis 71*, Eburon Delft

_____. 1999. "Interview: Conjectures and conjunctures," *Radical Philosophy* no.97

_____. 2002. "'The history of truth': Alain Badiou in French Philosophy," *Radical Philosophy*, vol.115

_____. 2003. "Europe, An 'Unimagined' Frontier of Democracy," *Diacritics*, vol.33, no.3/4

_____. 2004. "Difficult Europe: Democracy under Construction," *We, The People of Europe?: Reflections on Transnational Citizenship*, trans. by James Swenson, Princeton University Press

_____. 2006. "Strangers as Enemies: Further Reflections on the Aporias of Tansnational Citizenship," *Globalization Working Papers 06/4*, Institute on Globalization and the Human Condition, McMaster University

_____. 2007. "Debating with Alain Badiou on Universalism," A dialogue between Alain Badiou and Etienne Balibar on "Universalism," University of California Irvine, February 2nd

_____. 2008a. "Racism Revisited: Sources, Relevance, and Aporias of a Modern

Concept," PMLA

_____. 2008b. "Towards a Diasporic Citizen?: Internationalism to Cosmopolitics," UC Riverside Lecture

_____. 2009a. "Reflections on *Gewalt*," *Historical Materialism*, vol.17

_____. 2009b. "Ideas of Europe: Civilization and Constitution," *Iris*, 1 April

_____. 2009c. "Historical Dilemmas of Democracy and Their Contemporary Relevance for Citizenship," *Rethinking Marxism*, vol.20, no.4

_____. 2009d. "Europe as borderland," *Environment and Planning D: Society and Space*, vol.27

_____. 2009e. "Violence and Civility: On the Limits of Political Anthropology," *Differences: A Journal of Feminist Cultural Studies*, vol.20, no.2/3

_____. 2010a. *Violence et civilité: Welleck Library Lectures et autres essais de philosophie politique*, Galilée

_____. 2010b. "Philosophy and the Frontiers of the Political," interview with Emanuela Fornari, *Iris* 2, Firenze University Press

_____. 2010c. "Critical Theory and the Political," Birkbeck College Lectures, 30th June 2010

_____. 2010d. "At the Borders of Citizenship: A Democracy in Translation," *European Journal of Social Theory*, vol.13, no.3

_____. 2010e. "Reflections on the Current European Crisis," *Transeuropeennes: Revue internationale de pensée critique*, 28 July

Balibar, Étienne and Immanuel Wallerstein. 2011. *Race, Nation, Class–Ambiguous Identities*. 2nd ed., Verso

Bosteels, Bruno. 2005. "Post–Maoism: Badiou and Politics," *Positions* 13(3)

Castel, Robert. 2003. *From Manual Workers To Wage Laborers: Transformation of the Social Question*, trans. by Richard Boyd, Transaction Publishers

Duménil, Gérard and Dominique Lévy. 1993. *The Economics of the Profit Rate: Competition, Crises and Historical Tendencies in Capitalism*, Edward Elgar Pub.

Goux, Jean-Joseph. 1990. *Symbolic Economies: After Marx and Freud*, trans. by Jennifer Curtiss Gage, Cornell University Press

Hewlett, Nick. 2007. *Badiou, Balibar, Ranciere: Re–thinking Emancipation*, Continuum

Hunt, G. 1987. "The Development of the Concept of Civil Society in Marx,"

생각하는 마르크스

History of Political Thought 8(2)

Kaufmann, Franz-Xaver. 2012. "Introduction," *Thinking About Social Policy: The German Tradition*, Springer

Keane, John. 1988. "Despotism and Democracy," John Keane ed., *Civil Society and the State*, Verso

Kumar, K. 1993. "Civil Society: An Inquiry into the Usefulness of an Historical Term," *The British Journal of Sociology* 44(3)

Lapides, Kenneth. 1992. "Henryk Grossmann and the Debate on the Theoretical Status of Marx's Capital," *Science and Society* 56(2)

Marx, Karl. 1867. *Das Kapital: Kritik der Politischen Ökonomie. Buch I: Der Produktionsprozeß des Kapitals. Karl Marx Friedrich Engels Werke*, Band 23, Dietz Verlag, 1962. http://www.mlwerke.de/me/me23/me23_000.htm

_____. 1879. "Randglossen zu Adolph Wagners "Lehrbuch der politischen Ökonomie"(Zweite Auflage), Band I(Notes on Adolph Wagner's "Lehrbuch der politischen Ökonomie," Second Edition, Volume I). https://www.marxists.org/archive/marx/works/1881/01/wagner.htm

_____. 1885. *Das Kapital: Kritik der politischen Ökonomie. Buch II: Der Zirkulationsprozeß des Kapitals. Karl Marx Friedrich Engels Werke* Band 24, Dietz Verlag, 1963. http://www.mlwerke.de/me/me24/me24_000.htm

_____. 1893. *Das Kapital: Kritik der politischen Ökonomie. Buch III: Der Gesamtprozeß der kapitalistischen Produktion. Karl Marx Friedrich Engels Werke* Band 25, Dietz Verlag, 1983. http://www.mlwerke.de/me/me25/me25_000.htm

Neocleous, Mark. 1995. "From Civil Society to the Social," *The British Journal of Sociology* 46(3)

생각하는 마르크스

생각하는 마르크스

그 외

생각하는 마르크스
:무엇이 아니라 어떻게

발행일 초판 2쇄 2017년 4월 23일
  초판 1쇄 2017년 1월 29일
지은이 백승욱
펴낸이 임후성 펴낸곳 북콤마
디자인 sangsoo 편집 김삼수
등록 제406-2012-000090호
주소 (413-756) 경기도 파주시 문발동 파주출판단지 534-2 201호
전화 031-955-1650 팩스 0505-300-2750
이메일 bookcomma@naver.com 페이스북 facebook.com/bookcomma
블로그 bookcomma.tistory.com 트위터 @bookcomma
ISBN 979-11-87572-01-5 03130

, Bookcomma